Peter V. Zima

Komparatistik

Einführung in die Vergleichende Literaturwissenschaft

Unter Mitarbeit von Johann Strutz

Francke Verlag Tübingen

Peter V. Zima, Jahrgang 1946, ist Professor für Vergleichende Literaturwissenschaft an der Universität Klagenfurt.

Die Deutsche Bibliothek - CIP-Einheitsaufnahme

Zima, Peter V.:
Komparatistik : Einführung in die vergleichende Literaturwissenschaft / Peter V. Zima. – Tübingen : Francke, 1992
   (UTB für Wissenschaft : Uni-Taschenbücher ; 1705)
   ISBN 3–7720–1682–0 (Francke)
   ISBN 3–8252–1705–1 (UTB)

NE: UTB für Wissenschaft / Uni-Taschenbücher

© 1992 · A. Francke Verlag GmbH Tübingen
Dischingerweg 5 · D-7400 Tübingen 5
ISBN 3–7720–1682–0

Einbandgestaltung: Alfred Krugmann, Stuttgart
Druck und Bindung: Presse-Druck, Augsburg
Printed in Germany
ISBN 3–8252–1705–1 (UTB-Bestellnummer)

INHALTSVERZEICHNIS

V

Vorwort

Die Vergleichende Literaturwissenschaft, die in den Anfangsphasen ihrer Entwicklung sowohl in Europa als auch in Nord-
amerika durchaus theoretische Ambitionen hatte und den Anschluß an die sozialwissenschaftliche oder naturwissenschaftliche
Diskussion suchte, hat in den vergangenen Jahrzehnten auf ihren
theoretischen Anspruch verzichtet. Um dieses theoretische Defizit
auszugleichen, wird hier – vor allem im I. und II. Kapitel – versucht, die Wissenschaftsgeschichte der Komparatistik im inter-
disziplinären Zusammenhang kritisch zu rekonstruieren und eine
Brücke zur Soziologie, Semiotik und Linguistik zu schlagen.

Denn wesentliche Fragen, die die institutionelle und theoretische Funktion der Komparatistik betreffen, standen in der Vergangenheit selten oder nie im Mittelpunkt der Debatte:

1. Wie wirken sich Sprache und Nationalkultur auf die theoretischen Diskurse der Komparatistik aus?

2. Kann eine Vergleichende Literaturwissenschaft, die ihre eigene
kulturelle und sprachliche Bedingtheit reflektiert, d.h. selbstkritisch über ihre eigene Entstehung und Stellung innerhalb einer
Nationalkultur nachdenkt, einen Beitrag zur theoretischen Reflexion im Bereich der Sozialwissenschaften leisten? Kann sie dazu
beitragen, daß die kulturelle und sprachliche Bedingtheit nicht nur
der Literaturen, sondern auch der literaturwissenschaftlichen und
sozialwissenschaftlichen Theorien – etwa der Periodisierungssysteme – erkannt wird?

3. Kann sie auf diese Art die Ideologiekritik konkretisieren und
weiterentwickeln, indem sie den kulturspezifischen Charakter
bestimmter (z.B. existentialistischer oder futuristischer Ideologien)
erkennen läßt?

4. Entscheidend ist schließlich die Frage nach der Anschließbar-
keit der Komparatistik an die Allgemeine Literaturwissenschaft
und die Sozialwissenschaften: Wie kann die literaturwissenschaftliche Methodendiskussion der 60er, 70er und 80er Jahre für das
Fach fruchtbar gemacht werden, und welche sozialwissenschaftlichen Ansätze aus der Semiotik, der Soziologie, der Anthropologie
und der Psychologie können für eine neue Fundierung dieser
Disziplin herangezogen werden?

Die vorliegende Einführung befaßt sich zwar – im I., II. und VII. Kapitel – mit den ersten drei Fragen, ist jedoch vor allem als eine Antwort auf die vierte Frage zu lesen: Es geht primär darum, eine soziosemiotische oder textsoziologische Komparatistik zu entwerfen, die sich an der Kritischen Theorie (Adornos, Horkheimers) orientiert (Kap. II) und ihren Standort innerhalb der Problematik der Moderne selbstkritisch reflektiert (Kap. VII).

Dieser Versuch, die Komparatistik sozialwissenschaftlich zu fundieren und auf eine besondere gesellschaftskritische Position auszurichten, ist keineswegs als Einengung zu werten, sondern als Aufforderung zum theoretischen Dialog. Ein solcher Dialog, ist nur dann möglich, wenn jeder Autor, jeder Diskussionsteilnehmer seinen Standpunkt klar bezeichnet und die Partikularität oder Kontingenz seines Diskurses erkennt und mitteilt. Erheblich erschwert wird der Dialog durch Versuche, "objektive" oder "wertfreie" Darstellungen vorzulegen, die beim Publikum immer dann ein Gefühl des Unbehagens auslösen, wenn klar wird, daß alle Zusammenhänge subjektiv konstruiert sind und der Autor weit davon entfernt ist, die "Wirklichkeit" als solche, das "Ding an sich" erscheinen zu lassen.

Im Gegensatz zu diesem stets irreführenden Objektivismus, der den semiotischen (Prieto, Pêcheux) und den konstruktivistischen (Maturana, Glasersfeld) Argumenten nicht mehr standhält, wird hier dezidiert ein Ansatz vertreten, dessen hypothetischer und partikularer Charakter vorab feststeht. Das Einbekennen der eigenen Partikularität hat jedoch nichts mit Hobbes' Dezisionismus ("stet pro ratione voluntas") zu tun, sondern soll in der Komparatistik einen theoretischen Dialog ermöglichen, der bisher nicht stattgefunden hat. Die Erkenntnis, daß der literarische Vergleich auch anders als kritisch-theoretisch und soziosemiotisch aufzufassen ist, sollte zu Gegenentwürfen anregen: etwa in kultursemiotischer (Lotman) oder systemtheoretischer (Luhmann) Perspektive. Solche Gegenentwürfe sind jedoch nur möglich, wenn – wie in diesem Buch – konkrete theoretische und methodologische Vorschläge zur Standorts- und Gegenstandsbestimmung der Komparatistik gemacht werden, die eine komparatistische Methodendiskussion in Gang setzen.

Trotz dieser theoretischen Anliegen ist das vorliegende Buch nicht nur als Beitrag zur Methodendiskussion zu lesen, sondern auch als vergleichende Studie über die Moderne. Obwohl vor allem im I., VI. und VII. Kapitel historische Perspektiven nicht fehlen, geht es immer wieder darum, einzelne Werke und Rezeptionsprozesse der Moderne auf textsoziologischer Ebene zu vergleichen. Diese globale Ausrichtung auf moderne Literatur hat zwar den Nachteil, daß die historische Mannigfaltigkeit des Textkorpus geschmälert wird; sie hat zugleich jedoch den Vorteil, daß auf komparatistischer Ebene eine Neubestimmung der Moderne und Postmoderne ins Auge gefaßt werden kann, die Modellanalysen (Kap. III, IV, V) mit allgemeinen Überlegungen (Kap. VII) verknüpft.

Eine Modellstudie besonderer Art bildet das von Johann Strutz verfaßte letzte Kapitel, das nicht nur eine selbständige *pars pro toto* des Buches bildet, sondern zugleich eine Erweiterung der Problematik auf die europäische Region Friaul-Kärnten-Slowenien ("Alpen-Adria") ist. Die Bedeutung dieses Kapitels hängt nicht zuletzt mit der Tatsache zusammen, daß hier gleichsam synekdochisch das Zusammenwirken der drei großen europäischen Sprach-, Literatur- und Kulturgemeinschaften dargestellt wird: der germanischen, der romanischen und der slawischen. Dabei wird eines der kulturpolitischen Anliegen des Gesamttextes beherzigt: Es sollen nicht *nur* die großen Sprachen und Literaturen berücksichtigt werden, die seit gut hundert Jahren zum Textkorpus der Komparatistik gehören ("Goethe in Frankreich", "Shakespeare in Deutschland"), sondern auch Literaturen wie die slowenische, die nicht mehr an die Peripherie des kulturellen Geschehens verbannt, sondern in den Mittelpunkt der Betrachtung gerückt werden.

Da eine theoretische und methodologische Erneuerung und Konsolidierung der Komparatistik nur möglich erscheint, wenn der Objektbereich dieser Disziplin nicht ausufert, ist das Thema "Literatur und andere Kunstformen" nicht berücksichtigt worden (s. *Einleitung*: "Komparatistik und Ästhetik"). Aus Kohärenzgründen wurde die Komparatistik hier wörtlich als Vergleichende *Literatur*wissenschaft aufgefaßt: nicht weil eine "vergleichende Theorie der Künste" nicht wünschenswert wäre, sondern weil sie angesichts einer beschleunigten wissenschaftlichen Arbeitsteilung nur interdisziplinär, d.h. von mehreren Wissenschaftlern zu bewältigen ist. In einer Zeit, in der Musikwissenschaft, Kunstsoziologie und Filmsemiotik institutionalisierte Disziplinen sind, ist es kaum vorstellbar, daß sich ein Einzelner auf kompetente Art zu den Beziehungen zwischen Literatur, Musik, Malerei und Film äußert.

Trotz der Ausrichtung des Buches auf den *verbalen Text*, auf Wortzeichen und Diskurs, mußten so viele verschiedene Aspekte des literarischen Lebens berücksichtigt werden, daß es notwendig erschien, kompetenten Kolleginnen und Kollegen Kapitel oder Kapitelteile zur Begutachtung vorzulegen. Ihnen allen – Günter Berger, Ottmar Ette, Heinz Hofmann, Joseph Jurt, Jacques Leenhardt, Hubert Lengauer, Ursula Link-Heer, Claudio Magris, Edgar Sallager und Ulrich Schulz-Buschhaus – sei an dieser Stelle für ihre Mühe herzlich gedankt. Besonders dankbar bin ich meinem Freund und Kollegen Johann Strutz, der nicht nur alle Kapitel sorgfältig korrigierte, sondern trotz anderer Verpflichtungen Zeit fand, dieses Buch durch ein aktuelles Thema zu ergänzen. – Schließlich danke ich Frau Silvia Krachler und Frau Brigitte Pappler für die sorgfältige Erstellung der Druckvorlage.

Einleitung

Die Stellung der Komparatistik oder Vergleichenden Literaturwissenschaft sollte im Zusammenhang mit dem Prinzip der wissenschaftlichen Arbeitsteilung betrachtet werden, die ein Aspekt der fortschreitenden gesellschaftlichen Arbeitsteilung ist. Denn der literarische Vergleich, der Texte aus verschiedenen Sprachbereichen und Kulturen zum Gegenstand hat, wird häufig – und nicht zu Unrecht – als eine Reaktion auf die nationalphilologische Einengung des literarischen Lebens auf eine Sprache oder Kultur legitimiert. Schon die Begründer der europäischen und nordamerikanischen Komparatistik gingen von der These aus, daß Literatur konkret nur im internationalen, d.h. interkulturellen Kontext zu verstehen sei. (Siehe Kap. I.)

Von den Nationalphilologen – Anglisten, Germanisten, Romanisten und Slawisten – wird diese These nicht grundsätzlich in Frage gestellt, zumal einige von ihnen (vor allem die Romanisten und Slawisten) es immer wieder mit verschiedenen Sprachen und Kulturen zu tun haben. Das Spannungsverhältnis zwischen Komparatisten und Nationalphilologen geht eher aus dem arbeitsteiligen Prinzip hervor, das eine Spezialisierung des Wissenschaftlers auf die französische Klassik, die deutsche Romantik oder das spanische *Siglo de oro* zu fordern scheint, während der Komparatist gerade diese Spezialisierung überwinden möchte, weil er weiß, daß die französische Tragödie ohne die griechisch-römische Mythologie nicht zu verstehen ist und daß die deutsche Romantik nur im europäischen Kontext klare Konturen annimmt.

Doch nicht nur dieser Kontext gehört zu ihrer Gegenstandsbestimmung, sondern auch die Symbiose zwischen Literatur und bildenden Künsten, die auf besonders prägnante Art in Spitzwegs bekanntem Gemälde *Der arme Poet* (1848) zum Ausdruck kommt. Deutlich tritt hier das theoretische und methodologische Dilemma der Komparatistik in Erscheinung: Sie will in allen Fällen über den nationalen Rahmen hinausgehen und strebt den internationalen, den interkulturellen Vergleich an; sie möchte in manchen Fällen den literarischen Bereich verlassen und andere Kunstformen wie Musik, Malerei oder Film einbeziehen. Sie kann jedoch nicht das Erbe der philosophischen Ästhetik antreten, deren spekulativer Diskurs über "die Kunst" sie in den Augen vieler Musikwissenschaftler, Kunstsoziologen und Filmsemiotiker diskreditiert hat. – Die Frage ist daher, wie Komparatistik in arbeitsteiliger Zeit überhaupt möglich ist.

1. Komparatistik und Ästhetik

Leider ist es bisher versäumt worden, die Problematik der Komparatistik, die sich manche Vertreter dieses Fachs als eine vergleichende Wissenschaft der Künste vorstellen, mit den Problemen der philosophischen Ästhetik zu vergleichen, die ebenfalls alle Kunstformen zum Gegenstand hatte. Als Apotheose dieser Ästhetik gelten nicht zu Unrecht Georg Wilhelm Friedrich Hegels (1770–1831) *Vorlesungen* (1832–1845), in denen nicht nur alle in der ersten Hälfte des 19. Jahrhunderts bekannten Kunstformen, sondern auch alle Epochen der Kunstentwicklung von der frühen Antike bis zur Neuzeit ausführlich kommentiert werden.

Nicht nur Hegels großangelegtes System, das sich mit Wirtschaft, Gesellschaft, Politik, Recht, Religion und Kunst auseinandersetzte, ist bei den Junghegelianern (Ruge, Feuerbach, Stirner, Marx) zerfallen, sondern auch die Ästhetik, die noch der Junghegelianer Friedrich Theodor Vischer (1807–1887) zu erneuern suchte, fiel der wissenschaftlichen Arbeitsteilung zum Opfer. Denn als Bestandteil der Philosophie hatte Ästhetik an deren Peripetien und Widersprüchen teil. Zu den letzteren gehört das Dilemma, daß sich einzelne Philosophen zwar für sprachtheoretische, ästhetische, politische und wirtschaftliche Probleme interessieren, daß sie aber nicht in der Lage sind, diese Probleme in einem einzigen Gedankengebäude zu bewältigen, weil die rasche Entfaltung der Fachwissenschaften (Soziologie, Linguistik, Psychologie) die Kompetenz des Philosophen relativiert, in Frage stellt.

Angesichts dieser Konkurrenz hat die moderne Philosophie verschiedene Optionen, die sie in der jüngsten Vergangenheit auch wahrgenommen hat: Sie kann den gesamten sozialwissenschaftlichen Bereich den vorrückenden Fachwissenschaften überlassen und sich archaisierend in jene ontologische Enklave zurückziehen, die ihr Martin Heidegger (1889–1976) in seinem Hauptwerk *Sein und Zeit* (1927) zuweist: "Die existenziale Analytik des Daseins liegt *vor* jeder Psychologie, Anthropologie und erst recht Biologie (...). Die Abgrenzungen der existenzialen Analytik gegen Anthropologie, Psychologie und Biologie beziehen sich nur auf die grundsätzlich ontologische Frage."[1] Diese Frage, deren dominierende Stellung bei Heidegger die Philosophie auf eine Seinsphilosophie oder Ontologie reduziert, trennt sie zugleich von den Natur- und Sozialwissenschaften: Während diese die Beziehungen zwischen Dingen und Lebewesen untersuchen, befaßt sich Seinsphilosophie oder Ontologie mit dem Sein als solchem, mit den allgemeinen Seinsdeutungen. In ihrem Kontext ist Heideggers Kunst- und Literaturbetrachtung als Ontologie des Kunstwerks, als Lehre von dessen Wesen und Seinsgrund zu verstehen: "Wir fragen nach dem Wesen der Kunst."[2]

Im Gegensatz zu Heidegger, der es auf einen Bruch zwischen Philosophie und Wissenschaft ankommen ließ, haben kritische Rationalisten wie Karl R. Popper und andere Erben des Wiener Kreises[3] eine Verwandlung der Philosophie in Wissenschaftstheorie in die Wege geleitet: Ihnen wird Philosophie zu einer *ancilla scientiae*, die versucht, wissenschaftliche Entwicklungen nachzuvollziehen und zu erklären. Dabei gibt sie jedoch den Anspruch auf, den sowohl der Positivist Comte als auch der Dialektiker Marx erhob, die gesellschaftlichen Verhältnisse, die auch die wissenschaftliche Entwicklung mitbedingen, kritisch zu reflektieren. Dieser Mangel wird vor allem bei Popper sichtbar, der fast ausschließlich die *immanente* Entwicklung der Naturwissenschaften verfolgt.

Im Gegenzug zum Kritischen Rationalismus und zu Heideggers Seinsphilosophie beziehen Vertreter der Kritischen Theorie (Theodor W. Adorno, Max Horkheimer) eine ambivalente und

---

1   M. Heidegger, *Sein und Zeit*, Tübingen, Niemeyer, 1963 (10. Aufl.), S. 45.

2   M. Heidegger, *Der Ursprung des Kunstwerks*, Stuttgart, Reclam, 1960, S. 90.

3   Der Wiener Kreis, der von Moritz Schlick, dem Autor der Programmschrift "Wissenschaftliche Weltauffassung - der Wiener Kreis" (1929), begründet wurde und dem Rudolf Carnap, Hans Reichenbach, Karl R. Popper u.a. angehörten, strebte eine Überwindung der Metaphysik durch formallogisch und empirisch fundiertes wissenschaftliches Denken an.

zugleich paradoxe Position: Es geht darum, dem totalisierenden Systemdenken à la Hegel abzusagen, ohne dabei den Anspruch, die Gesamtheit der gesellschaftlichen Erscheinungen und Prozesse konkret zu erfassen und zu kritisieren, aufzugeben: "Philosophie, die sich noch als total, als System aufwürfe, würde zum Wahnsystem. Gibt sie jedoch den Anspruch der Totalität auf, beansprucht sie nicht länger mehr, aus sich heraus das Ganze zu entfalten, das die Wahrheit sein soll, so gerät sie in Konflikt mit ihrer gesamten Überlieferung."[4]

Der Lösungsvorschlag der Kritischen Theorie, der auch in diesem Buch durchgehend beherzigt wird, ist der Versuch, sozialwissenschaftliche Methodendiskussion und philosophische Reflexion aufeinander zu beziehen und die Entwicklung der Sozialwissenschaften kritisch zu hinterfragen. Für die Literaturwissenschaft bedeutet dies konkret, daß ihre soziologischen, semiotischen oder psychologischen Methoden und Terminologien im Zusammenhang mit ihren philosophisch-ästhetischen Grundlagen kritisch zu reflektieren sind.[5] Komplementär dazu stellt sich für die Komparatistik die Frage nach ihrer eigenen wissenschaftstheoretischen und wissenschaftskritischen Bedeutung. (Siehe: Kap. I und II.)

Das kritisch-theoretische Programm, philosophisch-ästhetische Reflexion und sozialwissenschaftliches Methodenbewußtsein miteinander zu verknüpfen, ist, wie Jürgen Habermas und Helmut Dubiel richtig bemerkt haben[6], am ehesten noch in den frühen Phasen der Kritischen Theorie verwirklicht worden (1923–1947). Nach dem Zweiten Weltkrieg setzte sich vor allem bei Adorno ein philosophischer Diskurs durch, der in der *Negativen Dialektik* (1966) und in der postum veröffentlichten *Ästhetischen Theorie* (1970) die sozialwissenschaftliche Methodologie und Terminolo-

---

4 Th.W. Adorno, "Wozu noch Philosophie", in: ders., *Eingriffe. Neun kritische Modelle*, Frankfurt, Suhrkamp, 1963, S. 13.

5 Siehe: Vf., *Literarische Ästhetik. Methoden und Modelle der Literaturwissenschaft*, Tübingen, Francke (UTB), 1991.

6 Siehe: J. Habermas, *Theorie des kommunikativen Handelns* Bd. 1, Frankfurt, Suhrkamp, 1985, S. 516; H. Dubiel, *Wissenschaftsorganisation und politische Erfahrung. Studien zur frühen Kritischen Theorie*, Frankfurt, Suhrkamp, 1978, S. 23: "Diese Reflexion der eigenen Theorieform geschah in jeweiligen *Verhältnisbestimmungen von Philosophie und Fachwissenschaft.*"

gie preisgab. Wie schon Adornos *Philosophie der neuen Musik* (1958) ist seine *Ästhetische Theorie* ein philosophischer Kommentar, der seinen gesellschaftskritischen Auftrag zwar ernst nimmt, auf spezifisch soziologische oder semiotische Probleme jedoch kaum eingeht.

Im Gegensatz zur Ästhetik Adornos, die lediglich Erkenntnisse der Musikwissenschaft und der Kunstsoziologie aufnimmt, versucht Max Bense, seine *semiotische Ästhetik als Fachwissenschaft* zu konzipieren. Seine Reaktion auf den Prozeß der Arbeitsteilung zeigt, daß die rein philosophische Ästhetik angesichts fortschreitender wissenschaftlicher Spezialisierung unglaubwürdig wird: "Wir haben also nicht nur eine moderne Kunst, sondern auch eine moderne Ästhetik, und der Ausdruck 'modern' soll bedeuten, daß es sich um eine fachwissenschaftliche, nicht nur philosophisch fundierte Ästhetik handelt, daß sie ein methodisch zugängliches, offenes Forschungsgebiet bezeichnet, darin rationale und empirische Verfahren der *Untersuchung* gegenüber spekulativen und metaphysischen Interpretationen vorgezogen werden."[7]

Nicht zu überhören ist in dieser Passage die unterschwellige Kritik an den "metaphysischen" Ästhetiken Hegels sowie des Marxisten und Hegel-Schülers Georg Lukács (1885–1971). Im Gegensatz zu ihnen möchte Bense eine zugleich semiotische und mathematische Ästhetik entwerfen, deren Theoreme quantifizierbar und empirisch überprüfbar sind. Benses Hauptproblem scheint darin zu bestehen, daß er es versäumt, seine eigenen theoretischen und methodologischen Entscheidungen philosophisch-kritisch zu reflektieren, etwa wenn er die amerikanische Semiotik des Peirceschen Typs für die natürliche Grundlage seines eigenen Ansatzes erklärt.[8] Unreflektiert bleiben in solchen Fällen die philosophischen und ideologischen Aspekte und Folgen dieser Vorentscheidung, die konkurrierende semiotische Theorien vorab ausschließt.

Angesichts solcher Einseitigkeiten und Kurz-Schlüsse im ästhetischen Bereich sollte sich die Komparatistik auf das Programm der frühen Kritischen Theorie besinnen und versuchen,

---

7   M. Bense, *Aesthetica*, Stuttgart, Agis Vlg., 1965, S. 317.
8   Siehe: M. Bense, "Die semiotische Konzeption der Ästhetik", in: *Zeitschrift für Linguistik und Literaturwissenschaft* Heft 27/28, 1977, S. 190.

sozialwissenschaftliche Methodologie mit philosophischer Reflexion zu kombinieren. Schon aus diesem Grunde wird sie nicht nur bestrebt sein, die Methodendiskussion der Allgemeinen Literaturwissenschaft für den literarischen Vergleich fruchtbar zu machen, sondern auch die Bedeutung des Vergleichs für die literaturwissenschaftliche und wissenschaftstheoretische Diskussion zu erkennen.

2. Vergleichende und Allgemeine Literaturwissenschaft

Einerseits ist klar, daß der Komparatist es immer wieder mit Gegenständen zu tun haben wird, die über den literarischen Bereich hinausgehen, da Literatur und Musik, Literatur und Film oder Malerei sehr eng miteinander verwoben sind; andererseits muß jedoch deutlich werden, daß die Komparatistik angesichts fortschreitender wissenschaftlicher Arbeitsteilung nicht das Erbe der philosophischen Ästhetik antreten und zu einer vergleichenden Theorie der Künste werden kann. Sie ist primär vergleichende *Literaturwissenschaft* und hat es daher mit dem *verbalen Text* zu tun. Als Texttheorie ist sie in die Allgemeine Literaturwissenschaft eingebettet, die sich mit dem fiktionalen Text und dessen verschiedenen Kontexten befaßt.

Sie hat in dem hier entworfenen Zusammenhang nichts mit Paul Van Tieghems *littérature générale* (siehe Kap. I) gemein, die im Gegensatz zur *littérature comparée* definiert wird: Während die *littérature comparée* den binären Vergleich zum Gegenstand hat (Shakespeare und Goethe, Dostoevskij und Nietzsche), umfaßt die *littérature générale* mehrere Literaturen oder ganze literarische Strömungen wie "europäische Klassik", "europäische Romantik" etc.

Wie andere Komparatisten war Van Tieghem allzu sehr auf den Gegenstand seines Fachs fixiert und verlor dabei den vitalen Nexus von Gegenstand, Theorie und Methode aus den Augen: d.h. die Frage, wie ein bestimmter Gegenstand im Rahmen einer Theorie mit Hilfe einer Methode konstituiert und untersucht wird. Nicht die Frage ist entscheidend, ob die Vergleichende Literaturwissenschaft zwei oder mehrere Literaturen, ganze literarische

Strömungen oder auch nichtverbale Texte (Malerei, Film) untersucht, sondern die Frage, mit welchem theoretischen und methodischen Instrumentarium sie an ihre Probleme herangeht. Dabei versteht es sich von selbst, daß Objektbereich und Problematik die Wahl des Instrumentariums mitbestimmten: Wer Viscontis Verfilmung von Albert Camus' *L'Etranger* kommentiert, wird u.U. versuchen, eine bestimmte Textsemiotik (Narrativik) durch filmsemiotische Ansätze[9] zu ergänzen.

Aus dieser Sicht kann die *Allgemeine Literaturwissenschaft als das theoretische und methodologische Repertoire der Vergleichenden Literaturwissenschaft definiert werden.* Im Rahmen und mit Hilfe der Allgemeinen Literaturwissenschaft kann der Komparatist entscheiden, mit welcher Theorie und wie (Methode) er seinen Objektbereich absteckt und untersucht. Dabei sollte er bedenken, daß jede theoretische und methodologische Vorentscheidung eine zugleich ideologische und ästhetische Entscheidung ist: Stelle ich mich auf den Standpunkt der Kritischen Theorie – wie es hier der Fall ist, – dann beziehe ich eine andere gesellschaftliche Position, als wenn ich die eher zum Kantianismus tendierenden Theorien der Prager Strukturalisten oder den marxistischen Strukturalismus eines Lucien Goldmann anwende. Das theoretische Repertoire der Allgemeinen Literaturwissenschaft erscheint somit als ideologisch heterogener Bereich, der nicht rein instrumentell (was leistet diese Theorie?), sondern auch dialogisch-kritisch (welche Positionen und Interessen artikuliert diese Theorie?) betrachtet werden sollte.

Im Mittelpunkt steht allerdings die Frage, wie literatursoziologische, literaturpsychologische, semiotische und textlinguistische Theorien und Methoden den literarischen Vergleich konkretisieren und nuancieren können. In diesem Zusammenhang erscheint beispielsweise die Kultur- und Textsemiotik eines Jurij Lotman als besonders fruchtbar, weil sie u.a. zeigt, daß in verschiedenen Kulturen nicht nur verschiedene Literaturbegriffe, sondern auch verschiedene Textbegriffe dominieren. Während in einem bestimmten Kulturtyp nur mündlich vorgetragene Texte die Funktion von Texten erfüllen, werden in einem anderen Kulturtyp nur geschriebene Texte als solche erkannt und anerkannt: "Die Äuße-

---

9   Siehe: Ch. Metz, *Semiologie des Films*, München, Fink, 1968.

rungen 'Er ist ein wirklicher Dichter, man druckt ihn' und 'Er ist ein wirklicher Dichter, man druckt ihn nicht' sind in gleicher Weise möglich."[10] Diese Beobachtung wird an anderer Stelle zugleich erweitert und konkretisiert, wenn Lotman bemerkt: "So stellt in einer Reihe antiker und mittelalterlicher Kulturen die religiöse Weihe eine *Weihe zum schriftlichen Text* dar (wie die *Erlaubnis*, den entsprechenden Text zu lesen), z.B. im lamaistischen Buddhismus; in noch älteren Kulturen aber fungiert die Weihe als *mündliche Mitteilung des Sinns* der Schrift, so in den *Upanischaden*."[11]

Lotmans Ausführungen zeigen zweierlei: erstens, daß nicht der Gegenstand des Vergleichs entscheidend ist, sondern der theoretische Kontext, in dem ein Vergleich angestellt wird, und zweitens, daß jede Textwissenschaft – also auch die Komparatistik – in den Sozialwissenschaften verwurzelt ist: in der Sprachwissenschaft, der Anthropologie und der Soziologie.

Das erste Argument tangiert unmittelbar den Objektbereich der Komparatistik, die bei manchen ihrer amerikanischen Vertreter als "Vergleichende Wissenschaft der Künste"[12], und bei René Etiemble gar als Theorie der "Weltliteratur" erscheint.[13] Etiemble, der meint, daß die "echte" Komparatistik die Literaturen der gesamten Menschheit zum Gegenstand hat, übersieht, daß die von Goethe in humanistischer Absicht geprägte Bezeichnung "Weltliteratur" eine ideologische Leerformel ohne theoretische Bedeutung ist. Wie schon Van Tieghem ist er auf den Objektbereich der Komparatistik fixiert und vernachlässigt ihre theoretisch-methodologische Problematik. Selbstverständlich hat er recht, wenn er vom Komparatisten fordert, er solle über den europäischen Kulturbereich hinausgehen; er übersieht jedoch, daß dies nur im Rahmen einer theoretisch fundierten Gegenstandsbestimmung gelingen kann. Die "Weltliteratur" als ganze oder "der Ro-

---

10 J.M. Lotman, "Text und Funktion", in: P.V. Zima (Hrsg.), *Textsemiotik als Ideologiekritik*, Frankfurt, Suhrkamp, 1977, S. 152.

11 Ibid., S. 150-151.

12 U. Weisstein, "Die wechselseitige Erhellung von Literatur und Musik: Ein Arbeitsgebiet der Komparatistik?", in: *Neohelicon* Nr. 5/1, 1977.

13 Siehe: R. Etiemble, *Essais de littérature (vraiment) générale*, Paris, Gallimard, 1974.

man, das Epos in der Weltliteratur" kann nicht zum Gegenstand einer wissenschaftlichen Untersuchung werden; sehr wohl aber "der französische (europäische) und japanische Text- und Literaturbegriff in der zweiten Hälfte des 19. Jahrhunderts". Lotmans Ausführungen deuten an, daß *dieses* Thema mit Hilfe einer anthropologisch und soziologisch ergänzten Kultursemiotik zu behandeln ist. Das zweite Argument mündet in die Frage nach dem Verhältnis von Komparatistik und Sozialwissenschaften.

3. Komparatistik und Sozialwissenschaften

Die von Lotman aufgeworfene Frage nach der gesellschaftlichen Funktion des geschriebenen Wortes weist über die Grenzen der (Vergleichenden) Literaturwissenschaft hinaus, da sie Probleme des gesellschaftlichen Systems, der Institutionalisierung von Textsorten und der sozialen Kommunikation berührt. Sie läßt die enge Bindung der Literaturwissenschaft an die Sozialwissenschaften erkennen, ohne die in den 60er und 70er Jahren eine literaturwissenschaftliche Methodendiskussion gar nicht hätte stattfinden können: Fächer wie Literatursoziologie, Literaturpsychologie oder Semiotik der Literatur gehören allesamt in den Bereich der Sozialwissenschaften, ohne die sie sich nicht hätten entfalten können. Eines der besten Beispiele ist Jurij Lotmans literatursemiotischer Ansatz, der als Synthese von anthropologischen und linguistischen Terminologien und Theoremen zustande kam.[14]

Die Komparatistik ist jedoch nicht nur als *Literaturwissenschaft* mit den Sozialwissenschaften verflochten, sondern auch als Theorie des literarischen *Vergleichs*: Als solche ist sie mit der Vergleichenden Erziehungswissenschaft, der Kontrastiven Linguistik, der Vergleichenden Soziologie und Politologie sowie mit der Vergleichenden Verfassungslehre verwandt. Besonders deutlich tritt diese Verwandtschaft im Zusammenhang mit der Vergleichenden Erziehungswissenschaft in Erscheinung, die sowohl die Rolle des Literaturunterrichts als auch die des Sprachunterrichts

---

14   Siehe z.B. Y.M. Lotman, B.A. Ouspenski, *Ecole de Tartu. Travaux sur les systèmes de signes*, Bruxelles, Ed. Complexe, 1976.

in den verschiedenen nationalen Erziehungssystemen untersucht.[15] Der Literaturunterricht nimmt deshalb eine Schlüsselstel-
lung im Erziehungssystem ein, weil literarische Texte (ähnlich wie
Zeitungen, Zeitschriften und Filme) bestimmte Vorstellungen von
fremden Völkern und Kulturen vermitteln, die sich unmittelbar auf
die Erziehung von Kindern und Jugendlichen auswirken. Schon
aus diesem Grunde sind Komparatistik und Vergleichende Erziehungswissenschaft aufeinander angewiesen, zumal der Komparatist als *Imagologe* oder *Image-Forscher*[16] nicht nur erfahren
möchte, wie fremde Kulturen in einer bestimmten Literatur dargestellt werden, sondern auch der Frage nachgeht, wie die Literatur
im Rahmen bestimmter Institutionen (Schule, Hochschule) auf das
Kollektivbewußtsein einwirkt.

Auf methodologischer Ebene wird klar, daß Komparatistik und
Vergleichende Politologie[17] sich ähnliche Ziele setzen, wenn es
beispielsweise gilt, konstrastiv vorzugehen, um zu erfahren, wie
sich das Fehlen einer geschriebenen Verfassung auf das britische
politische System auswirkt und – analog dazu – welche Folgen
die Abwesenheit einer avantgardistischen Bewegung (des Futurismus, des Surrealismus) in der niederländischen literarischen
Entwicklung zeitigt: Hat die britische Öffentlichkeit andere Vorstellungen vom verfassungsmäßigen Handeln als die französische,
die eine geschriebene Verfassung gewohnt ist? – Stößt ein experimenteller Autor wie J.F. Vogelaar mit seinem avantgardistischen
Roman *Vijand gevraagd* (1967) beim niederländischen Publikum
nicht auf Unverständnis, weil dieses Publikum im Gegensatz zum
französischen, belgischen und italienischen im literarischen Bereich bisher nicht mit einer nennenswerten einheimischen Avantgarde konfrontiert wurde?

Solche Fragen, die der Komparatistik und der Vergleichenden
Politologie gemeinsam sind, lassen nicht nur eine gemeinsame
Problematik (und die Bedeutung des kontrastiven Vergleichs)

---

15 Siehe: I.L. Kandel, *Comparative Education*, Westport (Conn.), Greenwood Press,
    1933, 1970, Kap. 8. - N. Hans, *Comparative Education*, London, Routledge and
    Kegan Paul, 1949, S. 46-47.
16 Zur Imagologie als Forschungsbereich der Komparatistik siehe: H. Dyserinck,
    Komparatistik. Eine Einführung, Bonn, Bouvier, 1981 (2. Aufl.), Kap.I.4.
17 Siehe: B. Badié, G. Hermet, *Politique comparée*, Paris, PUF, 1990.

erkennen, sondern zeigen auch, daß beide Disziplinen auf die Soziologie angewiesen sind: Um die Einstellung bestimmter britischer und französischer Gruppen zur Verfassung und zum verfassungsmäßigen Handeln untersuchen zu können, muß ich mich bestimmter Methoden der empirischen Soziologie bedienen; diese Methoden werden auch von der Leser- oder Rezeptionssoziologie angewandt, wenn es gilt, die Reaktionen des niederländischen Publikums auf Experimente der Avantgarde mit denen des belgischen oder französischen Publikums zu vergleichen.[18]

Schließlich sind Komparatistik und Politologie auch auf die Semiotik angewiesen, denn beide Fächer werden mit den sprachlichen Problemen des *Bezeichnens*, des *Definierens* und des *Klassifizierens* konfrontiert: Sind Schweizer und Jugoslawen Nationen? Gibt es eine schweizerische und eine jugoslawische Literatur und Kultur? Oder kann in der Schweiz[19] nur von einer deutschen, französischen, italienischen und rätoromanischen, im Falle von Jugoslawien nur von einer slowenischen, kroatischen, serbischen und mazedonischen Literatur und Kultur die Rede sein? Gibt es – wie manche Ideologen bis vor kurzem behaupteten – eine sowjetische Literatur und Kultur? – Wie wird *definiert* und *klassifiziert*? Und: Welches Aussagesubjekt *(sujet d'énonciation)* definiert und klassifiziert – und mit welcher Absicht, von welcher ideologischen Warte aus? In allen diesen Fragen gehen Probleme der Komparatistik, der Politologie, der Soziologie und der Semiotik ineinander über, und ihr Verschmelzen zeigt, daß die Sozialwissenschaften, zu denen auch die Komparatistik gehört, nicht auseinanderzudividieren sind.

Es bleibt ein Verdienst der vielgeschmähten positivistischen Komparatistik Frankreichs, daß sie vor allem in den Anfangsphasen ihrer Entwicklung den Dialog mit den anderen Wissenschaften suchte. (Siehe: Kap.I.) Zu Recht wurde ihr Positivismus

---

18 Zur vergleichenden Leser- oder Rezeptionssoziologie siehe: J. Leenhardt, P. Józsa, *Lire la lecture*, Paris, Le Sycomore, 1982. In diesem Buch werden die Rezeptionen eines französischen und eines ungarischen Erfolgsromans durch französische und ungarische Lesergruppen analysiert: Siehe Kap. V.

19 Siehe: M. Gsteiger, "Literaturbeziehungen im mehrsprachigen Staat. Die Deutschschweiz und die sprachlichen Minoritäten", in: J. Strutz, P.V. Zima (Hrsg.), *Komparatistik als Dialog*, Frankfurt-Bern-New York-Paris, Peter Lang, 1991.

in der Vergangenheit beanstandet; er wird auch im ersten Kapitel dieses Buches als entscheidendes Manko dargestellt. Ihr Interesse für die wissenschaftliche Entwicklung soll hier jedoch in einem neuen Kontext aktualisiert werden: denn die traditionelle Komparatistik leidet nicht nur unter ihrem Positivismus, sondern auch an ihrer geistesgeschichtlichen Allergie gegen den sozialwissenschaftlichen Diskurs.

4. Komparatistik und Nationalphilologie

Im Anschluß an die zahlreichen Auseinandersetzungen zwischen der Komparatistik und den Nationalphilologien, die, wie Hugo Dyserinck gezeigt hat, im Deutschland der Jahrhundertwende auf einen Konflikt zwischen Komparatistik und Germanistik hinausliefen[20], ist die Versuchung groß, die vergleichende gegen die nationale Literaturwissenschaft auszuspielen. Tatsächlich könnte nachgewiesen werden, daß z.B. Germanisten nicht im Bereich ihrer Nationalliteratur verharren können, weil sie vom Gegenstand selbst gezwungen werden, den nationalen Rahmen zu sprengen und vergleichend vorzugehen: Es ist eine Binsenwahrheit der Mediävistik, daß es zumindest unbefriedigend ist, das Werk Wolfram von Eschenbachs aus sich selbst deuten zu wollen, ohne den Einfluß Chrétien de Troyes zu berücksichtigen.[21] Unbefriedigend, weil unvollständig ist auch eine Darstellung von Stefan Georges Ästhetizismus, die Stéphane Mallarmés und Charles Baudelaires nachhaltige Wirkung auf George und seinen Kreis unerwähnt läßt.

Insofern mag Ulrich Schulz-Buschhaus recht behalten, wenn er von der "Unvermeidlichkeit der Komparatistik" spricht: "Will sich die literarhistorische Erkenntnis nicht selbst schädigen, wird ihr Komparatistik doppelt unvermeidlich, weil sie (...) einerseits aus den Eigentümlichkeiten der einzelsprachlichen Literaturen das Gemeinsame gewinnt, andererseits die Eigentümlichkeit einer

---

20 Siehe: H. Dyserinck, *Komparatistik*, op.cit., S. 34.
21 Siehe: E. Köhler, *Ideal und Wirklichkeit in der höfischen Epik*, Tübingen, Niemeyer, 1970, S. 188 u. 243.

einzelsprachlichen Literatur nachprüfbar aber auch nur durch kontrastive Differenzierung aus dem Bestand des Gemeinsamen umreißen kann."[22] Mit anderen Worten: das Spezifische der deutschen oder niederländischen Literatur wird erst im kontrastiven Vergleich wahrnehmbar, und erst der Vergleich läßt den gemeinsamen Nenner der verschiedenen europäischen Romantiken, Symbolismen und Avantgarden zutage treten.

Wer seine Unvermeidlichkeit nachgewiesen hat, der sollte nicht zusätzlich Monopolansprüche erheben, sondern versuchen, sich dem Andersartigen gegenüber aufgeschlossen und versöhnlich zu zeigen: Die Daseinsberechtigung der Nationalphilologien soll hier nicht geleugnet, sondern lediglich komparatistisch konkretisiert werden. Denn wie es Erscheinungen und Ereignisse gibt, die nur im komparatistischen Rahmen zu verstehen sind, so gibt es auch Vorgänge, die primär im Kontext einer Nationalliteratur erklärt werden müssen. Obwohl in Cervantes' *Don Quijote* zahlreiche antike Einflüsse nachgewiesen werden können, sollte sein Roman in erster Linie als eine parodistische Reaktion auf den spanischen Ritterroman gelesen werden, also im Rahmen der kastilisch-spanischen literarischen Evolution. Ähnlich verhält es sich bei der deutschen Sturm-und-Drang-Bewegung, die zwar durchaus als eine Aktualisierung Shakespeares und als polemische Reaktion auf den erstarrenden französischen Klassizismus zu deuten ist, in erster Linie jedoch im Gegensatz zur deutschen Aufklärung verstanden werden sollte. Ein letztes Beispiel aus dem französischen Sprachbereich: Der Nouveau Roman (Butors, Cl. Simons und Robbe-Grillets) hätte sich ohne die Experimente Faulkners, Kafkas, Joyces und Becketts wahrscheinlich nicht entwickeln können; die theoretischen Kommentare Alain Robbe-Grillets (*Pour un nouveau roman*, 1963) und Jean Ricardous (*Pour une théorie du nouveau roman*, 1971) zeigen indes mit aller Deutlichkeit, daß diese neue Romanform primär als kritisch-polemische Reaktion auf die Schreibweise der Existentialisten Sartre und Camus und als Auseinandersetzung mit Marcel Proust

---

22 U. Schulz-Buschhaus, "Die Unvermeidlichkeit der Komparatistik. Zum Verhältnis von einzelsprachlichen Literaturen und Vergleichender Literaturwissenschaft", in: *Arcadia* Nr. 14, 1979, S. 235.

zu verstehen ist. Nationaler und internationaler Kontext greifen also ineinander und sollten nicht voneinander isoliert werden.

Dies ist der Grund, weshalb Komparatistik und Nationalphilologie einander in den Institutionen ergänzen und unterstützen sollten. Solange es nationale Gesellschaften gibt, die legitime Objekte (Objektkonstruktionen) der Wirtschaftswissenschaft, der Soziologie und der Politologie sind, weil sich z.B. die französischen politischen Institutionen in ihrer Eigengesetzlichkeit grundsätzlich von den deutschen *unterscheiden* (Unitarismus vs. Föderalismus), wird es auch vernünftig sein, Literatur aus nationaler (nicht nationalistischer!) Sicht zu betrachten. Auch die literarischen *Institutionen* Frankreichs (z.B. die Académie française) unterscheiden sich von den deutschen, niederländischen oder englischen. Die nationalphilologische Ausrichtung erscheint also auch im sozialwissenschaftlichen Kontext sinnvoll; doch dieser Kontext lebt vom Vergleich, von der Analogie, vom Kontrast, und er wäre zur Unfruchtbarkeit verurteilt, wenn Wissenschaftler die in ihm angelegten Vergleichsmöglichkeiten nicht wahrnehmen würden.

I. Zur Wissenschaftsgeschichte der Komparatistik

Die meisten Einführungen in die Komparatistik oder Vergleichende Literaturwissenschaft (Littérature Comparée, Comparative Literature) stellen die Entstehung dieses Faches in den europäischen und nordamerikanischen Universitäten dar. Zu Recht heben ihre Autoren die unterschiedlichen institutionellen Rahmenbedingungen hervor, in denen sich die deutsche, französische, britische oder amerikanische Komparatistik entwickelt hat, und versuchen, die bisweilen divergierenden Definitionen des Objektbereichs und die ihnen entsprechenden Methoden im Zusammenhang mit den besonderen nationalen Institutionalisierungsprozessen zu verstehen.[1]

Dabei werden nicht nur die Kontroversen zwischen der "amerikanischen" und der "französischen Schule" hervorgehoben, die auch in diesem Kapitel zur Sprache kommen, sondern es wird in regelmäßigen Abständen das theoretische Defizit der Vergleichenden Literaturwissenschaft beklagt, einer Disziplin, die es immerhin seit der Jahrhundertwende gibt, als die ersten bahnbrechenden Arbeiten von H.M. Posnett in Großbritannien, Wilhelm Wetz in Deutschland und Joseph Texte in Frankreich erschienen. Trotz des angehäuften Wissens eines ganzen Jahrhunderts scheint die zeitgenössische Komparatistik – im Gegensatz etwa zur Linguistik oder Soziologie – ohne eine eigene Theorie auszukommen. Denn der Konsens, der sich nach dem Zweiten Weltkrieg herausgebildet hat, wird in Erwin Koppens Aufsatz "Hat die Vergleichende Literaturwissenschaft eine eigene Theorie?" (1971) in einer Antwort auf die Titelfrage lapidar zusammengefaßt: "Nun, die Antwort kann auf Grund unseres bisherigen Befundes nur negativ sein."[2]

---

1   Siehe: H. Dyserinck, *Komparatistik. Eine Einführung*, Bonn, Bouvier, 1981 (2. Aufl.), S. 19-48; P. Brunel, Cl. Pichois, A.-M. Rousseau, *Qu'est-ce que la littérature comparée?*, Paris, Armand Colin, 1983, S. 15-30.

2   E. Koppen, "Hat die Vergleichende Literaturwissenschaft eine eigene Theorie?", in: H.Rüdiger (Hrsg.), *Komparatistik. Aufgaben und Methoden*, Stuttgart, Kohlhammer, 1973, S. 56. Siehe aber auch: E. Koppen, "Komparatistik für Ahnungslose", in: *Neohelicon* 12/1, 1985, S. 170: "Im übrigen versteht sich, daß auch der 'verglei-

Bei diesem Befund wird jedoch übersehen, daß sowohl die französische als auch die amerikanische Komparatistik in der Anfangsphase ihrer Entwicklung, die vom Szientismus und Positivismus beherrscht wurde, durchaus wissenschaftliche und wissenschaftstheoretische Ansprüche erhob, die sie nur deshalb nicht einlösen konnte, *weil sie im Laufe der Jahrzehnte den Kontakt zu den Sozialwissenschaften und zur literaturwissenschaftlichen Methodendiskussion verlor*. So leidet beispielsweise noch die zeitgenössische französische Komparatistik an ihrem Unvermögen, die theoretischen Probleme der *Nouvelle Critique* der 60er und 70er Jahre in die eigenen Fragestellungen aufzunehmen und für den literarischen Vergleich fruchtbar zu machen.

Es ist deshalb ein Anliegen dieses Kapitels, die Entwicklung der Komparatistik auf wissenschaftstheoretischer Ebene in aller Knappheit kritisch zu rekonstruieren, um zu zeigen, daß die oft beklagte theoretische Harmlosigkeit dieser Disziplin neueren Datums ist: Ihre Begründer nahmen sich im ausgehenden 19. Jahrhundert durchaus vor, in Anlehnung an den Comteschen Positivismus Hippolyte Taines (1828-1893), den darwinistischen Szientismus Ferdinand Brunetières (1849-1906) und den soziologischen Positivismus Gustave Lansons (1857-1934) eine exakte Literaturwissenschaft zu konzipieren, die in Übereinstimmung mit den Naturwissenschaften nach Fakten und Gesetzen Ausschau hielt. Ähnliche Bestrebungen sind auch in den Arbeiten der frühen amerikanischen Komparatistik zu beobachten.

Der positivistische und szientistische Wissenschaftsbegriff war noch in der französischen Komparatistik der 50er und 60er Jahre herrschend, als er in anderen Wissenschaftsbereichen – etwa in der Semiotik, der Soziologie und der Psychologie – längst zerfallen war. Die theoretische Orientierungslosigkeit der zeitgenössischen Anhänger dieser Wissenschaft ist in diesem Zusammenhang zu verstehen: Sie huldigten bis vor kurzem einem diskreditierten Wissenschaftsideal, das von so verschiedenen Wissenschaftler-

---

chende' Literaturwissenschaftler über die grundlegenden Fragen und Probleme der Literaturtheorie Bescheid wissen muß, also stets auch 'Allgemeine' Literaturwissenschaft zu betreiben hat (...)."

gruppen wie den kritischen Rationalisten (K.R. Popper, H. Albert), den Anhängern der Kritischen Theorie (Th.W. Adorno, J. Habermas) und den radikalen Konstruktivisten (H. Maturana, E. von Glasersfeld) mit Erfolg kritisiert worden war.[3]

In dieser Situation genügt es nicht, im Anschluß an die Methodendiskussionen in der Allgemeinen Literaturwissenschaft[4] einem vagen Methodenpluralismus das Wort zu reden und sich eine Komparatistik vorzustellen, die sich – wenn auch zaghaft – hermeneutischer, soziologischer und semiotischer Begriffe bedient. Weder Jurij Lotmans Kultursemiotik noch Niklas Luhmanns Theorie sozialer Systeme wird eine Disziplin retten, solange diese nicht ihr *eigenes theoretisches Potential* im Lichte der neuesten sozialwissenschaftlichen Diskussionen *reflektiert*.

1. Komparatistik in Frankreich: Die positivistische Tradition

Der Hinweis auf die soziologischen Debatten der 60er und 70er Jahre ist hier kein Zufall, sondern erfüllt im Argumentationszusammenhang dieses Kapitels eine besondere Funktion: Es soll gezeigt werden, daß die frühe französische und amerikanische Soziologie von ähnlichen methodologischen Prämissen ausging wie die frühe Komparatistik, daß sie jedoch in späteren Stadien ihrer Entwicklung das positivistische Denkmuster der frühen Jahre sprengte, während die Vergleichende Literaturwissenschaft der 50er und 60er Jahre – vor allem in Frankreich – weiterhin im positivistischen Denken verharrte. Anders als die Soziologie, die nach dem Niedergang des von Auguste Comte inspirierten Positivismus hermeneutische (Norbert Elias), dialektische (Kritische Theorie), phänomenologische (Alfred Schütz), marxistische (Pierre

---

3 Siehe: Th.W. Adorno u.a., *Der Positivismusstreit in der deutschen Soziologie*, Darmstadt-Neuwied, Luchterhand, 1969; S.J. Schmidt (Hrsg.), *Der Diskurs des Radikalen Konstruktivismus*, Frankfurt, Suhrkamp, 1987.

4 Siehe z.B.: D. Harth, P. Gebhardt (Hrsg.), *Erkenntnis der Literatur. Theorien, Konzepte, Methoden*, Stuttgart, Metzler, 1982.

Bourdieu), kritisch-rationalistische (Hans Albert) und systemtheo-
retische (Niklas Luhmann) Modelle entwickelte, zeigte sich die
Komparatistik nach dem Zerfall des neopositivistischen Modells
in den 50er und 60er Jahren überfordert.

Nur allmählich fand sie – vor allem in Deutschland, Kanada
und den Vereinigten Staaten – Anschluß an die literaturwissenschaftliche Methodendiskussion. So haben in Deutschland vor
allem Autoren wie Gerhard R. Kaiser, Manfred Schmeling und
Erika Fischer-Lichte versucht, soziologische (Kaiser) und semiotische (Schmeling, Fischer-Lichte) Ansätze für den literarischen
Vergleich fruchtbar zu machen[5], während in Kanada Literaturwissenschaftler wie Wladimir Krysinski und Darko Suvin semiotische
Theorien im komparatistischen Kontext angewandt und weiterentwickelt haben.[6]

Doch auch in ihren – z.T. sehr wertvollen – Beiträgen wurde
die wesentliche Frage nach dem wissenschaftstheoretischen Potential der Komparatistik und der Stellung dieser Disziplin im Bereich der Sozialwissenschaften nicht aufgeworfen. Übersehen
wurde dabei die Tatsache, daß die literarische Komparatistik und
die Komparatistik allgemein – als Vergleichende Soziologie, Vergleichende Politologie oder Vergleichende Erziehungswissenschaft
– eine dialogische, reflexive und dialektische Wissenschaft par
excellence ist, deren Gegenstände den interkulturellen Dialog und
die Selbstreflexion des Wissenschaftlers voraussetzen.

Es nimmt nicht wunder, daß der dialogisch-dialektische Charakter der Vergleichenden Literaturwissenschaft in der positivistischen Phase dieser Disziplin nicht wahrgenommen wurde. Denn
als im ausgehenden 19. Jahrhundert in Frankreich, Großbritannien
und Deutschland die "Klassiker" der Komparatistik erschienen –

---

5   Siehe: E. Fischer-Lichte, *Semiotik des Theaters. Eine Einführung* (3 Bde.), Tübin-
    gen, G. Narr Vlg., 1988-1989. - G.R. Kaiser, *Einführung in die Vergleichende Literaturwis-
    senschaft. Forschungsstand - Kritik - Aufgaben*, Darmstadt, Wiss. Buchgesellschaft,
    1980; M. Schmeling, *Der labyrinthische Diskurs. Vom Mythos zum Erzählmodell*,
    Frankfurt, Athenäum, 1987.

6   W. Krysinski, *Carrefour de signes: essais sur le roman moderne*, Den Haag - Paris
    - New York, Mouton, 1981; D. Suvin, "Two Holy Commodities: The Practices of
    Fictional Discourse and Erotic Discourse", in: *Sociocriticism* Nr. 2, 1985.

etwa Hutcheson Macaulay Posnetts *Comparative Literature* (London, 1886), Wilhelm Wetz' *Shakespeare vom Standpunkte der vergleichenden Literaturgeschichte* (Worms, 1890) und Joseph Textes *Jean-Jacques Rousseau et les origines du cosmopolitisme littéraire* (Paris, 1895) –, war es den Autoren primär um das Finden von Fakten und das Aufzeigen von Gesetzen zu tun. In dieser Hinsicht waren sich die "founding fathers" der amerikanischen und der französischen (der Durkheimschen) Soziologie mit den Begründern der Komparatistik einig.

Wie sehr in Frankreich, wo Madame de Staël (Baronne de Staël-Holstein, 1766-1817) mit ihrem Buch *De l'Allemagne* (1810) das Interesse am Kulturvergleich weckte, die "littérature comparée" nach positivistischer Manier im naturwissenschaftlichen Kontext gesehen wurde, fiel Hugo Dyserinck auf: "In Frankreich kam noch zu Lebzeiten der Mme de Staël der Begriff 'littérature comparée' (wahrscheinlich in Analogie zur 'anatomie comparée') im Wortschatz der offiziellen Literaturgeschichtsschreibung und des Unterrichtswesens auf."[7]

Es blieb nicht bei dieser oberflächlichen Analogie: Ferdinand Brunetière, der im Jahre 1900 auf dem "Congrès d'Histoire Comparée" in Paris einen Vortrag mit dem Titel "La Littérature européenne" hielt, versuchte, die Evolutionstheorie Charles Darwins (1809-1882), die u.a. besagt, daß nur die tüchtigsten Lebewesen den natürlichen Ausleseprozeß überleben, auf die literarische Entwicklung anzuwenden: In *L'Evolution de la poésie lyrique en France au XIXe siècle* (1894) versucht er beispielsweise zu zeigen, wie literarische Gattungen – ähnlich wie Tiergattungen – entstehen und untergehen und wie ihre Zerfallsprodukte neuen Textsorten als Rohmaterial dienen.

In Anlehnung an den Positivisten und Comte-Schüler Hippolyte Taine (1828-1893) schlägt Brunetière in *L'Evolution des genres* (1892) eine Anwendung der naturwissenschaftlichen Methoden

---

7   H. Dyserinck, *Komparatistik*, op.cit., S. 21.

Darwins und Haeckels[8] auf die Literaturgeschichte vor. Er spricht von einer "critique littéraire", "die auf der Naturgeschichte Darwins und Haeckels gründen würde" ("qui se fonderait sur l'histoire naturelle de Darwin et de Haeckel").[9] Den zweiten wesentlichen Bezugspunkt dieses Buches bildet Taines soziologische und recht deterministische Theorie der *Rasse*, des *Milieus* und des *Augenblicks* (*race, milieu, moment*), zu der Brunetière bemerkt: "Weshalb haben die Semiten oder die Chinesen kein Epos? Weshalb kennen die Germanen die Kunst des Dramas nicht? Wenn die *Rasse* zur Begründung nicht ausreicht, so wird uns vielleicht der Einfluß der *Umgebungen (milieux)* die Erklärung liefern (...)."[10] Wie Taine versteht Brunetière unter *milieu* die geographischen und sozialen Faktoren.

Taines positivistischer Einfluß macht sich auch in den Arbeiten Joseph Textes bemerkbar, der im Jahre 1896 an der Universität von Lyon den ersten französischen Lehrstuhl für Vergleichende Literaturwissenschaft bekam. In einem Artikel, der 1896 in der *Revue de philologie française et de littérature* erschien, geht er indirekt auf die Beziehung zwischen Taines Soziologie und der vergleichenden Methode ein, wenn er bemerkt: "Unentbehrlich für diejenigen unter den Schülern Taines, die glauben, daß das literarische Werk ein Produkt der Umgebung, des *Moments* und der Rasse ist, wird die vergleichende Methode auch denjenigen als unentbehrlich erscheinen, die vor allem danach streben, das Persönliche eines jeden Werkes und das Originelle einer jeden Literatur aufzufinden."[11] Noch nachhaltiger als der Einfluß Taines wirkte die Evolutionstheorie Brunetières auf Texte, den man ohne Übertreibung als einen Schüler Brunetières be-

---

8   Ernst Haeckel (1834-1909): Begründer einer biologischen Philosophie, die den Faktor der Vererbung in den Mittelpunkt der Betrachtung rückt und die Philosophie analog zur Biologie des 19. Jhs. auf das Prinzip der Entwicklung gründet. Haeckels Lehren haben sowohl im Marxismus-Leninismus (bei Lenin) als auch im Nationalsozialismus gewirkt.

9   F. Brunetière, *L'Evolution des genres dans l'histoire de la littérature*, Paris, Hachette, 1922, S. 18.

10 Ibid., S. 21.

11 J. Texte, "L'Histoire comparée des littératures", in: *Revue de philologie française et de littérature* Nr. 10, 1896, S. 246.

zeichnen kann. (Der erste Kontakt kam in Rochefort-sur-Mer zustande, wo Texte das Gymnasium besuchte, an dem Brunetière lehrte.)

In Übereinstimmung mit Texte, der im Jahre 1900 starb, vertrat sein Nachfolger, der Elsässer Fernand Baldensperger (1871-1958), einen positivistischen Standpunkt im Sinne von Comte, Taine und Brunetière. Stärker noch als in seinem Buch *Goethe en France* (1904) tritt sein Positivismus in einem programmatischen Artikel "Vergleichende Literaturwissenschaft – Das Wort und die Sache" (1921) zutage. Die Bedeutung dieser Publikation besteht nicht nur darin, daß sie einen Überblick über die Entwicklung der Komparatistik bis 1920 vermittelt, sondern auch darin, daß sie – zumindest ansatzweise – die wissenschaftstheoretische und wissenschaftspolitische Lage dieses Faches schildert: "Die 'komparativen' Wissenschaften in der Biologie hatten sich im ersten Drittel des 19. Jahrhunderts zu speziellen Disziplinen konstituiert, und die Literaturgeschichte konnte nicht umhin, sich auf ihre Weise davon anregen zu lassen. Cuvier in vergleichender Anatomie (1800-1805), Blainville in vergleichender Physiologie (1833), Coste in vergleichender Embryogenese (1837), sie alle hatten, mit verschiedenen Zielen, ihre Arbeiten unter dem Blickwinkel der vergleichenden Untersuchung veröffentlicht (...)."[12]

Hier wird deutlich, daß die "vergleichende Methode" als Bestandteil des *biologischen Paradigmas* (im Sinne von Thomas S. Kuhn)[13] von der Literaturgeschichte und der sich konstituierenden Vergleichende Literaturwissenschaft übernommen wurde. In diesem Zusammenhang nimmt es nicht wunder, daß sich in dieser Disziplin vor allem der Einfluß von Autoren wie Auguste

---

12 F. Baldensperger, "Vergleichende Literaturwissenschaft - Das Wort und die Sache", in: H.N. Fügen (Hrsg.), *Vergleichende Literaturwissenschaft*, Düsseldorf-Wien, Econ Vlg., 1973, S. 26. - Siehe auch: P. Van Tieghem, *La Littérature comparée*, Paris, Armand Colin, 1946, S. 20: "On a introduit le mot *comparé* dans l'histoire littéraire à peu près en même temps que dans la philologie, l'anatomie et la physiologie, et sous l'influence des mêmes idées."

13 Siehe: Th. S. Kuhn, *Die Struktur wissenschaftlicher Revolutionen*, Frankfurt, Suhrkamp, 1976 (2. Aufl.); K. Bayertz, *Wissenschaftstheorie und Paradigmabegriff*, Stuttgart, Metzler, 1981.

Comte, Hippolyte Taine und Ferdinand Brunetière bemerkbar machte, die die Entwicklung der Sozial- und Humanwissenschaften nach naturwissenschaftlichen Kriterien beurteilten: Comte rechnete die Soziologie zusammen mit der Biologie zu den "organischen Wissenschaften".[14] Dies ist der Grund, weshalb in diesem Kapitel eine systematische Neuorientierung der Komparatistik an der Problematik der zeitgenössischen Methodendiskussion vorgeschlagen wird. Diese radikale Umorientierung, die implizit oder andeutungsweise auch in anderen komparatistischen Arbeiten befürwortet wird[15], soll dazu beitragen, daß die moderne Komparatistik nach dem Zerfall positivistischer Modelle von ihrem – noch immer lebendigen – Faktenfetischismus befreit wird und ihre Orientierungslosigkeit überwindet.

Trotz Baldenspergers Kritik an Brunetières "Formalismus"[16] macht sich in seinem Artikel aus dem Jahre 1921 immer wieder der übermächtige Einfluß Taines, Brunetières und Darwins bemerkbar. Einerseits wird Brunetières Theorie von der Entwicklung der Gattungen "kraftvolle Logik" bescheinigt, andererseits heißt es vom literarischen Darwinismus, den Brunetière in Frankreich einführte: "Und sicher konnte sich dieser literarische Darwinismus im Rahmen einer einzelnen Tradition bewegen und bestätigen; aber der hier angesprochene Daseinskampf führte ganz notwendig die vitalen Kräfte einer Gattung dazu, sich durch Übernahmen und Nacheifern zu kräftigen, und das konnten die nationalen Grenzen nicht aufhalten."[17] Anders gesagt: Das parasitäre Vermögen einzelner literarischer Gattungen, sich fremde Gedanken und Verfahren anzueignen, erzeugt eine Vitalität (im Sinne von Darwin), die die nationalen Grenzen sprengt. Der vergleichende Literaturwissenschaftler hat dieser "darwinistischen Tatsache" Rechnung zu tragen.

---

14 A. Comte, *Discours sur l'esprit positif*, Paris, Vrin, 1983, S. 157.

15 Siehe z.B.: G.R. Kaiser, *Einführung in die Vergleichende Literaturwissenschaft*, op.cit., S. 52 - sowie H. Stiehler, "Komparatistik als 'vergleichende Literatursoziologie'", in: *Neue Literatur* (Bukarest) Nr. 4, 1982.

16 F. Baldensperger, "Vergleichende Literaturwissenschaft - Das Wort und die Sache", op.cit., S. 34.

17 Ibid., S. 30.

Nach dem Ersten Weltkrieg spielte in Frankreich zwar die Suche nach Gesetzen im Sinne von Comte, Darwin und Brunetière nur noch eine untergeordnete Rolle, aber die zweite, die empiristische Komponente des Positivismus war stärker ausgeprägt denn je. Dies zeigt u.a. Paul Van Tieghems Standardwerk *La Littérature comparée* (1931), in dem nicht nur die bekannte Trennung zwischen *littérature comparée* und *littérature générale* (s. weiter unten) durchgeführt wird, sondern in dem auch – vor allem in Anlehnung an Gustave Lanson – immer wieder die Bedeutung des Faktischen hervorgehoben wird. Dort wird nicht nur für das Sammeln der "größtmöglich(en) Anzahl von Fakten" und den Verzicht auf ästhetische Werturteile plädiert[18], sondern allgemein für eine empiristische Ausrichtung der Wissenschaft, die auch für Lansons Werk, etwa für seine Studie "La Méthode de l'histoire littéraire" (1910), charakteristisch ist, in der eine affekt- und ideologiefreie ("wertungsfreie") Betrachtung der Tatsachen befürwortet wird: "Unser Ideal ist, den Bossuet und den Voltaire zu rekonstruieren, den weder der Katholik noch der Antiklerikale wird ablehnen können (...)."[19]

Das Problem ist, daß es einen solchen Bossuet oder Voltaire nicht gibt, weil es sich in beiden Fällen – wie Lanson *sagt*, aber nicht *sieht* – um nur mögliche (d.h. kontingente, partikulare) Objekt*konstruktionen* handelt, die aufgrund bestimmter affektiver (individueller) und ideologisch bedingter (kollektiver) Selektionen und Klassifikationen zustande kommen. Die "faits" oder "faits généraux", von denen Van Tieghem und Lanson sprechen, sowie die "influences reçues et exercées", von denen bei Van Tieghem die Rede ist[20], sind eben konstruiert oder gar vorkonstruiert, und eines der Probleme des älteren Positivismus besteht in seiner

---

18 P. Van Tieghem, "Grundlagen und allgemeine Methoden", in: H.N. Fügen (Hrsg.), *Vergleichende Literaturwissenschaft*, op.cit., S. 80. Siehe auch: P. Van Tieghem, *La Littérature comparée*, Paris, Armand Colin, 1946 (3. Aufl.), S. 10-17 und S. 21: "embrasser le plus grand nombre de faits différents d'origine, pour mieux expliquer chacun d'eux."

19 G. Lanson, "La Méthode de l'histoire littéraire", in: ders., *Essais de méthode, de critique et d'histoire littéraire*, Paris, Hachette, 1965, S. 32-33.

20 G. Lanson, "La Méthode de l'histoire littéraire", op.cit., S. 33 und: P. Van Tieghem, *La Littérature comparée*, op.cit., S. 16.

Unfähigkeit, den *Konstruktionsprozeß* zu reflektieren. (Siehe Kap. II.)

An dieser Stelle erscheint ein Exkurs zur französischen Soziologie der Jahrhundertwende sinnvoll. Es ist wohl kein Zufall, daß Emile Durkheim (1858-1917), der Begründer der modernen französischen Soziologie, im Jahre 1904 Gustave Lanson einlud, an der Ecole des Hautes Etudes einen Vortrag mit dem Titel "L'Histoire littéraire et la sociologie" zu halten. Denn in diesem Vortrag kommt das dem Soziologen und dem Literaturhistoriker gemeinsame Anliegen zum Ausdruck, den Impressionismus und Subjektivismus der Philosophen und Literaturkritiker zu überwinden, um der *Fakten* habhaft zu werden. Dem Vortrag kommt nicht nur deshalb große Bedeutung zu, weil Lanson sich auf Taine, Brunetière und Baldensperger beruft und auf die Wirkung ausländischer Werke in der französischen Literatur hinweist[21], sondern auch – und vor allem – deshalb, weil er in Übereinstimmung mit Durkheim die Suche nach *kollektiven Fakten* einleitet.

Wie Durkheim, der es in seiner Kritik am britischen Soziologen Herbert Spencer (1820-1903) ablehnt, die Gesellschaft als Ansammlung von Individuen zu deuten und statt dessen versucht, individuelles Verhalten – etwa den Selbstmord[22] – als Ausdruck kollektiver Probleme zu verstehen, schlägt Lanson vor, die Werke und die Persönlichkeiten von Philosophen und Schriftstellern als *kollektive Erscheinungen* aufzufassen. "Unsere Studie", betont er, "neigt dazu, aus dem Schriftsteller ein soziales Produkt und eine soziale Ausdrucksweise zu machen (un produit social et une expression sociale)."[23] Er veranschaulicht diesen Gedanken,

---

21 G. Lanson, "L'Histoire littéraire et la sociologie", in: ders., *Essais de méthode, de critique et d'histoire littéraire*, op.cit., S. 70-72.

22 Siehe: E. Durkheim, *Le Suicide. Etude de sociologie*, Paris, Alcan, 1897 und: ders., "Qu'est-ce qu'un fait social?" in: ders., *Les Règles de la méthode sociologique*, Paris, PUF, (1895), 1987, S. 9: "Ainsi, il y a certains courants d'opinion qui nous poussent, avec une intensité inégale, suivant les temps et les pays, l'un au mariage par exemple, un autre au suicide ou à une natalité plus ou moins forte, etc. Ce sont évidemment des faits sociaux." - Sowohl auf lexikalischer ("faits sociaux") als auch auf diskursiver Ebene kann im Frankreich der Jahrhundertwende eine Parallelentwicklung von Soziologie und Literaturwissenschaft aufgezeigt werden.

23 G. Lanson, "L'histoire littéraire et la sociologie", op.cit., S. 70.

wenn er hinzufügt: "Der Descartes und der Rousseau, der wirkt, ist weder Descartes noch Rousseau, es ist das, was das Publikum in ihren Büchern liest und mit ihren Namen bezeichnet; und dies hängt vom Publikum ab und ändert sich mit dem Publikum. Jede Generation liest sich selbst in Descartes und Rousseau, gestaltet einen Descartes und einen Rousseau nach ihrem Gleichnis und für ihre Bedürfnisse. Das Buch ist daher eine soziale Erscheinung, die sich entwickelt."[24]

Zu Unrecht wird Lanson von vielen zeitgenössischen Literaturwissenschaftlern als "Positivist" achtlos beiseite geschoben: Denn seine methodologischen Schriften lassen nicht nur ein reges Interesse für die damaligen Sozialwissenschaften (Soziologie, Psychologie) erkennen, sondern bestätigen die Vermutung, daß die Literaturwissenschaft als Literaturgeschichte um die Jahrhundertwende den Dialog mit den Sozialwissenschaften nicht nur suchte, sondern auch bereicherte. Lansons in Anlehnung an Durkheim entwickelte Theorie der kollektiven Fakten antizipiert Jan Mukařovskýs Begriff des "ästhetischen Objekts"[25] sowie wesentliche Einsichten der Konstanzer Rezeptionsästhetik.

Nach dem Zweiten Weltkrieg gab die französische Komparatistik Lansons avancierte Position auf, als sie, in Baldenspergers und Paul Van Tieghems Faktenfetischismus verharrend, den Kontakt zur Soziologie, zur Semiotik (des Prager Linguistenkreises) und zu den anderen Sozialwissenschaften verlor. Rund zwei Jahrzehnte nach der Entstehung einer phänomenologischen Soziologie bei Alfred Schütz (1932), der Wissenssoziologie bei Karl Mannheim (*Ideologie und Utopie*, 1929) und einer radikalen Kritik an positivistischen Ansätzen in der Kritischen Theorie und im Kritischen Rationalismus[26] legte Marius-François Guyard im Jahre 1951 sein Buch *La Littérature comparée* vor. Bekannter als der Haupttext ist das kurze Vorwort des damals einflußreichsten französischen Komparatisten: Jean-Marie Carrés, des Autors von

---

24 Ibid.
25 Siehe Kap. 5 in diesem Buch.
26 Siehe: A. Schütz, *Der sinnhafte Aufbau der sozialen Welt*, Wien, 1932; K. Mannheim, *Ideologie und Utopie*, Bonn, 1929 und M. Horkheimer, *Traditionelle und kritische Theorie. Vier Aufsätze*, Frankfurt, Fischer, 1970.

Goethe en Angleterre (1920). Dieser läßt keinen Zweifel daran aufkommen, daß er alles ablehnt, was über das empirisch Nachweisbare hinausgeht: Internationale Strömungen wie Humanismus, Romantik oder Symbolismus sind ebensowenig Gegenstand der *Littérature comparée* wie typologische Ähnlichkeiten zwischen Gattungen oder Einzelwerken. Der eigentliche Gegenstand der Komparatistik sind – wie schon bei Paul Van Tieghem und Fernand Baldensperger – die tatsächlichen Beziehungen: "Die vergleichende Literaturwissenschaft ist ein Zweig der Literaturgeschichte: Sie ist die Untersuchung der internationalen geistigen Beziehungen, der tatsächlichen Beziehungen (rapports de fait), die zwischen Byron und Puschkin, Goethe und Carlyle, Walter Scott und Vigny bestanden, zwischen den Werken, den Inspirationen, ja sogar den Lebensläufen von Schriftstellern, die mehreren Literaturen angehören."[27]

Im übernächsten Abschnitt wird sich zwar zeigen, daß Carrés bekanntes Vorwort nicht das letzte Wort der französischen Komparatisten war. Es wird aber auch deutlich werden, daß in Frankreich – trotz verschiedener ermutigender Versuche und trotz der Parallelentwicklung von Komparatistik und Nouvelle Critique in den 60er Jahren – noch immer keine überzeugende Alternative zu Baldenspergers, Van Tieghems und Carrés vereinfachendem Positivismus vorgeschlagen wurde.

2. Szientismus und Positivismus in der englischsprachigen Komparatistik und Soziologie

Auch in der englischsprachigen Welt beherrschten um die Jahrhundertwende Positivismus (Ausrichtung auf Tatsachen) und Szientismus (Orientierung an den Naturwissenschaften) die Diskussionen in der Soziologie und der Vergleichenden Literaturwissenschaft. Sowohl in der britischen als auch in der amerikanischen Soziologie war im ausgehenden 19. Jahrhundert der Sozialdarwi-

---

27 J.-M. Carré "Vorwort zur Vergleichenden Literaturwissenschaft", in: H.N.Fügen (Hrsg.), *Vergleichende Literaturwissenschaft*, op.cit.

nismus zur herrschenden Ideologie geworden. Herbert Spencer (1820-1903), einer der Begründer der britischen Soziologie, faßte die Gesellschaft analog zum biologischen Organismus auf und entwickelte einen gemäßigten und recht nuancierten Sozialdarwinismus, in dem auch Begriffe wie System, Struktur und Funktion nicht fehlten. Er ging von der szientistischen Annahme aus, daß sich Soziologie und (Sozial-)Psychologie nur auf naturwissenschaftlicher Grundlage entfalten können.

Ideologisch wesentlich skrupelloser und entsprechend radikaler waren Darwin- und Spencer-Schüler wie Benjamin Kidd (*Social Evolution*, 1894) und Karl Pearson (*National Life from the Standpoint of Science*, 1901), deren Sozialdarwinismus in der imperialen Phase der europäischen Kolonialpolitik nach außen als Apologie wirtschaftlicher und politischer Expansion und nach innen als Rechtfertigung eines ungezügelten Konkurrenzkampfes fungierte. Hier zeigt sich, daß Brunetières literaturwissenschaftlicher Darwinismus in der damaligen politischen und wissenschaftlichen Situation kein isoliertes Kuriosum war, sondern Symptom einer (zeitlich begrenzten) ideologischen Hegemonie: der Hegemonie des Sozialdarwinismus, der so verschiedene Wissenschaften wie Soziologie, Staatstheorie, Wirtschaftswissenschaft und Literaturwissenschaft auf einen "ideologischen Nenner" brachte. (Daß diese Hegemonie keine uneingeschränkte Herrschaft war, zeigt u.a. die radikal-liberale Kritik eines Leonard T. Hobhouse an Sozialdarwinismus und Imperialismus. Zu dieser Kritik, auf die ich hier aus Platzgründen nicht näher eingehen kann, bemerkt Stefan Collini: "Wie viele andere liberale Reformer vor und nach ihm, vertrat Hobhouse die Ansicht, daß 'der Glaube an die Rasse als solcher eine reaktionäre Tendenz enthalte, und ein solcher Glaube wird durch die moderne Biologie ins Leben gerufen'."[28] Gemeint ist natürlich die darwinistische Biologie der Jahrhundertwende.)

Die Auseinandersetzungen um Sozialdarwinismus, Szientismus und Biologismus beherrschten nicht nur die britische, sondern

---

28 S. Collini, *Liberalism and Sociology. L.T. Hobhouse und Political Argument in England 1880-1914*, Cambridge, Univ. Press, 1979, S. 178.

auch die amerikanische soziologische Diskussion. Robert C. Bannisters umfangreiche und gründliche Studie über die Anfänge der amerikanischen Soziologie (*Sociology and Scientism*, 1987) läßt zwei Komponenten dieser Wissenschaft klar zutage treten: ihren Sozialdarwinismus ("survival of the fittest") und ihren positivistischen Glauben an die Exaktheit der Naturwissenschaften, einen Glauben, der nur Fakten gelten läßt. Über die Fakteneuphorie der "founding fathers" – Small, Bernard, Ward, Giddings Sumner und Ogburn – schreibt Bannister: "Der Objektivismus war in mancher Hinsicht eine säkuläre Erscheinungsform des protestantischen Geistes. Dessen Vision einer 'effizienten' Gesellschaftsordnung enthielt mehr als nur eine kleine Dosis Missionseifer. Zugleich führte das Lob der 'harten Fakten' und der Strenge des Forschens die protestantische Ethik in die Ära des modernen Berufslebens ein. – Protestantische Religiosität brachte verschiedene Darwin-Interpretationen hervor und schließlich verschiedene Definitionen von 'Wissenschaft' und Auffassungen von Soziologie."[29]

In dieser Passage wird deutlich, daß die Anliegen des Sozialwissenschaftlers weder zufallsbedingt noch rein individuellen, persönlichen Ursprungs sind, sondern von den gerade herrschenden Ideologien mitbestimmt werden. Es ist deshalb nicht sinnvoll, die Soziologie oder die Vergleichende Literaturwissenschaft unabhängig von den ideologischen Interferenzen darzustellen, die im Entstehungszusammenhang dieser beiden Wissenschaften wirkten. (Von der Bedeutung des Nationalismus für die Komparatistik soll im nächsten Abschnitt ausführlich die Rede sein.)

Wenig sinnvoll erscheinen in diesem Kontext auch Versuche, die wissenschaftliche Problematik der Komparatistik unabhängig von anderen Wissenschaften zu erklären. Denn gerade im Ansatz des Iren Hutcheson Macaulay Posnett, der mit *Comparative Literature* (1886) das erste englische Standardwerk vorlegte, wird deutlich, daß die frühe Komparatistik aus einer ähnlichen ideologischen Problematik hervorging wie die britische und amerikani-

---

29 R.C. Bannister, *Sociology and Scientism. The American Quest for Objectivity. 1880-1940*, Chapel Hill-London, Univ. of Carolina Press, 1987, S. 235.

sche Soziologie: In Posnetts Buch, das eine Sozialgeschichte internationaler literarischer Beziehungen entwirft, geht es u.a. darum, Fakten durch Definitionen einzufangen: "construct definitions which concrete facts only temporarily and indistinctly contain".[30]

In einem Kommentar aus dem Jahre 1901 nähert er seine vergleichende Methode der des französischen Astronomen Pierre Simon Laplace (1749-1827) an: "Ich beanspruche für meine historische und vergleichende Methode denselben Grundcharakter wie für die eines Laplace." ("I claim for the historical and comparative method of my literary science the same fundamental character as that of a Laplace".)[31]

In diesem Zusammenhang nimmt es nicht wunder, wenn Posnett von "literary facts" spricht, dem "Literaten" ("man of letters") in Übereinstimmung mit Lanson vorwirft, daß er allzu sehr "Phantasien nachjagt und zu wenig Fakten beherrscht" ("too much the servant of fancies and too little the master of facts")[32], und schließlich die Naturwissenschaften als nachahmenswerte Modelle darstellt: "Kein Mann der Wissenschaft äußert eine Meinung, die er nicht der Prüfung durch historische oder experimentelle Fakten unterziehen würde, und er ist bereit, in dieser Prüfung seine ganze Autorität aufs Spiel zu setzen."[33]

Es überrascht auch nicht, daß Posnett in seinem Plädoyer für eine exakte Komparatistik Brunetière gegen einen schottischen Kritiker verteidigt und Hippolyte Taine und Joseph Texte lobend erwähnt. Seine Abneigung gegen die wissenschaftliche Bezeichnung "Gesetz" ("law", "loi"), die ihn von diesen Autoren unter-

---

30 H.M. Posnett, *Comparative Literature*, London, Kegan Paul, 1886, S. 91. Schon im Vorwort zu seinem Buch wendet sich Posnett gegen die Rolle der Phantasie in der Literaturwissenschaft, gegen "the old fashioned worship of imagination." (S. VI.)

31 H.M. Posnett, "The Science of Comparative Literature", in: H.-J. Schulz, P.H. Rhein (Hrsg.), *Comparative Literature: The Early Years*, Chapel Hill, Univ. of North Carolina Press, 1973, S. 197.

32 Ibid., S. 198.

33 Ibid., S. 200. - Siehe auch: Posnetts *Comparative Literature*, op.cit., S. 10, wo der Autor dem traditionellen "criticism" vorwirft, er habe die "influences of social life on literature" vernachlässigt. Auf S. 14 betont er die "developments in social organisation and thought", die auf die literarische Rezeption einwirken.

scheidet, erinnert allerdings daran, daß sein Positivismus eher der empiristischen Tradition der anglo-amerikanischen Philosophie als dem französischen Rationalismus angehört, der seit Comte dazu neigt, historische "Gesetze" zu hypostasieren. Im Gegensatz dazu ist in Posnetts Augen ein Gesetz nichts anderes als "eine kurze Zusammenfassung einer riesigen Ansammlung beobachteter Tatsachen" ("only a brief summary of a vast collection of observed facts").[34]

Strenger noch als Posnett im Sinne der szientistischen Doktrin ist der amerikanische Komparatist Arthur Richmond Marsh (1861-1937), der sowohl Taines Determinismus als auch Brunetières Evolutionslogik mit Skepsis betrachtet, weil er – ganz zu Recht – vermutet, daß bei beiden Autoren eine Rhetorik der Strenge die naturwissenschaftliche Exaktheit ersetzt. Von Brunetières Abhandlungen über die literarische Evolution sagt Marsh, "in ihnen sei nirgends von Evolution die Rede außer in ihren Titeln und Einleitungen" ("contain nothing about evolution except in their titles and introductions").[35] Er selbst gibt jedoch zu verstehen, daß die Komparatistik keine andere Wahl hat, als den Naturwissenschaften nachzueifern.

Auch ihm wird die Biologie zum Hauptbezugspunkt, zum Leitbild, wenn er für eine Komparatistik plädiert, die sich von subjektiven, ästhetischen Werturteilen emanzipiert und alle literarischen Texte – ohne Rücksicht auf ästhetische Qualität – in ihren Objektbereich aufnimmt: "Der Zoologe läßt sich in seinen Studien nicht durch die volkstümliche Bevorzugung vollkommener und die Vernachlässigung obskurer und unentwickelter Lebensformen beeinflussen. Er untersucht sie alle, und von allen lernt er."[36]

Hier ist nicht so sehr die Tatsache wichtig, daß Marsh mit seinem Vorschlag, man solle den Bereich der Komparatistik auch auf unvollkommene und triviale Texte ausdehnen, in jeder Hinsicht recht hat; wichtiger ist in diesem Kontext seine positivistische Ablehnung des subjektiven Faktors (vgl. mit Lanson) und

---

34 Ibid., S. 189.
35 A.R. Marsh, "The Comparative Study of Literature", in: H.-J. Schulz, P.H. Rhein (Hrsg.), *Comparative Literature: The Early Years*, op.cit., S. 124.
36 Ibid., S. 127-128.

ästhetischer Kriterien sowie die Ausrichtung seines Diskurses auf die Diskurse der Biologie (z.B. der Zoologie). Diese Ausrichtung ist für die gesamte ideologisch-wissenschaftliche Problematik der frühen Komparatistik – und der frühen anglo-amerikanischen Soziologie – kennzeichnend.[37]

Wer jedoch die Entwicklung dieser beiden Disziplinen in Großbritannien und den USA verfolgt hat, der wird sich fragen, weshalb die Soziologie dieser Länder systematisch Alternativen zum frühen und sogar zum avancierten Positivismus und Szientismus entwickelt hat[38], während sich die englische und amerikanische Komparatistik in den letzten drei Jahrzehnten zwar immer wieder vom Faktenpositivismus distanziert hat[39], ohne jedoch einen Gegenentwurf zu wagen.

Im Gegensatz zum britischen Soziologen Anthony Giddens, der – etwa in *New Rules of Sociological Method* (1976) – systematisch die Möglichkeiten einer dialektisch-hermeneutischen Soziologie untersucht, im Gegensatz zum amerikanischen Soziologen Alvin Ward Gouldner, der in seinem zweibändigen Werk *The Coming Crisis of Western Sociology* (1970) den amerikanischen Funktionalismus und Neopositivismus grundsätzlich in Frage stellt[40], hat die englischsprachige Komparatistik kaum Alternativen zu ihren frühen Ansätzen aufgezeigt. Denn als Alternativen können nicht Versuche gelten, kultursemiotische oder soziologische Begriffe in den komparatistischen Bereich einzuführen. Es genügt auch nicht, streckenweise auf die Methodendiskussionen

---

37 Siehe: Vf., *Ideologie und Theorie. Eine Diskurskritik*, Tübingen, Francke, 1989, darin vor allem Kap. 9: "Ideologie in der Theorie: Soziologische Modelle".

38 Siehe z.B.: N. J. Smelser, "Die Beharrlichkeit des Positivismus in der amerikanischen Soziologie", in: *Kölner Zf. für Soziologie und Sozialpsychologie*, März, 1986.

39 Charakteristisch für diese Selbstkritik der englischen Komparatistik ist z.B. Theo Hermans' "Editorial" zur ersten Nummer von *New Comparison*: "NEW COMPARISON wants to encourage new lines of enquiry in matters of poetics and comparative studies, including approaches of an interdisciplinary nature. (...) We intend to strike a balance between case studies and more theoretical speculation (...)." (*New Comparison* Nr. 1, 1986, S. 5.)

40 Siehe: A. Giddens, *New Rules of Sociological Method*, London, Hutchinson, 1976 und A.W. Gouldner, *Die westliche Soziologie in der Krise* (2 Bde.), Reinbek, Rowohlt, 1974.

der Allgemeinen Literaturwissenschaft einzugehen, wie es S.S. Prawer in seiner ansonsten verdienstvollen Einführung *Comparative Literary Studies. An Introduction* (1973) tut.[41] Die Alternative wäre eine andere Komparatistik, die auch die sozialwissenschaftliche Diskussion weiterbringt.

3. Die "französische" und die "amerikanische Schule": Neuere Entwicklungen

"Es gab eine Auseinandersetzung um die Komparatistik, wie es eine Auseinandersetzung um die Nouvelle Critique gab"[42], stellen Brunel, Pichois und Rousseau in ihrem Kommentar zum Thema "Ecole 'française' et Ecole 'américaine'" fest. Dieser Vergleich hinkt insofern, als es dem informierten und unvoreingenommenen Betrachter schwerfallen dürfte, das Niveau der Nouvelle Critique der 60er Jahre mit dem der Komparatistik zu verwechseln.

Denn das Problem der französischen Komparatistik scheint gerade darin zu bestehen, daß sie es in den 50er und vor allem in den 60er und 70er Jahren versäumt hat, die soziologischen, semiotischen, psychoanalytischen und vor allem wissenschaftstheoretischen Diskussionen der Nouvelle Critique nachzuvollziehen. Probleme, die in den 60er Jahren zwischen den Semiotikern Roland Barthes und A.J. Greimas, den Marxisten Louis Althusser, Lucien Goldmann und Henri Lefebvre oder den "Epistemologen" (Wissenschaftstheoretikern) Michel Foucault und Georges Canguilhem erörtert wurden, gingen nie in die komparatistischen Debatten ein.

Davon zeugt M.-F. Guyards bereits zitierte Einführung, in der noch im Jahre 1965 mit positivistischer Selbstsicherheit behauptet

---

41 Siehe: S.S. Prawer, *Comparative Literary Studies. An Introduction*, London, Duckworth, 1973.

42 P. Brunel, Cl. Pichois, A.-M. Rousseau, *Qu'est-ce que la littérature comparée?*, Paris, Armand Collin, 1983, S. 28.

wird: "Wo es keine 'Beziehung' gibt – zwischen Mensch und Text, dem Werk und der Umgebung, in der es aufgenommen wird, zwischen einem Land und einem Reisenden, – dort endet der Bereich der Vergleichenden Literaturwissenschaft."[43] Es mag vielen ein Trost sein, daß diese Behauptung in späteren Auflagen getilgt wurde, aber die Tilgung eines Satzes bringt noch keine methodologische Alternative hervor. Im Gegenteil, sie zeugt eher von einer defensiven Einstellung und läßt vermuten, daß das in Rückzugsgefechten verteidigte Konzept veraltet ist.

Integraler Bestandteil dieses Konzepts ist die von Paul Van Tieghem vorgeschlagene und häufig attackierte Trennung von *Littérature Comparée* und *Littérature Générale*, die sich nach Jean-Marie Carré im Jahre 1968 auch Simon Jeune zu eigen macht[44]: Die *Littérature Comparée* hat es ausschließlich mit nachweisbaren Beziehungen, d.h. mit literarischen Kontakten zwischen zwei oder drei Kulturbereichen zu tun, während die *Littérature Générale* komplexe internationale Erscheinungen wie Klassik, Romantik oder Symbolismus zum Gegenstand hat. Dadurch setzt sie sich der Gefahr der Spekulation aus und wird deshalb von Positivisten wie Carré abgelehnt: "Schließlich ist die vergleichende Literaturwissenschaft etwas anderes als die allgemeine Literaturwissenschaft. Sie kann dazu führen, für manche muß sie es. Aber die großen Parallelen (und auch Gleichzeitigkeiten) wie der Humanismus, die Klassik, die Romantik, der Realismus, der Symbolismus bergen die Gefahr, zu systematisch, räumlich und zeitlich ausgedehnt zu sein, zur reinen Abstraktion, Willkür oder Terminologie zu werden."[45] Obwohl Simon Jeune sich im 8. und 9. Kapitel seines Buches *Littérature générale et littérature comparée* nicht gar so abweisend zum Problem der "Littérature générale" äußert, ist auch in seinen Ausführungen ein skeptischer Unterton kaum zu überhören, etwa wenn er die großen Epochenbegriffe "Barock", "Klassik" und "Romantik" als "tenta-

---

43 M.-F. Guyard, *La Littérature comparée*, Paris, PUF (Que sais-je?), 1965, S. 7.

44 Siehe: P. Van Tieghem, "Littérature générale", in: ders., *La Littérature comparée*, op. cit., S. 169-183 und: S. Jeune, *Littérature générale et littérature comparée. Essai d'orientation*, Paris, Minard, 1968.

45 J.-M. Carré, "Vorwort zur Vergleichenden Literaturwissenschaft", op.cit., S. 82-83.

tions éternelles de l'esprit" bezeichnet.[46] Dem von Fakten faszinierten positivistischen Geist sind sie nicht ganz geheuer...

Gegen diesen Geist zog in den 50er Jahren der amerikanische Komparatist René Wellek zu Felde und entfachte durch seine polemische Kritik eine Querele, die Brunel, Pichois und Rousseau in einem Anflug von Optimismus mit dem von Raymond Picard provozierten Streit um die Nouvelle Critique vergleichen (s.o.).[47]

Um Welleks Kritik zu verstehen, muß man wissen, daß er als Wiener Tscheche in Prag studierte, dort promovierte und sich in den 20er Jahren an den linguistischen und ästhetischen Theorien des *Prager Linguistischen Zirkels* (Jakobsons, Mukařovskýs) und an der Autonomieästhetik des New Criticism orientierte. Maßgebend waren für ihn nicht so sehr die soziologischen Arbeiten der Prager Schule (Mukařovskýs, Vodičkas), sondern deren in vieler Hinsicht *kantianische Autonomieästhetik*, die vor allem Roman Jakobson vertrat und die auch René Welleks zusammen mit Austin Warren verfaßtes Buch *Theory of Literature* (1942) beherrscht.

Worum geht es nun in Welleks Kritik? – Drei Argumente scheinen aufgrund ihrer ideologiekritischen und methodologischen Bedeutung und aufgrund ihrer Rekurrenz in Welleks Schriften besonders wichtig zu sein: 1. Wellek stellt – ganz zu Recht – den Nationalismus (die nationalistische Ideologie) der älteren französischen Komparatistik in Frage. 2. Er polemisiert gegen ihren Faktenfetischismus und ihren Empirismus, die einer Strukturanalyse der literarischen Texte im Wege stehen. 3. Er lehnt schließlich ihren Soziologismus und Psychologismus ab, der – zumindest implizit – die Autonomie der Literatur (der Kunst) negiert (s.o.). Sehen wir uns Welleks Argumente der Reihe nach an.

Als unproblematisch dürfte dem zeitgenössischen Leser das ideologiekritische Argument erscheinen. Mit Recht prangert Wellek den schleichenden Nationalismus sowohl der deutschen

---

46 S. Jeune, *Littérature générale et littérature comparée*, op.cit., S. 90.
47 Siehe: R. Picard, *Nouvelle critique ou nouvelle imposture?*, Paris, Pauvert, 1966 sowie R. Barthes' Antwort in *Critique et vérité*, Paris, Seuil, 1966.

(Ernst Robert Curtius) als auch der französischen (Baldensperger, Carré) Komparatistik an, die im Namen der "Völkerverständigung" und des "Humanismus" angetreten war: "Lesen wir Baldenspergers Autobiographie *Une vie parmi d'autres* (1940, aber schon 1935 verfaßt), so spüren wir den letztlich patriotischen Impuls in allem, was er unternahm (...). Nach dem Zweiten Weltkrieg schrieb Carré *Les écrivains français et le mirage allemand* (1947), um zu beweisen, daß die Franzosen stets ihrem illusorischen Glauben an ein 'anderes Deutschland' zum Opfer gefallen seien."[48] Ähnlich, nur mit umgekehrten ideologischen Vorzeichen argumentiert Curtius, der sich beklagt, "sein früheres Bild von Frankreich sei eine Illusion gewesen".[49]

Es wird nun deutlich, daß Nationalismus, Sozialdarwinismus und Positivismus das ideologische Koordinatensystem der frühen Komparatistik (und der Soziologie) bildeten und daß die Diskurse dieser Wissenschaften nicht unabhängig von diesem ideologischen Repertoire konkret zu verstehen sind. Tatsächlich ging es nach Wellek in der Komparatistik immer wieder darum, "das Haben-Konto der eigenen Nation nach Möglichkeit zu vermehren, indem man ihr möglichst viele Einflüsse auf andere Völker zuerkennt (...)".[50] Dabei half das positivistische Credo dem bürgerlichen und national denkenden Wissenschaftler, Ideologeme (z.B. "die Überlegenheit der eigenen Nation") mit "Tatsachenwissen" zu untermauern, etwa mit "Bildern" verschiedener Nationen in der eigenen Kultur.

Welleks ideologiekritischem Argument ist hinzuzufügen, daß es in der Komparatistik, der Politologie oder der Soziologie nur dann legitim ist, die "Deutschland-Bilder" in der französischen oder die "Italien-Bilder" in der deutschen Literatur oder Presse zu untersuchen, wenn der Wissenschaftler diese "Bilder" als *Ideologeme* (als Bestandteile ideologischer Diskurse) behandelt und kritisiert. Denn jeder, der mit der französischen, deutschen oder

---

48 R. Wellek, "Die Krise der Vergleichenden Literaturwissenschaft", in: H. Rüdiger (Hrsg.), *Komparatistik. Aufgaben und Methoden*, op.cit., S. 97.

49 Ibid.

50 Ibid., S. 98.

italienischen Gesellschaft einigermaßen vertraut ist, weiß, daß es sich um eine *regional, wirtschaftlich, politisch, kulturell und linguistisch heterogene Einheit* handelt, die mit ideologischen Schablonen, die als Wirklichkeitsersatz fungieren, kaum etwas zu tun hat. Die Theorie kann sich ihrem Objekt nur nähern, ohne es jemals zu erfassen, indem sie solche Schablonen systematisch auflöst und den Dialog mit konkurrierenden Theorien sucht. (Siehe: Kap. II.)

Recht hat Wellek auch, wenn er mit seinem zweiten Argument den Positivismus und Empirismus der französischen Komparatistik in Frage stellt und ihr – als Erbe des Prager Strukturalismus und des russischen Formalismus – vorwirft, sie vernachlässige die strukturelle Einheit literarischer Texte und allgemein die ästhetische Autonomie der Kunst: "Der Ire auf der englischen Bühne, der Italiener im Elisabethanischen Theater? Wie Croce bereits vor langer Zeit in seiner Rezension einer deutschen Dissertation über Maria Stuart dargelegt hat, gibt es keine literarische Kontinuität zwischen solchen Werken: es gibt nur eine Sozialgeschichte dieser Bilder. Literaturwissenschaft löst sich in Soziologie oder Psychologie auf."[51]

Wellek ist zuzustimmen, wenn er den französischen Komparatisten vorwirft, daß sie dazu neigen, Literatur auf ihre kommunikative, ihre referentielle Funktion (im Sinne von Jakobson)[52] zu reduzieren: Dadurch wird sie in ein soziologisches, psychologisches oder historisches Dokument verwandelt, und die strukturelle Einheit des Textes sowie dessen Autonomie verschwinden aus dem Blickfeld. Indessen birgt Welleks kantianische Autonomieästhetik die Gefahr, daß das soziale und sprachliche Umfeld literarischer Werke, das die von ihm attackierten französischen Komparatisten erforschten, ausgeblendet wird: "Wiederholt habe ich gesagt, daß 'Literatur' als 'fiktionales Schrifttum' interpretiert werden muß (...). Wenn wir dies anerken-

---

51 R. Wellek, "Die Theorie der Vergleichenden Literaturwissenschaft", in: H.N. Fügen (Hrsg.), *Vergleichende Literaturwissenschaft*, op.cit., S. 104-105.

52 Siehe: R. Jakobson, "Linguistik und Poetik", in: J. Ihwe (Hrsg.), *Literaturwissenschaft und Linguistik Bd. 1*, Frankfurt, Athenäum-Fischer, 1972, S. 104.

nen, müssen wir sagen, daß die vergleichende Psychoanalyse nationaler Mythen, die Carré und Guyard fordern, nicht zur Literaturwissenschaft, sondern zur Soziologie und allgemeinen Geschichtswissenschaft gehört."[53]

Spätestens hier wird deutlich, daß Welleks Autonomieästhetik ihn daran hindert, eine Brücke vom literarischen Text zu dessen sozialem Kontext zu schlagen. Indem er die Literaturwissenschaft von Soziologie und Psychoanalyse säubert, begibt er sich der Möglichkeit, Texte – trotz ihrer autonomen Organisation – als Produkte der Gesellschaft und der Psyche zu erklären. Zugleich versperrt er sich selbst den Ausblick auf den langen historischen und gesellschaftlichen Prozeß, an dessen Ende Kunst als autonome Erscheinung institutionalisiert und das einzelne Kunstwerk als Struktur *sui generis* aufgefaßt wurde. Carré vereinfacht zweifellos unzulässig, wenn er in *Goethe en Angleterre* meint, Literatur mit Hilfe einer "psychologie collective" und einer "psychologie individuelle" adäquat verstehen zu können[54]; auch Wellek begeht jedoch einen methodologischen Irrtum, wenn er, ausgehend von einem kantianischen Kunstbegriff, die Literaturwissenschaft kurzerhand von den Sozialwissenschaften abkoppelt. Insofern ist Gerhard R. Kaiser zuzustimmen, wenn er Wellek vorwirft, einen "ahistorischen" (und man könnte hinzufügen: anti-soziologischen) Literaturbegriff zu verwenden.[55]

Welleks z.T. polemisch vorgebrachte Kritik an der französischen Komparatistik führte dazu, daß sich in den 50er und 60er Jahren die Unterscheidung zwischen einer "französischen" und einer "amerikanischen Schule" der Komparatistik einbürgerte. Daß diese Unterscheidung ihre Aktualität noch immer nicht eingebüßt hat, zeigen neuere Publikationen, etwa *Qu'est-ce que la littérature comparée?* (1983) von Brunel, Pichois und Rousseau.[56] Allerdings wies bereits Anfang der 60er Jahre der niederländische Komparatist Cornelis de Deugd darauf hin, daß sich weder in den

---

53 R. Wellek, "Die Theorie der Vergleichenden Literaturwissenschaft", op.cit., S. 105.

54 J.-M. Carré, *Goethe en Angleterre*, Paris, Plon, 1920, S. XI.

55 G.R. Kaiser, *Einführung in die Vergleichende Literaturwissenschaft*, op.cit., S. 40.

56 Siehe: P. Brunel, Cl. Pichois, A.-M. Rousseau, *Qu'est-ce que la littérature comparée?*, op.cit., S. 28-29: "Ecole 'française' et Ecole 'américaine'".

USA noch in Frankreich eine homogene Schule gebildet hat und daß es daher irreführend ist, von der Vorstellung zweier verfeindeter Schulen auszugehen.[57] Selbst Guyard distanziert sich in den 70er Jahren von dieser *idée reçue*[58], die schließlich von René Etiemble, dem Nachfolger Jean-Marie Carrés, systematisch relativiert wird.

Vor allem in seinen neueren Schriften zeigt Etiemble Verständnis für die ästhetischen Argumente Welleks und faßt eine Komparatistik ins Auge, die sowohl die historischen und außerliterarischen Fakten im Sinne von Carré als auch die ästhetische Problematik der Literaturen berücksichtigt: "Mit René Wellek bin ich der Ansicht, daß die Vergleichende Literaturwissenschaft sich selbst verleugnen würde, wenn die historischen Studien, die die französische und die sowjetische Schule zu Recht schätzen, nicht das oberste Ziel verfolgten, uns die Möglichkeit zu geben, schließlich von einzelnen *Literaturen* oder gar von Literatur allgemein, von Ästhetik und Rhetorik zu sprechen."[59] Etiemble stimmt hier Wellek zu, wenn dieser fordert, der vergleichende Literaturwissenschaftler solle das spezifisch Literarische (die "Literarizität", Jakobson) und den ästhetischen Charakter literarischer Texte berücksichtigen und erklären. Zugleich plädiert er aber für eine historische und globale Auffassung der Literatur, die er mit Goethe gern als "Weltliteratur" betrachtet.

Immer wieder polemisiert er in seinen Schriften gegen eine "eurozentrische" Verengung des Literaturbegriffs und setzt sich für eine Komparatistik ein, die die "Weltliteratur" als Literatur der gesamten Menschheit zu ihrem Gegenstand macht und den Roman nicht mit dem europäischen Roman, das Epos nicht mit dem europäischen Epos identifiziert. Selbst wenn man Etiembles

---

57 C. De Deugd, *De eenheid van het comparatisme*, Utrecht, Utrechtse publicaties voor Algemene Literatuurwetenschap, 1962, S. 25-35.

58 M.-F. Guyard, *La Littérature comparée*, Paris, PUF (Que sais-je?), 1978 (6. Aufl.), S. 6: "Fort heureusement, l'idée qu'on se fait du comparatisme n'est pas une question de passeport et, de ce point de vue, bien des Américains sont 'français' et des Français 'américains'."

59 R. Etiemble, *Ouverture/s/ sur un comparatisme planétaire*, Paris, Christian Bourgois, 1988, S. 112.

Ansicht teilt, daß asiatische, amerikanische oder afrikanische Romane oder Epen für die Gegenstandsbestimmung ebenso bedeutsam sind wie die europäischen, so wird man ihm als Wissenschaftler die Zustimmung versagen müssen, wenn er fordert, der Roman solle als Weltroman, die Lyrik als Weltlyrik im Rahmen einer Suche nach anthropologischen Konstanten definiert und analysiert werden. Abgesehen davon, daß nahezu allen Wissenschaftlern die Kompetenz fehlt, europäische mit amerikanischen, afrikanischen und asiatischen Romanen (Gedichten, Dramen) auf sinnvolle Art zu vergleichen, kommen "Weltroman", "Weltdrama" und a fortiori "Weltliteratur" als *wissenschaftliche Objektkonstruktionen* nicht in Frage: ebensowenig wie "Weltkultur", "Weltgesellschaft", "Weltfamilie" oder "Weltmythos" im anthropologischen, soziologischen oder politologischen Bereich.

Der Anthropologe oder Soziologe, der sich mit der indischen (z.B. bengalischen) Familie oder der nordamerikanischen "nuclear family" befaßt, interessiert sich nicht primär für die Invarianten und anthropologischen Konstanten, d.h. für das, was allen "Weltfamilien" gemeinsam ist, sondern für die spezifische Struktur und Funktion der Familie in der nordamerikanischen oder bengalischen Gesellschaft. Sicherlich wird ihn der Vergleich verschiedener Familientypen beschäftigen, so wie den Literaturwissenschaftler der (kontrastive) Vergleich verschiedener Literaturbegriffe – etwa des japanischen und des europäischen im 19. Jahrhundert – interessiert. Ein solcher Vergleich darf jedoch nicht in leere Spekulation ausarten, die immer dann die theoretische Argumentation verdrängt, wenn der Wissenschaftler den Objektbereich ausufern läßt und im Zeitalter intensivster wissenschaftlicher Arbeitsteilung (!) seine Kompetenzen maßlos überschätzt.

Für Etiembles Argumentationsweise sind seine *Essais de littérature vraiment générale* (1974) charakteristisch, in denen u.a. die Marxisten Georg Lukács und Lucien Goldmann als unverbesserliche "Eurozentristen" abgekanzelt werden, die außerstande seien, allgemeingültige Aussagen über das Epos oder den Roman zu machen, weil sie die asiatischen Formen dieser Gattungen nicht berücksichtigen. Etiemble setzt sich mit dieser Polemik allerdings dem Vorwurf aus, er habe die Komparatistik auf methodologischer Ebene um keinen Schritt weitergebracht: denn was nützt sein Plädoyer für eine Erweiterung des Objektbereichs auf die "Weltliteratur", wenn er die ganze Methodendiskussion im Vorwort als leeres "Geschwätz" von der Hand weist und dem Philologen, der Mühe hat, sich in zwei oder drei europäischen Literaturen zu orientieren, nicht verrät, wie er sich zu einem chinesischen oder koreanischen Text äußern soll, ohne von Sinologen als Dilettant belächelt zu werden?[60]

Methodologisch kaum hilfreicher ist das Buch *Comparatisme et théorie de la littérature* (1988) des Etiemble-Schülers Adrian Marino, der einerseits recht überzeugend für eine hermeneutische Komparatistik argumentiert (Namen wie Ricœur, Gadamer, Apel und Habermas kommen allerdings nicht vor), andererseits jedoch Etiembles Spleen der "Weltliteratur" nachjagt, von deren Analyse er sich eine Entdeckung anthropologischer Konstanten (Invarianten) verspricht: "Die tiefe Kluft, die die traditionelle von der vergleichenden Poetik trennt, hängt gerade mit dieser vereinheitlichenden, universalistischen und 'essentialistischen' Perspektive zusammen."[61]

In diesem Satz scheint das Wort "essentialistisch" den wunden Punkt in Marinos Ansatz zu bezeichnen: seinen (und Etiembles) platonischen Idealismus, der immer dann der schlechten Abstraktion verfällt, wenn er das Allgemeine dem Besonderen gewaltsam aufstülpt. Diese Abstraktion als idealistische Unterdrückung des Spezifischen setzt sich endgültig durch, wenn Marino einer Theorie das Wort redet, die alle Literaturen in einer Struktur aufgehen

---

60 Mit Recht relativiert G.R. Kaiser Etiembles Kritik an Lukács und Goldmann: "Etiembles Theorie poetischer Invarianten ist die Absage an das historisch-dialektische Denken eingeschrieben, und seine Argumentation gegen Lukács und Goldmann führt allzu naiv gegen die Gültigkeit von deren (durchaus problematischen) Romantheorien Befunde aus nichteuropäischen Kulturen ins Feld." (*Einführung in die Vergleichende Literaturwissenschaft*, op.cit., S. 43.)

61 A. Marino, *Comparatisme et théorie de la littérature*, Paris, PUF, 1988, S. 97. - Wesentlich subtiler argumentiert E. Holenstein für eine anthropologische Theorie der Invarianten, wenn er die These aufstellt: "Die menschlichen Kulturen weisen sehr viel mehr spezifische Invarianten auf, als in der ersten Hälfte dieses Jahrhunderts, dem Höhepunkt des kulturellen Relativismus, angenommen wurde." (E. Holenstein, *Menschliches Selbstverständnis*, Frankfurt, Suhrkamp 1985, S. 125.)

aufgehen läßt: "une théorie de l'art littéraire qui recouvrirait la structure de toutes les littératures."[62] Literaturwissenschaftler dürfen nicht zulassen, daß die Bemühungen der Prager Strukturalisten, eines Emile Benveniste und eines Algirdas J. Greimas, den Strukturbegriff zu definieren und sinnvoll anzuwenden, durch diese Art von Rhetorik, die Ulrich Schulz-Buschhaus in einer Rezension des Buches treffend als die "Rhetorik der Höhe" charakterisiert[63], zunichte gemacht werden. Die Komparatistik braucht die *Begriffe* der Linguistik und der anderen Sozialwissenschaften – nicht deren Auflösung.

Etiembles und Marinos Verdienst besteht hauptsächlich darin, daß sie in der französischen Diskussion zur Überwindung der positivistischen Enge und zur Annäherung oder gar Auflösung der beiden wirklichen oder imaginären "Schulen" beigetragen haben. Denn ähnlich wie in der amerikanischen Komparatistik, in der Henry Remak und Ulrich Weisstein für die Ausdehnung des Objektbereichs auf die Beziehungen zwischen Literatur und Philosophie (Remak) bzw. auf die Symbiose von Literatur und anderen Kunstformen (Weisstein) plädieren[64], wird auch in der französischen Komparatistik – vor allem bei Yves Chevrel – das Interesse für Themen wie "Littérature et arts" oder: "La Littérature comparée devant les images modernes: cinéma, photographie, télévision" wach.[65]

Solche Entwicklungen sind nur unter der Bedingung zu begrüßen, daß sie das methodische und methodologische Bewußtsein

---

62 A. Marino, *Comparatisme et théorie de la littérature*, op.cit., S. 79.

63 U. Schulz-Buschhaus, "Adrian Marino: Comparatisme et théorie de la littérature", in: *Archiv für das Studium der neueren Sprachen und Literaturen*, 2. Halbjahresband 1989, S. 385.

64 Siehe: H.H. Remak, "Comparative Literature. Its Definition and Function", in: N.P. Stallknecht, H. Frenz (Hrsg.), *Comparative Literature. Method and Perspective*, Carbondale, Southern Illinois Univ. Press., 1971, S. 22: "In particular, the current preoccupation with social, political, economic, religious, theatrical, etc. questions may well intensify the American trend toward an interdisciplinary concept of comparative literature and arouse a European movement in this direction."

65 Siehe: P. Brunel, Y. Chevrel (Hrsg.), *Précis de Littérature Comparée*, Paris, PUF, 1989, darin die Beiträge von J.-M. Gliksohn und J.-M. Clerc und: Y. Chevrel, *La Littérature comparée*, Paris, PUF, 1989, Kap. V: "Formes artistiques: les frontières du littéraire".

stärken und den kritischen Gedanken aufkommen lassen, daß eine moderne Komparatistik ohne philosophische bzw. wissenschafts-theoretische Reflexion nicht auskommt. Die Frage, der z.B. Ulrich Weisstein in seinem Aufsatz "Die wechselseitige Erhellung von Literatur und Musik. Ein Arbeitsgebiet der Komparatistik?" (1977) nachgeht, ist – mit Weisstein – sicherlich zu bejahen, zumal einige lyrische Texte (Lyra!) nicht unabhängig von der Musik zu verstehen sind. Weisstein behält auch recht, wenn er erklärt, "daß die wechselseitige Erhellung der Künste nur dann für die Vergleichende (bzw. Allgemeine) Literaturwissenschaft von Interesse ist, wenn *ein* Vergleichsobjekt oder *ein* Glied der Kette literarisch ist."[66] Es ist jedoch hinzuzufügen, daß Literatur und die anderen Kunstformen einander nur dann "erhellen" – im Sinne von Oskar Walzel[67] –, wenn spezifische und objektadäquate Methoden einer besonderen Literatur- und Kunstsoziologie, einer besonderen Filmsemiotik oder Textlinguistik angewandt werden. Es kommt also nicht primär auf die Frage an, ob Philosophie oder nichtliterarische Kunstformen dem Objektbereich der Komparatistik einzugliedern sind – eine Frage, die Cornelis De Deugd pauschal verneint[68] –, sondern auf die Frage, *wie* verglichen wird.

4. Zwei marxistische Beiträge zur Komparatistik: Žirmunskij und Ďurišin

Im Gegensatz zu Wellek, der die positivistische Komparatistik der "französischen Schule" im Namen des Prager Strukturalismus, des New Criticism und einer kantianischen Ästhetik kritisiert und dabei die Autonomie der Werkstruktur hervorhebt, beanstanden die marxistischen Literaturwissenschaftler den Empirismus der

---

66 U. Weisstein, "Die wechselseitige Erhellung von Literatur und Musik: Ein Arbeits-gebiet der Komparatistik?", in: *Neohelicon* Nr. 1, 1977, S. 121.

67 Siehe O. Walzel, *Wechselseitige Erhellung der Künste. Ein Beitrag zur Würdigung kunstgeschichtlicher Begriffe,* Berlin, Reuther und Reichard Vlg., 1917.

68 Siehe: C. De Deugd, *De eenheid van het comparatisme*, op.cit., S. 56.

Positivisten und deren Vorliebe für die Analyse isolierter Fakten: der Bedeutung der Autobiographie für ein Werk, der Rezeption eines Romans in einem fremden Kulturkontext oder eines fremden Einflusses bei einem einheimischen Autor. Man braucht nicht Hegelianer oder Marxist zu sein, um die Mängel eines solchen Empirismus zu erkennen. So bemerkt beispielsweise der amerikanische Komparatist Henry H.H. Remak in seiner Kritik der "französischen Schule": "In zahlreichen Einfluß-Studien wurde zu großer Wert auf den Quellennachweis gelegt, anstatt zu fragen: was wurde *übernommen*, was *verworfen* und *warum*?"[69]

Remaks Frage führt mitten in die Problematik der marxistischen Komparatistik, deren wichtigster sowjetischer Vertreter, Viktor Žirmunskij (1891-1971), zunächst den russischen Formalisten (Šklovskij, Tynjanov, Ejchenbaum) nahestand, sich später allerdings in seiner Einleitung zur russischen Übersetzung von Oskar Walzels *Gehalt und Gestalt* (1923) von ihnen distanzierte. Schließlich wandte er sich dem Marxismus zu und entwarf eine soziologische Theorie des literarischen Vergleichs, in der vor allem nach dem *Warum* von literarischen Einflüssen und Analogien (Ähnlichkeiten) gefragt wird.

Diese Frage, die für die gesamte marxistische Literaturwissenschaft kennzeichnend ist, kann konkret nur vor dem Hintergrund der formalistisch-marxistischen Debatten der 20er Jahre verstanden werden. Während russische Formalisten wie Viktor Šklovskij (1893-1984) und Boris Ejchenbaum (1886-1959) vorwiegend das *Wie* literarischer Texte untersuchten und ihr Augenmerk vor allem auf technische (z.B. erzähltechnische) Verfahren richteten, wollten ihre marxistischen Kontrahenten (Lev Trockij: 1879-1940, Anatolij Lunačarskij: 1875-1933) vor allem wissen, *was*, welche Ideologie ein Text ausdrückte und *warum*, aus welchen wirtschaftlichen, sozialen und politischen Gründen.

Charakteristisch für die Debatten, die in den 20er Jahren recht polemisch, aber mit einer für Rußland ungewöhnlichen Offenheit

---

69 H.H.H. Remak, "Definition und Funktion der Vergleichenden Literaturwissenschaft", in: H. Rüdiger (Hrsg.), *Komparatistik. Aufgaben und Methoden*, op.cit., S. 12.

geführt wurden, ist die etwas anmaßende Behauptung Trockijs "nur der Marxismus (sei) fähig zu *erklären*, warum und woher in einer gegebenen Epoche eine bestimmte Richtung in der Kunst entstanden ist (...)."[70] Trockij hat einerseits recht, weil die Formalisten die soziologisch-historische Frage nach dem *Warum* vernachlässigten; andererseits hat er unrecht, weil er aus ideologischen Gründen übersieht, daß die Frage nach dem *Wie* methodologisch ebenso wichtig ist wie die *komplementäre* Frage der Marxisten.

Obwohl in Žirmunskijs Komparatistik die Auseinandersetzung mit den Formalisten kaum noch eine Rolle spielt, geht es auch in seinen methodologischen Schriften primär um die Frage nach dem *Warum*, d.h. um die soziologisch-historische Erklärung im marxistischen Sinne. In Übereinstimmung mit Trockijs Kritik an den Formalisten wirft Žirmunskij den französischen Komparatisten vor, daß sie zwar immer wieder Kontakte und Einflüsse aufzeigen, jedoch nicht in der Lage sind zu erklären, *warum diese Kontakte und Einflüsse zustande kamen*.

In diesem Kontext ist Žirmunskijs Kritik am "mechanistischen Vergleich" zu verstehen, in der die rein faktische Feststellung und Beschreibung von Einflüssen abgelehnt wird. Entscheidend ist für den Marxisten die historische Deutung: "Freilich muß der bei einer wissenschaftlichen Untersuchung einzuschlagende Weg über die einfache *Gegenüberstellung* der Ähnlichkeiten und Unterschiede hinaus zu deren *historischer Deutung* führen."[71]

Versuche einer historischen Deutung orientieren sich vor allem an der Frage, wie bestimmte typologische Ähnlichkeiten – etwa zwischen dem französischen und dem deutschen höfischen Roman des 13. Jhs. oder zwischen den Romanen Robert Musils, Italo Svevos und Marcel Prousts – im sozio-historischen Kontext zu erklären sind. Da es sich um Ähnlichkeiten oder Analogien handelt, die nicht durch Einflüsse oder persönliche Kontakte zwischen Autoren zustande kommen, müssen sie im Zusammenhang mit

---

70 L. Trockij, *Literatur und Revolution*, München, DTV, 1968, S. 149.

71 V. Žirmunskij, "Die literarischen Strömungen als internationale Erscheinungen", in: H. Rüdiger (Hrsg.), *Komparatistik*, op.cit., S. 105.

ähnlichen (analogen) wirtschaftlichen, sozialen und kulturellen Verhältnissen erklärt werden. Zu der literarisch-typologischen Analogie oder Übereinstimmung bemerkt Žirmunskij: "Diese Übereinstimmung kann unmöglich Zufall sein. Sie ist vielmehr durch ähnliche soziale Entwicklungen bei den betreffenden Völkern historisch bedingt."[72]

Trotz eines gewissen Determinismus[73] und einer Suche nach Gesetzmäßigkeiten, die an die der Positivisten Taine und Brunetière erinnert, sind Žirmunskijs Untersuchungen literarisch-historischer Analogien und Ähnlichkeiten fruchtbar, weil sie dem Komparatisten gestatten, über den Empirismus nachweisbarer Einflüsse und Kontakte hinauszugehen und größere Zusammenhänge zu erfassen, in denen Einflüsse und Kontakte bedeutsam werden oder in einem neuen Licht erscheinen: "Die überzeugendsten Beispiele für die Gesetzmäßigkeit der durch die historische und soziale Entwicklung bedingten literarischen Entwicklungen sind Fälle, wo analoge Strömungen, Gattungen und Werke unabhängig voneinander und ohne den geringsten literarischen Kontakt in den verschiedenen Nationalliteraturen auftauchen."[74]

Žirmunskij veranschaulicht diese These, wenn er auf Übereinstimmungen zwischen dem französischen höfischen Roman eines Chrétien de Troyes und dem des aserbeidschanischen Dichters Nizami (1140-1203) hinweist und hinzufügt, daß diese Ähnlichkeiten im Zusammenhang mit "der neuen Ideologie feudaler Gesellschaften in einem fortgeschrittenen Stadium"[75] zu betrachten sind.

Es gibt also neben der von der französischen Komparatistik

---

72 Ibid., S. 106.

73 Zur Kritik an Žirmunskijs Soziologismus siehe: N. Žirmunskaja, "Viktor Žirmunskij. Zur Entwicklung einer marxistischen vergleichenden Literaturwissenschaft", in: A. Hiersche, E. Kowalski (Hrsg.), *Literaturtheorie und Literaturkritik in der frühsowjetischen Diskussion. Standorte, Programme, Schulen*, Berlin-Weimar, Aufbau-Vlg., 1990, S. 257.

74 V. Žirmunskij, "Die literarischen Strömungen als internationale Erscheinungen", in: H. Rüdiger (Hrsg.), *Komparatistik*, op.cit., S. 119.

75 V. Žirmunskij, "Über das Fach Vergleichende Literaturwissenschaft", in: G.R. Kaiser (Hrsg.), *Vergleichende Literaturforschung in den sozialistischen Ländern 1963-1979*, Stuttgart, Metzler, 1980, S. 81.

privilegierten *Einflußstudie* die von Žirmunskij (und später Ďurišin) untersuchte *typologische Ähnlichkeit oder Analogie.* In diesem Zusammenhang unterscheidet Žirmunskij *zwei Vergleichstypen,* die auch in Gerhard R. Kaisers *Einführung*[76] und in diesem Buch mit *zwei verschiedenen, aber komplementären methodologischen Perspektiven identifiziert werden: den historisch-genetischen Vergleich (als Einfluß- oder Kontaktstudie) und den historisch-typologischen Vergleich, der im Idealfall von Einflüssen und Kontakten unabhängig ist.*

In der literarischen Wirklichkeit stellt sich immer wieder heraus, daß gesellschaftlich und historisch bedingte Ähnlichkeiten persönliche Kontakte sowie direkte und indirekte Einflüsse begünstigen, so daß in der komparatistischen Praxis genetischer und typologischer Vergleich häufig ineinandergreifen. Zu Recht bemerkt daher Žirmunskij: "Die Voraussetzungen dafür, daß ein literarisches Angebot angenommen wird, liegen im Bedürfnis nach einem ideologischen Import und im Vorhandensein mehr oder weniger paralleler Tendenzen in der rezipierenden Literatur und Gesellschaft."[77] Mit anderen Worten: Fremde literarische Einflüsse oder die Rezeption eines fremden Textes sind nicht nur zufallsbedingt, sondern werden durch analoge politische, sprachliche und kulturelle Situationen zweier oder mehrerer Gesellschaften ermöglicht. So kann beispielsweise die Wirkung des französischen Surrealismus in Serbien und in der Tschechoslowakei im Zusammenhang mit analogen gesellschaftlichen Situationen erklärt werden, in denen anarchistische Tendenzen sowie die Rezeption von Marxismus und Psychoanalyse eine wichtige Rolle spielten.

Der typologische Vergleich wird in der Tschechoslowakei von Dionýz Ďurišin in seinem Buch *Vergleichende Literaturforschung* (dt. 1976) in Anlehnung an den Mythen- und Märchenforscher A.N. Veselovskij und V. Žirmunskij weiterentwickelt und nuanciert. Besonders nützlich ist seine Unterscheidung verschiedener typologischer Analogien: "Nach der kausalen Bedingtheit unter-

---

76 Siehe: G.R. Kaiser, *Einführung in die Vergleichende Literaturwissenschaft*, op.cit., Kap. 4.

77 V. Žirmunskij, "Über das Fach Vergleichende Literaturwissenschaft", op.cit., S. 84.

scheiden wir gesellschaftlich-typologische, literarisch-typologische (strukturell-typologische) und psychologisch-typologische Analogien bzw. Unterschiedlichkeiten."[78] Während gesellschaftlich-typologische Analogien auf ähnliche gesellschaftliche Verhältnisse zurückzuführen sind und psychologisch-typologische Analogien aus ähnlich gelagerten psychischen Problemen entstehen, können literarisch oder strukturell-typologische Überschneidungen noch am ehesten im Kontext parallel verlaufender literarischer Entwicklungen (Evolutionen im formalistischen Sinne) erklärt werden.[79]

Als Beispiel für eine gesellschaftlich-typologische Analogie erwähnt Ďurišin die "Problematik des überflüssigen Menschen" in der russischen Literatur des 19. Jahrhunderts und die Marginalisierung des literarischen Helden in der westeuropäischen Romantik (man denke etwa an Chateaubriands *René*). Mit Recht bemerkt er zum Problem der psychologisch-typologischen Analogie: "In bestimmten Entwicklungsperioden werden bestimmte psychologische Dispositionen der Autoren aktiviert."[80] Als Beispiel könnte man die österreichisch-ungarische Literatur der Jahrhundertwende erwähnen, in der im Zusammenhang mit Nietzsches Philosophie und vor allem im psychoanalytischen Kontext das "Unbehagen in der Kultur" (Freud) und das Unbewußte erforscht werden. Nur auf gesellschaftlich-typologischer und psychologisch-typologischer Ebene ist es zu erklären, daß sich der Wiener Autor Arthur Schnitzler und der Triestiner Autor Italo Svevo gleichzeitig, aber unabhängig voneinander mit dem Unbewußten befassen.

Im Anschluß an Žirmunskij weist Ďurišin darauf hin, daß im allgemeinen "typologische Zusammenhänge als Voraussetzung für die Realisierung von Kontaktbeziehungen" angesehen werden.[81]

---

78   D. Ďurišin, *Vergleichende Literaturforschung. Versuch eines methodisch-theoretischen Grundrisses*, Berlin, Akademie-Vlg., 1976, S. 93.

79   Siehe: D. Ďurišin, "Die wichtigsten Typen literarischer Beziehungen und Zusammenhänge", in: G. Ziegengeist (Hrsg.), *Aktuelle Probleme der Vergleichenden Literaturwissenschaft*, Berlin, Akademie-Vlg., 1968, S. 55: "Das Problem der Differenzierung genetischer Beziehungen und typologischer Zusammenhänge ist nämlich in der Praxis nicht immer so eindeutig, wie es auf den ersten Blick scheinen möchte."

80   D. Ďurišin, *Vergleichende Literaturforschung*, op.cit., S. 98.

81   Ibid., S. 111.

Dies bedeutet konkret, daß Versformen, Erzählstrukturen oder Themen einer fremden Literatur nur dann produktiv wirken, wenn die rezipierende Literatur es mit analogen ästhetischen und gesellschaftlichen Problemen zu tun hat wie die rezipierte.

In diesem Zusammenhang ist auch – auf der Ebene des *genetischen Vergleichs* oder der *Kontaktstudie* – Ďurišins Unterscheidung zwischen *externen* und *internen literarischen Kontakten* zu verstehen: Während externe Kontakte durch Rezensionen, theoretische Studien und andere Berichte zustande kommen, sind interne Kontakte dem literarischen Produktionsprozeß immanent und kommen immer dann zur Geltung, wenn sich ein Autor aus technischen und ästhetischen Gründen von einem fremden Autor beeinflussen läßt: etwa Ronsard und Du Bellay von Petrarca oder George von Mallarmé.

Dies bedeutet, daß externe Kontakte wesentlich oberflächlicher (und oft ephemerer) sind als interne Kontakte, die durch starke Affinität zwischen Autoren, Autorengruppen oder literarischen Entwicklungen ermöglicht und intensiviert werden. Es versteht sich von selbst, daß eine solche Affinität nicht nur ästhetischen und technischen, sondern auch gesellschaftlichen Charakter hat und daß der Wissenschaftler, der interne Kontakte untersucht, nicht von der Werkstruktur und dem Prozeß der literarischen Evolution abstrahieren darf: "Die Forschungsmethode, die sich bemüht, die Gesetzmäßigkeiten der Beziehungen mittels Konfrontation des eigentlichen ideell-künstlerischen Prozesses der zu vergleichenden Erscheinungen zu ermitteln, ist die Methode der Erforschung der inneren Kontakte."[82]

Konsequent wirft Ďurišin einem russischen Literaturwissenschaftler, der eine thematische Verwandtschaft zwischen Alexandre Dumas' *Die Kameliendame* und Dostoevskijs *Der Idiot* feststellt, vor, er habe "nicht die innere Bedingtheit einzelner Elemente dieser Beziehung erläutert."[83] Um dies zu leisten, hätte er nicht nur die beiden Werke auf struktureller Ebene miteinander

---

82 D. Ďurišin, "Die wichtigsten Typen literarischer Beziehungen und Zusammenhänge", op.cit., S. 50.

83 Ibid., S. 51.

vergleichen, sondern auch die literarisch-ästhetischen Entwicklungen in Frankreich und Rußland analysieren müssen.

Spätestens hier wird klar, daß wir von der biographisch gestützten Einflußstudie, die von der älteren französischen Komparatistik bevorzugt wurde, recht weit entfernt sind und daß Žirmunskijs und Durišins Ansatz einen Dialog zwischen der Komparatistik und den Sozialwissenschaften ermöglicht. Denn auch im sozialwissenschaftlichen Bereich könnte die Unterscheidung zwischen genetischen und typologischen Vergleichen eine wichtige Funktion erfüllen: Der Politologe, der sich für den "Export" der britischen parlamentarischen Demokratie und des britischen Rechtssystems nach Kanada, Australien, Neuseeland und in andere Länder des Commonwealth interessiert und dabei historische Kontakte untersucht, nimmt eher (obwohl nicht ausschließlich) den genetischen Standpunkt ein. Der Soziologe hingegen, der die niederländische mit der belgischen Gesellschaft vergleicht und dabei vom Phänomen des *verzuiling* (Versäulung = Terminus der niederländischen Soziologie) ausgeht, d.h. von der Tatsache, daß sich in diesen beiden Ländern viele Institutionen verdoppeln, weil jede von ihnen eine katholische und eine protestantische bzw. eine flämische und eine wallonische Variante oder "Säule" (= *zuil, verzuiling*) aufweist, stellt sich eher auf einen typologischen Standpunkt: Er vergleicht die konfessionell bedingte institutionelle Gliederung der niederländischen mit der ethnisch und sprachlich bedingten Gliederung der belgischen Gesellschaft. Ein solcher Vergleich kann entscheidend zur Konkretisierung eines soziologischen Terminus wie *verzuiling* beitragen.

Nicht nur der komparatistische Charakter der Soziologie (niederländisch-belgisch; flämisch-wallonisch), sondern auch die Wissenschaftsgeschichte der Komparatistik zeigt, wie wesentlich der Kontakt zwischen dieser Disziplin und den Sozialwissenschaften ist: sowohl für den literarischen Vergleich als auch für die sozialwissenschaftliche Forschung, deren Ergebnisse in der deutschen Komparatistik in zunehmendem Maße berücksichtigt und verwertet werden.

5. Die deutsche Komparatistik in der Methoden-diskussion

Es ist hier nicht der Ort, die lange Geschichte der deutschen Komparatistik zu rekapitulieren. Sie könnte zum Thema eines umfangreichen Buches oder Forschungsberichtes werden. Da es in diesem Kapitel primär um die Wissenschaftsgeschichte des Faches geht, sollen im Anschluß an die wissenschaftstheoretischen Prämissen der französichen, anglo-amerikanischen und marxistischen Komparatistik die Grundlagen der deutschen Vergleichenden Literaturwissenschaft umrissen werden.

Sie setzten sich, global betrachtet, aus vier theoretischen Modellen zusammen, von denen das erste als *positivistisch*, das zweite als *geistesgeschichtlich*, das dritte als *marxistisch* und das vierte als *rezeptionsästhetisch* bezeichnet werden kann. Aus historischer Sicht erscheinen diese Modelle als rivalisierende Theorien und Ideologien, die um die Vormachtstellung nicht nur in der Vergleichenden, sondern in der Literaturwissenschaft allgemein kämpfen: Während die Geistesgeschichte als eine ideologisch-theoretische Reaktion auf den Positivismus aufzufassen ist, ist die Konstanzer Rezeptionsästhetik in vieler Hinsicht als eine Reaktion auf den Marxismus der 60er Jahre und auf die Kritische Theorie der Nachkriegszeit zu verstehen.

Der deutsche *Positivismus*, dessen wichtigster Exponent Wilhelm Scherer (1841–1886) war, wurde in Anlehnung an den französischen Positivismus Comtes und vor allem Taines entwickelt, der hier im ersten Abschnitt zur Sprache kam. Scherer knüpfte an Taines Triade *race, milieu, moment* an, als er seinerseits die analogen Begriffe *das Ererbte, das Erlernte* und *das Erlebte* prägte. Wie vor ihm Taine und Brunetière war er von der Möglichkeit und der Notwendigkeit einer Wissenschaft überzeugt, die von *Tatsachen* ausgeht und *kausale Zusammenhänge* aufzeigt, denen *Gesetzmäßigkeiten* oder *Gesetze* zugrunde liegen.

Wie der französische Positivismus war auch der deutsche auf allen Ebenen mit der nationalen und oft nationalistischen oder gar chauvinistischen Ideologie des Bürgertums verquickt. Zum Nexus von Ideologie und Theorie im Positivismus bemerkt Klaus Laermann: "Die Individualität der Nation erscheint ungebrochen in der Vielzahl der literarischen Werke, denen sie durch ihre kausale Ableitung einen kohärenten entwicklungsgeschichtlichen Sinn verleiht. Ohne diese Vorstellung eines nationalen Telos muß das Kausalitätsdenken des älteren Positivismus als bloß wahnhaft erscheinen."[84] Hier wird deutlich, daß Theorien ohne ihren ideologischen Kitt (in diesem Fall ohne die nationale Teleologie) zerfallen würden. Die Ideologie ist die Triebfeder der Theorie: sowohl im französischen als auch im deutschen Positivismus.

Wie schon bei Taine und Lanson war vor allem im späteren deutschen Positivismus die Autorenbiographie eine unverzichtbare Stütze der Forschung. Scherer und seine Schüler hofften, im biographischen Kontext das Ererbte, Erlernte und Erlebte am exaktesten untersuchen zu können, und vernachlässigten die Textstruktur (das "Werk") zugunsten einer "Sozialpsychologie" (Lanson) des Individuums.

Trotz dieses Biographismus und der zahlreichen Verzerrungen der Theorie durch nationalistische Ideologeme ist es ein Verdienst sowohl des deutschen als auch des französischen Positivismus, die Bedeutung der Sozialwissenschaften und ihrer Methoden für die Nationalphilologie und die Komparatistik hervorgehoben zu haben. Dadurch unterscheidet er sich vorteilhaft von der Geistesgeschichte und der Rezeptionsästhetik.

Im Bereich der Vergleichenden Literaturwissenschaft gehören vor allem die Arbeiten von Max Koch (dem Begründer der *Zeitschrift für Vergleichende Literaturgeschichte*, seit 1886), Wilhelm Wetz und L. P. Betz der positivistischen Phase an. Zum Positivismus dieser Autoren schreibt Rainer Rosenberg in einer luziden Kritik der vergleichenden Methoden: "Obwohl Kochs und Betz' Wissenschaftsprogramme keineswegs auf 'Einfluß'-Studien eingeschränkt waren, Betz vielmehr 'synthetische Darstellungen der Literaturepochen' anvisierte, stand diese Bewegung doch ganz im

---

84 K. Laermann, "Was ist literaturwissenschaftlicher Positivismus?", in: V. Žmegač, Z. Škreb, *Zur Kritik literaturwissenschaftlicher Methodologie*, Frankfurt, Athenäum-Fischer, 1973, S. 58.

Zeichen des Taine-Schererschen Positivismus, waren die an ihr Beteiligten sich einig in der Forderung, daß 'die vergleichende Literaturgeschichte an Exaktheit der Tatsachenbehandlung den Naturwissenschaften gleichkommen müsse'."[85]

Das Streben nach naturwissenschaftlicher Exaktheit kommt u.a. in Wilhelm Wetz' umfangreicher Studie über *Shakespeare vom Standpunkte der Vergleichenden Literaturgeschichte* (1890) zum Ausdruck, in der nach den Gesetzen gefahndet wird, *"welche die Ähnlichkeiten wie die Verschiedenheiten bewirkt haben"*[86], von denen der Vergleich ausgeht. Auch Louis P. Betz' Interesse für die Vorstellungen, die die einzelnen Völker voneinander haben, war positivistisch im Sinne von Scherer und Taine ausgerichtet.[87]

Anders als in Frankreich, wo der Positivismus à la Lanson bis zum Zweiten Weltkrieg die philologischen Institutionen beherrschte, wurde die ideologische Hegemonie des deutschen Positivismus alsbald durch die *Geistesgeschichte* in Frage gestellt. Diese geht von einem schroffen Gegensatz zwischen den Geistes- und den Naturwissenschaften aus und hebt neben der Rolle des "Geistes" (des einzelnen Dichters oder des Zeitgeistes) die des "Erlebnisses" hervor. Ihre Vertreter – etwa Friedrich Gundolf (1880-1931), Josef Nadler (1884-1963) oder Fritz Strich (1882-1963) – beriefen sich (manchmal zu Unrecht) auf Wilhelm Dilthey (1833-1911), den Begründer der modernen Hermeneutik. Vor allem Diltheys Buch *Das Erlebnis und die Dichtung* (1877/1905), in dem eine ästhetische Doktrin des "Erlebens" und der "Einfühlung" ausgearbeitet wird, wurde zu einem wichtigen Bezugspunkt dieser teilweise irrationalistischen und sowohl von positivistischer als auch von marxistischer Seite kritisierten philosophischen Strö-

---

85 R. Rosenberg, "Nationale oder vergleichende Literaturgeschichte? Zur Geschichte des komparatistischen literaturwissenschaftlichen Denkens in Deutschland 1848-1933", in: *Weimarer Beiträge* 28, Heft 11, 1982, S. 11.

86 W. Wetz, *Shakespeare vom Standpunkte der Vergleichenden Literaturgeschichte*, Worms, Vlg. von P. Reiß, 1890, S. 6. (In seinem Vorwort - S. XVI - beruft sich Wetz ausdrücklich auf Taine.)

87 Siehe: L.P. Betz, *La Littérature comparée*, Strassburg, 1900.

mung,[88] die der hermeneutischen Tradition angehört.

Im Gegensatz zum Positivismus Scherers, auf den sie reagierte, ersetzte sie das soziale und psychische Sein der Positivisten durch das Denken und die Idee, die historische Tatsache durch das überzeitliche Wesen der Dichtung, die Erfahrung durch den schöpferischen Geist, den positivistischen Determinismus des Kausalzusammenhangs (s.o.) durch die Freiheit des schöpferischen Genies und die Autonomie des Werks. Dadurch wurde das literarische Werk im wesentlichen als metaphysische Entität und nicht als soziales Faktum (als *fait social* im Sinne von Lanson und Durkheim) bestimmt. Im Gegensatz zu Scherer und seinen Schülern lehnten die Vertreter der Geistesgeschichte die Erklärung des Textes aus der Biographie ab und bemühten sich statt dessen, das Werk auf der Basis des *Erlebens* zu *verstehen*. Sie ersetzten die rationalistische Analyse der positiven Methoden durch Intuition und den Objektivismus Scherers durch Subjektivismus.[89]

Charakteristisch für diesen Übergang vom Positivismus zur Geistesgeschichte ist das Werk Friedrich Gundolfs, eines Dichters und Literaturkritikers des George-Kreises. Von ihm sagt Michael Winkler, er habe "die Methodik der positivistischen Literaturwissenschaft endgültig überwunden"[90], indem er im Anschluß an Dilthey und in Übereinstimmung mit anderen Vertretern der Geistesgeschichte den Begriff des "Erlebten" und des "Erlebnisses" in den Mittelpunkt der Diskussion rückte. Wie sich diese Akzentverschiebung vom "Ererbten" und "Erlernten" zum "Erlebten" auf die Methode auswirkte, wird in Gundolfs komparatistischer Studie *Shakespeare und der deutsche Geist* (1911) deutlich, wo es im Vorwort heißt: "Geschichte hat es zu tun mit dem Lebendigen. Danach was jeder für das Lebendige hält bestimmt sich seine besondere Geschichtsauffassung und seine Methode. Darin was einer mit Vorsatz ausläßt und aufnimmt liegt bereits ein Urteil über das was er für lebendig hält. Deshalb ist auch die

---

88   Siehe: W. Dilthey, *Das Erlebnis und die Dichtung*, Göttingen, Vandenhoek & Ruprecht, 1965 (14. Aufl.), S. 8-9.

89   Vgl. das Schema bei: M. Maren-Grisebach, *Methoden der Literaturwissenschaft*, Dalp-Taschenbücher, 1970, S. 28.

90   M. Winkler, *George-Kreis*, Stuttgart, Metzler, 1972, S. 73.

Methode nicht erlernbar und übertragbar, sofern es sich darum handelt darzustellen, nicht bloß zu sammeln. Methode ist Erlebnisart, und keine Geschichte hat Wert die nicht erlebt ist: in diesem Sinn handelt auch mein Buch nicht von vergangenen Dingen, sondern von gegenwärtigen: von solchen die unser eigenes Leben noch unmittelbar angehen."[91] Zu Recht verknüpft Karl Riha in seiner kritischen Darstellung der Geistesgeschichte diese Strömung mit dem Irrationalismus Oswald Spenglers (1880-1936), eines Zeitgenossen Gundolfs und des George-Kreises, und mit den irrationalen Aspekten des Nationalsozialismus, von denen einige im Werk des Germanisten Josef Nadler besonders kraß in Erscheinung treten.[92]

Wie sehr sich die Geistesgeschichte von der nationalistischen Ideologie vereinnahmen läßt, zeigt u.a. der komparatistische Artikel von Julius Petersen "Nationale oder vergleichende Literaturgeschichte?" (1928), der den literarischen Vergleich unmißverständlich in den Dienst des Nationalen stellt: "Die Literaturgeschichte vollendet ihren nationalen Charakter erst, indem sie vergleichend wird." Einige Zeilen weiter fügt der Autor hinzu: "Religion, Philosophie, Ethik, Politik und alle Maximen des Handelns sind in ihren Wandlungen durch den wechselnden Zeitgeist, aber in ihrer stetigen Beharrlichkeit und ihrem gleichbleibenden Charakter durch den im Wesenskern unveränderlichen Nationalgeist bestimmt, dessen Werden sich in der *Geistesgeschichte*, dessen Sein sich in der *Kulturkunde* offenbart."[93] Hier wird deutlich, wie die Lexeme "Geist", "Zeitgeist", "Nation" und "Wesen" im semantischen Raster einer nationalistischen Ideologie ineinandergreifen.

Dennoch ist die Geistesgeschichte methodologisch nicht trivial. Gerade bei einem Autor wie Julius Petersen zeigt sich, daß die

---

91 F. Gundolf, *Shakespeare und der deutsche Geist*, Berlin, Georg Bondi Vlg., 1914, S. VIII.

92 K. Riha, "Literaturwissenschaft als Geistesgeschichte. Ein historisch-kritischer Exkurs", in: V. Žmegač, Z. Škreb, *Zur Kritik literaturwissenschaftlicher Methodologie*, op.cit., S. 81-84.

93 J. Petersen, "Nationale oder vergleichende Literaturgeschichte?", in: H.N. Fügen (Hrsg.), *Vergleichende Literaturwissenschaft*, op.cit., S. 47.

geistesgeschichtliche Reaktion auf den Faktenfetischismus und die Einflußstudien der Positivisten schließlich zu der Einsicht führte, daß es notwendig sei, auch *typologische Zusammenhänge* anzuvisieren: "Die Tatsachen gleichzeitiger übereinstimmender Erscheinungen können sich nicht ausschließlich als gegenseitige Einwirkungen erklären, sondern aus innerer Gesetzmäßigkeit des schicksalsverbundenen parallelen Entwicklungsganges. Die Beeinflussungen werden überhaupt erst möglich durch eine in diesen Gesetzmäßigkeiten bedingte gleichartige Einstellung."[94] Abgesehen vom irrationalistischen Terminus der "Schicksalsverbundenheit" weist diese Passage frappierende Ähnlichkeiten mit Žirmunskijs und Ďurišins marxistischer Argumentationsweise auf: In beiden Fällen geht es darum, die mechanistische Einflußstudie der Positivisten durch den typologischen Vergleich zu überwinden oder zu ergänzen und zu konkretisieren.

Zugleich tritt die Ambivalenz der Theorie in Erscheinung: Trotz des ideologischen Gegensatzes zwischen geistesgeschichtlichem Nationalismus und marxistischer Gesellschaftskritik, der nicht eingeebnet werden sollte, weil er auch methodologisch zu Buche schlägt ("Wesensschau" vs. Sozialwissenschaft), sollte klar werden, daß die Kritik am Positivismus sowohl in der Geistesgeschichte als auch im Marxismus zu einer hermeneutischen Aufwertung typologischer Beziehungen führt. Strukturelle Ähnlichkeiten und Affinitäten werden auf ähnliche historische oder "hermeneutische Situationen" im Sinne von Gadamer zurückgeführt.[95]

In Anlehnung an A.N. Veselovskij und V. Žirmunskij hebt im Jahre 1962 der Leipziger Romanist und Komparatist Werner Krauss in einem Referat über die "Probleme der Vergleichenden Literaturgeschichte" "die Linien der gesellschaftlichen Ähnlichkeit" hervor[96], und andere ostdeutsche Marxisten wie Robert Weimann setzen später seine Argumentation fort, indem sie versuchen, den Produktions- und Rezeptionszusammenhang der

---

94 Ibid., S. 49.
95 Siehe: H.-G. Gadamer, *Wahrheit und Methode*, Tübingen, J.C.B. Mohr, 1975 (4. Aufl.), S. 285.
96 W. Krauss, *Probleme der Vergleichenden Literaturgeschichte*, Berlin, Akademie-Vlg., 1963, S. 13.

verschiedenen Literaturen hermeneutisch aufeinander zu beziehen.

Vor allem Weimanns marxistische und antipositivistische Hermeneutik enthält Argumente, die – formal betrachtet – an die der Geistesgeschichte erinnern. Es geht hier keineswegs darum, Weimanns nuancierten Marxismus durch eine pauschale Annäherung an die Geistesgeschichte zu diskreditieren, sondern um die Frage, ob nicht bestimmte hermeneutische Argumentationsmuster, die von Dilthey, Schleiermacher und letztlich Hegel stammen, sowohl in der Geistesgeschichte als auch im literaturwissenschaftlichen Marxismus vorkommen. Wenn Weimann beispielsweise für eine Perspektive plädiert, "die es gestattet, vergangene Beziehungen in ein Verhältnis zur Gegenwart zu setzen"[97], so setzt er sich für eine Aktualisierung der Werke im Sinne der deutschen Hermeneutik ein, die auch Gundolf – allerdings in einem idealistischen und irrationalistischen Zusammenhang – intendierte: "Historisch gesprochen, umfaßt das vergleichende Studium der Literaturgeschichte ein permanentes *Wieder-in-Beziehung-Setzen* vergangener Beziehungen vom Standpunkt der Gegenwart aus."[98] Im Falle von Shakespeare und Goethe bedeutet dies, "daß eine moderne Studie über Goethes Shakespeare-Rezeption nicht von den historischen und kritischen Erfahrungen der gegenwärtigen Shakespeare-Aneignung absehen darf."[99]

Deutlich tritt hier die kritische Distanz zutage, die Weimanns Marxismus von der Lebens- und Erlebnisphilosophie der Geistesgeschichte trennt. Während die Hermeneutik der Geistesgeschichte auf eine subjektive und nichtrationale Aneignung der literarischen Vergangenheit abzielte, möchte Weimann alte Werke gesellschaftskritisch aktualisieren und sowohl Shakespeare als auch Goethe im Hinblick auf die zeitgenössische soziale und historische Situation kritisch befragen. Dabei scheint er allerdings zu übersehen, daß es auch in der zeitgenössischen Gesellschaft verschiedene kritische Rezeptionsmodi geben kann und daß z.B.

---

97 R. Weimann, "Historizität und Wertsetzung. Zur Kritik der Begriffsbildung in der Vergleichenden Literaturwissenschaft", in: G.R. Kaiser (Hrsg.), *Vergleichende Literaturforschung in den sozialistischen Ländern*, op.cit., S. 218.

98 Ibid.

99 Ibid.

Goethe von Anhängern des Marxismus ganz anders gelesen wird als von Vertretern der Kritischen Theorie (Adornos, Horkheimers) oder von Befürwortern einer Rezeptionsästhetik im Sinne von Jauß. Es gibt also, um den Anglisten Weimann selbst zu paraphrasieren, nicht nur eine "past significance" und eine "present meaning"[100], sondern verschiedene "past significances" und "present meanings", die auch in ihren kritischen Varianten nicht alle dem Marxismus zu subsumieren sind.

Über diese Tatsache setzen sich in Westdeutschland auch Gert Mattenklott und Klaus Schulte hinweg, wenn sie in ihrer marxistischen Phase (1973) den unverbindlichen Humanismus der Komparatistik kritisieren und zugleich das materialistische Theorem der literarischen (künstlerischen) Widerspiegelung bestätigen.[101] Die kritisch-dialogische Frage lautet, welcher Diskurs die Wirklichkeit (als Systemganzes, als Industriegesellschaft oder als Kapitalismus) definiert, die die Literatur widerspiegeln soll... Ist Franz Kafka (wie Adorno meint) Realist, weil er auf die Anonymität und Verdinglichung moderner gesellschaftlicher Beziehungen reagiert, oder ist er (wie Lukács meint) ein Autor der "Dekadenz", weil sein Werk die Widersprüche des Kapitalismus nicht realistisch "widerspiegelt"?[102] Das grundsätzliche Problem, über das sich Marxisten monologisch hinwegsetzen, ist die Viel-

---

100 Siehe: R. Weimann, "Literarische Struktur und Literaturgeschichte: Die Sprache der Kunst", in: V. Žmegač (Hrsg.), *Marxistische Literaturkritik*, Frankfurt, Athenäum-Fischer, 1972, S. 102, wo für "die Einheit von historisch materialistischer Erklärung und Wertung, die Dialektik von *past significance* und *present meaning*" plädiert wird. - Siehe auch Weimanns Auseinandersetzung mit Geistesgeschichte und Rezeptionsästhetik: R. Weimann, "Gegenwart und Vergangenheit in der Literaturgeschichte", in: P.U. Hohendahl (Hrsg.), *Sozialgeschichte und Wirkungsästhetik*, Frankfurt, Athenäum-Fischer, 1974, S. 256: "Die Frage nach der Aktualisierung literarischer Texte führt selbst an den Akt ihrer Produktion heran", lautet die Kritik an Geistesgeschichte und Rezeptionsästhetik.

101 Siehe: G. Mattenklott, K. Schulte, "Literaturgeschichte im Kapitalismus. Zur Bestimmung demokratischer Lehrinhalte in der Literaturwissenschaft", in: J. Kolbe (Hrsg.), *Neue Ansichten einer künftigen Germanistik*, München, Hanser, 1973, S. 98.

102 Siehe: G. Lukács, "Franz Kafka oder Thomas Mann?", in: ders., *Die Gegenwartsbedeutung des kritischen Realismus, Werke Bd. 4, Probleme des Realismus I*, Neuwied-Berlin, Luchterhand, 1971.

deutigkeit und Interpretierbarkeit nicht nur der Literatur, sondern der Wirklichkeit selbst. Die marxistische Deutung mag noch so bestechend oder fruchtbar sein, sie ist nicht die einzig mögliche.

Von dieser Kritik der marxistischen Suche nach einer "wahren Interpretation" gingen in den 70er Jahren die Vertreter der Konstanzer *Rezeptionsästhetik* aus, deren Theorien deshalb einen wesentlichen Beitrag zur Komparatistik leisten, weil sie es gestatten, die Rezeption des fremden Textes genauer zu untersuchen. Da vor allem der rezeptionsästhetische Ansatz von Hans Robert Jauß im V. Kapitel ausführlicher besprochen wird, soll hier zum Abschluß lediglich die Bedeutung der Rezeptionsästhetik für die Wissenschaftsgeschichte der deutschen Komparatistik hervorgehoben werden.

Im Gegensatz zu Marxisten wie Georg Lukács und Gert Mattenklott, die von der These ausgehen, daß literarische Texte Wirklichkeit widerspiegeln und daher eindeutig Ideologien oder Ideen ausdrücken, möchte Jauß mit seiner leserorientierten Theorie dem historischen *Bedeutungswandel* des Kunstwerks Rechnung tragen. Ein neues Leserpublikum geht mit neuen Erwartungen an ein altes Werk heran und versieht es mit einer neuen Bedeutung: "Geschichte der Literatur ist ein Prozeß ästhetischer Rezeption und Produktion, der sich in der Aktualisierung literarischer Texte durch den aufnehmenden Leser, den reflektierenden Kritiker und den selbst wieder produzierenden Schriftsteller vollzieht."[103]

Um die Aktualisierung von Goethes Drama geht es in Jauß' komparatistischem Aufsatz "Racines und Goethes *Iphigenie*" (1973), der zeigen soll, daß die kritisch-humanistische Intention der *Iphigenie* (1779-1787) durch die Rezeption des 19. Jahrhunderts im Bildungsbürgertum entschärft und das Drama als "Seelendrama" auf das Klischee eines zeitlos wahren Humanismus und Klassizismus reduziert wurde. Die Bloßlegung des ursprünglich kritischen Gehalts gelingt Jauß u.a. mit Hilfe des literarischen Vergleichs: Die Beziehung zur wesentlich älteren *Iphigénie* (1674) Racines verdeutlicht Goethes kritische Absicht und läßt den Entstehungszusammenhang des Dramas in einem neuen Licht

103 H.R. Jauß, *Literaturgeschichte als Provokation*, Frankfurt, Suhrkamp, 1970, S. 172.

erscheinen: "Während der antike Mythos Racine dazu dient, den Konflikt archaischer Leidenschaften in der geschlossenen Konstellation der Familie bis ins Ausweglose zu steigern, gebraucht ihn Goethe, um vor seinem Hintergrund den Prozeß der Befreiung des Menschen aus Erbschuld oder naturhafter Unmündigkeit einzuleiten."[104] Trotz des Unterschieds zwischen den beiden Dramen, trotz Goethes Überwindung der Racineschen "Naturwüchsigkeit" durch Freiheit, Mündigkeit und Humanismus ist den beiden Iphigenie-Dramen eines gemeinsam: Die in ihnen inszenierten Leidenschaften und Antinomien werden im Verlauf der Rezeption (durch die Aufklärung in Frankreich, durch das Bildungsbürgertum in Deutschland) domestiziert. Im Anschluß an Adorno und Barthes möchte Jauß sie wieder aktualisieren.

Das hermeneutische Anliegen, vergangene Literatur durch kritische Interpretation für die Gegenwart und das Subjekt wiederzugewinnen, verbindet – trotz aller Gegensätze – die Rezeptionsästhetik mit dem Marxismus und der Geistesgeschichte und unterscheidet alle drei Strömungen vom Objektivismus Taines und Scherers, der im deutschen Sprachraum immer wieder der (seit Schleiermacher und Dilthey) übermächtigen Hermeneutik weichen mußte. Deren ideologische Übermacht sollte jedoch nicht eine ihrer Hauptschwächen kaschieren, die vor allem in Auseinandersetzungen mit Positivisten und kritischen Rationalisten (die keine Positivisten sind) zutage tritt: ihre Abwendung von den Sozialwissenschaften, die Gadamer in *Wahrheit und Methode* (1960) systematisch betreibt und die Jauß in nahezu allen seinen Schriften als ein zu begrüßendes *fait accompli* akzeptiert hat.[105] Im Gegenzug zu dieser hermeneutischen oder "geisteswissenschaftlichen" Tradition und im Gegensatz zur traditionellen Komparatistik, deren Vertreter (z.B. Horst Rüdiger) sich ungern auf theoretische Fragen einließen, soll das nächste Kapitel zeigen, wie sehr Komparatistik und Sozialwissenschaften aufeinander angewiesen sind.

---

104 H.R. Jauß, "Racines und Goethes Iphigenie", in: R. Warning (Hrsg.), *Rezeptionsästhetik*, München, Fink, 1975, S. 368.

105 Siehe: H.-G. Gadamer, *Wahrheit und Methode*, op.cit., S. 479-485 und H.R. Jauß, *Ästhetische Erfahrung und literarische Hermeneutik*, Frankfurt, Suhrkamp, 1982, S. 21.

II. Komparatistik als dialogische Theorie

Die Bedeutung der Komparatistik für die Sozialwissenschaften ist im interkulturellen Charakter des literarischen Vergleichs zu suchen: Die miteinander verglichenen literarischen Texte stammen aus heterogenen kulturellen und sprachlichen Bereichen, deren besondere Beschaffenheit der Komparatist zu reflektieren hat. Seine Reflexion wird auch dem Sozialwissenschaftler (dem Soziologen, Psychologen oder Semiotiker) zugute kommen, der bedenken sollte, daß seine eigene Theorie als theoretischer Diskurs – ähnlich wie der literarische Text – aus besonderen kulturellen und sprachlichen Verhältnissen hervorgeht, die nicht etwas Sekundäres, Hinzukommendes sind, sondern oftmals die theoretische Substanz ausmachen. Dies gilt natürlich auch für die "fremde" Theorie, deren Vokabular schwer zu übersetzen ist, weil es in vielen Fällen mit den Besonderheiten und Idiosynkrasien der fremden Sprache verquickt ist.

Nicht nur Jacques Derridas philosophischer Diskurs ist schwer ins Deutsche zu übertragen, weil er zahlreiche Wortspiele enthält und Neologismen wie *différance* – dt. *Differänz*[1] – zeitigt; auch die Übersetzung von Martin Heideggers *Sein und Zeit* (1927), eines Textes, in dem Wörter wie "Verfallensein", "das Sich-vorweg-sein" oder "zuhandenes Zeugganzes"[2] vorkommen, bringt im Französischen oder Englischen streckenweise einen neuen Text hervor, der zu neuen Heidegger-Interpretationen anregen kann.

Die Annahme, daß sich nur in "obskuren" oder "extravaganten" Philosophien und Theorien wie in Heideggers Ontologie oder Jacques Lacans Psychoanalyse die Besonderheiten einer Sprache und Kultur niederschlagen, ist insofern eine Fehleinschätzung, als theoretische Traditionen wie die deutsche Hermeneutik, die französische Semiologie (Semiotik) und die amerikanische Semiotik global aus bestimmten sprachlichen und kulturellen Kontexten hervorgegangen sind: die Hermeneutik aus dem deutschen Prote-

---

1   Siehe: J. Hörischs Übersetzung von J. Derridas *La Voix et le phénomène*, Paris, PUF, 1967: *Die Stimme und das Phänomen*, Frankfurt, Suhrkamp, 1979, S. 40.

2   M. Heidegger, *Sein und Zeit*, Tübingen, Niemeyer, 1963 (10. Aufl.), S. 191, 195, 112.

stantismus (etwa Schleiermachers), die *sémiologie* aus dem carte-sianischen Rationalismus Saussures und die Semiotik von Charles Sanders Peirce aus dem amerikanischen Pragmatismus.[3] Auch der grundsätzliche semantische Gegensatz *hermeneutisch/analytisch*, der im deutschsprachigen Raum immer wieder philosophische und wissenschaftstheoretische Diskussionen polarisiert, ist in vieler Hinsicht kulturspezifisch und nicht ohne weiteres in den französi-schen, englischen oder italienischen Kontext übertragbar: zumal die französische Hermeneutik (etwa die Paul Ricœurs) andere – z.B. psychoanalytische – Ziele verfolgt als die deutsche.[4]

Der Komparatist, der gewohnt ist, den sprachlichen und kultu-rellen Bedingungen einer literarischen Strömung wie der engli-schen Romantik oder des französischen Surrealismus Rechnung zu tragen, sollte sein Blickfeld erweitern, um auch Theorien als kulturspezifische Konstrukte einbeziehen zu können: Freilich wird er dabei nicht übersehen, daß die These über den kulturspezifi-schen Charakter der Theorie durch die Antithese zu ergänzen ist, daß nahezu alle Theorien mit einem Anspruch auf Allgemeingül-tigkeit auftreten und einen interkulturellen und internationalen Charakter haben. So wenig der französische Surrealismus unab-hängig von der deutschen Romantik und der Psychoanalyse zu verstehen ist, so wenig ist der deutsche Marxismus von der Politi-schen Ökonomie Englands (Smith, Ricardo) und der politischen Aufklärung Frankreichs (Diderot, Holbach) zu isolieren. Wie in den vergleichenden Studien über die europäische Romantik oder die europäische Avantgarde kommt es also auch im Theoriever-gleich darauf an, die Wechselbeziehung zwischen dem Kultur-spezifischen und dem Interkulturellen, dem Allgemeinen, zu untersuchen.

Denn nur dort, wo diese Beziehung von Theoretikern kom-paratistisch *reflektiert* wird, kann es zu einem fruchtbaren theoreti-schen *Dialog* kommen, in dessen Verlauf heterogene Standpunkte aufeinander bezogen werden. Somit besteht die theoretische und

---

3   Zum Verhältnis von Pragmatismus und amerikanischer Semiotik (Peirce, Morris) siehe: K.-O. Apel, *Transformation der Philosophie* Bd. 2, Frankfurt, Suhrkamp, 1973, Kap. II.

4   Siehe: P. Ricœur, *Le Conflit des interprétations. Essais d'herméneutique*, Paris, Seuil, 1969, Kap. 2: "Herméneutique et psychanalyse".

wissenschaftstheoretische Bedeutung der Komparatistik in ihrer Fähigkeit, den zugleich kulturspezifischen (nationalen) und interkulturellen (internationalen) Charakter von Theorien zu erkennen und den Dialog zu ermöglichen.

Dieser ist bisher nicht nur an sprachlichen und kulturellen Barrieren gescheitert, weil z.B. das Vokabular des Kritischen Rationalismus und der Kritischen Theorie in Frankreich und das des Althusserschen Marxismus in Deutschland nicht verstanden wurde, sondern auch an den *ideologischen* Voraussetzungen theoretischer Diskurse. Sie wurden in der Vergangenheit von verschiedenen Varianten der Ideologiekritik thematisiert, die die ideologischen Interferenzen im theoretischen Bereich untersucht. Wird nun die Komparatistik auch als *vergleichende kulturkritische Metatheorie* aufgefaßt, die die kulturellen und sprachlichen Interferenzen in Literatur und Theorie zum Gegenstand hat, dann erscheint sie als eine längst überfällige *Ergänzung zur Ideologiekritik*: Denn auch Ideologien (etwa die faschistischen oder marxistischen) sind zugleich kulturspezifisch und transkulturell, international. Auch sie sind nur im Spannungsfeld zwischen dem Spezifischen (dem Regionalen, dem Nationalen) und dem Allgemeinen (dem Internationalen) zu verstehen.

Deshalb soll im folgenden die Komparatistik als kritische Metatheorie im Zusammenhang mit der Ideologiekritik – im Sinne der Kritischen Theorie – neu definiert werden. Gegen eine derart erweiterte Komparatistik mag so mancher Vertreter der traditionellen Vergleichenden Literaturwissenschaft einwenden, sie habe "nichts mehr mit Literatur zu tun". Diesem Einwand werden nur diejenigen zustimmen, die guten Gewissens behaupten können, daß es zwischen der existentialistischen Philosophie und Sartres Drama, zwischen Nouveau Roman und Semiotik, Surrealismus und Psychoanalyse oder Futurismus und faschistischer Ideologie keinerlei Beziehungen gibt. – Werden diese Beziehungen aber wahrgenommen, dann werden sie zu einer Herausforderung an die moderne Komparatistik, die sie reflexiv verarbeitet, um ihr theoretisches und kritisches Potential zu erweitern – oder besser gesagt: erst zu *konstituieren*.

1. Sprachliche Situationen: Soziolekte und Diskurse

Sowohl literarische als auch theoretische (wissenschaftliche) Texte entstehen und wirken in besonderen sprachlichen Situationen, deren historischer Charakter darin zum Ausdruck kommt, daß zu einem bestimmten Zeitpunkt der gesellschaftlichen Entwicklung besondere religiöse, ideologische, literarische und wissenschaftliche Sprachen zusammenwirken: einander imitieren, zitieren, parodieren und dialogisch-polemisch aufeinander reagieren. Die russischen Autoren Michail M. Bachtin (1885-1975) und Valentin N. Vološinov (1895-1930) stellen dieses sprachliche Miteinander und Gegeneinander anschaulich dar, wenn sie schreiben: "In der Tat, die sprachliche Form tritt dem Sprechenden (...) nur im Kontext bestimmter Äußerungen, und folglich nur in einem bestimmten ideologischen Kontext gegenüber. Wir sprechen in Wirklichkeit keine Wörter aus und hören keine Wörter, sondern hören Wahrheit oder Lüge, Gutes oder Schlechtes, Angenehmes oder Unangenehmes usw. *Das Wort ist immer mit ideologischem oder aus dem Leben genommenem Inhalt und Bedeutung erfüllt.*"[5]

Diese Darstellung der Sprache als sprachlicher Situation richtet sich primär gegen Ferdinand de Saussures rationalistische (cartesianische) Linguistik, in der das kollektive Sprachsystem der *langue* als statische Einheit dargestellt und im Gegensatz zur *parole* als individueller Sprachhandlung betrachtet wird. Gegen diese rationalistische Trennung von kollektiver *langue* und individueller *parole* wenden sich Bachtin und Vološinov, wenn sie das Sprachsystem aus historischer Sicht im Rahmen eines Konfliktmodells betrachten und feststellen, daß nicht Individuen sich bestimmter Regeln bedienen, um besondere Äußerungen hervorzubringen, sondern daß jede Äußerung bestimmte (kollektive) Interessen artikuliert, die mit anderen Interessen in Konflikt geraten, wobei sich das Sprachsystem als historisch-soziale Einheit, als "sprachliche Situation" (Bachtin) ändert. Es ändert sich, weil Wörter wie "Freiheit", "Gerechtigkeit", "Demokratie" oder "Literatur" neue Bedeutungen annehmen, und zwar in Übereinstim-

---

5   V.N. Vološinov, *Marxismus und Sprachphilosophie*, Frankfurt-Berlin-Wien, Ullstein, 1975, S. 126.

mung mit neuen Gruppeninteressen, Bewegungen und Institutionen.

Zu einer Erneuerung des Freiheitsbegriffs kam es beispielsweise im 19. Jahrhundert, als Arbeiterbewegungen eine positive Definition von Freiheit forderten: als Möglichkeit der Selbstverwirklichung, als Möglichkeit, *etwas zu tun*. Dadurch entstand eine Alternative zum bürgerlichen Freiheitsideal, das vorwiegend die "Freiheit vom Zwang" meinte.[6] Feministische Bewegungen des 20. Jahrhunderts gaben nicht nur dem Freiheitsbegriff neue semantische Substanz, sondern auch Begriffen wie "Gerechtigkeit" und "Demokratie", die mit den Forderungen nach "gleicher Bezahlung für gleiche Arbeit" und nach paritätischer Vertretung von Frauen und Männern in der Politik verknüpft wurden. Im leninistischen Ausdruck "demokratischer Zentralismus" nahm die Vokabel "Demokratie" eine ganz andere Bedeutung an als in bürgerlich-liberalen Gesellschaften und bezeichnete schließlich eine autoritär-bürokratische Herrschaftsform. Auch das Wort "Kosmopolitismus", das in demokratischen Marktgesellschaften europäischen und amerikanischen Typs vorwiegend positive Konnotationen aufweist, veränderte durch pejorativen Gebrauch im marxistisch-leninistischen Jargon seine Bedeutung: Es wurde mit der Ideologie des "Imperialismus" assoziiert und auf semantischer Ebene dem "sozialistischen oder proletarischen Internationalismus" entgegengesetzt.[7]

Diese Beispiele sollten verdeutlichen, daß es nicht immer sinnvoll ist, das Sprachsystem als neutrale und statische Einheit aufzufassen, die individuelle Sprachäußerungen ermöglicht. Das Sprachsystem ist auch eine dynamische (historisch-soziale) Konstellation oder Situation, in der sich gruppenspezifische Interessen artikulieren, die im Laufe der Zeit die Sprache als ganze verändern: und zwar nicht nur einzelne Wörter, sondern die gesamte Semantik des Systems, etwa durch Einführung neuer semantischer Gegensätze wie *Kosmopolitismus/Internationalismus, entartete*

---

6   Zur Unterscheidung von "positiven" und "negativen" Freiheitsbegriffen siehe: I. Berlin, *Two Concepts of Liberty. An Inaugural Lecture delivered before the University of Oxford on 31 October 1958*, Oxford, Clarendon Press, 1958.

7   Siehe: O. Reboul, *Langage et idéologie*, Paris, PUF, 1980, S. 66-67.

Gegensätze wie *Kosmopolitismus/Internationalismus, entartete Kunst/gesunde Kunst* oder *Realismus/Surrealismus*.

Der letzte dieser semantischen Gegensätze deutet bereits an, daß auch ästhetisch-literarische Auseinandersetzungen zur Veränderung der Sprache in einer bestimmten sprachlichen Situation beitragen. Als die französischen Surrealisten in Anlehnung an Apollinaire das Wort "Surrealismus" einführten und den Gegensatz *Surrealismus/Realismus* zur Grundlage ihrer Kritik machten, entstand nicht nur ein Neologismus, sondern auch die etablierte Bezeichnung "Realismus" nahm eine neue (z.T. pejorative) Bedeutung an.[8] An dieser Stelle wird deutlich, daß Sprachänderungen meist kollektiven Charakter haben: auch dort, wo sie von Individuen (Politikern, Künstlern oder Theoretikern) initiiert werden: So wurde etwa De Gaulles Aufforderung zur *participation* (Teilnahme von Arbeitern und Angestellten an der Verwaltung von Betrieben) in den politischen Auseinandersetzungen der 60er Jahre von den Gaullisten gegen die sozialistische (PSU) Forderung nach *autogestion* (Arbeiterselbstverwaltung) ins Feld geführt.

Immer wieder zeigt sich, daß auch Gruppen von Theoretikern polemisch-kritisch auf etablierte Bezeichnungen reagieren und neue Bezeichnungen prägen, um ihre individuellen und kollektiven Interessen durchzusetzen: So distanzieren sich beispielsweise Schüler von Karl R. Popper, etwa der deutsche Soziologe und Philosoph Hans Albert, von einer rationalistischen Tradition der Philosophie, an die sie kritisch anknüpfen, indem sie den Ausdruck "Kritischer Rationalismus" oder "Kritizismus" prägen. Auf eine analoge theoretische Auseinandersetzung stößt man in der französischen sprachlichen Situation der 60er Jahre, in der Lucien Goldmann (1913-1970) sich als Marxist von der synchronen Linguistik Saussures und vom anthropologischen Strukturalismus eines Lévi-Strauss (1908) distanziert, indem er sich für die Bezeichnung "genetischer Strukturalismus" entscheidet.[9]

Insgesamt ist also den britischen Autoren Robert Hodge und Gunter Kress recht zu geben, wenn sie in *Language as Ideology*

---

8   Siehe: A. Breton, *Manifestes du surréalisme*, Paris, Gallimard, 1969, S. 36.

9   Siehe: L. Goldmann, "Die strukturalistisch-genetische Methode in der Literaturgeschichte", in: ders., *Soziologie des Romans*, Frankfurt, Suhrkamp, 1984.

(1979) feststellen: "Aber Klassifikationssysteme gehören nicht einer ganzen Gesellschaft an: verschiedene Gruppen haben verschiedene Systeme, obwohl die Unterschiede nur gering sein können."[10] Die Unterschiede sind manchmal beachtlich, und Michel Pêcheux radikalisiert die These der beiden Autoren, wenn er im Anschluß an Louis Althusser behauptet: "Der gesamte Klassenkampf kann manchmal auf die Auseinandersetzung zwischen Wörtern zurückgeführt werden."[11]

Trotz der verschiedenen ideologischen Rahmenbedingungen, in denen diese Aussagen entstanden sind, ist ihr gemeinsamer Nenner nicht zu übersehen: In beiden Fällen wird – ganz zu Recht – angedeutet, daß Sprache eine kollektive Erscheinung ist, und zwar nicht nur die Sprache als *langue* und als *habitude collective* im Sinne von Saussure und Durkheim[12], sondern auch der Bereich der *parole* als *Ensemble kollektiver Sprachäußerungen*, die hier im Anschluß an Algirdas Julien Greimas (1915) als *Soziolekte* oder *Gruppensprachen* bezeichnet werden: "Die Soziolekte sind Arten von Sekundärsprachen, die man an ihren semiotischen Abweichungen erkennt, durch welche sie einander opponieren (...), und an ihren gesellschaftlichen Konnotationen, die sie begleiten (...); sie werden als soziale Taxonomien konstituiert, die den gesellschaftlichen Diskursen zugrunde liegen. Das Studium der Soziolekte ist Aufgabe einer besonderen Disziplin: der Soziosemiotik."[13]

Es lohnt sich, diese kompakte Definition aus Greimas' und Courtés' *Sémiotique. Dictionnaire raisonné de la théorie du langage* (1979) kritisch auseinanderzunehmen: Zunächst fällt auf, daß die Autoren den Soziolekt dialogisch, d.h. im Gegensatz zu anderen Soziolekten definieren. Dadurch wird ihre Definition Michail Bachtins und Valentin Vološinovs Darstellung der "sprachlichen Situation" als eines Miteinanders und Gegeneinanders von rivalisierenden Sprachäußerungen anschließbar. Bei näherem Hinsehen zeigt sich allerdings auch, daß der Soziolekt

---

10 G. Kress, R. Hodge, *Language as Ideology*, London, RKP, 1979, S. 63.

11 M. Pêcheux, *Les Vérités de La Palice*, Paris, Maspero, 1975, S. 194.

12 Siehe: F. Saussure, *Cours de linguistique générale*, Paris, Payot, 1972, S. 100.

13 A.J.Greimas, J. Courtés, *Sémiotique. Dictionnaire raisonné de la théorie du langage*, Paris, Hachette, 1979, S. 354-355.

nicht mit Gruppen*positionen* und kollektiven *Interessen* oder mit der *Ideologieproblematik* verknüpft wird (s. weiter unten). Sind Soziolekte tatsächlich nur – wie Greimas an anderer Stelle meint – Spezialsprachen oder Fachsprachen ("langages spécialisés")[14], oder umfaßt der Begriff wesentlich mehr: nämlich die ideologischen Sprachen der Wirtschaft, der Politik, des Erziehungswesens etc. sowie die kommerziellen Sprachen der Werbung? – Erweitert man den semantischen Geltungsbereich des Begriffs "Soziolekt" auf alle diese kollektiven Sprachen, so hat man die Möglichkeit, ihr intertextuelles Zusammenwirken in einer besonderen *soziolinguistischen Situation* auf soziosemiotischer oder textsoziologischer Ebene zu beschreiben.

Auf dieser Ebene erscheinen sie als Sprachen zweiten Grades, die aus der natürlichen Sprache hervorgehen und besondere, gruppenspezifische Interessen artikulieren: Jurij Lotman faßt sie als *sekundäre modellierende Systeme* auf, die nicht auf das *primäre System* der natürlichen Sprache zu reduzieren sind: "Sekundäre modellierende Systeme stellen Strukturen dar, denen die natürliche Sprache zugrunde liegt. Im weiteren jedoch erhält das System eine ergänzende, sekundäre Struktur des ideologischen, ethischen, künstlerischen oder irgendeines anderen Typus."[15] Schon Lotman faßte also die Möglichkeit ins Auge, neben Religionen und literarischen Werken auch Ideologien als "sekundäre modellierende Systeme" zu untersuchen: als Sekundärsprachen, die Parasiten gleich von der natürlichen Sprache leben und sie häufig in der Werbung oder Propagandaschlacht auszehren.

Dabei ist wesentlich zu bedenken, daß Soziolekte nicht als solche, sondern nur als *Diskurse* wahrnehmbar sind. In dieser Hinsicht sind sie mit Saussures *langue*, mit der Sprache als System, zu vergleichen: Auch diese ist ein theoretisches (linguistisches) Konstrukt und wird nicht in ihrer Gesamtheit wahrgenommen, sondern nur insofern, als sie sich in spezifischen, individuellen Sprachäußerungen oder *paroles* manifestiert. So wie wir im Alltag bestimmte *paroles* hören und sie natürlichen Sprachen

---

14 A.J. Greimas, *Sémiotique et sciences sociales*, Paris, Seuil, 1976, S. 53-54.

15 J. Lotman, *Die Struktur des künstlerischen Textes*, Frankfurt, Suhrkamp, 1973, S. 64.

(dem Deutschen, dem Italienischen oder dem Schwedischen) zurechnen, so hören wir auch fachsprachliche (technische), ideologische (moralische, politische) oder kommerzielle (Werbung) *Diskurse*, die wir mit konkreten Sekundärsprachen oder Soziolekten verknüpfen: mit dem Jargon einer nationalistischen Bewegung, einer Gewerkschaft, einer politischen Partei oder einer Sekte. In allen diesen Fällen hören wir "Gutes oder Schlechtes, Angenehmes oder Unangenehmes", wie Bachtin und Vološinov sagen.

Doch was ist ein Diskurs? In dem hier skizzierten Zusammenhang kann der *Diskurs als transphrastische, semantisch-narrative Einheit definiert werden, die einem besonderen Soziolekt und folglich einem spezifischen sekundären modellierenden System angehört und in einer bestimmten sozio-linguistischen Situation in einem dialogisch-polemischen, d.h. intertextuellen Verhältnis zu anderen Diskursen (Soziolekten) steht.* Jeder Diskurs ist ein Text, aber nicht jeder Text ist ein Diskurs, da es zahlreiche Textsorten gibt – etwa Collagen oder Wörterbücher – die keine semantisch-narrative (transphrastische) Struktur aufweisen. Auch der isolierte Satz ist ein Text, in der Regel aber kein Diskurs; nur eine Verkettung von Sätzen kann als diskursive Anordnung bezeichnet werden.

In Übereinstimmung mit den Interessen und Erkenntnisinteressen seiner Gruppe(n) und seines Soziolekts (seiner Soziolekte) wählt das Aussagesubjekt ("sujet d'énonciation", Greimas) eines Diskurses bestimmte Wörter der Umgangssprache und definiert sie auf besondere Art, indem es sie in Übereinstimmung mit bestimmten *Relevanzkriterien* klassifiziert, ordnet. "Dis-mois comment tu classes, je te dirai qui tu es", schrieb bereits im Jahre 1962 Roland Barthes, der sich – ähnlich wie Greimas – für die Interaktion von Soziolekten und Diskursen interessierte.[16]

Tatsächlich machen die Relevanzkriterien, nach denen Wörter als lexikalische Einheiten vom Aussagesubjekt ausgewählt werden, zusammen mit den *Klassifikationen*, die sie ermöglichen, die *semantische Grundlage* des Diskurses aus. Wenn ein Aussagesubjekt im Rahmen eines psychoanalytischen Soziolekts argumentiert, so wird es sich für Lexeme wie *Unbewußtes* und *Verdrängung*

---

16 R. Barthes, *Essais critiques*, Paris, Seuil, 1964, S. 179.

entscheiden und vom grundlegenden semantischen Gegensatz *bewußt/unbewußt* ausgehen, den es (bewußt oder unbewußt) für *relevant* erklärt. Dieser Gegensatz strukturiert das gesamte Klassifikationssystem (Taxonomie, Greimas) des Diskurses und begründet eine ganze Wortklasse, die dem Begriff des Unbewußten subsumierbar ist: Assoziation, latenter Inhalt, Ödipuskomplex, ödipale Phase etc.

Diese Wortklassen werden in der von Greimas entwickelten strukturalen Semiotik als *semantische Isotopien* bezeichnet, die durch "wiederholtes Auftreten auf syntagmatischer Ebene von Klassemen, die die Homogenität des Diskurses als Aussage garantieren", zustande kommen.[17] *Klasseme* (*classèmes, sèmes contextuels*) werden als allgemeine Begriffe oder Oberbegriffe definiert, die durch Aktualisierung und Dominantsetzung in der Aussage (énoncé) die semantische Kohärenz oder Isotopie dieser Aussage konstituieren: Während dem Wort "Blatt" als vieldeutigem *Lexem* im Lexikon zahlreiche Bedeutungen als *Seme* (*sèmes*) innewohnen (etwa *Natur* im Falle von *Blütenblatt* oder *Presse* im Falle von *Abendblatt*), wird in einer Aussage nur eine Bedeutung, ein *Sem* aktualisiert und dominant gesetzt, etwa wenn jemand sagt: "Ich habe mir die *FAZ* gekauft, das *Blatt berichtet* über die *neueste Umweltkatastrophe* in X...". In diesem Fall nimmt das Wort "Blatt" als *Semem* (=*Lexem* im Kontext) *eine* Bedeutung an; es wird *monosemiert*, d.h. dem *Sem* "Presse" subsumiert, und bildet zusammen mit anderen *Sememen* wie *FAZ, berichtet* und *neueste Umweltkatastrophe* eine Wortklasse oder *Isotopie*, die vom Klassem "Presse", das als Oberbegriff eine Klasse konstituiert, zusammengehalten wird.

Analog dazu werden im psychoanalytischen Diskurs Wörter wie "Assoziation ", "latenter Inhalt", "Ödipuskomplex" und "ödipale Phase" zu *Sememen* einer *Isotopie*, die vom Oberbegriff oder *Klassem* (*sème contextuel*) "Unbewußtes" konstituiert wird. Klar tritt an dieser Stelle der sekundäre oder abgeleitete Charakter des psychoanalytischen Soziolekts und seiner Diskurse zutage: Während im Lexikon und in der Alltagssprache Wörter wie "Assoziation", "latent", "Inhalt" oder "Komplex" zahlreiche Bedeutungen

---

17 A.J. Greimas, J. Courtés, *Sémiotique*, op.cit., S. 197.

haben und nicht auf eine Isotopie festzulegen sind, nehmen sie im Soziolekt der Psychoanalyse mehr oder weniger genaue Bedeutungen an, indem sie eine besondere Klasse von Begriffen (d.h. eine Isotopie) konstituieren.

Ein Diskurs ist jedoch weitaus mehr als eine semantisch-lexikalische Struktur, und obwohl es nicht möglich ist, im Rahmen dieser Kurzdarstellung alle seine Aspekte zu beleuchten, ist es unerläßlich, ihn in aller Knappheit als *narrative Konstruktion* zu beschreiben. Diese kommt dadurch zustande, daß ein *Aussagesubjekt* (als *sujet d'énonciation* im Sinne von Greimas) – ausgehend von bestimmten Relevanzkriterien und semantischen Klassifikationen (Isotopien) – eine Geschichte erzählt: die Geschichte Deutschlands oder Frankreichs, die Geschichte der Soziologie oder des Dramas – oder die Geschichte einer Neurose. In allen diesen Fällen ruft es *Subjekt-* und *Objektaktanten* (*sujets de l'énoncé*) auf den Plan, die im Diskurs bestimmte narrative Funktionen erfüllen: So können beispielsweise in einem marxistischen Diskurs "Proletariat" und "Bürgertum" als *Subjekt* ("Held") und *Antisubjekt* ("Antiheld") auftreten, die im Auftrage des "Kommunismus" (*Auftraggeber*) und des "Kapitalismus" (*Gegenauftraggeber*) handeln, um sich der "Gesellschaft" oder des "Menschen" (*Objekte, Objektaktanten*) zu bemächtigen. In einem wissenschaftlichen Diskurs kann die Funktion des Antisubjekts der "Ideologie" zufallen, die des Subjekts der "Wissenschaft", und die "Wahrheit" mag in diesem Fall als umstrittener Objektaktant erscheinen.

Hier wird deutlich, daß Aktanten nicht einfach als Synonyme für "Protagonisten" oder "Personen" aufgefaßt werden können, da ja die Bezeichnung Aktant sowohl auf menschliche Individuen als auch auf kollektive Instanzen (etwa politische Parteien) und auf Abstraktionen wie die "Wahrheit" oder die "Wissenschaft" anwendbar ist. Es handelt sich also um eine *narrative Funktion*, deren Stellenwert im Diskurs von dessen semantischer Grundlage abhängt: Im Diskurs des Marxisten, der vom semantischen Gegensatz *Kapitalismus/Kommunismus* ausgeht, werden das Bürgertum und alle bürgerlichen Aktanten auf der negativ oder pejorativ konnotierten Isotopie "Kapitalismus" angesiedelt und als "Antisubjekte" definiert, während die proletarischen Instanzen als Subjekte oder "Helden" erscheinen. Der Ablauf einer fiktionalen, theoretischen oder historischen "Erzählung" hängt also (auf aktantieller Ebene) von den semantischen Entscheidungen des *Aussagesubjekts* ab: etwa davon, ob es wie die kritischen Rationalisten den Gegensatz zwischen Ideologie und Wissenschaft für *relevant* erklärt oder wie Lenin den Gegensatz zwischen bürgerlicher und proletarischer Ideologie (d.h. der "wissenschaftlichen Ideologie" des Proletariats).

Welche Bedeutung hat nun der hier – auf recht schematische und rudimentäre Art[18] – dargestellte Diskursbegriff für die Komparatistik? Auch die Objektkonstruktionen der Komparatistik kommen auf lexikalischer, semantischer und syntaktisch-narrativer Ebene zustande: Das einfachste Beispiel ist wohl die *Periodisierung* (Kap. VII), die für die Komparatistik als vergleichende Literatur*geschichte* wesentlich ist: Zu Recht betrachtet Ulrich Weisstein die *Periode* (*period*) als "eine Art des Klassifizierens", "as a mode of classification".[19] Periodisierung kommt also aufgrund einer semantischen Tätigkeit des Aussagesubjekts zustande, die primär die Relevanzkriterien und Klassifikationen betrifft. Dies bedeutet u.a., daß die Definition einer Periode wie "Romantik", "Moderne" oder "Postmoderne" von den Relevanzkriterien und Taxonomien abhängt, die ein bestimmtes Aussagesubjekt für legitim, "richtig" oder "wahr" hält.

Radikaler ausgedrückt: Es gibt keine objektimmanenten Kriterien der Periodisierung, so daß jede Periode ("Barock", "Klassik", "Romantik") als eine nur mögliche Objektkonstruktion erscheint, die aufgrund bestimmter diskursiver (semantischer und narrativer) Verfahren zustande kommt. Dies meint der Germanist Heinrich Anz, wenn er schreibt: "In der Historie begegnen uns nie reine Tatsachen, sondern immer nur gefärbte, gedeutete, bedeutsam aus und für Interesse. Eine objektive, reale Geschichte gibt es nicht. Immer wird die heterogene Mannigfaltigkeit vergangener Ereignisse in die Einheit eines bedeutsamen Zusammenhangs gebracht;

---

18 Eine ausführlichere Definition des Diskursbegriffes findet sich in: Vf., *Textsoziologie. Eine kritische Einführung*, Stuttgart, Metzler, 1980, Kap.3 und Vf., *Ideologie und Theorie. Eine Diskurskritik*, Tübingen, Francke, 1989, Kap. 7.

19 U. Weisstein, *Comparative Literature and Literary Theory*, London-Bloomington, Indiana Univ. Press, 1973, S. 67.

immer ist diese Einheit ein Entwurf (...).”[20] Was Anz metaphorisch als “Zusammenhang” und “Entwurf” beschreibt, wurde hier als Diskurs, als semantisch-narrative Struktur aufgefaßt: Ausgehend von bestimmten Relevanzkriterien und Klassifikationen, *erzählt* das Aussagesubjekt die Geschichte der Literatur auf ganz besondere Art, d.h. im Rahmen eines Soziolekts (einer Gruppensprache) und in Übereinstimmung mit konkreten kollektiven und individuellen Interessen. Die historische Erzählung ist also eine nur mögliche *Konstruktion* und keine Darstellung eines objektiv faßbaren Ereignis- oder Handlungsablaufs.

In diesem Sinne ist sie *ideologisch* (siehe weiter unten), da ihre Relevanzkriterien, Klassifikationen und Aktantenmodelle stets Gruppenstandpunkte und Gruppeninteressen artikulieren und *intertextuell* auf andere Standpunkte reagieren. Zur intertextuellen Interaktion bemerkt Julia Kristeva, die den Begriff der *Intertextualität* eingeführt hat, im Zusammenhang mit Bachtins Auffassung der Dialogizität: “Bachtin stellt den Text in den Zusammenhang der Geschichte und der Gesellschaft, die selbst als Texte betrachtet werden, die der Schriftsteller liest, in denen er aufgeht, indem er sie umschreibt.”[21]

Es ist jedoch hinzuzufügen, daß Gesellschaft kein Ensemble von Texten ist, sondern aus Individuen und Gruppen besteht, die in Soziolekten und Diskursen Standpunkte und Interessen artikulieren und dabei auf andere Standpunkte reagieren. Der Nationalsozialist erzählt die Geschichte der deutschen Literatur (oder der deutsch-französischen Literaturbeziehungen) anders als der liberale Romanist oder der Marxist, und er reagiert oft auf liberale oder marxistische Diskurse.

Nicht zufällig wendet sich der ungarische Marxist Tibor Klaniczay gegen den Begriff des “mitteleuropäischen Kulturraumes” und versucht im Jahre 1962, das Objekt “osteuropäische Literatur” zu konstruieren, wobei er auf liberale, konservative und andere “bürgerliche” Soziolekte reagiert: “Da die große Mehrheit der

---

20 H. Anz, “Geschichte und Literaturgeschichte”, in: *Geist und Zeichen*, Heidelberg, Winter, 1977, S. 20.

21 J. Kristeva, *Semeiotikè. Recherches pour une sémanalyse*, Paris, Seuil, 1969, S. 144.

osteuropäischen Völker den sozialistischen Weg der Entwicklung gewählt hat und seitdem in einem System sozialistischer Staaten lebt, die miteinander freundschaftliche Beziehungen unterhalten, liegt die Frage nahe, ob die 'osteuropäische' Konzeption des betroffenen Gebietes, wie wir sie vorzustellen versuchen, nicht die aktuellen sozialen und politischen Bedingungen in die Vergangenheit projiziert. Nun ist leicht zu beweisen, daß dem nicht so ist. Ähnlichkeiten und Verwandtschaften der osteuropäischen Literaturen sind nicht nur Ergebnis gegenwärtiger Entwicklungen, der gemeinsamen sozialistischen Bestrebungen, sondern auch Resultat einer Vergangenheit, die ihrerseits zahlreiche parallele und verwandte Züge aufweist."[22]

Diese drei Sätze lassen den Zusammenhang zwischen historischem und literaturgeschichtlichem Diskurs im Marxismus erkennen: Mit Hilfe eines kollektiven Aktanten ("große Mehrheit der osteuropäischen Völker") wird hier die Geschichte Osteuropas im Rahmen eines Soziolekts (des Marxismus-Leninismus) erzählt. Dabei wird – im dritten Satz – das literaturwissenschaftliche Objekt "osteuropäische Literaturen" konstruiert, das zugleich Objektaktant des Diskurses ist. Obwohl die von Klaniczay vorgeschlagene Objektkonstruktion nicht ganz willkürlich ist, da sowohl in der polnischen als auch in der tschechischen oder slowakischen Literatur zahlreiche russische, litauische und ukrainische Einflüsse nachgewiesen werden können, ist sie dennoch fragwürdig, weil sie im Rahmen eines dualistischen Schemas (Sozialismus/Kapitalismus; Osteuropa/Westeuropa) andere mögliche Objektkonstruktionen (z.B. mitteleuropäische Literaturen) ausblendet und die Einwirkungen des französischen Surrealismus auf die serbische und tschechische Avantgarde ("Poetismus") sowie die Rezeption des deutsch-österreichischen Expressionismus in Kroatien (Miroslav Krleža) verschweigt. Wie zahlreiche andere Marxisten reflektiert Klaniczay seine eigenen diskursiven Verfahren nicht und denkt nicht über die Kontingenz seiner eigenen Objektkonstruktionen nach. Diese nehmen (im Jahre 1962) einen ideologischen Charak-

---

22 T. Klaniczay, "Die Möglichkeiten einer vergleichenden Literaturgeschichte Osteuropas", in: G.R. Kaiser (Hrsg.), *Vergleichende Literaturforschung in den sozialistischen Ländern 1963-1979*, Stuttgart, Metzler, 1980, S. 48.

ter an und rechtfertigen den "sozialistischen" *status quo*.

Für den Komparatisten ist es wichtig zu wissen, in welchem Maße Periodisierung und literaturgeschichtliche Definitionen ("osteuropäische Literaturen") ideologisch bedingt sind; schon deshalb sollte ihm Ideologiekritik – als Diskurskritik – nicht fremd sein. Anders als der Ideologiekritiker, der häufig nicht über den Rahmen einer Nationalkultur oder Nationalgesellschaft hinausgeht, hat der Komparatist, der in mehreren Kulturen zu Hause ist, jedoch die Möglichkeit, weiter auszuholen und nicht nur die ideologische, sondern auch die *kulturelle Bedingtheit* theoretischer (literaturwissenschaftlicher, soziologischer, semiotischer) Diskurse zu erforschen. Dabei wird die bisher vernachlässigte metatheoretische oder wissenschaftstheoretische Komponente der Komparatistik sichtbar, die ihre ideologiekritische Komponente in jeder Hinsicht ergänzt. Diese beiden Komponenten sollen in den folgenden Abschnitten zur Sprache kommen.

2. Nationalkultur und Theoriebildung

"Kultur" und "Ideologie" sollten nicht als Synonyme verwendet werden: Innerhalb einer und derselben Nationalkultur – der deutschen, der italienischen oder der schwedischen – können verschiedene Ideologien oder ideologische *Soziolekte* (Diskurse) in einer *sozio-linguistischen Situation zusammenwirken* (s.o.), die für den historischen Kontext einer Nationalkultur charakteristisch ist. So wird beispielsweise die sprachliche Situation der Weimarer Republik zwischen 1918 und 1933 durch das polemische Gegeneinander von kommunistischen, sozialistischen und nationalsozialistischen Diskursen geprägt, so daß die Rolle liberaler, konservativer (deutschnationaler) oder anarchistischer Gruppensprachen vom oberflächlichen Betrachter kaum wahrgenommen wird. Anders gesagt, in jeder Nationalkultur treten bestimmte ideologische Soziolekte und Diskurse als Dominanten auf, während andere Sprachformen zeitweise oder ständig im Hintergrund stehen.

Es leuchtet ein, daß die ideologischen Sprachen auch auf den Sprachgebrauch der Philosophen und Sozialwissenschaftler einwirken, so daß häufig – und nicht zu Unrecht – der Eindruck einer Symbiose zwischen philosophischen, fachsprachlichen und ideologischen Soziolekten entsteht. Tatsächlich drang die Sprache der Nationalsozialisten sowohl in die Philosophie als auch in die Literaturwissenschaft ein, und Martin Heideggers Seinsphilosophie ist, selbst wenn sie nicht unmittelbar mit dem Jargon der Nationalsozialisten verknüpft wird, nur im Kontext der sozio-linguistischen Situation der Weimarer Republik zu verstehen.[23] Die Andersartigkeit des französischen Existentialismus (Sartres, Camus') erklärt sich nicht nur aus der politischen Tatsache, daß seine Vertreter den Nationalsozialismus und den Faschismus als Ideologien der Besatzer ablehnten, sondern auch im Zusammenhang mit einer sprachlichen Situation, in der der Marxismus als Ideologie der KPF, der CGT und anderer Organisationen übermächtig war: An ihm entzündeten sich die Konflikte zwischen den französischen Intellektuellen der Nachkriegszeit: zwischen Sartre und Camus, Sartre und Raymond Aron, zwischen André Breton und den Ideologen der KP.

Wichtig scheint hier vor allem die Tatsache zu sein, daß jede sozio-linguistische Situation eine einmalige Konstellation von Soziolekten und Diskursen ist, die man mit Jurij Lotman auch als *Kulturtext*[24] bezeichnen könnte und die der *Nationalkultur in einem besonderen historischen Augenblick* entspricht. Denn es versteht sich von selbst, daß diese Kultur kein statisches, sondern ein dynamisches System ist, das sich im verbalen Bereich aus religiösen, kommerziellen, literarischen, politischen und anderen Gruppensprachen, im nichtverbalen Bereich aus Zeichen und Symbolen der Architektur, der Technik, der bildenden Künste etc. zusammensetzt. In dieser Konstellation ist jeder Soziolekt, jeder Diskurs dem Zwang ausgesetzt, sich seiner sprachlichen und nichtsprachlichen Umwelt anzupassen, mit ihr auf *intertextueller* Ebene zu interagieren.

Diese Anpassung und Interaktion merkt man ihm vor allem

---

23 Siehe: Th.W. Adorno, *Jargon der Eigentlichkeit. Zur deutschen Ideologie*, Frankfurt, Suhrkamp, 1964, vor allem S. 72-97.

24 Siehe: J. Lotman, "Text und Funktion", in: P.V. Zima (Hrsg.), *Textsemiotik als Ideologiekritik*, Frankfurt, Suhrkamp, 1977, S. 151.

dann an, wenn man ihn auf *interkultureller* Ebene, d.h. im Kontext einer *anderen* Nationalkultur hört: so ist es beispielsweise schwierig, den deutschen Positivismusstreit, die Auseinandersetzung zwischen Vertretern der Kritischen Theorie (Adorno, Habermas) und Anhängern des Kritischen Rationalismus (H. Albert, K.R. Popper), einem französischen Sozialwissenschaftler zu erklären, der nicht mit der sozio-linguistischen Situation im Deutschland der 60er Jahre vertraut ist. Denn im "Positivismusstreit" stoßen kritisch-rationalistische und hermeneutische Argumente zusammen, die einerseits aus dem von Moritz Schlick (1882-1936) begründeten Wiener Kreis stammen, andererseits aus der deutschen Hermeneutik, die zum Zeitpunkt ihrer Entstehung bei Friedrich Schleiermacher (1768-1834) eng mit dem Protestantismus (Schleiermacher war Theologe und Prediger) und der Romantik liiert war. Ein Franzose, der das Werk Paul Ricœurs kennt, dessen Denken mit dem Katholizismus und der Psychoanalyse verquickt ist, wird sich unter Hermeneutik womöglich etwas anderes vorstellen als die deutschsprachigen Theoretiker des "Positivismusstreits", die hermeneutische Positionen verteidigen oder ablehnen. Er wird nicht gleich verstehen, was der kritische Rationalist Popper meint, wenn er verlangt, eine Theorie solle "falsifizierbar", d.h. kritisierbar und widerlegbar sein: "Lösungen werden vorgeschlagen und kritisiert. Wenn ein Lösungsversuch der sachlichen Kritik nicht zugänglich ist, so wird er eben deshalb als unwissenschaftlich ausgeschaltet, wenn auch vielleicht nur vorläufig."[25] Nur wer mit der Kritik der Metaphysik vertraut ist, die die Mitglieder des frühen Wiener Kreises (Carnap, Neurath, Schlick) ins Auge faßten, wird Poppers Bemerkungen im Kontext lesen können.

Viele französische Wissenschaftler, die die Wissenschaftstheorie mit Namen wie Gaston Bachelard (1884-1962), Georges Canguilhem (1904) oder Louis Althusser (1918-1990) verknüpfen, werden dazu nicht in der Lage sein, und so ist es zu erklären, daß es in Gesprächen zwischen Wissenschaftlern, die verschiedenen

---

25 K.R. Popper, "Die Logik der Sozialwissenschaften", in: Th.W. Adorno u.a., *Der Positivismusstreit in der deutschen Soziologie*, Darmstadt-Neuwied, Luchterhand, 1969, S. 105-106.

Kulturen und sprachlichen Situationen angehören, immer wieder zu Mißverständnissen kommt. Auf einem solchen Mißverständnis gründet – zumindest teilweise – der Strukturalismus-Vorwurf, den deutsche Marxisten und Vertreter der Kritischen Theorie an Louis Althussers Adresse richteten: Sie lasen Althussers marxistische Schriften im Zusammenhang mit Saussures synchroner Linguistik und Lévi-Strauss' strukturaler Anthropologie und bemängelten – z.T. mit Recht – die Verselbständigung der Struktur im "strukturalistischen Marxismus" sowie den szientistischen Verzicht auf den Subjektbegriff.[26]

Das Problem besteht nun darin, daß die sozio-linguistische Situation im Frankreich der 60er und 70er Jahre wesentlich komplexer war, als die deutschen Kritiker – etwa Alfred Schmidt – angenommen hatten, und nicht ausschließlich im Zusammenhang mit Modeerscheinungen wie Lévi-Strauss' strukturaler Anthropologie oder Lacans Psychoanalyse erklärt werden konnte. So ist auch Louis Althussers polemische Bemerkung aus *Eléments d'autocritique* (1974) zu verstehen: "Mais nous n'avons pas été structuralistes".[27] Wichtiger als der "Strukturalismus" war für Althusser die subjektlose Philosophie Spinozas sowie die rationalistische Wissenschaftstheorie Gaston Bachelards. Althussers "strukturalistischer" Marxismus ist nicht unabhängig vom Rationalismus Bachelards zu verstehen und sollte zusammen mit diesem innerhalb der europäischen rationalistischen Tradition rezipiert werden, die sich in ihrer Gesamtheit an den Naturwissenschaften, vor allem an der Physik, orientiert.

Die Frage, was dies alles mit der Komparatistik als Literaturwissenschaft zu tun hat, ist leicht zu beantworten: Der mehrsprachige und mit verschiedenen Kulturen vertraute Komparatist ist insofern privilegiert, als er die Möglichkeit hat, die *kulturelle und sprachliche Bedingtheit* nicht nur der fremden, sondern auch der eigenen Theorie zu *reflektieren*. Er wird der Tatsache Rechnung tragen, daß die deutsche literaturwissenschaftliche Diskussion in

---

26 Siehe: A. Schmidt, "Der strukturalistische Angriff auf die Geschichte", in A. Schmidt (Hrsg.), *Beiträge zur marxistischen Erkenntnistheorie*, Frankfurt, Suhrkamp, 1969, S. 231.

27 L. Althusser, *Eléments d'autocritique*, Paris, Hachette, 1974, S. 64.

einem anderen sozio-linguistischen Kontext stattgefunden hat als z.B. die französische Auseinandersetzung um die "Nouvelle critique" in den 60er und 70er Jahren. Während die sog. "Methodendiskussion" in Westdeutschland von den Diskursen der Hermeneutik, der Kritischen Theorie, des Kritischen Rationalismus und des Marxismus beherrscht wurde, spielten in Frankreich vor allem die Saussuresche Semiotik, die Psychoanalyse Lacans sowie die "Psychocritique" Charles Maurons, der humanistische Marxismus Lucien Goldmanns und in noch stärkerem Maße der szientistische (rationalistische) Marxismus Louis Althussers eine entscheidende Rolle.

Ein Komparatist, der darauf verzichtet, die soziale, historische und sprachliche Situation literaturwissenschaftlicher Theorien zu reflektieren, gibt einen wesentlichen Vorteil seines Ansatzes preis: die Möglichkeit, seine eigene Theorie und Theorien allgemein im sprachlichen und kulturellen Kontext zu sehen und als Ergebnisse besonderer kultureller und sozio-linguistischer Situationen miteinander zu vergleichen. Wer etwa H.R. Jauß' Rezeptionsästhetik für komparatistische Zwecke verwendet, wird gut beraten sein, über ihren hermeneutischen (Gadamer, Schleiermacher) und ihren wissenssoziologischen (K. Mannheim) Ursprung nachzudenken und sie auf dieser Ebene von den semiotisch orientierten Theorien der *lecture* in Frankreich sowie vom amerikanischen reader-response-criticism zu unterscheiden. Eine Theorie ist nur dann konkret anwendbar, wenn der Theoretiker ihrem sprachlichen, kulturellen und historischen Entstehungszusammenhang Rechnung trägt.

In diesen Zusammenhang gehört selbstverständlich auch die literarische Produktion, die in vielen Fällen zur Triebfeder literaturwissenschaftlicher Theoriebildung wird: Die Entstehung der deutschen Hermeneutik ist nicht unabhängig vom Kunst- und Werkbegriff der deutschen Romantik zu verstehen[28], der russische Formalismus wird konkret nur im Zusammenhang mit der russischen Avantgarde (dem Futurismus) und als Reaktion auf die Theorie und Praxis des religiös motivierten Symbolismus verstan-

---

28 Siehe z.B.: F.W. Kantzenbach, *Friedrich Daniel Ernst Schleiermacher in Selbstzeugnissen und Bilddokumenten*, Reinbeck, Rowohlt, 1967, S. 40-84 ("Der Eintritt in die Berliner Welt der Romantik").

den. Ähnliches gilt für einige semiotische Theorien im Frankreich der 60er und 70er Jahre: Roland Barthes' und Julia Kristevas avantgardistische Textbegriffe[29] wurden einerseits zwar von Friedrich Nietzsche und Michail M. Bachtin beeinflußt, sind andererseits aber aus der avantgardistischen Praxis der Zeitschrift *Tel Quel* hervorgegangen, in der auch die *nouveaux romanciers* und Philippe Sollers ihre experimentellen Texte veröffentlichten.[30]

Der Komparatist wird den Nexus von literarischer Praxis und literaturwissenschaftlicher Theoriebildung vergleichend reflektieren und dabei erklären können, weshalb sich die avantgardistische Semiotik (Semiologie) Barthes' und Kristevas wesentlich von der avantgardistischen Semiotik eines Max Bense in Deutschland unterscheidet, die vom amerikanischen Pragmatismus (Ch.S. Peirce) und der analytischen Sprachphilosophie ausgeht. Anders als der allgemeine Literaturwissenschaftler, der in vielen Fällen nicht über den Rahmen der nationalen Theoriebildung hinausgeht (Semiotik in Frankreich, Rezeptionsästhetik in Deutschland), ist der Komparatist in der Lage, den Prozeß literaturwissenschaftlicher Theoriebildung im internationalen Kontext zu beobachten und mit den verschiedenen literarischen Strömungen (Romantik, Avantgarde) und sozio-linguistischen Situationen zu verknüpfen.

Erst in diesem Kontext werden Theorien konkret[31] vergleichbar und wird das ermöglicht, was man als *theoretischen Dialog* bezeichnen könnte: Kommunikation zwischen kulturell heterogenen theoretischen Diskursen, deren Entstehung und Bedeutung in verschiedenen kulturellen und sprachlichen Zusammenhängen *komparatistisch reflektiert* wird. Theoretischer Dialog setzt also sprachliche und kulturkritische *Reflexion* voraus, denn nur ein konsequentes Nachdenken über den spezifischen und folglich kontingenten (nur möglichen) Charakter bestimmter Begriffe – etwa "Erwartungshorizont" (Jauß) oder "epistemologischer Schnitt" (Bachelard, Althusser) – läßt bei den Gesprächspartnern

---

29 Siehe: R. Brütting, *"Ecriture" und "texte". Die französische Literaturtheorie "nach dem Strukturalismus"*, Bonn, Bouvier, 1976, Kap. 3.2.

30 Siehe: M. Condé, "'Tel Quel' et la littérature", in: *Littérature* Nr. 44, Dezember 1981, S. 28-31.

31 "Konkret" im Sinne von K. Kosík, *Dialektik des Konkreten*, Frankfurt, Suhrkamp, 1971, S. 34-59.

den kulturkritischen Gedanken aufkommen, daß die von ihnen verwendeten Terminologien und Diskurse kulturell und sprachlich bedingt sind und daher nicht absolut gelten. Dieser Gedanke bildet die Grundlage des theoretischen Dialogs, der nur dann gelingen kann, wenn die Grenze der eigenen Sprache und Kultur überschritten und der monologische Anspruch des eigenen Diskurses als fragwürdig (im hermeneutischen Sinne) erscheint. Im selben Augenblick wird das Andere, das Fremde, als Alternative zum Eigenen erkannt und die monologische Befangenheit in der eigenen Kultur dialogisch abgestreift.

Indem die Komparatistik zur Triebfeder dieses zugleich theoretischen, literarischen und kulturellen Dialogs wird, leistet sie einen wesentlichen Beitrag zur Wissenschaftstheorie der Sozialwissenschaften, deren Vertreter häufig – ohne es zu wissen oder ohne es zuzugeben – Gefangene einer Nationalkultur und einer besonderen sozio-linguistischen Situation oder gar eines Soziolekts sind. Zugleich hilft sich die Komparatistik selbst, weil sie nicht länger theorielos "Themen", "Motive" oder "Stoffe" miteinander vergleicht, sondern ihre eigenen Terminologien und Objektkonstruktionen reflektiert und dialogisch aufarbeitet.

3. Komparatistik als Ideologiekritik und Dialog

Obwohl der Komparatist als Theoretiker und Metatheoretiker primär daran interessiert ist, die kulturelle und sprachliche Bedingtheit von Theorien und Literaturen zu erforschen, wird er auf die Frage nach *ideologischen Interferenzen* im theoretischen und literarischen Diskurs nicht verzichten wollen. Denn die Soziolekte und Diskurse, die in einer bestimmten sprachlichen Situation *intertextuell*, d.h. dialogisch aufeinander reagieren, haben nicht nur fachsprachlichen oder ästhetischen (literarischen), sondern auch *ideologischen* Charakter: Dies wurde hier im ersten Abschnitt klar, wo der ungarische Marxist Tibor Klaniczay versuchte, mit Hilfe bestimmter diskursiver Verfahren – Relevanzbestimmungen, Klassifikationen und narrativer Schemata – das Objekt "osteuropäische Literatur" zu konstruieren. Klar tritt auch die ideologische Funktion dieser Konstruktion zutage: Das Aussagesubjekt des offiziellen marxistischen Diskurses (das *nicht* mit dem Individuum Klaniczay identisch ist) ist bemüht, die politische Einheit des ehemaligen Ostblocks auf literaturgeschichtlicher Ebene zu festigen.

Hier wird auch deutlich, daß ideologische Diskurse stets einer historischen und sozio-linguistischen (in diesem Falle ungarischen) Situation angehören und nur mit Bezug auf diese Situation zu verstehen sind. Eine der Hauptaufgaben der Komparatistik besteht nun darin, sprachliche Situationen als Entstehungszusammenhänge von ideologischen und fachsprachlichen Diskursen zu rekonstruieren und zu zeigen, wie ideologische Sprachen, Fachsprachen und literarische Texte intertextuell aufeinander einwirken, einander wechselseitig bedingen.

Dieser Gedanke kann noch am ehesten mit Hilfe der im ersten Kapitel skizzierten Problematik veranschaulicht werden: Im ausgehenden 19. Jahrhundert wirkten in Frankreich vor allem die ideologischen Soziolekte und Diskurse des Positivismus (A. Comte, H. Taine) und des Sozialdarwinismus auf die literaturwissenschaftliche Theoriebildung ein. Im Rahmen dieser Soziolekte und ihrer Diskurse legt beispielsweise Ferdinand Brunetière die *Relevanzkriterien* fest, die die Grundlage seiner eigenen "Erzählung" und Objektkonstruktion, nämlich der Evolution der Gattungen, bilden: Als *relevant* erscheinen Brunetière die Klassifikationen und Erzählschemata aus Darwins und Haeckels Biologie, und er faßt eine Literaturwissenschaft ("critique littéraire") ins Auge, "die auf der Naturgeschichte Darwins und Haeckels gründen würde", "qui se fonderait sur l'histoire naturelle de Darwin et Haeckel."[32]

In einer ganz anderen sprachlichen und historischen Situation, im Deutschland der Geistesgeschichte, herrschen andere Relevanzkriterien und Klassifikationen, und aus ihnen gehen andere, mit dem Positivismus unvereinbare ideologische und literaturgeschichtliche Diskurse (als narrative Strukturen) hervor. Dazu bemerkt Rainer Rosenberg: "Eine wirkliche, die nationalliterarischen Zusammenhänge übergreifende empirische Forschung, wie sie die Positivisten immerhin geleistet hatten, fand nicht mehr statt, man

---

32 F. Brunetière, *L'Evolution des genres dans l'histoire de la littérature*, Paris, Hachette, 1922, S. 18.

bediente sich, um die vorausgesetzten Unterschiede zu beschreiben, vielmehr solcher 'kulturphilosophischer' Klischees wie der Opposition von deutscher Kultur und französischer Zivilisation oder germanischer Tatbereitschaft und slawischer Passivität."[33] Dabei gründen die semantischen Gegensätze Kultur/Zivilisation oder germanisch/slawisch nicht nur auf anderen Relevanzkriterien als die des Positivismus, sondern bringen auch andere Aktantenmodelle hervor, mit deren Hilfe die Geschichte der deutschen, französischen oder russischen Literatur *erzählt* wird.

Für eine komparatistische Ideologiekritik ist nun entscheidend herauszufinden, welche ideologischen Sprachen (Soziolekte und Diskurse) in einer bestimmten historischen Situation zusammenwirken und wie Literaturtheorien (Theorien allgemein) aus dieser einmaligen historischen Konstellation hervorgehen. Diese Konstellation, die hier als sprachliche oder sozio-linguistische Situation bezeichnet wird, ist mit Michel Foucaults und Michel Pêcheux' "diskursiver Formation" ("formation discursive") zu vergleichen. Zur ihr bemerkt Pêcheux: "Wir bezeichnen von nun an das als *diskursive Formation*, was innerhalb einer bestimmten ideologischen Formation, d.h. ausgehend von einer bestimmten Position, die vom Zustand des Klassenkampfes determiniert wird, darüber entscheidet ('détermine'), 'was gesagt werden kann und gesagt werden soll' (...)."[34] Tatsächlich ist die Frage entscheidend, was in einer bestimmten sprachlichen Situation sagbar, noch nicht sagbar oder nicht mehr sagbar ist.

Das Zitat aus Michel Pêcheux' Buch *Les Vérités de La Palice* (1975) illustriert – ähnlich wie die Texte des Positivismus oder der Geistesgeschichte, – was gemeint ist. Die Aussage, daß der "Zustand des Klassenkampfes" ideologische und diskursive Formationen determiniert, war auch nur in der französischen soziolinguistischen Situation der 60er und 70er Jahre und nur im Rahmen eines bestimmten Soziolekts (dem der Althusser-Gruppe) möglich. Schon aus diesem Grunde sollte das Aussagesubjekt eines theoretischen Diskurses über die Herkunft seiner Theorie in

---

33 R. Rosenberg, "Nationale oder vergleichende Literaturgeschichte?", in: *Weimarer Beiträge* Nr. 28, 1982, S. 25.
34 M. Pêcheux, *Les Vérités de La Palice*, Paris, Maspero, 1975, S. 144.

einer besonderen sprachlichen Situation nachdenken. Dadurch unterscheidet es sich von den Subjekten ideologischer Diskurse.

Im Anschluß an diese Überlegungen ist es möglich, zusammenfassend auf den Unterschied zwischen Ideologie und Theorie einzugehen, der zwar hauptsächlich von der Wissenschaftstheorie, der theoretischen Soziologie und der Soziosemiotik untersucht wird, der aber auch für eine ideologiekritische Komparatistik wesentlich ist.

Zunächst kann festgestellt werden, daß alle Theorien der Sozialwissenschaften zugleich Ideologien *im allgemeinen Sinne* sind: Als Soziolekte und Diskurse drücken sie kollektive Standpunkte und Interessen aus, die sich im semantischen Bereich (Relevanz, Klassifikation) und im syntaktisch-narrativen Bereich (Aktantenmodelle, narrative Sequenzen) niederschlagen: Auch Theorien der Literaturwissenschaft oder der Soziologie sind "standortgebunden" im Sinne von Karl Mannheims Wissenssoziologie.[35] Ein solches ideologisch (marxistisch, liberal, konservativ) und fachsprachlich (rezeptionsästhetisch, psychoanalytisch) bedingtes Erkenntnisinteresse ist legitim und läßt – etwa im Marxismus – die Verflechtung von Theorie und Ideologie im allgemeinen Sinne (als Gruppenstandpunkt und Soziolekt) erkennen.

Ideologie ist jedoch nicht nur ein möglicher – stets partikularer – Standpunkt, sondern auch ein Ensemble von diskursiven Verfahren, die die Erkenntnis behindern. In diesem Zusammenhang ist es möglich, auf diskursiver Ebene einen restriktiven oder negativen Ideologiebegriff einzuführen, um ihn einerseits vom allgemeinen Ideologiebegriff, andererseits vom Begriff einer kritischen Theorie zu unterscheiden. Während der allgemeine Ideologiebegriff lediglich besagt, daß alle Ideologien (und Theorien als Ideologien) Soziolekte sind, die partikulare Gruppenstandpunkte artikulieren und verschiedene Diskurse mit besonderen Relevanzkriterien, Klassifikationen und narrativen Verfahren hervorbringen, definiert der restriktive Ideologiebegriff die *Ideologie als eine diskursive Anordnung, deren Aussagesubjekt im Rahmen von semantischen Dichotomien und den ihnen entsprechenden narrativen Verfahren (Held/Widersacher) argumentiert und entweder*

---

35 Siehe: K. Mannheim, *Strukturen des Denkens*, Frankfurt, Suhrkamp, 1980, S. 111.

nicht bereit oder nicht in der Lage ist, seine semantischen und syntaktischen Verfahren zu reflektieren und zum Gegenstand eines offenen Dialogs zu machen. Stattdessen stellt es seinen Diskurs und seinen Soziolekt als die einzig möglichen (wahren, natürlichen) dar und identifiziert sie monologisch mit der Gesamtheit seiner wirklichen und potentiellen Referenten.[36]

Der im ersten Abschnitt zitierte Text von Tibor Klaniczay stellt beispielhaft die diskursive Anordnung der Ideologie im restriktiven Sinne dar: Das Aussagesubjekt konstruiert das Objekt "osteuropäische Literaturen", um auf der Aktantenebene den Ost-West-Dualismus (Sozialismus/Kapitalismus) festzuschreiben und ihn in den literarischen Bereich hineinzutragen. Es denkt nicht über die sprachliche Kontingenz seiner Objektkonstruktion nach, sondern ist bestrebt, sie durch eine Projektion in die Vergangenheit ("Resultat einer Vergangenheit") als "natürlich" zu legitimieren. Es grenzt monologisch alle Gegenargumente und Gegenkonstruktionen aus, indem es die mitteleuropäischen kulturellen Beziehungen (etwa im Rahmen der österreichisch-ungarischen Monarchie) sowie westeuropäische Einflüsse in Ost- und Mitteleuropa ausblendet oder bagatellisiert. Die neuesten Ereignisse zeigen, wie zerbrechlich ideologische Konstruktionen dieser Art sind: Sie zerschellen an der Wirklichkeit und an den besseren Gegenargumenten, die sie zeitweise monologisch vereinnahmen.

Im Gegensatz zum ideologischen Subjekt *löst das Aussagesubjekt des theoretischen Diskurses die semantische Dichotomie in der dialektischen Ambivalenz auf, reflektiert seinen eigenen partikularen Standort sowie seine diskursiven Verfahren (Relevanzkriterien, Aktantenmodelle, narrative Schemata) und macht beide zum Gegenstand eines offenen interdiskursiven Dialogs.*[37] Der kritisch-theoretische Diskurs geht also Schritt für Schritt aus der restriktiven oder negativen Definition des ideologischen Diskurses hervor: Er ermöglicht den Dialog und sollte daher das Kernstück einer dialogisch-kritischen Komparatistik bilden.

Zu den einzelnen ideologiekritischen Verfahren der Theorie,

---

36 Siehe: Vf., *Ideologie und Theorie. Eine Diskurskritik*, Tübingen, Francke, 1989, S. 256.

37 Ibid., S. 56.

die hier aus Platzgründen nicht in allen Aspekten dargestellt werden können[38], ist folgendes zu sagen: Die dialektische Ambivalenz opponiert, wie aus dem bisher Gesagten hervorgeht, dem ideologischen Dualismus. Während das ideologische Subjekt A und −A sorgfältig trennt und beispielsweise behauptet, Diktatur und Anarchie, Faschismus und Sozialismus, Ideologie und Wissenschaft hätten nichts miteinander zu tun, postuliert das theoretische Subjekt die Einheit der Gegensätze und zeigt konkret, wie − etwa im Spanien oder im Rußland des 19. Jahrhunderts − Diktatur und Anarchie miteinander verwoben sind, wie sie sich wechselseitig bedingen; wie Faschismus und Sozialismus zwischen den Weltkriegen (vor allem im Anarchosyndikalismus) ineinandergreifen und wie Mussolinis Werdegang konkret im Rahmen dieser Dialektik zwischen faschistischen und sozialistischen Bewegungen zu erklären ist; wie schließlich Ideologie (allgemein) bei Marx, Freud und Karl R. Popper zur Triebfeder wissenschaftlicher Erkenntnis − und zu deren Hemmklotz wird.

Noch wichtiger als die dialektische Ambivalenz ist in dem hier konstruierten Kontext die theoretische *Reflexion*, die schon mehrmals angesprochen wurde und die auch im ersten Kapitel − als Nachdenken über die Wissenschaftsgeschichte der Komparatistik − im Mittelpunkt steht: Im komparatistischen Bereich gewinnt sie eine neue Dimension, weil der Komparatist nicht nur über den ideologischen Standpunkt und die diskursiven Verfahren der fremden und der eigenen Theorie nachdenkt, sondern auch die Partikularität der eigenen und der fremden Kultur zum Thema wissenschaftlicher Diskussion macht. Zugleich ist er bemüht, Ideologien und Theorien in den sozio-linguistischen Kontext einer Kultur einzubetten. Als Kulturkritik, als Reflexion des Sprach- und Kulturzusammenhangs ergänzt Komparatistik also die soziologische und wissenschaftstheoretische Ideologiekritik (im Sinne der Kritischen Theorie und des Kritischen Rationalismus).

Schon aus diesem Grunde ist komparatistische Reflexion eine Grundvoraussetzung für den (literatur-) wissenschaftlichen *Dialog*. Als Kommunikation heterogener Soziolekte ist dieser nur fruchtbar, wenn er *konkret* geführt wird, d.h. wenn die ideologische und

---

38 Siehe: Vf., *Ideologie und Theorie*, op.cit., Kap. 8.

kulturelle Bedingtheit aller beteiligten Diskurse und Soziolekte wahrgenommen und berücksichtigt wird. Die Auseinandersetzung zwischen der Kritischen Theorie und dem Kritischen Rationalismus Ende der 60er Jahre war deshalb so steril, weil die hier geschilderten Rahmenbedingungen – etwa die liberalen Prämissen des Kritischen Rationalismus und die liberal-marxistischen Synthesen der Kritischen Theorie – nicht thematisiert wurden.[39]

Sie kamen u.a. deshalb nicht zur Sprache, weil Popper, einer der wichtigsten Vertreter des Kritischen Rationalismus, die Existenz solcher Rahmenbedingungen schlicht leugnet: "Es ist bloß ein Dogma – ein gefährliches Dogma –, daß die verschiedenen Rahmenbedingungen Sprachen gleichen, die nicht ineinander zu übersetzen sind. Tatsache ist, daß grundverschiedene Sprachen (wie Englisch, Hopi oder Chinesisch) nicht unübersetzbar sind, und daß es zahlreiche Hopi oder Chinesen gibt, die gelernt haben, die englische Sprache sehr gut zu beherrschen."[40] Hier kommt ein individualistisches und rationalistisches Vorurteil zum Ausdruck, das die wesentlichen Unterschiede zwischen natürlichen Sprachen (Englisch, Hopi) und ideologischen Soziolekten verschleiert: Während das Englische – wie das Deutsche – im Prinzip keine partikularen Standpunkte artikuliert, weil im Englischen alle widersprüchlichen (liberalen, anarchistischen, marxistischen oder konservativen) Ideologien ausdrückbar sind, läßt ein konservativer Soziolekt (etwa der der britischen Tories) die Produktion anarchistischer oder marxistischer Diskurse nicht zu; er erschwert auch deren Rezeption, so daß ein Gespräch zwischen einem Tory und einem Marxisten fast immer zu einem Taubstummendialog verkommt.

Es kommt hinzu, daß Kulturen mit natürlichen Sprachen nicht koextensiv sind, weil sie von besonderen ideologischen, religiösen, ästhetischen und anderen Zeichensystemen gebildet werden, die nicht – wie natürliche Sprachen als "Verkehrssprachen" – in

---

39 Es wäre notwendig gewesen, die Beziehung zwischen den gesellschaftlichen Standpunkten bzw. Interessen und den diskursiven Konstruktionen der Kritischen Theorie und des Kritischen Rationalismus zu untersuchen.

40 K.R. Popper, "Normal Science and its Dangers", in: I. Lakatos, A. Musgrave (Hrsg.), *Criticism and the Growth of Knowledge*, Cambridge, Univ. Press, 1970, S. 56.

andere kulturelle Kontexte zu übertragen sind: Das Englische, das in verschiedenen afrikanischen Ländern als "offizielle Sprache" verwendet wird, entwickelt sich dort in einem ganz anderen kulturellen Kontext als in Großbritannien, Irland oder den USA. Weiter oben, aber vor allem im ersten Kapitel sollte gezeigt werden, daß die Komparatistik sich in den USA, in Großbritannien, Frankreich und Deutschland in ganz verschiedenen kulturellen und ideologischen Situationen entfaltet hat und daß ihre Entwicklung nicht unabhängig von diesen sozio-historischen Situationen zu verstehen ist.

Der Komparatistik als kritischer und dialogischer Theorie fällt daher die Aufgabe zu, sowohl die ideologischen als auch die kulturellen "Rahmenbedingungen" oder "frameworks" – wie Popper sagt – zu untersuchen, um so einen fruchtbaren Dialog zwischen heterogenen theoretischen Diskursen bzw. Soziolekten zu ermöglichen. Denn nur wenn die zugleich individualistische und rationalistische Illusion zergeht, daß (Literatur-) Wissenschaftler außerhalb ihrer kulturellen und ideologischen Rahmenbedingungen Position beziehen und sich als atomisierte, vernunftbegabte Individuen verständigen können, wird der theoretische Dialog konkret und fruchtbar. Dazu können komparatistische Reflexion und Dialogizität wesentlich beitragen; zugleich öffnet sich jeder einzelnen komparatistischen Theorie die Möglichkeit, ihre eigene kulturelle und ideologische Bedingtheit zur Sprache zu bringen.

4. Für einen dialogischen Literaturbegriff

Nicht nur ideologische und theoretische Diskurse sind dialogisch als intertextuelle Reaktionen auf andere Diskurse in einer besonderen sozio-linguistischen Situation zu verstehen; auch literarische Texte, die nicht immer eine diskursive Form aufweisen (etwa wenn es sich um Collagen handelt: s.o.), sind als Antworten auf andere Texte zu deuten, die sie kommentieren, weiterentwickeln, kritisieren, im Pastiche nachahmen oder in der Parodie karikieren. So ist James Joyces Roman *Ulysses* nicht unabhängig von Homers antiker Vorlage zu verstehen, und er sollte auch nicht von den zeitgenössischen Soziolekten, die in Irland und in Europa um die

Jahrhundertwende tonangebend waren, isoliert werden.

Freilich ist auch ein monologischer Literaturbegriff denkbar, der die literarische oder poetische "Nachricht" nicht als intertextuelle Produktion, sondern als besondere Sprachform definiert. Ein solcher Literaturbegriff wurde in der Vergangenheit vor allem von Roman Jakobson (1896-1980) vorgeschlagen, der im Anschluß an den von ihm stark beeinflußten tschechoslowakischen Strukturalismus in seinem bekannten Aufsatz "Linguistik und Poetik" (1960) die poetische Sprache im Gegensatz zu den kommunikativen Formen der Sprache definiert. Während die sprachliche Kommunikation des Alltags etwas über den Sender, den Empfänger, das Kontaktmedium (etwa die defekte Telefonleitung), den Kontext oder den Kode (die Sprache, in der gesprochen wird) *aussagt*, bezieht sich die poetische Nachricht vorwiegend auf sich selbst und soll um ihrer selbst willen rezipiert werden: "Die *Einstellung* auf die *Nachricht* als solche, die Zentrierung auf die Nachricht um ihrer selbst willen, ist die *poetische* Funktion der Sprache."[41] Diese Funktion steht im Gegensatz zu den hier erwähnten fünf anderen Funktionen (Ausrichtung auf Sender, Empfänger, Kontakt, Kontext und Kode), die im wesentlichen kommunikativen, referentiellen Charakter haben.

Es fragt sich natürlich, ob eine solche Definition der "poetischen Sprache" als einer besonderen Sprachform mit der hier vorgeschlagenen dialogischen Definition kollidiert und wie sich die beiden Definitionen zueinander verhalten. In einer – durchaus intertextuellen – Reaktion auf Jakobsons funktionale Bestimmung der "poetischen Nachricht" zeigt Eugenio Coseriu, daß ein dialogischer Literaturbegriff zwar Jakobsons Auffassung der "poetischen Nachricht" als einer besonderen Sprachform widerspricht, nicht jedoch seiner These, daß der poetische Text auf sich selbst verweist und um seiner selbst willen rezipiert wird. Denn die Sprache der Dichtung ist ein sprachliches Universalexperiment, in das alle denkbaren Sprachformen (man könnte sagen: intertextuell) eingehen können: "Somit erscheint die dichterische Sprache nicht als ein Sprachgebrauch unter anderen, sondern als Sprache

---

41   R. Jakobson, "Linguistik und Poetik", in: J. Ihwe (Hrsg.), *Literaturwissenschaft und Linguistik* Bd. 1, Frankfurt, Athenäum-Fischer, 1972, S. 108.

schlechthin, als Verwirklichung aller sprachlichen Möglichkeiten."[42] An anderer Stelle fügt Coseriu hinzu: "Die literarischen Texte müssen als Modelle der Textlinguistik gelten, da sie eben die funktionell reichste Art von Texten darstellen (...)."[43]

Seine Literaturauffassung bestätigt und ergänzt den dialogischen Literaturbegriff Michail Bachtins und Julia Kristevas (s.o.), die beide von dem Gedanken ausgehen, daß literarische Texte nicht als fensterlose Monaden oder als Produkte zu verstehen sind, sondern nur als Produktions*prozesse* oder intertextuelle (Kristeva) Prozesse, die dadurch zustande kommen, daß Autoren bewußt oder unbewußt auf alte oder zeitgenössische, mündlich oder schriftlich überlieferte Texte reagieren. So versucht beispielsweise Bachtin, den Roman als eine Gattung darzustellen, die die Sprachen des Epos, der Rhetorik und vor allem des Karnevals (als volkstümlicher, antiautoritärer Subkultur) verarbeitet: "Etwas vereinfacht und schematisch läßt sich sagen, daß die Gattung des Romans in der *Epopöe, der Rhetorik und im Karneval* ihren Ursprung hat."[44] Der Roman wird also dialogisch oder intertextuell als diskursiver Prozeß aufgefaßt, in den heterogene Sprachformen eingehen und zu einem neuen Text verarbeitet werden.

Sowohl die Renaissance-Romane von François Rabelais als auch die modernen Romane Dostoevskijs erscheinen aus Bachtins Sicht als Texte, in die die sprachlichen und weltanschaulichen Elemente des Karnevals Eingang fanden: Während im Falle von Rabelais noch eine unmittelbare Beziehung zwischen Roman und Karnevalsgeschehen nachzuweisen ist, sind die karnevalistischen Elemente bei Dostoevskij durch die literarische Tradition – d.h. durch karnevalisierte Romane wie Rabelais' *Gargantua* oder Cervantes' *Don Quijote* – vermittelt. Über den Karneval, der laut Bachtin ein Fest des Volkes ist und die hierarchischen Strukturen der spätmittelalterlichen Gesellschaft aufbricht, dringen das Karnevalslachen, die Ambivalenz, das Groteske, die Vielstimmigkeit (Polyphonie) und eine radikal-demokratische Weltauffassung in

---

42 E. Coseriu, "Thesen zum Thema 'Sprache und Dichtung'", in: W.-D. Stempel, *Beiträge zur Textlinguistik*, München, Fink, 1971, S. 184.

43 Ibid., S. 121.

44 M.M. Bachtin, *Probleme der Poetik Dostoevskijs*, München, Hanser, 1971, S. 121.

den Roman ein, den Bachtin in seinen Kommentaren zu Rabelais und Dostoevskij als anti-monologische, anti-autoritäre und polyphone Struktur beschreibt.[45]

Im Anschluß an Bachtin und Kristeva könnten viele moderne und avantgardistische Texte als sprachliche Universalexperimente definiert werden, die im Sinne von Jakobson und Coseriu auf sich selbst verweisen und um ihrer selbst willen rezipiert werden wollen, weil sie sich nicht auf besondere Gegenstände, Ereignisse oder Begriffe beziehen, sondern die sprachliche Situation zum eigentlichen Thema des Diskurses machen. So könnte beispielsweise Jürgen Beckers experimentelle Prosa als ein Versuch aufgefaßt werden, die sozio-linguistische Situation – zumindest ausschnittweise – satirisch-kritisch zu kommentieren. In seinem Prosabuch *Umgebungen* (1970) werden auf einer Seite mehrere Soziolekte im Pastiche nachgeahmt und parodiert: "Mein stalinistischer Freund ist ein guter Vater und Turner. Schauen wir uns diesen Satz doch mal an: indem ich einen Freund als Stalinisten deklariere, impliziere ich die sowohl moralische wie politische Unmöglichkeit, im bürgerlichen Besitze eines stalinistischen Freundes zu sein."[46] Während dieser Text den marxistischen Soziologenjargon der 60er Jahre parodiert ("deklariere", "impliziere"), wird einige Zeilen weiter die Sprache einer verbrauchten Lyrik zitiert: "Sie hin, mein Kind, es biegt sich die Birke im böigen Wind."[47] Schließlich wird die triviale Schreibweise des Abenteuerromans kritisch mit Reklamefloskeln versetzt: "Dann wieherten hell im Morgenrot die Pferde. Bis das Biwak abgebrochen war. Und das Häuflein der Versprengten weiter ins Verderben ritt, in den Lautsprechern der finnländische Reitermarsch. Sind wir nun glücklich und erholt im WOLF-gepflegten Garten?"[48]

An dieser Stelle wird deutlich, daß Intertextualität nicht einfach Zitat ist (wie oft fälschlich behauptet wird), sondern *Verarbeitung der sprachlichen Situation durch das Aussagesubjekt*

45 Siehe auch: M.M. Bachtin, *Rabelais und seine Welt. Volkskultur als Gegenkultur*, Frankfurt, Suhrkamp, 1987.
46 J. Becker, *Umgebungen*, Frankfurt, Suhrkamp, 1970, S. 9.
47 Ibid.
48 Ibid.

des fiktionalen Diskurses. Aus literaturwissenschaftlicher Sicht sind zwei Aspekte des intertextuellen Prozesses zu unterscheiden: eine *interne Intertextualität* als Reaktion des Subjekts auf andere literarische Texte der Vergangenheit oder Gegenwart; eine *externe Intertextualität,* die die Verarbeitung nichtliterarischer Texte und Diskurse durch das Subjekt meint. In Beckers Text wird klar, daß interne und externe Intertextualität zusammenwirken und daß Literatur nicht ausschließlich autonom, als Produktion innerhalb der literarischen Evolution aufzufassen ist, sondern auch als gesellschaftliches Faktum und folglich als Gegenstand der Soziologie: als Reaktion auf politische, juristische, wissenschaftliche, philosophische und kommerzielle Soziolekte und Diskurse. Das entscheidende Manko der "werkimmanenten Interpretation" (etwa Wolfgang Kaysers) und einer jeden literarischen Autonomieästhetik besteht darin, daß sie den gesamten nichtliterarischen Kontext ausblendet.

Daß dieser Kontext nicht ohne erhebliche Verluste ausgeklammert werden kann, zeigt Thomas Manns Roman *Der Zauberberg* (1922), der vor allem im zweiten Teil als eine intertextuelle Reaktion auf Diskurse des Rationalismus (der Aufklärung) und eines messianischen Historismus zu lesen ist. Während der Italiener Settembrini einer individualistisch-demokratischen Aufklärung das Wort redet, verteidigt sein Gegenspieler Naphta eine elitäre Revolutionstheorie, einen christlich-marxistischen Messianismus, der an den des idealistischen Marxisten Georg Lukács erinnert. Von den Kirchenvätern sagt Naphta: "Sie waren human genug, antihändlerisch genug, wirtschaftliche Tätigkeit überhaupt eine Gefahr für das Seelenheil, das heißt: für die Menschlichkeit zu nennen. Sie haben das Geld und die Geldgeschäfte gehaßt und den kapitalistischen Reichtum den Brennstoff des höllischen Feuers genannt."[49]

Während die Lexeme "Seelenheil" und "höllisches Feuer" dem christlich-jesuitischen Soziolekt angehören (Naphta ist Jesuit), stammt das mit negativen Vorzeichen versehene Lexem "Kapitalismus" aus dem marxistischen Reptertoire. Einer der Vorzüge von Thomas Manns Roman besteht wohl darin, daß er zwei Soziolekte, die einander auszuschließen scheinen, zu einer ambiva-

---

49   Th. Mann, *Der Zauberberg* Bd. 2, Frankfurt, Fischer, 1967, S. 425.

lenten Einheit verknüpft und Hans Castorp, die Hauptgestalt des Romans, die ideologischen Grundwidersprüche des beginnenden 20. Jahrhunderts auf sprachlicher Ebene, d.h. in der Kollision zwischen Settembrinis rationalistischem Diskurs der Aufklärung und Naphtas messianischem Historismus, erleben läßt. Die Wirklichkeit geht mithin auf diskursiver, intertextueller Ebene (auf der Ebene der externen Intertextualität) in den Roman ein: als Sprache und nicht als "Darstellung", "Wiedergabe" oder "Widerspiegelung". Zugleich erklärt sich die dialogische und handlungsarme Struktur des Romans aus dem Gegeneinander dieser beiden Diskurstypen.

Das großartigste intertextuelle Experiment ist wohl James Joyces *Ulysses*-Roman (1922), der intern vor allem auf das homerische Epos reagiert, zugleich aber Texte von Shakespeare, Dante, Dostoevskij, Ibsen u.a. verarbeitet. Im Bereich der externen Intertextualität nimmt er nahezu alle zur Verfügung stehenden Sprachformen auf: vom sokratischen Dialog (der manche Kapitel strukturiert) bis zur Metaphysik eines Thomas von Aquin, die in den zahlreichen theologischen (katholischen) Diskursen eine überragende Rolle spielt. Die Soziolekte der Wissenschaft werden ebenso parodiert wie die der Werbung und der (irischen) politischen Szene. Nietzsche kommt zu Wort ebenso wie der Erzbischof von Armagh und die pharmazeutische Industrie, die für Zäpfchen gegen Blähungen wirbt: "How saith Zarathustra? *Deine Kuh Trübsal melkest Du. Nun Trinkst Du die süsse Milch des Euters.*"[50] – "WILLIAM, ARCHBISHOP OF ARMAGH: (*In purple stock and shovel hat*) Will you to your power cause law and mercy to be executed in all your judgments in Ireland and territories thereunto belonging?"[51] Schließlich die Werbung für "Wonderworker"-Zäpfchen: "It heals and soothes while you sleep, in case of trouble in breaking wind, assists nature in the most formidable way, insuring instant relief in discharge of gases, keeping parts clean and free natural action, an initial outlay of 7/6 making a new man of you and life worth living."[52]

50 J. Joyce, *Ulysses*, Harmondsworth, Penguin, 1969, S. 420.
51 Ibid., S. 458.
52 Ibid., S. 643.

Joyces *Ulysses* zeigt, daß Literatur nicht nur ein intertextuelles, sondern auch ein interkulturelles und folglich komparatistisches Experiment ist. Der Roman ist nur komparatistisch als internationales Textexperiment zu verstehen, in das sowohl literarische als auch nicht-literarische Diskurse verschiedener Kulturbereiche eingehen (s.Kap. VIII). Der in der Komparatistik so häufig untersuchte Einfluß erscheint hier als ein intertextueller Prozeß, als Aneignung fremder Sprachformen durch das schreibende Subjekt. Es leuchtet ein, daß sich diese Aneignung auf die eigene Diskursform und die eigene Subjektivität, die von dieser Diskursform geprägt wird, auswirkt. Wie dies geschieht, soll hier vor allem in den Kapiteln über den genetischen Vergleich (IV) und die Rezeption (V) fremder Diskurse untersucht werden.

Die dialogische Auffassung der Literatur als intertextueller Arbeit ermöglicht einerseits den Brückenschlag zur Gesellschaft, die als sozio-linguistische Situation auf sprachlicher Ebene dargestellt wird: Gesellschaftliche Standpunkte, Interessen und Konflikte gehen über Soziolekte und Diskurse in den literarischen Text ein. Sie stellt andererseits eine heteronome, reduktionistische Ästhetik in Frage, die den literarischen Text eindeutig interpretieren, auf den Begriff bringen möchte: Denn das literarische Experiment ist zwar soziologisch bedeutsam, weil es auf *Gesellschaft als Sprache* reagiert, es ist aber nicht begrifflich zu fixieren, weil es – wie Jakobson und Coseriu sahen – die Sprachproblematik selbst zum Thema hat und folglich als vieldeutiges und deutbares Konstrukt nicht nur auf die Gesellschaft, sondern auch auf sich selbst verweist.

III. Der typologische Vergleich

Wie in der Anthropologie, der Politologie und der Soziologie erscheint es auch in der Vergleichenden Literaturwissenschaft sinnvoll, im Anschluß an Viktor Žirmunskij und Dionýz Ďurišin (s. Kap. I) mindestens zwei Vergleichstypen zu unterscheiden: den *typologischen* und den *genetischen*. *Während der genetische Vergleich als Kontaktstudie* – im Sinne von Gerhard R. Kaiser[1] – *Ähnlichkeiten zum Gegenstand hat, die durch Kontakt, d.h. durch direkte oder indirekte Beeinflussung entstehen, werden im Rahmen eines typologischen Vergleichs Ähnlichkeiten untersucht, die ohne Kontakt aufgrund von analogen Produktions- oder Rezeptionsbedingungen zustande kommen.*

Die traditionelle, vor allem die französische Komparatistik, die schon immer zum Empirismus neigte, hat bisher den genetischen Vergleich als Kontaktstudie privilegiert (s. Kap. I). Untersuchungen über thematische oder strukturelle Analogien erschienen Jean-Marie Carré und anderen Vertretern dieser Disziplin als gefahrvolle Spekulationen, die der an positivistischen Denkmodellen geschulte Wissenschaftler zu meiden hatte. Die Erfahrungen der Sozialwissenschaften zeigen indessen, daß nicht die genetischen, sondern gerade die typologischen Beziehungen zur Grundlage der Komparatistik werden sollten.

Denn in den meisten Fällen sind es ähnliche gesellschaftliche und sprachliche Bedingungen, die nicht nur die Entstehung analoger Institutionen und Textstrukturen, sondern auch die Einwirkung eines Autors auf einen anderen erklären. So wird sich im nächsten Kapitel beispielsweise herausstellen, daß die von den Junghegelianern und Nietzsche initiierte Religionskritik bei den Schriftstellern der *Generación del 98* auf fruchtbaren Boden fiel, weil die spanische Gesellschaft um die Jahrhundertwende in eine Krise geriet, die auch die offizielle Religionspraxis in Mitleidenschaft zog.

---

1 Siehe: G.R. Kaiser, *Einführung in die Vergleichende Literaturwissenschaft. Forschungsstand - Kritik - Aufgaben*, Darmstadt, Wiss. Buchgesellschaft, 1980, Kap. 4.1.

1. Die methodologische Bedeutung des typologischen Vergleichs

Sowohl in diesem als auch im nächsten Kapitel soll deutlich werden, daß typologischer und genetischer Vergleich, Kontakt- und Analogiestudie einander ergänzen und in vielen Fällen nicht unabhängig voneinander durchgeführt werden können. Schon Žirmunskij und Ďurišin haben erkannt, daß "typologische Zusammenhänge als Voraussetzung von Kontaktbeziehungen" aufzufassen sind (s. Kap. I.4). Vergleichende Studien werden daher häufig einen typologischen und einen genetischen Aspekt aufweisen, vor allem, wenn sie es mit Erscheinungen zu tun haben, die einer und derselben Epoche angehören.

Aber auch Affinitäten zwischen komplexen historischen Entwicklungen können erklären, weshalb bestimmte Kontakte eine Beeinflussung zur Folge haben und andere nicht. So konnte beispielsweise in der Zwischenkriegszeit der italienische Faschismus weitaus stärker auf die deutsche und spanische politische Szene einwirken als etwa auf die britische, niederländische oder skandinavische, weil die demokratischen Strukturen der Weimarer Republik und der spanischen Monarchie unter Alfons XIII. nicht gefestigt waren und der "autoritäre Charakter"[2] in der deutschen und spanischen Politik eine der treibenden Kräfte war. In diesem typologisch-genetischen Kontext wäre der Einfluß F.T. Marinettis und des italienischen Futurismus auf Autoren wie Ernst Jünger und Gottfried Benn zu untersuchen, von denen der eine in den 30er Jahren Technik und Gewalt verherrlichte, während der andere im Jahre 1934 Marinettis kriegerische Ästhetik pries.[3]

Unabhängig voneinander können aufgrund ähnlicher gesellschaftlicher Bedingungen vergleichbare Textstrukturen entstehen:

---

2 Siehe: Th.W. Adorno e.a., *Studien zum autoritären Charakter*, Frankfurt, Suhrkamp, 1973, S. 45-46.

3 Siehe: E. Jünger, *Der Arbeiter. Herrschaft und Gestalt*, Stuttgart, Klett-Cotta, 1981 (1932), S. 155-161 und: G. Benn, "Rede auf Marinetti", in: ders., *Sämtliche Werke* Bd. IV (Prosa 2), Stuttgart, Klett-Cotta, 1989, S. 118: "Mitten in einem Zeitalter stumpfgewordener, feiger und überladener Instinkte verlangten und gründeten Sie eine Kunst, die dem Feuer der Schlachten und dem Angriff der Helden nicht widersprach."

etwa das feudale Epos (*Rolandslied, Nibelungenlied*), das sowohl in europäischen als auch in außereuropäischen Gesellschaften anzutreffen ist, die vom Feudaladel als *noblesse d'épée*, als Kaste von Kriegern, beherrscht werden. Im Gegensatz zu diesem Epos, das nicht auf den Einzelnen, sondern auf die Gruppe als handelnde Instanz ausgerichtet ist[4], macht der psychologische Roman das Individuum und seine Psyche zur Triebfeder des Handlungsablaufs und legt Zeugnis ab von den Peripetien des Individualismus in den verschiedenen bürgerlichen Gesellschaften Europas. Schließlich könnten die avantgardistischen Bewegungen – französischer Surrealismus, italienischer und russischer Futurismus – einander typologisch angenähert werden, weil sie vor und nach dem Ersten Weltkrieg ein Krisenbewußtsein ausdrückten, das sowohl die Gesellschaft als auch die Sprache erfaßte.[5]

Im folgenden werden zwei Vergleiche angestellt, die u.a. zeigen sollen, daß es im typologischen Bereich Vergleichs*varianten* gibt, die von methodologischem Interesse sind: Während die Analogien, die Oscar Wildes *The Importance of Being Earnest* mit Hugo von Hofmannsthals *Der Schwierige* verbinden, im Zusammenhang mit dem Soziolekt der mondänen Konversation erklärt werden, soll die Verknüpfung von Kafkas Werk mit Hašeks satirischem Roman *Die Abenteuer des braven Soldaten Schwejk* zeigen, daß es auch sinnvoll ist, kontrastiv vorzugehen: Zwei Autoren können auf eine und dieselbe sozio-linguistische Problematik grundverschieden reagieren und sich dennoch typologisch komplementär zueinander verhalten: Trotz aller Unterschiede weisen ihre Texte ähnliche Strukturen und Strukturelemente auf.

---

4   Siehe: E. Köhler, "'Conseil des barons' und 'jugement des barons'", in: *Altfranzösische Epik* (Hrsg. H. Krauß), Darmstadt, Wiss. Buchgesellschaft, 1978, S. 377-378.
5   Siehe: P.V. Zima, J. Strutz (Hrsg.), *Europäische Avantgarde*, Frankfurt-Bern-Paris, Peter Lang Vlg., 1987.

2. Oscar Wilde und Hugo von Hofmannsthal: Drama und mondäne Konversation

Die Dramen Oscar Wildes (1854–1900) und Hugo von Hofmannsthals (1874–1929) könnten im Extremfall auch im Rahmen einer Einflußstudie verglichen werden, denn Hofmannsthal kannte Leben und Werk des irisch-englischen Autors und kommentierte mehrmals sein Schicksal, vor allem in dem bekannten Artikel "Sebastian Melmoth" aus dem Jahre 1905. (Sebastian Melmoth war Wildes Pseudonym nach seiner Entlassung aus dem Gefängnis von Reading, wo man ihn wegen seiner homosexuellen Beziehungen zu Lord Alfred Douglas eingesperrt hatte.)[6] Obwohl Hofmannsthal als Ästhet und Leser von Walter Paters Werk in seinem Artikel Verständnis für Wildes ästhetisierende Revolte zeigt, nimmt er einen ethischen Standpunkt ein und äußert sich außerordentlich kritisch: "Ein Ästhet ist naturgemäß durch und durch voll Zucht. Oscar Wilde war aber voll Unzucht, voll tragischer Unzucht."[7]

Angesichts dieses moralischen Urteils und der distanzierten Haltung, die Hofmannsthal in seinem Artikel Wilde gegenüber einnimmt, fällt es schwer, an eine Beeinflussung im Bereich der Schreibweise zu glauben, zumal Hofmannsthals Texte und dramatische Dialoge den für Wilde charakteristischen "witty talk" vermissen lassen. Schon deshalb sind die Schlußbemerkungen von Eugene Webers kurzer Studie zu "Hofmannsthal und Oscar Wilde" (1971), die sich vorwiegend auf den hier zitierten Artikel Hofmannsthals stützt und ansonsten eher Analogien postuliert, mit Skepsis aufzunehmen: "Dennoch aber darf angenommen werden, daß seine Sympathie für Oscar Wilde weniger mit seiner Bewunderung für England zu tun hat, als mit seinem tiefen Verständnis für Wildes menschliche und künstlerische Problematik. Dieses

---

6   Siehe: O. Wilde, "The Ballad of Reading Gaol", in: ders., *De Profundis and Other Writings*, Harmondsworth, Penguin, 1954.

7   H. von Hofmannsthal, "Sebastian Melmoth", in: ders., *Gesammelte Werke, Prosa II*, Frankfurt, Fischer, 1959, S. 118.

Verständnis und diese Erschütterung hat sich dann in Hofmannsthals Werk abermals niedergeschlagen."[8]

Mit diesem Satz beschließt Weber seine kurze Betrachtung und verrät uns nicht, wie sich Hofmannsthals "Verständnis" und "Erschütterung" in seinen eigenen Texten artikulieren. Sein Schweigen ist wohl kein Zufall, sondern legt die Vermutung nahe, daß die genetische Betrachtungsweise im Falle von Wilde und Hofmannsthal nicht sehr fruchtbar ist und durch eine typologische ersetzt (oder zumindest ergänzt) werden sollte. Diese Betrachtungsweise geht allerdings von anderen Relevanzkriterien aus und *konstruiert daher ein anderes Objekt* (Kap. II) als die genetische.

Aus typologischer Sicht erscheint nicht die Frage relevant, welche Texte Wildes Hofmannsthal kannte und wie er sie in seinem eigenen Werk verarbeitet hat, sondern die Frage nach den gesellschaftlichen und sprachlichen Bedingungen, unter denen *The Importance of Being Earnest* (1895) und *Der Schwierige* (1921) entstanden sind. Vergleichbar sind diese Bedingungen deshalb, weil sich sowohl Wilde als auch Hofmannsthal zwischen zwei gesellschaftlichen Schichten bewegten: zwischen dem Großbürgertum und dem Adel. Die sprachliche Form, die diese durchaus heterogenen Schichten miteinander verband, war die *mondäne Konversation*, die im Mittelpunkt dieser Betrachtung steht.

Die Bewegung zwischen den Schichten ist sowohl im Falle von Wilde als auch im Falle von Hofmannsthal eine Bewegung nach oben im Sinne der soziologischen *vertical mobility*: Sowohl Wilde als auch Hofmannsthal gehören einem Bürgertum an, das sich in Großbritannien und in der österreichisch-ungarischen Monarchie am Adel und dessen Lebensgewohnheiten orientiert. Während Wilde, Sohn eines Arztes und einer Dichterin, später in der großbürgerlich-adeligen Salongesellschaft Londons verkehrt, wird Hugo von Hofmannsthal als Sohn des Bankdirektors Hugo August Peter Hofmann, Edler von Hofmannsthal, in das geadelte Wiener Großbürgertum hineingeboren.

Beide Dichter betrachten, jeder auf seine Art, den Adel als ihre Bezugsgruppe (*reference group*, Robert K. Merton), als die

---

8   E. Weber, "Hofmannsthal und Oscar Wilde", in: *Hofmannsthal-Forschungen* Nr. 1 (Basel, 1971), S. 106.

Gruppe, an deren Lebenswandel sie sich orientieren und in die sie aufgenommen werden möchten.[9] Wilde, der zu einem der meistbewunderten, meistbegehrten Dandies der Londoner mondänen Welt und der europäischen Jahrhundertwende wird (ähnlich wie sein Freund Sir Max Beerbohm und Robert de Montesquiou in Paris), wählt den Weg der Selbststilisierung. Als Dandy, Narziß und Causeur steht er immer wieder im Mittelpunkt einer Londoner Abendgesellschaft, die sich zumeist aus Adeligen, Großbürgern und Künstlern zusammensetzt: "Adelige Herkunft, gesellschaftliches Ansehen und Reichtum beeindruckten ihn; die erstarrten unterhöhlten Lebensformen dieser Kreise und ihre Heuchelei durchschaute er und zog sie ins Lächerliche. Damit belustigte er wiederum jene, die er verspottete (...)."[10] Soziologisch interessant ist diese Darstellung Peter Funkes, weil sie zeigt, daß die Beziehungen zwischen Eigengruppe (Bürgertum) und Bezugsgruppe (Adel) recht komplex sein können und Ambivalenz sowie Kritik an der Bezugsgruppe nicht ausschließen.

Obwohl auch Hofmannsthal hin und wieder zu den Dandies der Jahrhundertwende gezählt wird[11], ist es weniger sein schwach ausgeprägtes Dandytum, das seine Ausrichtung auf den Adel erklärt, als vielmehr sein Festhalten an österreichischen Traditionen, sowie seine Affinität zur Literatur, Kunst und Politik des Barocks, die klar in seinen Artikeln über Prinz Eugen von Savoyen zum Ausdruck kommt.[12] Dennoch mag Arthur Schnitzler recht haben, wenn er ihm Snobismus und eine feudal-absolutistische Nostalgie vorwirft: "Während Hofmannsthals geistige Voraussetzungen in der höfisch-feudalen Vergangenheit liegen – das hat Schnitzler wohl im Auge, wenn er wiederholt von dessen *Snobismus* spricht; konsequent lehnt er Hofmannsthals Nachkriegslustspiel 'Der Schwierige' ab –, kann Schnitzler die alte

---

9   Siehe: R.K. Merton, A.S. Kitt, "Reference Groups", in: *Sociological Theory*, New York-Toronto, Macmillan, 1957, 1964.

10 P. Funke, *Oscar Wilde in Selbstzeugnissen und Bilddokumenten*, Reinbek, Rowohlt, 1969, S. 128.

11 Siehe: R.R. Wuthenow, *Muse, Maske, Meduse. Europäischer Ästhetizismus*, Frankfurt, Suhrkamp, 1978, S. 192-197.

12 Siehe: H. von Hofmannsthal, "Prinz Eugen der Edle Ritter" (1915), in: ders., *Gesammelte Werke, Prosa III*, op.cit., S. 292-317.

Staatsform, in der der *Absolutismus* bis ins 20. Jahrhundert überdauert hat, ohne Wehmut verabschieden."[13] Jedenfalls ist Hofmannsthals konservative Einstellung zu Adel und Herrscherhaus weniger ambivalent und weniger kritisch als die Wildes. Allerdings könnte sein Lustspiel *Der Schwierige* als eine Art Abschied von der großbürgerlich-adeligen Gesellschaftsform gelesen werden.

In beiden Fällen wird jedoch deutlich, daß das Verhältnis dieser Autoren zum Adel durch die gesellschaftliche Gesamtlage bedingt war, in der (wie der Fall "von Hofmannsthal" erkennen läßt) das Großbürgertum als Geldklasse Adelstitel und adeligen Besitz käuflich erwerben konnte: unmittelbar oder durch Heirat, durch die "riches mariages" – etwa zwischen den Familien Gramont und Rothschild –, die im ausgehenden 19. Jahrhundert in England, Frankreich und Österreich gang und gäbe waren und dem Adel in Finanznöten halfen. Zur Umschichtung der wirtschaftlichen und finanziellen Machtverhältnisse im England der Jahrhundertwende bemerkt ganz zu Recht Ria Omasreiter: "Zu Wildes Zeiten ist eine leichte Verschiebung festzustellen: Der Geldadel steht gleichwertig neben dem Grundbesitz (...)."[14] Dieser Geldadel ist zu einem Großteil großbürgerlicher Herkunft.

Zusammen mit den Adeligen bilden die Großbürger Englands, Frankreichs, Deutschlands und Österreichs eine recht homogene Klasse von Individuen, die es sich leisten können, von ihren Renten, Aktien oder Obligationen zu leben und dem wirtschaftlichen Produktionsprozeß fernzubleiben. Der amerikanische Soziologe Thorstein Veblen bezeichnet in einer berühmt gewordenen Studie diese Klasse (und vergleichbare historische Gruppierungen) als *leisure class (Mußeklasse, classe de loisir)*, deren Angehörigen ihr akkumuliertes Kapital und ihre Macht durch aufwendigen, luxuriösen *Konsum* zur Schau stellen ("ostentatious consumption"), um sich von den produzierenden Gruppen abzuheben, die

---

13 H. Scheible, *Schnitzler in Selbstzeugnissen und Bilddokumenten*, Reinbek, Rowohlt, 1976, S. 113.
14 R. Omasreiter, *Oscar Wilde. Epigone, Ästhet und wit*, Heidelberg, Carl Winter Universitätsverlag, 1978, S. 33.

genötigt sind, ihren Lebensunterhalt durch Arbeit zu verdienen.[15] Sowohl Wilde als auch Hofmannsthal gehören dieser Mußeklasse an: der eine, weil er von ihr adoptiert, der andere, weil er in sie hineingeboren wurde.

Innerhalb dieser gesellschaftlichen Gruppierung stehen sie auf seiten eines Bürgertums, das den Niedergang adeliger Macht erlebt und sich zugleich im Dandytum oder im Snobismus an der ruhmvollen Vergangenheit der untergehenden Klasse orientiert. Diese Lage stellt Baudelaire anschaulich in seiner bekannten Skizze des Dandys dar: "Der Dandysmus erscheint mit Vorliebe in Übergangszeiten, wenn die Demokratie noch nicht allmächtig ist, wenn die Aristokratie erst zum Teil wankt und herabsinkt."[16] Es sind Zeiten, in denen Adel und Bürgertum als "reference group" und "group of origin" eine politisch-wirtschaftliche Symbiose eingehen, die den Müßiggang und die "ostentatious consumption" ermöglicht, von denen bei Veblen die Rede ist.

Ein kulturelles Produkt der durch das akkumulierte Kapital finanzierten Muße ist die *mondäne Konversation*, die in der Londoner, Pariser und Wiener Salongesellschaft eine wichtige Funktion erfüllt und als *Soziolekt der Mußeklasse* aufzufassen ist. Denn es leuchtet ein, daß nur Müßiggänger, die es nicht nötig haben, sich unablässig über praktische Fragen und Zielsetzungen zu verständigen, in der Lage sind, einen Sprachgebrauch zu pflegen, der nicht auf das "Was", sondern ausschließlich auf das "Wie" ausgerichtet ist: auf das Bonmot, das prestigeträchtige klassische Zitat, den brillanten Zwischenruf und die unerwartete *repartie*.

Dieser Sprachgebrauch wird jedoch nicht nur von der Kapitalakkumulation ermöglicht, sondern ist in jeder Hinsicht durch das Geld als Tauschwert vermittelt. Der Vermittlungsprozeß ist zunächst als ein Vorgang darstellbar, in dem symbolisches oder linguistisches Kapital – im Sinne von Pierre Bourdieu – getauscht wird. Der Causeur ist bestrebt, seinen mondänen Wert (d.h. die

---

15 Siehe: T. Veblen, *The Theory of the Leisure Class*, New York, Macmillan, 1899, 1912.

16 Ch. Baudelaire, "Le Dandy", in: ders., *Œuvres complètes II*, Paris, Gallimard (Bibl. de la Pléiade), 1976, S. 711.

mondäne *Nachfrage*) durch gewandte Formulierungen, überraschende Redewendungen und ein Bonmot oder geflügeltes Wort im richtigen Augenblick zu erhöhen. Es kommt nicht darauf an, philosophische und wissenschaftliche Wahrheiten zu verkünden, moralische oder politische Positionen zu verteidigen, sondern philosophisches, wissenschaftliches und politisches Vokabular taktisch optimal einzusetzen, um die Nachfrage zu steigern und begehrenswert zu erscheinen. So sagt beispielsweise Abel Hermant von der Beziehung zwischen einer philosophisch geschulten Dame und einem Causeur: "Sie besaß das Vokabular des Philosophen und war deshalb für den Causeur interessant (...)."[17]

Diese Bemerkung bestätigt Pierre Bourdieus These, daß kulturelles bzw. linguistisches Kapital einerseits als Besitzform ("sie besaß", "elle possédait") durch das Geldkapital ermöglicht wird, andererseits jederzeit als "Bildung" ins Geldkapital rückverwandelt werden kann. Dies ist der Grund, weshalb Bourdieu im Zusammenhang mit diesen beiden Kapitalformen von deren Konvertibilität ("convertibilité parfaite") spricht.[18] Diese Konvertibilität des symbolisch-linguistischen Kapitals tritt in der Konversation besonders kraß in Erscheinung, weil Bildung in diesem Soziolekt keinen moralischen, politischen oder kognitiven Wert hat, sondern ausschließlich Tauschwert.

Im Zusammenhang mit Hofmannsthals *Der Schwierige* weist Lothar Wittmann unmißverständlich auf die Analogie von Geldverkehr und mondäner Konversation hin. Dabei stützt er sich auf einige Bemerkungen des Barons Neuhoff: "Der scharfsinnige Neuhoff spricht von der Umgangs- und Konversationssprache als von dem 'Papiergeld des täglichen Verkehrs' (...) und verwendet damit einen Begriff aus dem Bereich des Geschäfts. Der 'Geschäftston' des 'täglichen Verkehrs' hat die Struktur des 'Papiergelds'".[19] Später fügt er verallgemeinernd hinzu: "So bleibt als Ergebnis: das menschliche Versagen der 'Konversation' ist nicht

---

17 A. Hermant, "Du monde et de la conversation", in: ders., *Souvenirs du Vicomte de Courpière - par un témoin*, Paris, Flammarion, s.d., S. 137.

18 P. Bourdieu, *Le Sens pratique*, Paris, Minuit, 1980, S. 202: "Capital économique et capital symbolique sont (...) inextricablement mêlés (...)."

19 L. Wittmann, *Sprachthematik und dramatische Form im Werke Hofmannsthals*, Stuttgart, Kohlhammer, 1966, S. 147.

nur Folge ihres falschen Gebrauchs, ist nicht nur eine akute Krise, sondern ein chronisches Urübel sozialer Sprachlichkeit, bereits in ihren Wesensgrundlagen vorgebildet."[20] In seiner luziden Darstellung bleibt Wittmann allerdings auf halbem Wege stehen, da er nicht der Frage nachgeht, was das 'Wesen' der Konversation ausmacht.

Es ist die Vermittlung durch den Tauschwert, die sich nicht nur auf der hier dargestellten ersten Ebene als Tausch von Bildungsgütern, als *échange de bon mots*, manifestiert, sondern auch auf einer zweiten Ebene, auf der die Konversation als *wertindifferenter Sprachgebrauch* erscheint, in dem jede Ambivalenz (als Zusammenführung unvereinbarer Werte) und jedes Paradox möglich sind. Wie indifferent der mondäne Soziolekt ist, verdeutlicht eine Passage aus Wildes Roman *The Picture of Dorian Gray* (1891), in der eine Herzogin zu Wort kommt: "We have had such a pleasant chat about music. We have quite the same ideas. No; I think our ideas are quite different. But he has been most pleasant."[21] "Quite the same" und "quite different" werden gleichgültig, weil es in der Konversation, ähnlich wie in Mallarmés "universel reportage", um einen Worttausch geht, den man ebensogut durch den stillen Tausch von Münzen ersetzen könnte.

Dieser Wertindifferenz entsprechen der Zynismus und die amoralische Attitüde der Dandies, die Wilde auftreten läßt. Lord Wottons Weltbild in *The Picture of Dorian Gray* ist das des wertfrei denkenden Wissenschaftlers: "There is no such thing as a good influence, Mr. Gray. All influence is immoral – immoral from a scientific point of view."[22] Mit Recht spricht Hiltrud Gnüg in diesem Zusammenhang von den "amoralischen Bonmots der Konversation".[23] Komplementär zur Wertfreiheit als Vertauschbarkeit der Werte verhält sich der Zynismus eines Lord Darlington in *Lady Windermere's Fan* (1893): "What is a cynic?" – fragt er und antwortet: "A man who knows the price of every-

---

20 Ibid.

21 O. Wilde, *The Picture of Dorian Gray*, Harmondsworth, Penguin, 1949, S. 55.

22 Ibid., S. 24.

23 H. Gnüg, *Kult der Kälte. Der klassische Dandy im Spiegel der Weltliteratur*, Stuttgart, Metzler, 1988, S. 295.

thing and the value of nothing."[24] Im Gegensatz zwischen "price" und "value" kollidieren Tauschwert und Gebrauchswert (Kulturwert) im Soziolekt der "leisure class".

Die Konversation als kollektiver Sprachgebrauch ist nicht nur ein Kommunikationsmittel, mit dessen Hilfe Müßiggänger ihre Ansichten artikulieren, sondern auch eine diskursive Struktur, die die *Subjektivität* des mondänen Redners *konstituiert*. Wie sehr die Angehörigen der mondänen Gesellschaft als Dandies, Causeurs oder Snobs *in* der Konversation leben, in ihr aufgehen und von ihr zu Subjekten gemacht werden, zeigt Richard Ellmanns Wilde-Biographie, in der die Bekanntschaft zwischen Wilde und Whistler als eine *Beziehung in der Konversation* erkannt wird. Die von Ellmann zitierten Telegramme, die Wilde und Whistler einander um 1883 zuschickten, lassen die für die mondäne Gesellschaft charakteristische Kombination von "witty talk" und Narzißmus erkennen: Wilde: "When you and I are together we never talk about anything except ourselves." Whistler: "No, no, Oscar, you forget. When you and I are together, we never talk about anything except me." Wilde: "It is true, Jimmy, we were talking about you, but I was thinking of myself."[25] "The narcissists outdid each other", kommentiert Ellmann diesen telegraphischen Schlagabtausch.[26]

Er deutet zugleich an, daß der Narzißmus als kollektives Phänomen von einer Kommunikationsstruktur begünstigt wird, die die Gesetze des Angebots und der Nachfrage beherrschen: Sowohl der Dandy als auch der Causeur bemühen sich, auf die Nachfrage – auf die *demande* im Sinne von Lacan – einzuwirken, um sich das *Begehren* der anderen zu sichern. "Der Dandy ist ein Narziß, er will sich in bewundernden Augen spiegeln", kommentiert Philippe Jullian diesen Sachverhalt.[27]

Weit davon entfernt, ein bloßes Stilmittel zu sein, ist die mondäne Konversation ein *modus vivendi* im linguistischen, soziologischen und psychologischen Sinn. Indem sie auf der

---

24 O. Wilde, *Lady Windermere's Fan*, in: ders., *Plays*, Harmondsworth, Penguin, 1954, S. 55.

25 R. Ellmann, *Oscar Wilde*, New York, Alfred A. Knopf, 1988, S. 271.

26 Ibid.

27 P. Jullian, *Robert de Montesquiou. Un Prince 1900-1930*, Paris, Perrin, 1965, S. 64.

Ebene der externen Intertextualität (s. Kap. II.4) in die Dramen Wildes und Hofmannsthals eingeht, bildet sie den vitalen Nexus zwischen Text, Psyche und Gesellschaft. Über sie dringen die sozialen und psychischen Probleme einer gesellschaftlichen Gruppe (der *leisure class*) in das Drama ein und schlagen sich dort in der Textstruktur nieder.

Die beiden wesentlichen Probleme, die sowohl in Wildes *The Importance of Being Earnest* als auch in Hofmannsthals *Der Schwierige* in Erscheinung treten, sind: der Niedergang der Subjektivität, der sich teilweise im Zusammenhang mit der Passivität der Müßiggänger, der *rentiers* erklärt, und die Wertindifferenz des mondänen Soziolekts, die das für Wildes Dramen charakteristische Paradoxon zeitigt. Sie ist zugleich für die Ichschwäche der Akteure und den Zerfall der Subjektivität verantwortlich, da sie den für moralische und politische Ideologien lebenswichtigen wertenden Gegensatz (etwa Gut/Böse) sophistisch aufhebt.

Das Zusammenwirken dieser beiden Faktoren – sprachliche Indifferenz und Schwächung des Subjekts – erklärt den Zerfall der dramatischen Handlung. Auf ihn hat bereits Peter Szondi in seiner *Theorie des modernen Dramas* (1956) hingewiesen: "Die Verabsolutierung des Dialogs zur Konversation rächt sich nicht nur qualitativ, sondern auch dramaturgisch. Indem die Konversation zwischen den Menschen schwebt, statt sie zu verbinden, wird sie unverbindlich. (...) Sie hat keinen subjektiven Ursprung und kein objektives Ziel: sie führt nicht weiter, geht in keine Tat über."[28]

Diese Kurzcharakteristik des "Konversationsstücks" ist in jeder Hinsicht auf Wildes *The Importance of Being Earnest* anwendbar: ein Drama, in dem Handlung durch Konversation verdrängt, bisweilen ersetzt wird. Schon von seinem Roman *The Picture of Dorian Gray* behauptet Wilde, er sei "all conversation and no

---

28 P. Szondi, *Theorie des modernen Dramas*, Frankfurt, Suhrkamp, 1959, S. 88.
Siehe auch P. Szondi, *Das lyrische Drama des Fin de siècle* (Studienausgabe der Vorlesungen Bd. 4), Frankfurt, Suhrkamp, 1975, S. 177 und S. 364-365. Szondis Definition des "Konversationsstücks" ist leider zu formalistisch: Er wendet diesen Begriff sowohl auf Hofmannsthals *Der Schwierige* als auch auf Becketts *En attendant Godot* an und scheint dabei die grundverschiedenen gesellschaftlichen und sprachlichen Situationen zu übersehen, aus denen diese Dramen hervorgegangen sind.

action (...). My people sit in chairs and chatter."[29] An anderer
Stelle bemerkt er, er habe den ersten Akt von *A Woman of no
Importance* mit Absicht aller Handlungsmuster entledigt, um die
Kritiker zu brüskieren, die den schwachen Handlungsablauf von
Lady Windermere's Fan bemängelt hatten.[30] Hier tritt nicht nur
Wildes *penchant* für mondäne Provokation in den Vordergrund,
sondern auch seine Neigung, die dramatische Handlung der Kon-
versation unterzuordnen: dem Soziolekt seiner Gruppe, dem er als
Causeur und Dandy seine Salonexistenz verdankte.

Eindeutiger als in den anderen Dramen, in denen Handlung
und "witty talk" miteinander konkurrieren, setzt sich in Wildes
letzter Komödie, in *The Importance of Being Earnest*, die Konversation durch. Ihr verdankt "Bunbury" sein (im Drama) fiktives
Dasein, das ausschließlich dazu dient, Algernon Moncrieffs Rei-
sen und andere Eskapaden in den Augen seiner Verwandten zu
legitimieren. Algernon erläutert seinem Freund Jack, was es mit
Bunbury auf sich hat, sobald er erfährt, daß Jack die Existenz
eines jüngeren Bruders Ernest erfunden hat:

> ALGERNON: You have invented a very useful young brother called Ernest, in
> order that you may be able to come up to town as often as you like. I have
> invented an invaluable permanent invalid called Bunbury, in order that I may be
> able to go down into the country whenever I choose. Bunbury is perfectly
> invaluable. If it wasn't for Bunbury's extraordinary bad health for instance, I
> wouldn't be able to dine at Willi's tonight, for I have been really engaged to
> Aunt Augusta for more than a week."[31]

Es ist wohl kein Zufall, daß der Titel der deutschen Übersetzung dieser Komödie *Bunbury* (1907) lautet; denn diese zwei-
fach fiktive Gestalt steht im Mittelpunkt des Dramas: erstens, weil
sie ein Produkt der Konversation ist und das Verb "to Bunbury",
das Algernon erfindet, für die Unwirklichkeit des Ganzen sym-
ptomatisch ist; zweitens, weil "Bunbury" ironisch suggeriert, daß

---

29 O. Wilde, in: R. Shewan, *Oscar Wilde. Art and Egotism*, London, Macmillan, 1977,
    S. 154.
30 Siehe: O. Wilde, in: R. Shewan, op.cit., S. 154: "I wrote the first Act of *A Woman
    of No Importance* in answer to the critics who said that *Lady Windermere's Fan*
    lacked action. In the act in question there was no action at all. It was a perfect act."
31 O. Wilde, *The Importance of Being Earnest*, in: ders., *Plays*, op.cit., S. 259.

auch Ernest eine Fiktion ist oder sein könnte. Denn Algernon und Jack, die beide behaupten, Ernest zu heißen, um die Mädchen Gwendolen und Cecily, die der *ernste (earnest) Name Ernest* fasziniert, für sich zu gewinnen, sind schließlich gezwungen, die Masken fallen zu lassen und ihre eigentlichen Namen bekanntzugeben. Dadurch kommt es am Ende des zweiten Aktes zur Verwechslung mit einem fiktiven Ernest, dem von Jack Worthing erfundenen jüngeren Bruder:

> GWENDOLEN: An admirable idea! Mr. Worthing, there is just one question I would like to be permitted to put to you. Where is your brother Ernest? We are both engaged to be married to your brother Ernest, so it is a matter of some importance to us to know where your brother Ernest is at present.[32]

Jack Worthing muß zugeben, daß er den jüngeren Bruder namens Ernest erfunden hat, und Gwendolen stellt trocken fest, daß sie und Cecily anscheinend überhaupt nicht verlobt sind, da es Ernest nicht gibt. Dieses Jonglieren mit fiktiven Gestalten heißt "Bunburying" ("to Bunbury"), und Jack bedeutet Algernon, daß er endgültig genug hat von diesem schimärenhaften Spiel mit der Existenz. Algernon, der Erfinder von Bunbury, ist vorerst anderer Meinung:

> JACK: This ghastly state of things is what you call Bunburying I suppose?
>
> ALGERNON: Yes, and a perfectly wonderful Bunbury it is. The most wonderful Bunbury I have had in my life.
>
> JACK: Well, you have no right whatsoever to Bunbury here.
>
> ALGERNON: That is absurd. One has a right to Bunbury anywhere one chooses. Every serious Bunburyist knows that.
>
> JACK: Serious Bunburyist? Good heavens![33]

Erst im letzten Akt, wo im *dénouement* bekannt wird, daß Jack, der als Findelkind aufgewachsen war, in Wirklichkeit doch

---

32 Ibid., S. 295.
33 Ibid., S. 296.

Ernest heißt, "stirbt" Bunbury: "In fact Bunbury is dead", sagt Algernon.[34] Wenig später fallen die Masken, Gwendolen heiratet Ernest (Jack), und Cecily heiratet Algernon. Zugleich stellt sich heraus, daß Ernest-Jack doch einen jüngeren Bruder hat: nämlich Algernon. Beide sind Söhne des längst verstorbenen Generals Ernest John Moncrieff...

Dieses Spiel mit Masken und Fiktionen ist charakteristisch für die Welt der Konversation, die eine Scheinwelt ist, in der es weder auf Wahrheit noch auf Handlung ankommt, sondern nur auf das Wortspiel, aus dem die fiktiven Gestalten "Bunbury" und "Ernest" (der "jüngere Bruder") sowie Neologismen wie "to Bunbury" hervorgehen. Es ist eine Welt, in der sich Subjektivität allmählich auflöst, weil es nicht primär darauf ankommt, sich – wie etwa in der Komödie des 17. oder 18. Jahrhunderts – auf affektiver und moralischer Ebene durchzusetzen, sondern als brillanter Causeur am "witty talk", an der Konversation teilzunehmen.

Diese Konversation ist, wie in der Wirklichkeit, so auch im Drama, ein von Paradoxien und Ambivalenzen durchsetzter Diskurs, der die Entstehung der Subjektivität im Keim erstickt: Nur das Komische wird ernst genommen (wie Algernons Paradoxon "serious Bunburyist" zeigt), nur das Triviale ist wichtig, nur der Schein ist wahr. Der Wahrheit, die sich zufällig Bahn bricht, muß verziehen werden:

> JACK: Gwendolen, it is a terrible thing for a man to find out suddenly that all his life he has been speaking nothing but the truth: Can you forgive me?[35]

Weitere Paradoxa zeigen, daß sich Subjektivität in den Diskursen der Konversation nicht artikulieren kann, weil diese durch ihre Ambivalenzen unablässig die Grundlage des Diskurses zersetzt: den semantischen Gegensatz zwischen *wahr* und *falsch*, *Schein* und *Sein*, *gut* und *böse* etc. "It is awfully hard work doing nothing", sagt Algernon und macht die Arbeitsmoral der Puritaner lächerlich.[36] "The simplicity of your character makes you exqui-

---

34 Ibid., S. 303.
35 Ibid., S. 313.
36 Ibid., S. 217.

sitly incomprehensible to me", sagt Gwendolen zu Jack-Ernest und deutet an, daß womöglich gerade das Einfache völlig opak ist.

Die zentrale Ambivalenz der Komödie wird gleich zu Beginn des ersten Aktes von Algernon ausgedrückt, der die soziale Hierarchie auf den Kopf stellt und die moralischen Leitbilder vergeblich in den unteren Bevölkerungsschichten sucht:

> ALGERNON: (...) Really, if the lower orders don't set us a good example, what on earth is the use of them? They seem, as a class, to have absolutely no sense of moral responsibility.[37]

Algernons Konversation ist, wie jede mondäne Konversation, "karnevalistisch" im Sinne von Bachtin (s. Kap. II), weil sie durch ihre Paradoxien eine Umwertung aller Werte bewirkt und dadurch bestehende Werthierarchien aushöhlt. Ihre Wertindifferenz macht sie jedoch als Kritik unverbindlich und für das gesellschaftliche Handeln untauglich. Dies ist auch der Grund, weshalb in Wildes Dramen der "witty talk" zumindest tendenziell die dramatische Handlung ersetzt.

Er ersetzt das Handeln auch in der Salongesellschaft, in der die Angehörigen der Mußeklasse vorwiegend verbal in Erscheinung treten. Ihre Worte führen nicht zu Taten, sondern werden zum Selbstzweck – wie in Wildes Komödie. In diesem Zusammenhang versteht man, weshalb der Dandy Wilde das gesprochene Wort für wesentlich hält. "Er nimmt Sprechunterricht, um die Wirkung seiner Stimme, die sein Erzählertalent begünstigt, zu optimieren."[38]

In *The Importance of Being Earnest*, wo keine der als Ernest auftretenden Personen wirklich "earnest" ist, hat Wilde auf besonders brillante Art den Soziolekt der "leisure class" in Szene gesetzt: Er hat es verstanden, die Konversation in ihrer reinsten Form darzustellen, ohne sie durch forcierte Handlung (wie in *Lady Windermere's Fan*) oder moralische Kommentare zu trüben: In dieser Komödie bilden Dandytum und sprachlicher Ästhetizismus eine unverbrüchliche Einheit.

---

37 Ibid., S. 254.
38 P. Favardin, L. Boüexière, *Le Dandysme*, Lyon, La Manufacture, 1988, S. 157.

Ähnliches läßt sich von Hofmannsthals Lustspiel *Der Schwie-rige* nicht sagen. Denn in diesem Drama kommt nicht so sehr die Quintessenz mondäner Kommunikation zum Ausdruck als viel-mehr deren Kritik durch die Hauptgestalt, durch den Grafen Hans Karl Bühl. Insofern hat Peter Szondi recht, wenn er im Zusam-menhang mit diesem Schauspiel bemerkt: "Es entgeht der Leere und der zitierten Thematik nicht nur, weil die adelige Gesellschaft Wiens, die es schildert, wesentlich in der Konversation lebt. Sondern die Konversation erfährt eine Vertiefung und Verwand-lung durch die Titelgestalt Graf Bühl, den einzigen Modernen in der Charaktergalerie großer Lustspieldichtung. Ihm wird die Konversation thematisch, und aus deren Problematik tritt die Fragwürdigkeit des miteinander Sprechens, ja der Sprache selbst hervor."[39]

An dieser Stelle erscheint es sinnvoll, etwas weiter auszuholen, und diese Besonderheit des *Schwierigen* (das Reflexiv- oder Thematischwerden der Konversation) im Hinblick auf Hofmanns-thals sozio-linguistische Situation zu deuten. Denn nicht nur die Konversation stellt wie bei Wilde Subjektivität und Handlung in Frage, sondern auch die Umgangssprache der Jahrhundertwende, die durch ideologische Konflikte und durch Kommerzialisierung in Reklame und journalistischer Prosa allmählich ihre Substanz verliert. Zur Entwertung des Wortes durch den käuflichen Jargon der Presse bemerken Alan Janik und Stephen Toulmin in *Wittgen-steins Wien* im Zusammenhang mit dem Philosophen und Journa-listen Fritz Mauthner: "Nach 30 Jahren publizistischer Wirksam-keit zog er sich allerdings angeekelt vom lügenhaften 'Worthan-del' des Journalismus in die Einsamkeit nach Freiburg und später, 1909, nach Meersburg zurück."[40]

Anders als im liberal-demokratischen Großbritannien ruft in der Donaumonarchie der Jahrhundertwende die Entwertung der Sprache durch den Kommerz sprachkritische Reaktionen sozialis-tischer und konservativer Ideologen auf den Plan. Zu ihnen gehö-ren nicht nur die Polemiken Mauthners und Karl Kraus', sondern auch Hofmannsthals berühmter Chandos-Brief, in dem es u.a.

---

39 P. Szondi, *Theorie des modernen Dramas*, op.cit., S. 89.
40 A. Janik, S. Toulmin, *Wittgensteins Wien*, München, Piper, 1987, S. 165.

heißt: "(...) Die abstrakten Worte, deren sich doch die Zunge naturgemäß bedienen muß, um irgendwelches Urteil an den Tag zu geben, zerfielen mir im Munde wie modrige Pilze."[41]

Vor diesem Hintergrund ist Hofmannsthals *Der Schwierige* zu lesen: Einerseits ist es ein Lustspiel, in dem – ähnlich wie bei Wilde – die dramatische Handlung der Konversation weicht und die Subjektivität in Frage gestellt wird; andererseits ist es jedoch eine Kritik des mondänen Soziolekts durch den Hauptakteur Hans Karl Bühl. Hier wird klar, daß ein typologischer Vergleich sich nicht im mechanischen Aufzeigen von Analogien und Ähnlichkeiten erschöpfen kann: Diese sollten zusammen mit den Abweichungen und Kontrasten im gesellschaftlichen Kontext erklärt werden.

Schon in den ersten Szenen des ersten Aktes des *Schwierigen* tritt die Beziehung zwischen depravierter Salonsprache, in der das "Geld" nicht genannt werden darf[42], und Subjektivität zutage: Crescence, die Schwester Hans Karl Bühls, versucht, ihren Bruder zu überreden, an einer Soirée bei den Altenwyls teilzunehmen. Graf Bühl gibt sich unentschlossen und erbittet Bedenkzeit. Daraufhin bemerkt seine Schwester ganz zu Recht: "Eine Soirée wird nicht attraktiver, wenn man über sie nachdenkt, mein Lieber."[43] Diese Bemerkung ist deshalb wichtig und für das gesamte Stück charakteristisch, weil sie auf das Reflexivwerden des Konversationsdiskurses bei Bühl hinweist.

Anders als bei Wilde, wo Ambivalenz und Paradox zu den treibenden Kräften des "witty talk" gehören, erscheint in Graf Bühls Diskurs die Konversation als ein "Knäuel von Mißverständnissen" (S. 337); ihre Ambivalenzen wirken vorwiegend destruktiv:

---

41 H. von Hofmannsthal, "Ein Brief", in: ders., *Gesammelte Werke, Prosa II*, op.cit., S. 12.

42 Die Frage des "neuen Dieners" nach den Geldquellen Bühls wird als die indezente, indiskrete Frage schlechthin aufgefaßt und - nach den Regeln der Konversation - schlicht ignoriert.

43 H. von Hofmannsthal, *Der Schwierige*, in: ders. *Gesammelte Werke, Dramen IV*, Frankfurt, Fischer (Taschenbuch-Verlag), 1979, S. 336.

> HANS KARL: (...) Mir kommt bei der Konversation auf die Länge alles Gescheite dumm und noch eher das Dumme gescheit vor –[44]

Schon der Umstand, daß in Hofmannsthals Lustspiel das Wort "Konversation" immer wieder in euphorischen oder kritischen Zusammenhängen fällt, deutet auf Reflexion durch Autor und Akteure hin: So rühmt beispielsweise Graf Bühls Neffe Stani eine Dame, weil sie "Konversation hat":

> STANI: Das ist ja ihr großer Charme, daß sie Konversation hat. Weißt du, das brauch ich absolut: eine Frau, die mich fixieren soll, die muß außer ihrer absoluten Hingebung auch eine Konversation haben.[45]

Was die Angehörigen der mondänen Gesellschaft, der Mußeklasse, von ihrem Soziolekt erwarten, plaudert Edine, eine Freundin der Familie Altenwyl, aus:

> EDINE: Ich sag: wenn ich Konversation mach, will ich doch woanders hingeführt werden. Ich will doch heraus aus der Banalität. Ich will doch wohintransportiert werden![46]

Anders als bei Wilde, dessen Akteure in der Konversation aufgehen und durch sie definiert werden, wird die Konversation den Protagonisten Hofmannsthals zum Thema. Dem Grafen Bühl wird sie – wie sich gezeigt hat – zum Gegenstand der Kritik. Diese Kritik geht jedoch über die Konversation hinaus und richtet sich schließlich gegen den Causeur selbst: Bühl stellt sich als Causeur in Frage:

> HANS KARL: *lächelnd* Ich bin kein großer Causeur, nicht war, Stani?[47]

Diese rhetorische Frage ist weitaus mehr als ein Kokettieren mit sich selbst: Sie zeigt, daß die reflexive und kritische Haltung Bühls vor der eigenen Subjektivität nicht Halt macht. Der Schwierige denkt – in der dramatischen Tradition Hamlets stehend –

---

44 Ibid., S. 340.
45 Ibid., S. 354.
46 Ibid., S. 378.
47 Ibid., S. 360.

immer wieder über sich selbst nach: über sein Zögern, seine Unentschlossenheit, sein Verhältnis zur eigenen Sprache und zur Sprache der anderen. Dazu bemerkt Wilhelm Emrich: "Er repräsentiert seine Umwelt und stellt zugleich ihre schärfste Kritik dar, weil er sich selbst aufs schärfste kritisiert. Indem er sein eigenes Sprechen negiert, sich mit sich selbst nicht identifiziert, identifiziert er sich auch nicht mit der Allgemeinheit, die er repräsentiert."[48] Hier zeigt sich, wie Reflexivität, Sprachkritik und Krise des Subjekts ineinandergreifen: Der von Ambivalenzen und Paradoxien durchsetzte mondäne Soziolekt und die von Hofmannsthal kritisierten Wortleichen der Umgangssprache (die "modrigen Pilze") geben keine tragfähige Grundlage mehr ab für die fragwürdig gewordene Subjektivität.

Wo das Subjekt zerfällt, wird auch sein Handeln problematisch. In *Der Schwierige* haben die wichtigsten Ereignisse bereits vor Beginn des ersten Aktes stattgefunden: Graf Bühls Kriegserfahrungen, seine Freundschaft mit Hechingen und der Abbruch seiner amoureusen Beziehungen zu Antoinette Hechingen aus Rücksicht auf seinen Freund liegen vor dem Beginn der dramatischen Handlung. Diese schrumpft – wenn man von Nebenhandlungen wie dem mißlungenen Flirt zwischen Neuhoff und Antoinette Hechingen absieht – auf Bühls Entscheidung, an der Soirée bei den Altenwyls teilzunehmen, und auf seine Verlobung mit Helene Altenwyl im dritten Akt zusammen. Dieses Ereignis geht auf die Initiative Helene Altenwyls zurück, der einzigen authentischen Frauengestalt des Dramas. Indem sie im Verlauf eines Gesprächs (3. Akt, 8. Szene) zu verstehen gibt, daß sie die geheimen Sehnsüchte und Wünsche Hans Karl Bühls versteht ("Wie du mich kennst!" – "Wie du alles weißt!" sagt Bühl), überwindet sie seine Ambivalenz, seine mondäne Egozentrik und führt das Drama seinen letzten Szenen zu.

Doch auch die Verlobung als zentrales Ereignis der Komödie kommt nicht aufgrund anderer Ereignisse oder Handlungen zustande, sondern durch Konversation, die am Anfang der achten Szene wieder genannt wird (S. 427). Insofern faßt Hans Karl die

---

48 W. Emrich, "Hofmannsthals Lustspiel 'Der Schwierige'", in: *Hugo von Hofmannsthal* (Hrsg. S. Bauer), Darmstadt, Wiss. Buchgesellschaft, 1968, S. 437.

Essenz des mondänen Dramas zusammen, wenn er im zweiten Akt sagt: "Durchs Reden kommt ja alles auf der Welt zustande."[49] Durchs Reden und nicht durchs Handeln, könnte man nun hinzufügen: denn die sprachliche Substanz von Hofmannsthals und Wildes Drama ist die Konversation der "leisure class", die den handlungsorientierten Dialog traditioneller Dramen ersetzt.

Diese Tatsache und die sprachlich bedingte Krise der Subjektivität, die die Schwierigkeit entstehen läßt, "das Individuum als Sinnzusammenhang im Sozialen zu konstituieren", von der Friedbert Aspetsberger spricht[50], verbinden typologisch Wildes und Hofmannsthals Dramen. Was sie trennt, ist Hofmannsthals Sprachkritik und seine kritisch-reflexive Einstellung zum mondänen Soziolekt, die in Bühls Gestalt ihren prägnantesten Ausdruck findet. Sie war bereits in Hofmannsthals ethischer Kritik an Wildes Ästhetizismus vorgezeichnet.

3. Hašek und Kafka: Ambivalenz, Kritik und Krise

Nur scheinbar sind die beiden Hauptthemen dieses Kapitels einander fremd: denn die Beziehung zwischen der sprachlichen Ambivalenz und der Krise des individuellen Subjekts, die im Mittelpunkt dieses Abschnitts steht, ist – wie sich gezeigt hat – eines der Grundprobleme des mondänen Dramas, das in der Gestalt des Grafen Bühl besonders konkret zum Ausdruck kommt: "(...) O mein Gott, warum muß ein und derselbe Mensch so charmant sein und zugleich so monstros eitel und selbstsüchtig und herzlos!"[51] – fragt Antoinette Hechingen Hans Karl Bühl. Ihre Einschätzung ist jedoch recht einseitig, denn im letzten Akt wird deutlich, daß der Graf nicht nur eitel, selbstsüchtig und herzlos, sondern seit langem in Helene Altenwyl verliebt ist...

Bühls antinomischer Charakter ist für die gesamte gesellschaftliche und sprachliche Situation der österreichisch-ungarischen

49 H. von Hofmannsthal, *Der Schwierige*, op.cit., S. 403.

50 F. Aspetsberger, "Hofmannsthal und D'Annunzio. Formen des späten Historismus", in: ders., *Der Historismus und die Folgen. Studien zur Literatur in unserem Jahrhundert*, Frankfurt, Athenäum, 1987, S. 94.

51 H. von Hofmannsthal, *Der Schwierige*, op.cit., S. 394.

Monarchie um die Jahrhundertwende kennzeichnend. In ihr vermischen sich Askese und Ausschweifung, Tragik und Komik, Heroismus und Dekadenz zu einem widersprüchlichen kulturellen Ganzen, das, wie Robert Pynsent in *Decadence and Innovation* zeigt, die Stabilität des Ichs in Frage stellt.[52] Sie wird auch in den Romanen Kafkas und Hašeks problematisch, in denen die Verknüpfung der Gegensätze ohne Synthese immer wieder die Einheit des sprechenden und handelnden Subjekts sprengt. Die Texte der beiden Autoren ergänzen und erhellen einander in der Ambivalenz des Gesamtzusammenhangs: Denn während Kafka – vor allem in seinen Romanen *Der Prozeß* (1925) und *Das Schloß* (1926) – die tragischen Aspekte der altösterreichischen Welt hervortreten läßt, deckt der Satiriker Jaroslav Hašek (1883–1923) in seinem Roman *Die Abenteuer des braven Soldaten Schwejk* (1920–23), der von K. Vaněk vollendet (5. u. 6. Teil) und von Brecht als Komödie (*Schweyk im Zweiten Weltkrieg*, 1944) weitergeschrieben wurde, ihre komischen und grotesken Seiten auf.

Kafka und Hašek reagieren auf eine soziale und sprachliche Situation, deren tragikomische Konstellation erst im Vergleich ihrer Schriften zum Ausdruck kommt. Es handelt sich um einen zugleich typologischen und kontrastiven Vergleich (also um eine besondere Variante der typologischen Analogie), wenn man von der Annahme ausgeht, daß der deutschsprachige Autor Kafka und der tschechische Satiriker Hašek, der an die politische Satire Karel Havlíček Borovskýs (1821–1856) anknüpfte, einander nicht lasen. Ihre Helden – Josef K. und Josef Schwejk – sind einander scheinbar fremd und würden einander, falls es auf der Straße einer fiktiven Stadt zu einer unverhofften Begegnung käme, mit Gleichgültigkeit betrachten. Dies behauptet zumindest Karel Kosík, der als erster im Jahre 1963 Kafkas Werk mit dem Hašeks verglich und in den einleitenden Bemerkungen eine Begegnung ihrer

---

52 Siehe: R. Pynsent (Hrsg.), *Decadence and Innovation. Austro-Hungarian Life and Art at the Turn of the Century*, London, Weidenfeld and Nicolson, 1989, S. 143: "'Das Ich ist unrettbar'. From Schnitzler and Hofmannsthal through to Kafka and Musil, this is indeed the central theme of Austrian literature (...)."

Helden inszenierte.[53]

Doch Kosík weist im Verlauf seines Kommentars überzeugend nach, daß es zahlreiche Überschneidungen zwischen den Welten Kafkas und Hašeks gibt, zumal sich die Protagonisten beider Autoren mit dem anonymen Mechanismus, dem anonymen System der Juristen und Bürokraten, auseinandersetzen, von dem Kosík sagt, es sei der eigentliche Gegenspieler Schwejks.[54] Er schlägt auch eine Kurzcharakteristik dieses Systems vor, wenn er hinzufügt: *"Es ist ein System, in dem die Maske und das Maskieren sowie die Demaskierung zu den grundsätzlichen zwischenmenschlichen Beziehungen gehören."*[55]

Liest man diese These Kosíks im Zusammenhang mit Bachtins Theorie des Karnevals, der Maske und der Ambivalenz (s. Kap. II), dann kann man einen strukturellen Vergleich von Kafkas und Hašeks Texten ins Auge fassen, in dem die karnevalistische Ambivalenz zur treibenden Kraft wird, wobei Tragik und Komik einander dialektisch ergänzen. Dadurch erscheinen die Aktanten – vor allem die Institutionen und die Beamten – als zugleich tragische und komische, erhabene und lächerliche, übermächtige und schwächliche Gestalten, die Josef K. rational beherrschen möchte und die Josef Schwejk listig manipuliert.

Es ist wohl kein Zufall, daß schon Bachtin Spuren des Karnevalslachens in Hašeks Roman fand: "Elemente dieses Lachens finden sich auch im *Braven Soldaten Schwejk*, nur sind sie dort mit dem Nihilismus des Deserteurs vermischt, der Rabelais' Gelächter fremd ist."[56] Doch Schwejk ist nicht nur Nihilist, sondern auch Rebell. Das läßt vor allem die Episode erkennen, in der er Leutnant Dubs Putzfleck Kunert gegen dessen Herrn verteidigt: "'In diesem Fall', sagte Schwejk ruhig, 'werden wir zum Rapport gehen. Ein österreichischer Soldat muß sich nur in gewissen Fällen ohrfeigen lassen. Aber dein Herr hat alle Grenzen über-

53   Siehe: K. Kosík, "Hašek a Kafka neboli groteskní svět", in: *Literární noviny* Nr. 3, 1963, nachgedruckt in: *Proměny* 19, Nr. 1, 1982; siehe auch: M. Kundera, *Die Kunst des Romans*, München, Hanser, 1987, S. 58.

54   K. Kosík, "Hašek a Kafka", op.cit., S. 21.

55   Ibid., S. 22.

56   M.M. Bachtin, *Literaturno-kritičeskie stat'i*, Moskva, Chudožestvennaja Literatura, 1986, S. 514.

schritten.'" ("'V tomto případě', řekl klidně Švejk, 'půjdeme k raportu. Rakouskej voják musí se dát fackovat jenom v určitejch případech. Ale von ten tvůj pán překročil všechny meze'.")[57] Insofern vereinfacht auch W.F. Haug, wenn er ausschließlich Schwejks "subversives Einverständnis" thematisiert, seine Revolte jedoch, die vor allem in Hašeks Frühschriften zum Ausdruck kommt, vernachlässigt.[58]

Auch auf intertextueller Ebene ergänzen Hašek und Kafka einander: Während Kafka, seine Erzähler und Helden auf den fachsprachlichen Soziolekt der Verwaltung und der Justiz reagieren und versuchen, mit Hilfe dieses kollektiven Sprachgebrauchs, der Kafkas Schreibweise nachhaltig geprägt hat[59], die Welt transparent und beherrschbar zu machen, setzen sich Hašek und Schwejk vor allem mit ideologischen Sprachen auseinander. In der Romansatire werden die Diskurse moralischer, religiöser und politischer Ideologien karnevalistisch relativiert und ihres monologischen Ernstes beraubt.

Gemeinsam ist Kafkas und Hašeks Texten – ähnlich wie den mondänen Dramen Wildes und Hofmannsthals – die fehlende Eindeutigkeit, die nicht nur die zivilen und militärischen Beamten kennzeichnet, sondern auch die Institutionen: etwa das Gericht in Kafkas *Prozeß*-Roman oder die zahlreichen Militärgerichte, die immer von neuem Josef Schwejk verurteilen, ohne jemals einen Gesinnungswandel bei ihm zu bewirken. Ein solcher Wandel ist schon deshalb schwer herbeizuführen, weil die Beamten bei Hašek ihre Tätigkeit kaum ernst nehmen und hinter einer strengen Maske alle möglichen unseriösen Eigenschaften verbergen, die der Gerichtsordnung oder der militärischen Disziplin abträglich sind. So heißt es beispielsweise im Zusammenhang mit einem Untersu-

---

57 J. Hašek, *Die Abenteuer des braven Soldaten Schwejk*, Köln-Berlin, Kiepenheuer und Witsch, 1956, S. 353/*Osudy dobrého vojáka Švejka za světové války*, Praha, Československý Spisovatel, 1987, Bd. 3/4, S. 188.

58 Siehe W.F. Haug, *Bestimmte Negation. "Das umwerfende Einverständnis des braven Soldaten Schwejk" und andere Aufsätze*, Frankfurt, Suhrkamp, 1973, S. 24: "Nie widersetzt er sich den Vorgesetzten."

59 Zum intertextuellen Verhältnis zwischen Kafkas Schreibweise und dem juristisch-bürokratischen Soziolekt siehe: G. Crespi, "Kafka e l'Italia", in: *Miti e contromiti. Cent'anni di relazioni culturali italo-austriache dopo il 1891* (Hrsg. A. Fliri), Fasano, Schena Editore, 1990, S. 107.

chungsrichter, dem Schwejk vorgeführt wird: "Eine Ausnahme bildeten einige Herren (ebenso wie bei der Polizeidirektion), die das Gesetz nicht so ernst nahmen, denn man findet überall Weizen zwischen Spreu. – Zu einem solchen Herren führte man Schwejk zum Verhör." ("Výjimku činilo několik pánů (stejně jako i na policejním ředitelství), kteří zákon nebrali tak vážně, nebot' všude se najde pšenice mezi koukolem. – K jednomu takovému pánovi přivedli Švejka k výslechu.")[60] (Man achte auf die Umkehrung der umgangssprachlichen Semantik von "Weizen" und "Spreu".)

Auch bei Kafka treten regelmäßig Beamte auf, deren zweideutiges Benehmen von der Ambivalenz der Justiz in ihrer Gesellschaft zeugt. An Hašeks satirische Darstellungen erinnert die Szene im dritten Kapitel, wo Josef K. beim Untersuchungsrichter pornographische Zeichnungen und Schriften findet: "K. blätterte nicht weiter, sondern schlug nur noch das Titelblatt des zweiten Buches auf, es war ein Roman mit dem Titel: 'Die Plagen, welche Grete von ihrem Manne Hans zu erleiden hatte'. 'Das sind die Gesetzbücher, die hier studiert werden', sagte K., 'von solchen Menschen soll ich gerichtet werden'."[61] Komplementär zu dieser Entdeckung Josef K.'s verhält sich die Bemerkung K.'s im *Schloß*-Roman über die "schmachvolle amtliche Wirtschaft".[62]

Besonders klar tritt der Zwiespalt der Kafkaschen Justiz im *Prozeß*-Roman in Erscheinung, wo der Maler Titorelli die Iustitia so abbildet, daß sie einer Göttin der Jagd gleicht. Diese exzentrische Darstellung mag den Leser daran erinnern, daß Josef K. nicht so sehr Angeklagter als vielmehr Gejagter ist: Opfer eines zweideutigen Gerichts, von dem er im vorletzten Kapitel des Romanfragments behauptet, es bestehe "fast nur aus Frauenjägern": "Zeig dem Untersuchungsrichter eine Frau aus der Ferne, und er überrennt, um nur rechtzeitig hinzukommen, den Gerichtstisch und den Angeklagten."[63] Auch diese Passage, in der die Unmoral der moralischen Instanz aufgedeckt wird, erinnert an

60 J. Hašek, *Die Abenteuer des braven Soldaten Schwejk*, op.cit., S. 27-28/*Osudy dobrého vojáka Švejka*, op.cit., Bd. 1/2, S. 38.
61 F. Kafka, *Der Prozeß*, Frankfurt, Fischer, 1960, S. 42.
62 F. Kafka, *Das Schloß*, Frankfurt, Fischer, 1968, S. 78.
63 F. Kafka, *Der Prozeß*, op.cit., S. 154.

Hašeks großen Roman, in dem verschiedene Würdenträger – vor allem Offiziere – als Schürzenjäger auftreten und schließlich, wie Schwejks hartnäckiger Gegenspieler Leutnant Dub, in einem Bordell aufgefunden werden: "Herr Lajtnant belieben im Bordell zu sein", "Ráčíte být v bordeláku, pane lajtnant", erläutert Schwejk gutmütig seinem Vorgesetzten dessen dubiose Situation.[64]

Sowohl bei Kafka als auch bei Hašek trägt die Doppelwertigkeit oder Verknüpfung unvereinbarer Werte und Begriffe karnevalistische Züge im Sinne von Bachtin: Die moralische Instanz ist unmoralisch, der moralisierende und autoritär auftretende Offizier liegt betrunken im Bordell, der Held ist in Wirklichkeit ein Schurke, und der völlig unkriegerische und subversiv wirkende Schwejk wird schließlich gegen Ende des Romans für außergewöhnliche Tapferkeit vom Thronfolger ausgezeichnet: dafür, daß er zwei verrostete Maschinengewehre herbeischleppt, die kaum noch zu verwenden sind.[65] Wie in Bachtins Beschreibungen des Karnevals werden bei Kafka und Hašek die etablierten Verhältnisse auf den Kopf gestellt, der König wird erniedrigt, der Narr gekrönt, geehrt. – "Hauptsache ist immer bei Gericht, die Unwahrheit reden", "Hlavní věcí je vždycky u soudu mluvit nepravdu", rät Schwejk einem Mitgefangenen.[66] Komplementär dazu, jedoch in entgegengesetzter Absicht, ruft Josef K. aus: "Die Lüge wird zur Weltordnung gemacht."[67]

Die Ambivalenz als Umkehrung der Verhältnisse charakterisiert jedoch nicht nur die Situationen, in denen Josef K. und Josef Schwejk agieren, sondern erfaßt auch die beiden Protagonisten: Weder der eine noch der andere ist eindeutig zu definieren. Ist Josef K. schuldig oder unschuldig? Ist Schwejk ein gutmütiger Dummkopf oder ein raffinierter, subversiver Agent der vor seinen Augen anbrechenden demokratischen Ära? Diese Fragen sind deshalb nicht eindeutig zu beantworten, weil beide Protagonisten nur durch das ambivalente "Sowohl-Als-auch" zu charakterisieren

---

64 J. Hašek, *Die Abenteuer des braven Soldaten Schwejk*, op.cit., S. 365/*Osudy dobrého vojáka Švejka*, op.cit., Bd. 3/4, S. 211.

65 Siehe: Ibid., S. 469.

66 Ibid., S. 231/Bd. 1/2, S. 441.

67 F. Kafka, *Der Prozeß*, op.cit., S. 160.

sind, das sie der eindeutigen Definition, die die Grundlage eines jeden diskursiven Aktantenmodells bildet, entzieht. An der Unmöglichkeit einer solchen Definition scheitert auch der Diskurs eines Oberleutnant Lukasch, der vergeblich versucht, seinen Diener Schwejk eindeutig zu bestimmen: "Schwejk, Rindvieh, halten Sie's Maul! Entweder sind Sie ein raffinierter Nichtsnutz, oder Sie sind ein Kamel und ein ungeschickter Idiot. Aber ich sage Ihnen, mit mir spielen Sie nicht!" ("Švejku, dobytku, himllaudon, držte hubu! Bud' jste takový rafinovaný ničema, nebo jste takový velbloud a blboun nejapný. Jste samý příklad, ale povídám vám, se mnou si nehrajte.")[68]

Und doch spielt Schwejk: nicht nur mit seinem Oberleutnant, sondern mit allen seinen Vorgesetzten, mit den Gerichtsärzten ebenso wie mit den Richtern und Offizieren. Es gelingt niemandem, ihn zu demaskieren, ihn als raffinierten Schurken *oder* als harmlosen Trottel zu entlarven und erzählerisch zu erfassen; er ist eben beides zugleich – unentwirrbar.

Ähnliches ließe sich nun von den Schloß- und Gerichtsbeamten in Kafkas Romanen sagen: Auch sie sind undefinierbar. Die Schloßbehörde und das Gericht erscheinen als zugleich moralisch und unmoralisch, ernst und komisch, erhaben und grotesk, unbestechlich und korrupt etc. Daher scheitern alle Versuche K.'s im *Schloß*-Roman und Josef K.'s im *Prozeß*-Roman, die Beamten, das Gericht und die Schloßverwaltung eindeutig zu bestimmen. Vielleicht ist dies der Grund, weshalb der höchste Beamte oder einer der höchsten Beamten in *Das Schloß* "Klamm" heißt. Karel Kosík mag recht haben, wenn er bemerkt, daß dieser Name das tschechische Wort "klam" (Täuschung) konnotiert, das Kafka, der Tschechisch konnte, gekannt haben dürfte.[69]

Tatsächlich erscheint der Schloßbeamte Klamm in Kafkas Roman als unfaßbarer Proteus, dessen wahres Wesen – und dies ist das eigentliche Paradoxon – noch veränderlicher ist als das Gerücht von ihm: "Aber über Klamm sprechen wir manchmal, ich habe Klamm noch nicht gesehen (...), aber natürlich ist sein

68 J. Hašek, *Die Abenteuer des braven Soldaten Schwejk*, op.cit., S. 145/*Osudy dobrého vojáka Švejka*, op.cit., Bd. 1/2, S. 244.
69 Siehe: K. Kosík, "Hašek a Kafka", op.cit., S. 24.

Aussehen im Dorf bekannt, einzelne haben ihn gesehen, alle von ihm gehört, und es hat sich aus dem Augenschein, aus Gerüchten und auch manchen fälschenden Nebenansichten ein Bild Klamms ausgebildet, das wohl in den Grundzügen stimmt. Aber nur in den Grundzügen. Sonst ist es veränderlich und vielleicht nicht einmal so veränderlich wie Klamms wirkliches Aussehen."[70] Einige Seiten weiter werden Klamms Identität und Identifizierbarkeit in Frage gestellt: "Mit Klamm spricht er, aber ist es Klamm? Ist es nicht eher jemand, der Klamm ein wenig ähnlich ist?"[71] An dieser Täuschung, die als Maske mit der Ambivalenz verknüpft ist, scheitern alle Versuche des Subjekts, die vieldeutige Wirklichkeit rational zu beherrschen und erzählbar zu machen.

Allerdings wird die Subjektproblematik bei Kafka und Hašek von zwei verschiedenen – jedoch komplementären – Gesichtspunkten aus dargestellt: Während sich in Kafkas Romanen der Angeklagte und der Landvermesser verzweifelt bemühen, die Mehrdeutigkeit aufzulösen und sich als rationale Subjekte zu rechtfertigen und zu behaupten, erfüllt der Protagonist von Hašeks Roman eine ganz andere Funktion: Im Gegensatz zu Josef K. will er nicht die widersprüchliche Wirklichkeit beherrschen oder rational erklären, sondern macht sich deren Paradoxien und Antinomien zunutze, um sich den autoritär-monologischen Definitionen des Beamtenapparats subversiv zu entziehen. Bei Hašek sind es die Behörden, die ideologischen Instanzen, die vergeblich versuchen, die Ambivalenz des braven Soldaten aufzulösen und ihm seine Masken vom Gesicht zu reißen. Wie bei Kafka verbergen sich jedoch hinter der Maske nur weitere Masken, niemals das wahre Gesicht, und Schwejk erscheint auch am Ende des Romans als der raffinierte Dummkopf mit dem naiven Gesichtsausdruck.

Auch von ihm ließe sich sagen, was Jacques Derrida von einigen Protagonisten Kafkas und von dem "Gesetz" sagt, nämlich daß sie kein Wesen haben: "Es (das Gesetz) entzieht sich dem Wesen des Seins, das die Präsenz wäre. Seine 'Wahrheit' ist die Nicht-Wahrheit, von der Heidegger sagt, daß sie die Wahrheit der

70 F. Kafka, *Das Schloß*, op.cit., S. 150/151.
71 Ibid., S. 155.

Wahrheit ist."[72] Kurzum: in den von der extremen Ambivalenz geprägten Diskursen der Jahrhundertwende erscheint die metaphysische Suche nach einer eindeutig bestimmbaren Wahrheit als eine Naivität, an der nur manichäisch denkende Ideologen festhalten können.

Hašeks und Kafkas Werke sind insofern komplementär, als in beiden vergeblich versucht wird, eine maskierte Wirklichkeit transparent zu machen. Während aber in Kafkas Romanen der Held auszieht, um den Schleier zu lüften und die Wirklichkeit zu erkennen, sind es bei Hašek die Behörden und Beamten, die sich stets von neuem bemühen, den (Anti-)Helden eindeutig zu definieren. Dabei bedienen sie sich – ähnlich wie der Rationalist Josef K. – verschiedener Erklärungsschemata, die zumeist ideologischen Charakter haben, d.h. eine dualistische Struktur aufweisen, in der ein Held einem Widersacher opponiert.

Gleich zu Beginn von Hašeks Roman unternimmt der Geheimpolizist Bretschneider alles, um seine Umgebung zu ideologisieren und Schwejk im Rahmen eines dualistischen Aktantenmodells (Greimas) zu einem verantwortlichen und strafbaren Subjekt zu machen: "Bretschneider sagte ihm jedoch, er habe sich einer Reihe strafbarer Handlungen schuldig gemacht, unter denen auch das Verbrechen des Hochverrats eine Rolle spiele."(Bretschneider mu však řekl, že se skutečně dopustil několika trestných činů, mezi kterými hraje roli i zločin velezrády.")[73] Zugleich wird der Wirt Palivec verhaftet, weil er in seinem eigenen Lokal *Zum Kelch* wahrheitsgemäß behauptet hatte, "daß die Fliegen auf unseren Kaiser (d.h. auf ein Bild von ihm, das in der Gastwirtschaft gehangen hatte, P.V.Z.) geschissen haben." ("... že sraly mouchy na císaře pána.")[74]

Der ideologische Diskurs, den Bretschneider und andere Zivil- oder Militärbeamte bei Hašek sprechen, kann als monologisches und manichäisches Schema keine Zweideutigkeiten, keine grotes-

72 J. Derrida, "Préjugés", in: *Spiegel und Gleichnis. Festschrift für Jacob Taubes* (Hrsg. N.W. Bolz, W. Hübner), Würzburg, Königshausen und Neumann, 1983, S. 356.

73 J. Hašek, *Die Abenteuer des braven Soldaten Schwejk*, op.cit., S. 18/*Osudy dobrého vojáka Švejka*, op.cit., Bd. 1/2, S. 24.

74 Ibid., S. 19/S. 25.

ken Einfälle, keine karnevalistischen Szenen dulden: Die Vorstellung, daß Fliegen auf das Bildnis Seiner Majestät scheißen könnten, ist verboten, darf nicht zum Gesprächsthema werden, ebensowenig wie Schwejks marktgängiges Argument, daß nicht zehn, sondern zwölf Trauerfahnen auf Konopischt, wo der ermordete Erzherzog Ferdinand gewohnt hatte, hängen sollten: "Damit's eine runde Zahl gibt. Aufs Dutzend rechnet sich's besser, und im Dutzend kommt auch alles billiger (...)." ("Aby to šlo do počtu, do tuctu, to se dá lepší počítat a na tucty to vždycky přijde laciněc ...".)[75] Die offizielle Ideologie wehrt sich nicht nur gegen die Ambivalenz und alle mit ihr liierten karnevalistischen Gedanken, sondern auch gegen die Marktgesetze, die widersprüchliche Werte (etwa *Trauer* und *Geld*) miteinander verknüpfen und dadurch zur Wertindifferenz tendieren.

Während Hašeks Roman komisch und grotesk ist, weil der Held die herrschenden Ideologien der Behörden durch karnevalistische und respektlose Assoziationen unterläuft, sind Kafkas Romane tragisch, weil ihre Protagonisten die rationalistische Ideologie, zu der sich auch die Beamten *pro forma* bekennen, ernst nehmen und deshalb nach Eindeutigkeit, Klarheit und Wahrheit streben. Ein solches Streben ist tragisch, wenn es scheitert, während Schwejks Versuche, den ideologischen Monolog karnevalistisch zu zersetzen, beim Leser komisch wirken: vor allem dort, wo Schwejk den ideologischen Diskurs parodiert, *ad absurdum* führt.

Parodiert wird dieser Diskurs zugleich von Hašeks Erzähler, der an zahlreichen Stellen so stark übertreibt, daß der ideologische Ernst lächerlich wirkt – oder aber er vermischt die feierliche Rhetorik der Machthaber mit grotesken Elementen und diskreditiert die Ideologie: "Und dann folgte noch die Predigt, dieser großartige Jux. Feldkurat Otto Katz war ein reizender Mensch. Seine Predigten waren ungewöhnlich fesselnd, spaßig, erquickend in der Langeweile des Garnisonsarrestes. Er verstand es, so schön von der unendlichen Gnade Gottes zu faseln und, wenn er schon sehr betrunken war, neue Gebete und eine neue Messe zu ersinnen, seinen eigenen Ritus, etwas noch nie Dagewesenes." ("Potom

---

75 Ibid., S. 16/S. 18.

ještě to kázání, ta zábava a legrace. Polní kurát Otto Katz byl přece jen roztomilý člověk. Jeho kázání byla neobyčejně poutavá, legrační, osvěžující tu nudu garnizónu. Uměl tak krásně žvanit o neskonalé milosti boží, sílit zpustlé vězně a muže zneuctěné. Uměl tak krásně vynadat z kazatelny i od oltáře. Uměl tak báječně řvát u oltáře své 'Ite missa est', celé bohoslužby provést originelním způsobem a přeházet celý pořádek mše svaté, vymyslit si, když už byl hodně opilý, úplně nové modlitby a novou mši svatou, svůj ritus, něco, co zde ještě nebylo.")[76] So wird die Messe zu einem avantgardistischen Happening.

Im Gegensatz dazu ist Kafkas Erzähler – ähnlich wie sein Held – Rationalist und Tragiker; auch er reagiert, um es mit Theodor Adorno und Karin Keller zu sagen, "im Geiste der Aufklärung auf deren Rückschlag in Mythologie."[77] Er möchte Ordnung ins Chaos bringen und bemüht sich trotz Ambivalenz, Widersprüchlichkeit und Unentscheidbarkeit, die Kohärenz der Erzählung zu wahren: Im *Prozeß*-Roman läßt er Josef K. vergeblich nach dem verborgenen Sinn der Parabel fahnden, die der Geistliche im Dom erzählt; im *Schloß*-Roman wird die Beantwortung der Frage, ob K. jemals von der Schloßbehörde akzeptiert wird, endlos verschoben: "'So bleibt dann das Ergebnis', sagte K., 'daß alles sehr unklar und unlösbar ist, bis auf den Hinauswurf'. 'Wer wollte wagen, Sie hinauszuwerfen, Herr Landvermesser?' sagte der Vorsteher."[78] Kurzum: alles ist unklar, und eine endgültige Antwort bleibt aus; es bleiben nur die widersprüchlichen Mutmaßungen des Helden und die langen Exkurse des Erzählers.

Solche Exkurse spielen auch in Hašeks Roman eine wichtige Rolle; sie dienen jedoch nicht dem Aufklärungs- und Wahrheitsprinzip, dem Kafkas Erzähler huldigt, sondern gehorchen der destruktiven Absicht der Satire, die von Beamten und Behörden verteidigte Ordnung zu stören, die Kommunikation als Mittel der Handlung unbrauchbar zu machen. Schwejk beantwortet die

76 Ibid., S. 75/S. 104.

77 Th.W. Adorno, "Aufzeichnungen zu Kafka", in: ders., *Prismen. Kulturkritik und Gesellschaft*, Frankfurt, Suhrkamp, 1955, 1976, S. 337. Siehe auch K. Keller, *Gesellschaft in mythischem Bann. Studien zum Roman "Das Schloß" und anderen Werken Franz Kafkas*, Wiesbaden, Athenaion, 1977, S. 85-110.

78 F. Kafka, Das Schloß, op.cit., S. 64.

Fragen seiner Vorgesetzten mit endlosen Anekdoten, die ins Abseits führen und die Vorgesetzten an der Beherrschbarkeit der Welt verzweifeln lassen. Während eines Verhörs notiert der Schriftführer sogar die Adresse eines fiktiven oder wirklichen Herrn Boschetech, der in Schwejks Anekdote vorkommt: "Der Schriftführer verstand nichts von Schwejks Erzählung und war der Meinung, daß der Angeklagte die Adresse seines Mitschuldigen angab; deshalb fragte er nochmals: 'Ist das genau Prag Nr. 16, Josef Boschetech?' (...) Der Major trat zum Schriftführer und flüsterte ihm etwas zu, worauf dieser in den Akten die Adresse des neuen vermeintlichen Verschwörers strich." ("Zapisovatel, který více česky nerozuměl, pochopil, že obžalovaný udává adresu svého spoluviníka, a proto se ještě jednou otázal: "Ist das genau, Prag, No. 16, Josef Božetěch?' (...) Major přistoupil k zapisovateli a šeptal si s ním, ten potom ve spisech přeškrtával adresu nového domělého spiklence Božetěcha.")[79] In einer Hinsicht sind die Erklärungen Schwejks den Erklärungen der Beamten in Kafkas Werk vergleichbar: Sie tragen nicht zur Klärung der Lage bei, sondern steigern nur die Verwirrung. In beiden Fällen wird der lineare Erzählerdiskurs in Frage gestellt, der in den Romanen des 18. und 19. Jahrhunderts psychische Zustände der Protagonisten, Handlungen und Ereignisse kausal miteinander verknüpfte. Sowohl der fragmentarische *Prozeß*-Roman als auch Hašeks *Schwejk* setzen sich aus locker aneinandergereihten Episoden zusammen, für die nichts weniger gilt als die von Tzvetan Todorov im Zusammenhang mit dem psychologischen Roman formulierte These: "Le trait de caractère est la cause de l'action." ("Der Charakterzug ist Ursache der Handlung.")[80]

Nicht nur die kausale Struktur zerfällt im modernen Roman, auch die tragikomische Dyade, die Cervantes ins Leben rief, scheint sich in der Moderne aufzulösen: Zwar erscheint in Hašeks Roman Sancho Pansa in der Tradition der Offiziersdiener, und Schwejk wird indirekt mit diesem pikaresken Helden der spani-

79 J. Hašek, *Die Abenteuer des braven Soldaten Schwejk*, op.cit., S. 406-407/*Osudy dobrého vojáka Švejka*, op.cit., Bd. 2/3, S. 285-286.
80 T. Todorov, "La Lecture comme construction", in: *Poétique* Nr. 24, 1975, S. 421.

schen Literatur verglichen[81], es fehlt jedoch die tragische Gestalt des Don Quijote, die nicht mit dem völlig unritterlich wirkenden Oberleutnant Lukasch zu vergleichen ist. Don Quijote kämpft bei Kafka bis an sein tragisches Ende gegen eine anonyme Bürokratie, während Hašeks Schwejk es als zeitgemäßer Sancho Pansa versteht, sich dem Zugriff herrschender Ideologien zu entziehen.

Jeder von ihnen geht seinen eigenen Weg; beide aber führen dem Leser das Scheitern der Subjektivität vor Augen: der eine, weil er die opake Wirklichkeit nicht zu erhellen, nicht rational zu bewältigen vermag, der andere, weil er sich mit der Ambivalenz identifiziert und alle Versuche zunichte macht, ihn als sprechendes und handelndes Subjekt ideologisch zu definieren. Während Ambivalenz bei Kafka ein wesentlicher Aspekt der Kulturkrise (der Krise der Werte und der Subjektivität) ist, ist sie bei Hašek ein Instrument der Kritik und der Satire. Auch deshalb ergänzen die beiden Romanwerke einander: Sie zeigen, daß Kritik und Krise nicht zu trennen sind.

Unzertrennlich sind sie übrigens auch in Kafkas Text miteinander verwachsen, wo die Ambivalenz der Figuren, Aussagen und Handlungen nicht nur als das Symptom einer unüberwindlichen Krise zu deuten ist, sondern auch als kritisches Instrument, das Josef K.'s rationalistisches Streben nach Eindeutigkeit ironisch relativiert. Man denke etwa an K.'s Versuche, die vieldeutige Parabel *Vor dem Gesetz* auf eine Bedeutung festzulegen, und an die Kritik des Geistlichen, die K.'s naive Hermeneutik in Frage stellt: "Die Schrift ist unveränderlich und die Meinungen sind oft nur ein Ausdruck der Verzweiflung darüber."[82] An dieser Verzweiflung hat auch Josef K. teil, dessen Worte und Taten vom Erzähler ironisch kommentiert werden.

Kritik und Krise hängen auch deshalb eng zusammen, weil Kritik immer dann laut wird, wenn ein Wertsystem sich in der Krise befindet und die Subjektivität seiner Akteure in Frage gestellt wird. Zu diesen Akteuren gehören sowohl bei Kafka als auch bei Hašek die Beamten, die die zusammenbrechende Welt-

---

81 Siehe: J. Hašek, *Die Abenteuer des braven Soldaten Schwejk*, op.cit., S. 109/*Osudy dobrého vojáka Švejka*, op.cit., Bd. 1/2, S. 192.

82 F. Kafka, *Der Prozeß*, op.cit., S. 158.

ordnung deshalb nicht retten können, weil sie selbst an der hier skizzierten karnevalistischen Ambivalenz teilhaben. Ihre Subjektivität wird durch die Krise des Wertsystems, in dem sie sich konstituiert, ausgehöhlt und fällt der Kritik, der Satire zum Opfer. So heißt es beispielsweise in Hašeks Vorarbeiten zum *Schwejk*-Roman vom Gefängniswärter Reinelt, dieser habe die Gewohnheit gehabt, "den Gefangenen Bier und Zigaretten zu schicken, und zwar für ihr eigenes Geld und in folgendem Verhältnis: Geld für zwei Liter – ein Liter für den Gefangenen, ein Liter für Reinelt." ("... Vězňům posílal pivo a cigarety, a to za jejich peníze, a to asi v tom poměru: Peníze na dva litry – litr pro arestanta, litr pro Reinelta.")[83] Zu ähnlichen vertrauensbildenden Maßnahmen kommt es auch in Kafkas *Prozeß*-Roman, wo die Angeklagten versuchen, die Beamten auf alle möglichen Arten zu bestechen; und Kafkas Beamte sind bestechlich oder scheinen zumindest bestechlich zu sein.

Vielleicht trügt aber der Schein: denn in einer vieldeutigen Welt kann man sich auch nicht ohne weiteres auf den Erfolg eines Bestechungsversuchs verlassen; in einer solchen Welt herrscht Willkür. Von den Gerichtsbeamten heißt es im *Prozeß*: "Dann aber einmal, überraschenderweise ohne besonderen Grund, lassen sie sich durch einen kleinen Scherz, den man nur deshalb wagt, weil alles aussichtslos scheint, zum Lachen bringen und sind versöhnt. Es sei eben gleichzeitig schwer und leicht, sich mit ihnen zu verhalten, Grundsätze dafür gibt es kaum."[84] Ähnlich reagieren die Beamten bei Hašek: ganz unerwartet sprechen sie den Angeklagten frei oder überhäufen ihn gar mit Lob wie der hohe Offizier, den Schwejk während eines Latrinenbesuchs vorschriftsmäßig grüßt.

In einer Zeit des Umbruchs, in der das Wertsystem einer Kultur durch Krieg, Nationalitätenkonflikte, sprachliche Antagonismen (Tschechisch-Deutsch), rivalisierende Ideologien und wachsende Kommerzialisierung immer häufiger in Frage gestellt wird, gelten die alten Grundsätze nicht mehr, und der Zufall ist

---

83 J. Hašek, *Švejk před Švejkem. Neznámé osudy dobrého vojáka Švejka*, Praha, Práce, 1983, S. 265.

84 F. Kafka, *Der Prozeß*, op.cit., S. 90.

König. In einer solchen Zeit erscheinen die Subjekte bei Kafka und Hašek als Opfer eines anonymen, von Zufall und Willkür beherrschten Mechanismus.

Anonym ist dieser Mechanismus deshalb, weil er von keinem obersten Wert zusammengehalten wird. Kafkas Schloß ist möglicherweise leer; jedenfalls ist es ebenso undefinierbar wie das Gesetz im *Prozeß*-Roman; und diese Leerstelle zeugt vom Tode Gottes (Nietzsche), den Hašek im grotesken und karnevalistischen Kontext seines Romans kommentiert, wenn er feststellt, daß die von den Gefangenen des Garnisonsgefängnisses begehrten Zigarettenkippen die Stelle Gottes eingenommen haben: "Der Gottesdienst und die Predigten waren eine hübsche Unterbrechung der Langeweile des Garnisonsarrestes. Es ging nicht darum, Gott nahe zu kommen, sondern um die Hoffnung, auf den Gängen und auf dem Weg über den Hof einen Zigaretten- oder Zigarrenstummel zu finden. Gott wurde vollkommen von einem kleinen Stummel verdrängt, der sich hoffnungslos in einen Spucknapf oder irgendwo auf dem Boden in den Staub verirrt hatte." ("Služby boží a kázání byly pěkným vytržením z nudy garnizónu. Nejednalo se o to, že jsou blíže bohu, ale že po cestě je naděje najíti na chodbách a cestou přes dvůr kousek odhozené cigarety nebo doutníku. Boha úplně zastrčil do ústraní malý špaček válejicí se beznadějně v plivátku nebo někde na zemi v prachu.")[85]

Angesichts dieser karnevalistischen "Umkehrung aller Werte" ist es nicht verwunderlich, daß sowohl in der Welt Kafkas als auch in der Hašeks Absurdität und Willkür herrschen: "Er pflegte das Anklagematerial zu verlieren und war gezwungen, neues zu ersinnen." ("Ztrácel obžalovací materiál a byl nucen vymýšlet si nový.")[86] Dieser Satz aus Hašeks Roman könnte auch in Kafkas *Der Prozeß* stehen, wo Gerichtsbeamte ohne erkennbaren Grund ihre Ansichten ändern und wo gesagt wird: "Das Verfahren ist nämlich im allgemeinen nicht nur vor der Öffentlichkeit geheim, sondern auch vor dem Angeklagten."[87]

Kopflos ist das von beiden Autoren beschriebene System,

---

85 J. Hašek, *Die Abenteuer des braven Soldaten Schwejk*, op.cit., S. 75/*Osudy dobrého vojáka Švejka*, op.cit., Bd. 1/2, S. 104.

86 Ibid., S. 79/S. 112.

87 F. Kafka, *Der Prozeß*, op.cit., S. 86.

kopflos und unverantwortlich sind die in ihren Romanen agieren-
den Beamten. Ihre Orientierungslosigkeit ist zugleich die der
beiden Helden Josef K. und Josef Schwejk, von denen der eine
versucht, den anonymen Apparat zu beherrschen, während der
andere sich ihm mit Erfolg entzieht. Sein Erfolg zeugt – ebenso
wie das Scheitern des Aufklärers K. – vom Zusammenbruch des
herrschenden Wertsystems und vom Triumph der Ambivalenz.

Deren Bedeutung in den Dramen Wildes und Hofmannsthals
läßt vermuten, daß sie ein sozio-linguistisches Phänomen der
europäischen Jahrhundertwende ist und verschiedene gesellschaftliche und sprachliche Situationen kennzeichnet. Insofern wurden
in diesem Kapitel nicht nur die Dramen Wildes und Hofmannsthals sowie die Romane Kafkas und Hašeks typologisch aufeinander bezogen, sondern es wurden auch indirekt zwei literarische
Gattungen miteinander verglichen, die mit der Atrophie der dramatischen Handlung und der narrativen Syntax auf die Krisen der
Jahrhundertwende reagieren.

IV. Der genetische Vergleich

Im künstlerischen und literarischen Bereich kommen Kontakte und Einflüsse oftmals im Zusammenhang mit analogen gesellschaftlichen und sprachlichen Entwicklungen zustande: So hat etwa Stéphane Mallarmés Symbolismus und Ästhetizismus nicht zuletzt deshalb den um 26 Jahre jüngeren Stefan George nachhaltig beeinflußt, weil in der zweiten Hälfte des 19. Jahrhunderts sowohl in Frankreich als auch in Deutschland kritische Intellektuellengruppen gegen den von Napoleon III. und Bismarck einträchtig geförderten Utilitarismus, Populismus und Chauvinismus aufbegehrten. Gemeinsam wandten sich Mallarmé und George gegen das kommerzialisierte Wort ("l'universel reportage", Mallarmé), in dem sich die Interessen einer erstarkenden Kulturindustrie und einer käuflichen Presse niederschlugen.

Ähnliche soziale und politische Konstellationen, d.h. typologische Voraussetzungen, haben auch den Einfluß des französischen Surrealismus in Serbien und in der Tschechoslowakei ermöglicht, wo eine gesellschaftliche und sprachliche Situation entstanden war, in der sich kritische Intellektuelle wie Marko Ristić in Serbien oder Karel Teige und Vítězslav Nezval in Prag gegen das verbrauchte Vokabular bürgerlicher Ideologien wandten und sich dabei sowohl des Marxismus als auch der Psychoanalyse bedienten. Wie Breton und die französischen Surrealisten weigerten sich jedoch die Vertreter der serbischen und tschechischen Avantgarde (des Surrealismus und des Poetismus), Literatur einem heteronomen Zweck unterzuordnen und brüskierten dadurch – ähnlich wie ihre französischen Mitkämpfer – die orthodoxen Marxisten.[1]

Der Einfluß der französischen Surrealisten in der ersten tschechoslowakischen Republik und in Serbien ist jedoch nicht nur im Hinblick auf analoge gesellschaftliche Situationen und gemeinsame politische Anliegen zu deuten; er erklärt sich zugleich auf internationaler Ebene als Ergebnis der engen politischen Bezie-

---

1   Siehe z.B.: M. Nadeau, "L'Affaire Aragon", in: ders., *Histoire du surréalisme*, Paris, Seuil, 1964; M. Ristić, "Moralni i socialni smisao poezije", in: *Danas* I, Nr. 1, 1934 und K. Teige, "Manifeste du Poétisme", in: *Prague Poésie*, Change Nr. 10, 1972.

hungen, die Serbien schon vor dem Ersten Weltkrieg und die Tschechoslowakei nach 1918 zu Frankreich unterhielten: Der serbische Surrealist Marko Ristić beispielsweise (geb. 1902 in Belgrad) war von 1945 bis 1951 jugoslawischer Botschafter in Paris.

Im folgenden geht es primär darum, Nietzsches Einfluß auf Pío Baroja, Albert Camus und D.H. Lawrence im gesellschaftlichen und sprachlichen Kontext zu erklären und den genetischen Vergleich auf diese Art typologisch zu *konkretisieren*. Es soll gezeigt werden, daß Ähnlichkeiten zwischen den gesellschaftlichen Situationen Deutschlands, Spaniens, Frankreichs und Englands Nietzsches Wirkung erst ermöglicht haben. Zugleich soll deutlich werden, daß Affinitäten zwischen Baroja, Camus und Lawrence, zwischen Autoren also, die nicht unmittelbar aufeinander eingewirkt haben, teils typologisch, teils im Zusammenhang mit Nietzsches Einfluß zu erklären sind.

1. Der genetische Vergleich: sozio-linguistische Situation und Intertextualität

Aus dem bisher Gesagten geht hervor, daß der genetische Vergleich auf mindestens vier verschiedenen Ebenen durchgeführt werden sollte: a) In jedem Fall muß nachgewiesen werden, daß ein Kontakt oder Einfluß zwischen einzelnen Schriftstellern oder Schriftstellergruppen tatsächlich stattgefunden hat; b) darüber hinaus gilt es zu zeigen, wie dieser Kontakt aufgrund bestimmter sozialer, kultureller oder sprachlicher (ästhetischer) Affinitäten zustande kam; c) die dritte Vergleichsebene ist die der internationalen Beziehungen, die gerade im Falle von Frankreich, Serbien und der Tschechoslowakei eine besondere Rolle spielten, die in anderen Fällen jedoch (etwa für den Kontakt zwischen Mallarmé und George) kaum eine Bedeutung haben; d) schließlich stellt sich auf struktureller Ebene die Frage, wie der Text eines Autors vom rezipierenden Autor umgestaltet, umgedeutet wird. Denn Einfluß hat in den meisten Fällen – wie sich im folgenden zeigen wird – produktiven Charakter; er ist nicht als mechanische Nachahmung, sondern als kreative Verarbeitung des fremden Wortes durch einen oder mehrere Autoren aufzufassen.

Insofern unterscheidet er sich grundsätzlich von der *Rezeption* (s. Kap. V), die nicht die wechselseitige Beeinflussung von Schriftstellern oder Schriftstellergruppen meint, sondern die Aufnahme von Texten bei einem Publikum, das sich vorwiegend aus Kritikern, Verlegern und Laien zusammensetzt. Diese Unterscheidung schließt freilich eine ständige Wechselwirkung von Einfluß und Rezeption nicht aus: Oftmals werden Schriftsteller von der Kritik oder den Medien auf einen Autor aufmerksam gemacht, der später auf ihr Schaffen einwirkte. Einfluß kommt also nicht nur durch unmittelbaren Kontakt mit einem Werk oder einem Autor zustande, sondern ist häufig durch kollektive Rezeption vermittelt, die die Voraussetzungen für eine neuartige Produktion bildet.

Wird nun Beeinflussung als produktiver intertextueller Prozeß gesehen, dann ist ein rein empirischer Vergleich, der bei der Feststellung oder Beschreibung von Kontakten haltmacht, unbefriedigend und dem Gegenstand inadäquat, weil er Kontakt und Einfluß nicht im Kontext erklärt. Als Alternative zu diesem abstrakten Vergleich bietet sich der *konkrete Vergleich* an, der dem historischen, sozialen und linguistischen Zusammenhang Rechnung trägt und auf den hier genannten vier Ebenen abläuft.[2]

Sobald festgestellt werden kann, daß ein Autor oder eine Autorengruppe von einem anderssprachigen Autor beeinflußt wurde, stellt sich die typologische Frage nach der historischen, gesellschaftlichen und sprachlichen Beschaffenheit der kulturellen Kontexte, die ein solcher Kontakt involviert: Können Parallelentwicklungen aufgezeigt werden, die erklären, weshalb es nicht bei einem flüchtigen und folgenlosen Kontakt blieb, sondern das Werk eines Autors auf das eines anderen eingewirkt hat? Oder handelt es sich um ein kreatives Mißverständnis, das immer dann zustande kommt, wenn ein Schriftsteller auf das Werk eines anderen reagiert, ohne zu verstehen, in welchem politischen und kulturellen Kontext das rezipierte Werk entstand und was der Autor damit bezweckte? – In den meisten Fällen haben wir es mit einer Mischung dieser beiden Reaktionen zu tun: Das im fremden

---

2 Zum "konkreten Vergleich" siehe: P.V. Zima, "Die Komparatistik zwischen Ästhetik und Textsoziologie", in: *Sprachkunst* Nr. 1, 1985.

Kontext gelesene Werk wird nie so gedeutet wie in der Gesellschaft, in der es entstanden ist. Es nimmt neue Bedeutungen an und wird häufig unzulässig vereinfacht oder "mißverstanden": vor allem dann, wenn es nur teilweise oder vom Hörensagen bekannt ist, weil keine vollständige Übersetzung vorliegt. (So kannten beispielsweise viele französische Autoren der Zwischenkriegszeit Nietzsche und Freud nur ungenau, weil die vollständige Übersetzung ihrer Werke auf sich warten ließ.)

Doch solche sprachlich, kulturell und ideologisch bedingten Mißverständnisse sind trotz der zahlreichen – oft erheiternden – Verzerrungen, die sie zeitigen, zu begrüßen, da sie häufig die ursprüngliche (die "nationale") Rezeption relativieren und die Vieldeutigkeit oder Offenheit eines Textes aktualisieren können, der in seinem Entstehungszusammenhang zu einem ideologischen oder kommerziellen Klischee verkommen ist. So haben beispielsweise André Gide und Albert Camus der Öffentlichkeit einen Nietzsche vorgestellt, der mit den diversen – von Heidegger, Lukács und den Nationalsozialisten inspirierten – deutschen Nietzsche-Vorstellungen kollidierte. Andererseits haben Walter Benjamin und Theodor W. Adorno Prousts Werk im Rahmen der Kritischen Theorie umgedeutet und stellten die in Frankreich beliebten ästhetisierenden Interpretationen Prousts ("Proust c'est la sensibilité") in Frage.

Allerdings meint die Bezeichnung "genetischer Vergleich" nicht nur Interesse, Rezeption oder Interpretation, sondern – wie bereits angedeutet – produktive oder kreative Verarbeitung eines fremden Werkes auf *intertextueller Ebene*: Der fremde Autor wird nicht nur erwähnt oder zitiert, sondern sein Diskurs geht – jenseits aller Zitate – in die neue Textkonstruktion ein und macht sich dort auf semantischer, möglicherweise auch auf narrativer (aktantieller) Ebene bemerkbar. Die Bezeichnung "genetisch" besagt also, daß die Entstehung ("Genese") eines bestimmten Textes nur dann konkret zu verstehen ist, wenn außer dem gesellschaftlichen und nationalsprachlichen Entstehungszusammenhang, der immer Gegenstand der Untersuchung ist, auch die Wirkung des fremden Werks auf die Textproduktion mitberücksichtigt wird.

So können beispielsweise die surrealistischen Sprachexperimente und Collagen konkret nur dann erklärt werden, wenn außer der Krise der Sprache, auf die André Breton immer wieder zu sprechen kommt[3], Bretons Kontakte zu Sigmund Freud und seine Verarbeitung der Theorie des Unbewußten berücksichtigt werden, die in den Manifesten des Surrealismus in eine Kritik an Freud ausmünden: Der Begründer der Psychoanalyse betont (laut Breton) in zunehmendem Maße das Überich, während die Surrealisten sich dem Unbewußten, dem Es zuwenden.[4]

Auch in den folgenden Kommentaren sollen die produktiven, die kreativen Aspekte des fremden Einflusses hervorgehoben werden: Es wird sich u.a. herausstellen, daß der spanische Autor Pío Baroja in seinem Roman *Camino de perfección* der Philosophie Friedrich Nietzsches zwar eine wichtige Rolle zuweist, sie aber gleichzeitig auf semantischer und narrativer Ebene kritisch umdeutet, und zwar in Übereinstimmung mit seinen eigenen Interessen, die sich aus der sozio-linguistischen Situation Spaniens ergeben. Auch Albert Camus deutet Nietzsche im Hinblick auf seine eigene Religions-, Ideologie- und Gesellschaftskritik um.

Insgesamt sollen intertextuelle Prozesse dargestellt werden, deren Bewegung nur als Übergang von einem historischen und sozio-linguistischen Kontext in einen anderen zu verstehen ist: Ein solcher Übergang bringt nicht nur in der Literatur, sondern auch in den bildenden Künsten und im Bereich der politischen Institutionen Umdeutungen, Umstrukturierungen und Zerrbilder mit sich. Es kommt darauf an, deren Dynamik und Fruchtbarkeit zu erkennen.

2. Pío Baroja als Nietzsche-Leser

Der im Baskenland (San Sebastian) geborene Schriftsteller Pío Baroja (1872–1956) lernte einige Schriften Friedrich Nietzsches (1844–1900) um die Jahrhundertwende kennen, als sich Spanien politisch, gesellschaftlich und kulturell in einer äußerst prekären Lage befand. Nach dem Scheitern des ersten republikanischen Regimes (1873–74) kam es 1874 unter Alfons XII. und seinem

---

3   Siehe: A. Breton, *Arcane 17*, Paris, UGE, 10/18, 1965, S. 76.
4   Siehe: A. Breton, *Manifestes du surréalisme*, Paris, Gallimard, 1969, S. 118-121.

Minister Cánovas zur Restauration der Monarchie, die unter Alfons XIII. bis 1931 währte, als abermals die Republik ausgerufen wurde. Zwei Jahre nach Wiederherstellung der Monarchie ging (1876) der zweite Karlistenkrieg zu Ende, in dessen Verlauf die Anhänger des Don Carlos de Borbón (1788–1855), der sich 1830 weigerte, die weibliche Thronfolge anzuerkennen und dadurch den ersten Krieg verursachte, vergeblich versuchten, ihre Ansprüche durchzusetzen.

Republikanische Militanz und Karlistenkriege bilden das gesellschaftliche, politische und ideologische Koordinatensystem, in dem um die Jahrhundertwende die restaurierte Monarchie mehr schlecht als recht funktioniert: Selbst eher traditionalistisch, wird sie sowohl von den reaktionären und bodenständigen Karlisten als auch von den liberalen Verfechtern der Republik, von Sozialisten und Anarchisten unablässig in Frage gestellt, bis sie 1931 von der Republik und nach dem Bürgerkrieg (1936–39) von der Franco-Diktatur abgelöst wird. In dieser Situation, in der zahlreiche ideologische Sprachen miteinander wetteifern, treten um die Jahrhundertwende vor allem zwei ideologische Blöcke in den Vordergrund: ein vorwiegend von karlistischer Seite propagierter Traditionalismus und ein fortschrittsgläubiger Liberalismus, dessen antiklerikaler Einschlag sowohl die Kirche als auch das Militär provoziert.

Von den Liberalen provoziert fühlen sich auch die Karlisten und ihnen nahestehende Schriftsteller wie etwa der aus der *Montaña* von Santander (Kantabrien) stammende José María de Pereda (1833–1906), der in Romanen wie *El sabor de la tierruca* (1882) den gesunden Volkscharakter der kantabrischen Bauernbevölkerung feiert und sich in seinem satirischen Roman *Don Gonzalo González de la Gonzalera* (1879) polemisch von der liberalen Ideologie distanziert: Don Gonzalo erscheint als ein heimatloser, wurzelloser Geselle und eitler Emporkömmling, dessen urbane und kosmopolitische Einstellung seinen Charakter zersetzt und seine Identität in Frage stellt.

Als Kristallisationspunkt ist Peredas Werk deshalb wichtig, weil in ihm die zwei ideologischen Soziolekte zusammenstoßen, die die sprachliche Situation der Jahrhundertwende polarisieren: der traditionalistische (konservativ-karlistische) und der liberale (republikanische). Beide werden auf den Plan gerufen, als es im Jahre 1898 zum spanisch-amerikanischen Krieg kommt, in dem Spanien seine letzten größeren Kolonien – Kuba, Puerto Rico und die Philippinen – verliert. Beide lassen jedoch erkennen, daß sie ihre Glaubwürdigkeit und Überzeugungskraft eingebüßt haben. Sowohl das gesunde *Volk*, der Hauptaktant traditionalistischer Diskurse, als auch der *Fortschritt*, der das Aktantenschema liberaler und sozialistischer Diskurse beherrscht, erweisen sich als mythische Instanzen ohne empirische Substanz.[5]

Angesichts der Krise herrschender rhetorischer Formen kommt es um die Jahrhundertwende zu einer umfassenden Kritik der spanischen Politik und Kultur, für die vor allem die Autoren der sog. *Generación del 98* verantwortlich sind. Es ist sicherlich kein Zufall, daß die meisten von ihnen nicht aus Kastilien stammen, das die spanische Politik beherrscht, sondern aus dem Baskenland (Baroja, Unamuno), Alicante (Azorín) und Andalusien (Ganivet, Machado): aus Regionen, in denen Liberalismus und Antiklerikalismus wesentlich stärker ausgeprägt sind als im Kernland und deren Bevölkerung sich – zumindest in einigen Fällen – vom kastilischen Konservatismus bevormundet fühlt. Die Vertreter der *Generación del 98*, die sich von einer Öffnung nach Europa eine Erneuerung Spaniens versprechen, greifen daher vor allem den kastilischen Traditionalismus an. Mit Recht schreibt María de Maeztu: "Ideologisch kehrten sie der Tradition den Rücken." ("Ideológicamente se colocaron de espaldas a la tradición.")[6]

Daß der Bruch mit der kastilischen Kulturtradition und vor allem mit der traditionalistischen Ideologie karlistischer Prägung zugleich ein Bruch mit den Puristen und deren "reiner, bodenständiger Sprache", mit der "lengua castiza" (*castizo* = echt, rein, urwüchsig) ist, zeigt sich mit aller Deutlichkeit in Miguel de Unamunos (1864–1936) bekanntem Buch *En torno al casticismo*

---

5   Siehe: P. Laín Entralgo, *La Generación del Noventa y Ocho*, Madrid, Espasa Calpe, 1947, 1970, S. 48: "Porque, no lo olvidemos, el problema íntimo de la España otochentista, desde 1812, es la irreductible discrepancia entre unos ardorosos tradicionalistas que no saben ser actuales y unos progresistas fervientes que no aciertan a hacerse españoles."

6   M. de Maeztu, *Antología Siglo XX. Prosistas españoles*, Buenos Aires, Espasa Calpe, 1943, 1952, S. 24.

(1895), dessen Problematik für die gesamte *Generación del 98*, der Unamuno angehörte, kennzeichnend ist. In dieser Schrift wendet sich der Dichter, Philosoph und Essayist, der Dänisch lernte, um Sören Kierkegaard im Original lesen zu können, gegen den Sprachpurismus der Traditionalisten, die am liebsten alle Fremdwörter aus dem Kastilischen verbannt hätten. Er lehnt zwar eine mechanische und unreflektierte Nachahmung fremden Sprachgebrauchs ab, setzt sich aber für die Aufnahme wissenschaftlicher und fremder Termini überall dort ein, wo sie eine Erneuerung, Wiederbelebung des Denkens bewirken: "Hier haben wir den Vorteil, daß wir in der wissenschaftlichen Technologie das Griechische benutzen, daß wir es mit *griechischen* Vokabeln zu tun haben, die, indem sie das Gewicht der Tradition verlieren, das Aufsteigen der Idee ermöglichen."[7]

In dieser sprachlichen Situation, in der Unamuno auf die Diskurse der Traditionalisten reagiert, zeigt er, daß das "Volk" der konservativen Ideologen eine mythische Vorstellung ist, die mit dem lebendigen historischen Volk, das unzählige fremde Einflüsse aufgenommen hat, nichts zu tun hat. Das Echte im universalistischen und allgemeinmenschlichen Sinne wird sich erst durchsetzen, wenn sich Spanien dem europäischen Einfluß öffnet, wenn das Fremde nicht mehr ausgeschlossen wird: "Aber das ewig Echte wird nur wirken, wenn wir das historisch Echte, das ausschließt, vergessen."[8] Ähnlich äußert sich ein anderer Autor der 98er Generation: Azorín (Pseud. von José Martínez Ruiz: 1873–1967), der Kastiliens Abschottung gegen die Außenwelt kritisiert und die von Hochgebirgen eingeschlossene Meseta mit den weltoffenen maritimen Provinzen vergleicht: "Kastilien ruht in sich selbst. Mit dem Meer kommuniziert es weder im Osten noch im Süden."[9]

Diese Kritik führt mitten in die Problematik von Pío Barojas Roman *Camino de Perfección. Pasión mística* (1902), in dem – ähnlich wie in Azoríns *La Voluntad* (1902) – Friedrich Nietzsches

---

7 M. de Unamuno, *En torno al casticismo*, Madrid, Espasa Calpe, 1943, 1964, S. 22.
8 Ibid., S. 122.
9 Azorín, "La decadencia", in: ders., *Política y literatura*, Madrid, Alianza Editorial, 1980. Siehe auch: "Lo castizo" in diesem Band.

Philosophie eine entscheidende Rolle spielt.[10] Der zum Anarchismus neigende Baroja, der wie Unamuno für alles Fremde offen war, begann Nietzsche in einer gesellschaftlichen und sprachlichen Situation zu lesen, in der die kastilische Kultur erstarrt und verbraucht schien, in der die *Natur* aufgewertet wurde. Über den Gegensatz zwischen Kultur und Natur bei den Autoren der *Generación del 98* schreibt Pedro Laín Entralgo: "Bekanntlich ist die Natur – wenn man darunter den physischen Kosmos versteht – eine von der Geschichte verschiedene Welt. Aber für Baroja, wie übrigens für alle Männer des Jahres 98, ist sie nicht nur verschieden; sie ist auch unendlich besser."[11]

Diese Charakteristik trifft auch auf Nietzsches Philosophie zu, deren Bedeutung innerhalb der philosophischen Entwicklung u.a. darin besteht, daß sie die Probleme der Moderne, die in den verschiedenen junghegelianischen Philosophien nur anklingen, klar formuliert und miteinander verknüpft. Nietzsche kannte nicht nur Max Stirners anarchistische Schrift *Der Einzige und sein Eigentum* (1845), sondern zitierte in *Zur Genealogie der Moral* (1887) auch Feuerbachs Wort von der "gesunden Sinnlichkeit". Er nahm sich nicht nur eine Apologie der Natur und der gesunden Naturinstinkte vor, sondern stellte zusammen mit der etablierten Kultur und Moral auch Hegels Geist und die begriffliche Wahrheit des Systemdenkers in Frage, als er die These vertrat, "daß man die allerersten Instinkte des Lebens verachten lehrte; daß man eine 'Seele', einen 'Geist' *erlog*, um den Leib zuschanden zu machen (...)."[12] In junghegelianischer Tradition stehend, polemisierte er gegen die Allmacht des Subjekts, wandte sich im Aphorismus gegen das System, verteidigte das Unbewußte und den Instinkt gegen den Logos und trieb Feuerbachs Religionskritik auf die Spitze, indem er die bekannte Theorie des Ressentiments entwickelte.

Alle diese kritischen Elemente aus Nietzsches Philosophie sind

10 Zu dieser Problematik siehe: P. Juan-Tous, *Die gefesselte Hoffnung. Baroja und das weltanschauliche Spektrum der Jahrhundertwende im Spiegel des "Arbol de la ciencia",* Diss. Würzburg, 1983.

11 P. Laín Entralgo, *La Generación del Noventa y Ocho,* op.cit., S. 55.

12 F. Nietzsche, *Ecce Homo,* in: ders., *Werke* Bd. IV, München, Hanser, 1980, S. 1157.

in das Werk Pío Barojas eingegangen, dessen Nietzsche-Rezeption zahlreiche Wendepunkte und Brüche aufweist: Nietzsches ambivalenter und von Paradoxien durchsetzter Diskurs wird in *Camino de perfección* anders interpretiert und bewertet als in den späteren Romanen Barojas, etwa in *Paradox, rey* (1906) oder in *César o nada* (1910), in denen einerseits der europäische Kolonialismus kritisiert, andererseits der Machtinstinkt des Einzelnen bejaht wird. Es soll hier daher nicht von Nietzsches Einfluß allgemein die Rede sein, sondern von der Funktion, die seine Begriffe und Begriffsgegensätze in *Camino de perfección* erfüllen.

Baroja verfaßte mehrere Aufsätze über Nietzsche, von denen zwei in dem hier skizzierten Kontext besonders wichtig sind. "Nietzsche y la filosofía" (15.2.1899) und "Nietzsche íntimo" (9.9.1901 und 7.10.1901). Der erste zeugt von einer zwiespältigen Einstellung Barojas, die sich vor allem aus der Tatsache erklärt, daß er sich nicht mit dem Macht- und Herrschaftsprinzip versöhnen kann, das aus dem Diskurs des Philosophen spricht: mit dem Sadismus, mit der Verherrlichung der Männlichkeit und des Krieges, mit der Unterdrückung des Schwachen und der Frau: "Außerdem hat er etwas von einem Sadisten an sich, von einem Menschen, der es genießt, den anderen leiden zu lassen; er genießt die Schwachen mehr als die Starken. Er begeistert sich für Männer, die erdrücken: für Napoleon, Bismarck; es ist die Begeisterung eines hysterischen Weibes."[13]

Es ist wohl kein Zufall, daß Baroja die herrschaftlichen und repressiven Aspekte von Nietzsches Diskurs weder als philosophische noch als politische Erneuerungen betrachtet, sondern sie spontan mit den alten Mächten Kastiliens assoziiert, mit denen er in seinem Werk radikal abrechnet: "Nietzsches viriler Traum, als wollüstiges Raubtier frei umherzuirren, wird bei uns den Vázques Varela, den Egoisten der Gaststätten und Spielcasinos, wie ein Gemeinplatz vorkommen (...)."[14]

Obwohl Baroja in "Nietzsche y la filosofía" die affirmativen, ideologischen Aspekte von Nietzsches Philosophie hervorhebt,

---

13 P. Baroja, "Nietzsche y la filosofía", in: ders., *Obras completas*, Bd. VII, Madrid, Biblioteca Nueva, 1952, S. 854.
14 Ibid.

erkennt er bereits im Jahre 1899 das kritische Potential eines Denkens, das im Gegensatz zum Hegelianismus und Marxismus für die individuelle Freiheit eintritt und den staatlich organisierten Sozialismus ablehnt: "Zweifellos enthält sein Denken eine gesunde Tendenz: einen Protest gegen die sozialistischen Ideen hegelianischer Provenienz, die die Unterwerfung des Individuums unter die Staatsmacht rechtfertigen."[15]

Wesentlich ändert sich jedoch seine Einstellung zu Nietzsche erst im Jahre 1901: nach seinen Gesprächen mit dem Schweizer Nietzsche-Schüler Paul Schmitz, den er im Kloster von El Paular trifft. "Paul Schmitz", schreibt Gonzalo Sobejano, "machte Baroja im Jahre 1901 im Kloser von El Paular mit Nietzsches Persönlichkeit vertraut."[16] Im selben Jahr veröffentlicht Baroja seinen zweiten Artikel, "Nietzsche íntimo", in dem er ausführlich auf seine Gespräche mit Schmitz eingeht. Im Mittelpunkt der Betrachtungen steht nicht mehr die Philosophie, sondern die Person Nietzsches, der Baroja mehr Sympathie entgegenbringt als zwei Jahre zuvor.

Im Hinblick auf *Camino de perfección* scheint vor allem die Textpassage wichtig zu sein, in der Nietzsche als ein Doppelwesen erkannt wird, dessen Charakter Güte, Mitleid und Härte miteinander verknüpft: "Nietzsche hatte zwei Persönlichkeiten; einerseits erscheint er als der mitleidige, der gütige Mensch, der ein Herz hatte und das heilige Mitleid mit dem großartigsten Höhenflug des Geistes verband; andererseits tritt er als der unbarmherzige Kämpfer, Polemiker und Kritiker auf, der schließlich das Mitleid als eine schändliche und unmoralische Schwäche verurteilte."[17]

Eine gründliche Lektüre von *Camino de perfección* zeigt nun, daß es sich um einen Roman handelt, der mit anderen Romanen der Jahrhundertwende zu vergleichen ist: mit D.H. Lawrences *Women in Love*, Joyces *A Portrait of the Artist as a Young Man*, Musils *Die Verwirrungen des Zöglings Törleß*, Kafkas *Der Prozeß* und Hesses *Der Steppenwolf*. Trotz wesentlicher Unterschiede

15 Ibid.
16 G. Sobejano, *Nietzsche en España*, Madrid, Editorial Gredos, 1967, S. 351.
17 P. Baroja, "Nietzsche íntimo", in ders., *Escritos de juventud (1890-1904)*, Hrsg. M. Longares, Madrid, Editorial Cuadernos para el diálogo, 1972, S. 243.

haben diese Romane eines gemeinsam: Sie sind keine anekdotischen Erzählungen im traditionellen Sinn (im Sinne des 19. Jhs.), sondern Texte, deren Kohärenz vor allem auf semantischer Ebene entstanden ist, nicht auf der Ebene der narrativen Syntax.

Alle diese Romane sollten, ähnlich wie Sartres *La Nausée*, nicht als Darstellungen eines Handlungsablaufs, sondern einer Suche aufgefaßt werden: nach der "Wahrheit", dem "Gesetz", dem "Absoluten" oder der authentischen Wertskala. Diese Suche ist nicht nur eine *Topologie*, in der Gegensätze zwischen Innen und Außen (Lawrence), Bürgerlichkeit und Bohème (Hesse), Swann und Guermantes (Proust) oder Kastilien und Valencia (Baroja) eine Rolle spielen; sie ist zugleich ein semantischer Prozeß, in dem bestimmte Begriffe (*Seme*, Greimas, s. Kap. II) wie "Existenz", "Musik", "Abenteuer", "Humanismus", "Natur", "Literatur" (Sartre) oder "Sexualität", "Sonne", "Natur", "Wasser", "Kultur" (Baroja) so lange vom Erzähler und Helden interpretiert oder uminterpretiert werden, bis sich schließlich ihre eigentliche und endgültige Bedeutung herauskristallisiert.

Im Anschluß an Greimas ließe sich sagen, daß es in diesen Texten um eine Entwicklung oder Umformung von *Isotopien* geht (s. Kap. II), die mit der Entdeckung der "wahren" Isotopie endet, die über den positiven oder negativen Stellenwert aller semantischen Einheiten im Text entscheidet: Während in Sartres Jugendroman der Begriff der *Kunst* (dem Sememe wie "essence", "beauté", "dureté", "mots", "histoire" subsumiert werden) eine positive Isotopie begründet, zeichnet sich am Ende von Barojas *Camino de perfección* die Isotopie "Natur" als neue "Wahrheit" ab. Allerdings ist diese Tatsache als solche nicht entscheidend, da sie nicht für Barojas Romanwerk spezifisch ist: Auch bei Autoren wie Nietzsche, Hesse, Lawrence und Camus erscheint die "Natur" als Alternative zur Kultur. Wichtiger ist die Frage, wie in *Camino de perfección* die semantischen Felder "Natur" und "Kultur" aussehen und wie sich Barojas Naturbegriff von Nietzsches Naturauffassung abhebt.

Der Text wird als ganzer vom Gegensatz zwischen "Natur" und "Kultur" strukturiert. Fernando Ossorio, der Held des Romans, leidet unter der asketischen Moral des kastilischen Katholizismus, der als Herrschaftsinstrument allmählich unglaubwürdig wird. Seine ambivalente Einstellung christlichen Werten und Symbolen gegenüber, die häufig in Erscheinung tritt (z.B. S. 36, S. 99), hindert ihn daran, mit einer Religion zu brechen, deren Glaubensbekenntnis er verinnerlicht hat. Zugleich behindert die katholische Kultur Madrids und Kastiliens die Entfaltung seiner Persönlichkeit, deren natürlichen Teil er als Asket und Mystiker systematisch unterdrückt. Seine Sexualität kann – solange er sich in Madrid aufhält – nur perverse Formen annehmen, die sich am deutlichsten in seiner sadomasochistischen Einstellung zu Laura manifestieren.

Wesentlich ist, daß in dem von Baroja konstruierten diskursiven Zusammenhang "Herrschaft", "Gewalt", "Unterdrückung" und "Sadismus" nicht – wie in manchen Texten Nietzsches – verherrlicht werden, sondern immer als Formen einer depravierten katholischen Kultur erscheinen. Das Herz Jesu beispielsweise wird mit den "nationalen Symbolen der Gewalttätigkeit" assoziiert: "In dem Zimmer, das für ihn bestimmt war, hingen ein Gewehr und eine Gitarre an der Wand; darüber ein Farbabdruck des Heiligen Herzen Jesu. – Unter diesen Symbolen der nationalen Brutalität schlummerte er ein (...)." ("En el cuarto que le destinaron había colgadas en la pared una escopeta y una guitarra; encima un cromo del Sagrado Corazón de Jesús. – Ante aquellos símbolos de la brutalidad nacional comenzó a dormirse (...).")[18]

Anders als bei Nietzsche werden hier die christlichen Symbole nicht mit Schwäche, Unterwerfung, List und Friedfertigkeit, sondern mit Virilität, Gewaltanwendung (dem "machismo") und kastilischer Askese verknüpft. Freilich werden sie an anderen Stellen – ähnlich wie bei Nietzsche – mit Begriffen wie Heuchelei, Krankheit und Perversion in Beziehung gesetzt; aber diese Begriffe haben bei Baroja einen anderen Stellenwert als bei Nietzsche, weil der Schriftsteller sie aus dem kastilischen Herrschaftsprinzip ableitet, das er radikal kritisiert. Hier wird deutlich, wie auf intertextueller Ebene Bedeutungen übernommen, aber zugleich umgeformt, umgedeutet und neu geordnet werden.

In Barojas Text zeigt sich immer wieder, daß "heraklitische"

---

18 P. Baroja, *Camino de perfección. Pasión mística*, New York, Las Americas Publishing Company, 1952, S. 59.

Elemente wie "Feuer", "Trockenheit", "Sonne" und "Gewalt", die Nietzsche mit positiven Konnotationen versieht, der negativen Isotopie "Kultur" zugerechnet werden. Oft erscheint Kastilien als ein Symbol dieser Kultur, die auch die kastilische Natur umfaßt. Über Fernandos Beziehung zu Laura heißt es beispielsweise: "An der Seite dieser Frau träumte Fernando häufig, daß er eine trockene, verbrannte kastilische Ebene durchquerte (...)." ("Muchas veces Fernando, al lado de aquella mujer, soñaba que iba andando por una llanura castellana seca quemada...".)[19]

In *Camino de perfección* wird sogar die kastilische Landschaft mit der asketischen *Kultur* Kastiliens identifiziert, die für Fernandos Verzweiflung und zugleich für seinen *Lebensdurst* verantwortlich ist. Überall im Text wird das *Feuer* (Nietzsches und Heraklits Element) mit negativen Vorzeichen versehen: mit Durst, Gewalt und Fieber: "So verbrachte er zehn Tage auf dem Krankenbett in einem dunklen Zimmer und sah Öfen, brennende Wälder, furchtbar strahlende Gluten." ("Pasó así diez días enfermo en un cuarto oscuro, viendo hornos, bosques incendiados, terribles irradiaciones luminosas.")[20]

Die Unmöglichkeit, im kastilischen Kulturbereich die Wahrheit und das neue Lebensprinzip zu finden, erklärt auch, weshalb Ossorios Begegnung mit dem Nietzsche-Schüler Max Schultze (alias Paul Schmitz) nicht zu der erhofften Genesung des Suchenden führt. Das schroffe Guadarrama-Gebirge, auf dessen Gipfeln Max Schultze die Natur vergöttlicht ("Für mich sind diese Berge Gott selbst."/"Para mí estos montes son Dios.")[21], sagt Ossorio nicht viel: Es kommt ihm völlig unwirklich vor, erinnert ihn an künstliche Landschaften, an Theaterkulissen. Auch hier zeigt sich, daß die Landschaft als *Textelement* (als semantische Einheit) immer eine kulturelle, gesellschaftliche Bedeutung hat. Diese hat sie auch bei Nietzsche, der in *Also sprach Zarathustra* das Hochgebirge mit Freiheit, Stärke und Gesundheit assoziiert. Schon Adorno fielen die herrschaftlichen und repressiven Aspekte der alpinen Landschaft Nietzsches auf. Über Sils Maria schreibt er:

---

19 Ibid., S. 33.
20 Ibid., S. 88.
21 Ibid., S. 67.

"Was die Engadinlandschaft an illusionsloser Wahrheit vor der kleinbürgerlichen voraushat, wird wettgemacht von ihrem Imperialismus, dem Einverständnis mit dem Tod."[22]

Vom Einverständnis mit dem Tode könnte auch im Zusammenhang mit der kastilischen Landschaft Barojas die Rede sein. Nicht zufällig besucht Ossorio Toledo, die Stadt, in deren Kirche Santo Tomé El Grecos berühmtes Gemälde *El enterramiento del conde de Orgaz* zu besichtigen ist. Es ist auch kein Zufall, daß einer der Protagonisten Toledo (die ehemalige Hauptstadt des Reiches) als die Stadt des Todes bezeichnet: "la ciudad de la muerte".[23] Gewalt und Tod sind in Barojas Werk unzertrennlich mit dem Herrschaftsprinzip verquickt, das der kastilischen Kultur innewohnt.

In diesem Stadium ist es möglich, die Isotopie "Kultur" (s. Kap. II) in *Camino de perfección* näher zu bestimmen. (Daß bei einem Text von 208 Seiten kein Anspruch auf Vollständigkeit erhoben wird, ist klar.) Wesentliche *Sememe*, die dem *Klassem* ("Oberbegriff") "Kultur" subsumiert werden können, sind: Castilla (Kastilien), fuego (Feuer), sol (Sonne), luz (Licht), polvo (Staub), ceniza (Asche), hornos (Öfen), calcáreo (kalkig), seco (trocken), quemado (verbrannt), ardiente (brennend); muerte (Tod), sangre (Blut), matar (töten), estrangular (erwürgen), sepultura (Grab), enterramiento (Begräbnis); fe (Glaube), religión (Religion), ascético (asketisch), místico (mystisch), espiritual (geistig), metafísico (metaphysisch), cruz (Kreuz), Luz Eterna (Ewiges Licht); enfermo, enfermizo (krank, kränklich), neuralgía (Neuralgie), nervioso (nervös), perverso (pervers), vicioso (lasterhaft), desesperado (verzweifelt), erotismo (Erotik), sadismo (Sadismus); arte (Kunst), ideal (Ideal) etc.

Die Unterteilung der Isotopie "Kultur" in sekundäre – hier durch Strichpunkte getrennte – Isotopien wie "Kastilien", "Tod", "Religion", "Neurose", "Kunst" etc. zeigt, daß es sich um ein strukturiertes semantisches Feld handelt und daß der scheinbar einfache Gegensatz Natur/Kultur, der Barojas Roman zugrunde

22   Th.W. Adorno, "Aus Sils Maria", in: ders., *Ohne Leitbild. Parva Aesthetica*, Frankfurt, Suhrkamp, 1967, S. 49.

23   P. Baroja, *Camino de perfección*, op.cit., S. 117.

liegt, in Wirklichkeit ein Gegensatz zwischen komplexen Isotopien und Kodes ist. (In diesem Zusammenhang kann der Kode als eine Hierarchie von Isotopien definiert werden.)

Solange Fernando Ossorios *Suche* über den kastilischen Raum, d.h. über das semantische Feld "Kultur" nicht hinausgeht, bleiben Wahrheit und wahres Leben unauffindbar.[24] In diesem Zusammenhang ist der Unterschied zwischen dem Nietzscheaner Max Schultze und dem Helden Barojas zu verstehen. Während der deutsche Philosoph Nietzsches Diskurs (dessen Relevanzkriterien und dessen Kode) gleichsam auf seine Umgebung projiziert und die Höhen und Schluchten des Guadarrama–Gebirges auf den *Zarathustra* bezieht, kann Ossorio, der von dem oben skizzierten Kode ausgeht, nur "tote Natur" ("Kastilien") wahrnehmen.

Es ist daher erstaunlich, daß Literaturwissenschaftler wie Mary Lee Bretz und Beatrice Patt die Bekehrung des Helden aus dessen Gesprächen mit Schultze ableiten und sie als eine Folge des Ausflugs ins Hochgebirge deuten. Über die Begegnung mit Schultze schreibt beispielsweise M.L. Bretz: "Wie Patt richtig gesehen hat, ist die Verwandlung Fernandos in dieser Epoche auf den Einfluß der Philosophie Nietzsches zurückzuführen."[25] Es ist gar nicht so sicher, daß B. Patt "richtig gesehen hat": denn nach dem Ausflug mit Schultze kehrt Ossorio für kurze Zeit nach Madrid zurück, und einige Seiten weiter begleitet ihn der Leser in die Todesstadt Toledo, wo der Held vergeblich versucht, eine Nonne zu verführen. In Toledo verzichtet er auf eine Beziehung zu Adela, weil er einsieht, daß er sie ins Unglück stürzen würde.

M.L. Bretz und B. Patt haben jedoch nicht völlig unrecht: Schon in Kastilien begegnet Ossorio der "anderen" Welt: der Welt der "Natur", des "Wassers" und des "Lebens". Er weiß ihre Zeichen aber nicht zu deuten. Sein Unvermögen wird vom Erzähler kommentiert, der vom Springbrunnen im Klostergarten von El Paular sagt: "Ein Springbrunnen, der unveränderlich und monoton sein ewiges Lied sang, das niemand verstand." ("Una fuente que

---

24 Zum Thema der Suche bei Baroja siehe auch: R. F. Rogg, "Aspectos psicosimbólicos del paisaje en *Camino de perfección*", in: *Cuadernos Hispanoamericanos*, Nr. 265-267, 1972, S. 531-536.

25 M.-L. Bretz, *La evolución novelística de Pío Baroja*, Madrid, Ed. José Porrúa Turanzas, 1979, S. 118.

cantaba invariable y monótona su eterna canción no comprendida.")[26]

Dem Wort "verstehen" kommt hier besondere Bedeutung zu, weil es die Verwandtschaft von Barojas Roman mit den Romanen Joyces, Prousts, Hesses und Sartres evoziert. Wie in diesen Romanen wird in *Camino de perfección* die "Wahrheit", die "wahre" Isotopie so lange geahnt oder flüchtig erkannt, bis sich die Zeichen verdichten und der erlösende Gedanke sich Bahn bricht.

Wie bei Proust und dem jungen Sartre die "Literatur", so tritt am Ende von Barojas Roman die "Natur" als der eigentliche *Sinn*, als die gesuchte Wahrheit in Erscheinung. Dies geschieht allerdings zu einem Zeitpunkt, da Ossorio Kastilien endgültig den Rücken gekehrt und in der Provinz *Valencia* das *Mittelmeer* erreicht hat. Zugleich vertraut ihm der Erzähler seinen Diskurs an, so daß der Roman zwischen dem Kapitel XLVI und dem Kapitel LVI (einschließlich) zur Ich-Erzählung wird: Der Held erkennt die Wahrheit des Erzählers und rückt zeitweilig an dessen Stelle. Zugleich beginnt er, alle Zeichen auf der Isotopie des Erzähler-Diskurses ("Natur") zu lesen.

Ähnlich endet übrigens Barojas Roman *El mayorazgo de Labraz*, der ein Jahr nach *Camino de perfección* erschien: Auch der Mayorazgo und seine Gefährtin Marina (!) finden ihr Glück in dem Augenblick, wo das asketische Kastilien hinter der Sierra versinkt und am Horizont der blaue Streifen des Mittelmeers sichtbar wird: "Dieses Erwachen der Natur, dieser Lebenshauch, der in der Luft zu spüren war, erfüllte die beiden mit einem sonderbaren Gefühl der Lockerheit." ("Aquel despertar de la Naturaleza, aquella ráfaga de vida que se sentía en el aire, les había infundido a los dos una extraña laxitud.")[27] Im selben Augenblick erwacht sowohl auf seiten des blinden Mayorazgo als auch bei der um viele Jahre jüngeren Marina das geschlechtliche Verlangen, und die letzte Zeile des Romans lautet: "Und der Blinde und das Mädchen vereinigten sich in einem langen Kuß." ("Y el ciego y la niña se fundieron los dos en un largo beso.")[28]

---

26 P. Baroja, *Camino de perfección*, op.cit., S. 65.
27 P. Baroja, *El mayorazgo de Labraz*, Madrid, Espasa Calpe, 1980, S. 162.
28 Ibid.

Die Natur, die der Mayorazgo und Ossorio an der Küste des Levante entdecken, unterscheidet sich allerdings radikal von der Natur Nietzsches, Paul Schmitz' und des fiktiven Max Schultze. Es ist nicht die Natur des "Hochgebirges", des "Feuers" und der "Herrschaft" (der "Männlichkeit"), sondern die Natur der "Ebene", des "Wassers", der "Vegetation", der "Weiblichkeit", des "Kindes", der "Familie" und des "Mitleids".

So ist es zu erklären, daß Sememe wie "Sonne" und "Licht", die im kulturellen (kastilischen) Bereich eine negative Bedeutung hatten, umgedeutet und mit positiven Konnotationen versehen werden, sobald sie auf die Isotopie "Natur" projiziert werden. Die todbringende Sonne Kastiliens erscheint im neuen Kontext gar als Lebenssymbol: "Y el gran sol, padre de la vida."[29]

In einem valencianischen Dorf trifft Fernando schließlich das Mädchen Dolores, das er heiratet und das für ihn eine analoge Bedeutung hat wie Marina für den Mayorazgo. Nach einer Fehlgeburt schenkt sie ihm einen Sohn. Erst in diesem Augenblick – also nach Ossorios Ankunft in der fruchtbaren maritimen Provinz Valencia – kommt Nietzsches Philosophie voll zum Tragen. Erst zu diesem Zeitpunkt macht sich der Held Nietzsches (Schultzes) Diskurs zu eigen. Während er sich selbst eingestehen muß, daß er sich nie mehr von der christlichen Mystik (der "pasión mística") wird emanzipieren können, betrachtet er mit Zuversicht seinen kleinen Sohn: "Er würde ihn im Schutze der Natur aufwachsen lassen (...). Er würde ihn vor dem kleinlichen Pädagogen bewahren, der die guten Instinkte zerstört (...). Er würde seinen Sohn frei lassen, frei mit seinen Instinkten: War er ein Löwe, so würde er ihm nicht die Klauen ausreißen; war er ein Adler, so würde er ihm nicht die Flügel stutzen." ("El le dejaría vivir en el seno de la Naturaleza (...). El le alejaría del pedante pedagogo aniquilador de los buenes instintos (...). El dejaría a su hijo libre con sus instintos: si era león, no le arrancaría las uñas; si era águila no le cortaría las alas.")[30]

Entscheidend ist nicht die Tatsache, daß Ossorio einen nietzscheanischen Diskurs spricht und sich bereit erklärt, die Raubtier-

29 P. Baroja, *Camino de perfección*, op.cit., S. 178.
30 Ibid., S. 208.

instinkte seines Sohnes zu akzeptieren, sondern daß er zu dieser Einsicht in einem Kontext gelangt, der Nietzsches Philosophie zumindest teilweise fremd ist. Denn gerade die "Mitleids-Moral" der Frau (Dolores') und die Fruchtbarkeit Valencias ermöglichen Ossorios Gesundung und seine Bekehrung zu einem Nietzscheanismus, in dem Nietzsches Herrschaftsanspruch und seine Kritik des Mitleids keinen Platz haben: "Ich verstand die immer mehr um sich greifende Mitleids-Moral, welche selbst die Philosophen ergriff und krank machte, als das unheimlich gewordene Symptom unserer unheimlich gewordenen europäischen Kultur (...)."[31]

Diesen Satz aus *Zur Genealogie der Moral* könnte sich Ossorio, der seine Genesung dem *Mitleid* und der Liebe einer *Frau* verdankt, nicht zu eigen machen. – "Pobret", "Ärmster" – sagt Dolores auf *Valencianisch*, als Fernando ihr von seinen mystischen Irrungen berichtet.

Hier tritt nicht nur auf sprachlicher Ebene der Gegensatz zwischen *la Castilla castiza* und dem valencianischen *Levante* in Erscheinung, sondern es wird auch klar, daß die Texte eines deutschen Philosophen und Schriftstellers wie Nietzsche im soziolinguistischen Kontext Spaniens neue Bedeutungen annehmen: vor allem dann, wenn sie auf intertextueller Ebene in das Werk eines Autors wie Baroja eingehen. Während Nietzsches Kultur- und Religionskritik sowie seine Naturbejahung uneingeschränkt übernommen werden, wird seine Betonung der Männlichkeit und des Machtinstinkts zurückgewiesen. – Beeinflussung erweist sich somit als ein selektiver und produktiver Prozeß, der neue Bedeutungen entstehen läßt.

3. Nietzsche und Camus

Eine vergleichbare Umwandlung machte Nietzsches Diskurs in den philosophischen und literarischen Schriften von Albert Camus (1913–1960) durch, der in einer gesellschaftlichen und sprachlichen Situation schreibt, die ebenfalls von der Krise gekennzeich-

---

31 F. Nietzsche, *Zur Genealogie der Moral*, in: ders., *Werke* Bd. IV, München, Hanser, 1980, S. 767.

net ist. Ähnlich wie Baroja, der die kastilischen Herrschaftsformen zurückweist, kritisiert der in Algerien geborene Camus die französische Kolonialherrschaft und nimmt während des Krieges in der *Résistance* am Widerstand gegen die nationalsozialistischen Besatzer teil. Wie die Krise der *Generación del 98* weist auch die von Camus philosophisch und literarisch verarbeitete Krise gesellschaftliche und sprachliche Aspekte auf, die vor allem in ideologischen Konflikten und in der Aushöhlung aller kulturellen Werte durch die Marktgesetze (durch den Tauschwert) zum Ausdruck kommen.

In einem Vortrag, den Camus anläßlich seiner Entgegennahme des Nobelpreises in Stockholm hielt (14.12.57), ging er auf die Zerstörung der sprachlichen Zeichen, der Wort-Werte durch die Abstraktion des Tauschwerts (des "Geldes") ein. "Seit ungefähr einem Jahrhundert leben wir in einer Gesellschaft, die nicht einmal eine Gesellschaft des Geldes ist (...), sondern der abstrakten Geldsymbole. Die Gesellschaft der Händler kann als eine Gesellschaft definiert werden, in der die Gegenstände verschwinden und durch Zeichen ersetzt werden. (...) Eine Gesellschaft, die auf Zeichen gründet, ist im wesentlichen eine künstliche Gesellschaft, in der die leibhaftige Wahrheit des Menschen mystifiziert wird. Deshalb ist es auch nicht verwunderlich, daß diese Gesellschaft eine Moral aus formalen Regeln zu ihrer Religion gemacht hat und daß sie die Wörter Freiheit und Gleichheit sowohl auf ihre Gefängnisse als auch auf ihre Finanztempel schreibt. Man prostituiert jedoch nicht ungestraft die Wörter. (Cependant, on ne prostitue pas impunément les mots.)"[32]

Komplementär zu dieser Passage, in der die Krise der Sprache mit der Abstraktion des Tauschwerts verknüpft wird, verhalten sich zahlreiche Kommentare, in denen Camus den ideologischen, den politischen Mißbrauch des Wortes für dessen Zerstörung verantwortlich macht. Die wahren Totengräber der Sprache sind nicht die Surrealisten mit ihren Wortexperimenten und Textcollagen, sondern die Politiker mit ihren Slogans, ihren Losungen ("mots d'ordre"): "Die wahre Zerstörung der Sprache, welche die Surrealisten so beharrlich begrüßt haben, besteht nicht in Zusam-

32 A. Camus, *Essais*, Paris, Gallimard, Bibl. de la Pléiade, 1965, S. 1082.

menhanglosigkeit oder Automatismus. Sie besteht vielmehr im Losungswort."[33]

Das propagandistische Losungswort, das die Massen in einer Gesellschaft mobilisieren soll, die sich in zunehmendem Maße am wertindifferenten Tauschwert des Geldes orientiert, trägt wesentlich zur Entwertung der semantischen Einheiten der Sprache bei. In der Propagandaschlacht geht ebensoviel Sinn verloren wie in der Wortleichen produzierenden Werbung.

Auf diesen Sinnverlust reagiert der revoltierende Existentialist Camus, wenn er im Jahre 1942 zu Brice Parains Sprachphilosophie bemerkt: "Denn Parains Grundgedanke ist seine Einsicht, daß die Sinnlosigkeit der Sprache genügt, um alles sinnlos und die Welt absurd werden zu lassen."[34] Tatsächlich zeigt Camus in seinen Erzählungen und Romanen, daß die Entwertung der Worte – und der Werte, die sie bezeichnen – ein Gefühl der Absurdität hervorbringt, welches auch die großen metaphysischen Erzählungen unglaubwürdig erscheinen läßt.

Zu diesen Erzählungen gehören die Diskurse des Christentums und des Marxismus, deren *Aktantenmodelle* (s. Kap. II) und teleologische Anordnungen von den *Auftraggebern* "Gott" und "Geschichte" getragen werden. Die Daseinsberechtigung beider Auftraggeber stellt Camus in einer sozio-linguistischen Situation in Frage, in der Vokabeln wie "Sünde", "Buße", "Erlösung" und "wissenschaftlicher Sozialismus" fragwürdig erscheinen. Sowohl gegen die Christen als auch gegen die Marxisten führt er Nietzsches Argumente ins Feld, die Natur, Zufall und Instinkt gegen Hegels systematischen Logos ausspielen: "Für Marx ist die Natur das, was man unterwirft, um der Geschichte zu gehorchen, für Nietzsche das, dem man gehorcht, um die Geschichte zu unterwerfen. Es ist der Unterschied zwischen Christ und Grieche."[35]

Camus, der in Anlehnung an Nietzsche die "pensée de midi", das "mittelmeerische Denken", entwarf[36], steht dem naturnahen Griechen wesentlich näher als dem Sozialisten oder Marxisten, dessen Diskurs eine säkularisierte Form der christlichen Heils-

33 Ibid., S. 503.
34 Ibid., S. 1673.
35 A. Camus, *Der Mensch in der Revolte*, Reinbek, Rowohlt, 1969, S. 67.
36 Siehe: A. Rühling, *Negativität bei Albert Camus*, Bonn, Bouvier, 1974, S. 231.

geschichte ist. Obwohl er in *L'Homme révolté* Nietzsche vorwirft, daß er – ähnlich wie Marx – das christliche Jenseits durch ein "Später", nämlich durch die Erwartung des "Übermenschen", ersetzt, stimmt Camus mit Nietzsche weitgehend überein, wenn er sich für die Natur und gegen die Geschichte entscheidet und den teleologischen Diskurs der Christen bzw. Marxisten (ihren "méta-récit", würde Lyotard sagen) ablehnt. In diesem Diskurs begründet die Idee des "Gerichts" den teleologischen Ablauf, der vom Auf-traggeber "Gott" oder "Geschichte" vorausbestimmt wird: "Von diesem Augenblick an wird die Natur Geschichte, und bedeutsame Geschichte; die Idee menschlicher Ganzheit ist geboren. Von der frohen Botschaft bis zum Jüngsten Gericht hat die Menschheit keine andere Aufgabe, als sich den ausdrücklich moralischen Absichten eines im voraus geschriebenen Berichtes anzupas-sen."[37] Sowohl in *Le Mythe de Sisyphe* (1942) als auch in *L'Homme révolté* (1951) geht es Camus darum, den Menschen als Individuum und als Gattung von dieser ideologischen Teleologie christlicher und marxistischer Provenienz zu befreien.

Der einzige Wert, den er gelten läßt, ist der des menschlichen Lebens selbst. Insofern hat Bianca Rosenthal recht, wenn sie zum Verhältnis von Nietzsche und Camus bemerkt: "Aus der Beschäf-tigung mit den Werken Nietzsches, mit denen er schon früh in Berührung kommt, erwächst bei Camus eine Auflehnung gegen traditionelle moralische Wertschätzungen und das Bedürfnis nach einer Umwertung aller Werte (...). Beider Denken ist auf das Diesseits gerichtet, das Leben selbst ist für sie höchster Wert (...)."[38] Anders als Nietzsche gibt Camus nicht dem Leben des Stärkeren den Vorzug, sondern beschwört die Solidarität aller vor dem Tod. Seine Überwindung des von Nietzsche kritisierten Nihilismus ist auf das Leben, nicht auf die Herrschaft der Stärke-ren oder der Besten ausgerichtet. Dadurch wird er zu einem Geistesverwandten des frühen Pío Baroja, der ebenfalls die Natur der Kultur gegenüber aufwertet und das Lebensprinzip bejaht, zu-

---

37 A. Camus, *Der Mensch in der Revolte*, op.cit., S. 58.
38 B. Rosenthal, *Die Idee des Absurden: Friedrich Nietzsche und Albert Camus*, Bonn, Bouvier, 1977, S. 42 und S. 16.

gleich jedoch – wie Camus – Nietzsches "Willen zur Macht", seinen Herrschaftsgedanken, ablehnt.

Wie in Barojas *Camino de perfección* stehen einander in Camus' Romanen *L'Etranger* (1942) und *La Peste* (1947) Natur und Kultur, genauer: Natur und Ideologie gegenüber. In beiden Romanen stellt der Autor das asketische Christentum als ideologischen Diskurs (als "récit") in Frage, indem er Protagonisten wie Meursault und Dr. Rieux auftreten läßt, die primär dem Naturgesetz gehorchen, nicht der Teleologie ideologischer Erzählungen.

Der Fremde ist ein Roman, dessen Held Meursault seinem mediterranen Naturinstinkt folgt und dafür vom Gericht im Rahmen eines dualistischen Diskurses (einer ideologischen "Erzählung") verurteilt wird. Zunächst fällt auf, daß die Naturwüchsigkeit Meursaults mit einer Entwertung der Sprache auf semantischer und pragmatischer Ebene einhergeht. Auf die Frage seiner Freundin, ob er sie liebe, antwortet der Ich-Erzähler Meursault, eine solche Frage habe keinerlei Bedeutung: "Cela ne voulait rien dire".[39] Als die Freundin Marie später ihre Frage wiederholt, bekommt sie nichts anderes zu hören: "J'ai répondu, comme je l'avais fait une fois, que cela ne signifiat rien, mais que sans doute je ne l'aimais pas."[40]

Diese gesellschaftlich bedingte Krise der Sprache (s.o.), die für die Indifferenz des Helden und Erzählers verantwortlich ist, ist keine rein lexikalische Erscheinung, sondern auch und vielleicht vor allem ein semantisches Phänomen, da sie alle Relevanzkriterien in Frage stellt, mit deren Hilfe es möglich wäre, Gegensätze wie *gut/böse, gerecht/ungerecht, wahr/unwahr* etc. zu postulieren und als *Subjekt* sinnvoll zu handeln. Indem Meursault sich als handelnde und erzählende Instanz die Indifferenz der Sprache zu eigen macht, emanzipiert er sich einerseits von allen ideologischen Relevanzbestimmungen und Dichotomien; andererseits gibt er aber seine Subjektivität preis. Denn nur ein Individuum, das bestimmte – stets ideologische – Relevanzkriterien, Klassifikationen und Gegensätze gelten läßt, kann als Subjekt auftreten, ein

---

39 A. Camus, *Théâtre, récits, nouvelles*, Paris, Gallimard, Bibl. de la Pléiade, 1962, S. 1151.
40 Ibid., S. 1156.

narratives Programm (Greimas) verwirklichen und sich eines Objekts, eines Objekt-Aktanten, bemächtigen. Meursaults Handeln hingegen fehlt sowohl die narrative Finalität als auch der Objekt-Aktant.[41]

Als subjektloses Individuum verfällt Meursault dem naturbedingten *Zufall*, der die narrative Kausalität der ersten Romanhälfte beherrscht. Er wird, ohne über seine Entscheidung nachzudenken, zum Helfer des Zuhälters Raymond und tötet schließlich ohne erkennbaren Beweggrund (Fanatismus oder Rachegefühl) einen der mit Raymond verfeindeten Araber. Dabei gehorcht er ausschließlich den Impulsen der Natur, die als ambivalenter, widersprüchlicher *Auftraggeber* erscheint, der unvereinbare Klasseme und Isotopien in sich vereinigt: *Meer* und *Sonne, Wasser* und *Feuer, Leben* und *Tod*. (Ähnlich wie in *Camino de perfección* ist in *L'Etranger* das Wasser ein Lebensprinzip, das Feuer, d.h. die Sonne, ein Todesprinzip.) Indem Meursault in den fatalen Augenblicken, bevor er den Araber erschießt, der Natur gehorcht, unterwirft er sich einer blinden Macht, die keine Kohärenz der Handlung und keine Subjektivität zuläßt: Er sucht das Leben (das Wasser) und findet die Sonne (den Tod), die im entscheidenden Moment sein Handeln bestimmt. "A cause de cette brûlure que je ne pouvais plus supporter, j'ai fait un mouvement en avant. Je savais que c'était stupide, que je ne me débarrasserais pas du soleil en me déplaçant d'un pas. Mais j'ai fait un pas, un seul pas en avant. Et cette fois, sans se soulever, l'Arabe a tiré son couteau qu'il m'a présenté dans le soleil. La lumière a giclé sur l'acier et c'était comme une longue lame étincelante qui m'atteignait au front (...). Tout mon être s'est tendu et j'ai crispé ma main sur le revolver."[42]

Klar tritt in dieser Passage der rein individuelle, kontingente und naturhafte Charakter des Subjekt-Aktanten Meursault in

---

41 Schon Jean-Claude Coquet ist in seiner semiotischen Analyse von Camus' *L'Etranger* die Abwesenheit des Objekt-Aktanten aufgefallen. Siehe: J.-Cl. Coquet, "Problèmes de l'analyse structurale du récit: *L'Etranger* d'Albert Camus", in: ders., *Sémiotique littéraire. Contribution à l'analyse sémantique du discours*, Tours, Mâme, 1973, S. 57: "L'actant-objet (A) n'est pas identifié. Il semble exclu de la combinatoire (...)."

42 A. Camus, *Théâtre, récits, nouvelles*, op.cit., S. 1168.

Erscheinung: Er gehorcht einer blinden Kausalität, die nichts mit subjektiver Intentionalität zu tun hat, sondern von der Fatalität des natürlichen Zufalls gelenkt wird, der weder soziale noch affektive Motivationen kennt.

Ganz anders beschaffen ist die Justiz, die im Namen des Auftraggebers "Kultur" auftritt und deren ideologischer, christlich-humanistischer Diskurs den Handlungsablauf der zweiten Roman-hälfte beherrscht: Ihre Vertreter weigern sich, den zufallsbedingten und naturwüchsigen Charakter der Bluttat anzuerkennen, und unternehmen alles, um das indifferente Individuum Meursault in ein verantwortliches und strafbares ideologisches Subjekt zu verwandeln.

In ihren Augen erscheint nicht die Natur als Meursaults Auf-traggeber, sondern das Böse in christlichem Sinne. Dadurch verwandeln sie die verdinglichte, naturwüchsige Kausalität der ersten Romanhälfte in das "narrative Programm" eines planenden Aktanten, der im dualistischen Diskurs des Staatsanwalts nur die Funktion des zu verdammenden Antisubjekts erfüllen kann: "Et voilà, messieurs, a dit l'avocat général. J'ai retracé devant vous le fil d'événements qui a conduit cet homme à tuer en pleine connaissance de cause."[43]

"Il connaît la valeur des mots", sagt schließlich der Staats-anwalt von Meursault[44] und negiert zusammen mit der Krise der Sprache die Indifferenz des Angeklagten, der im Rahmen eines dualistischen ideologischen Schemas (*Held/Antiheld, Gut/Böse*) zum Tode verurteilt wird. Doch nur scheinbar siegt der christlich-humanistische Diskurs: In der Romanerzählung erscheint er – im Lichte des Erzählerkommentars – als diskreditierte und repressive Form, der ein natur- und lebensfeindliches Prinzip zugrunde liegt.

Camus' Kritik an diesem Prinzip ist nietzscheanisch, da sie die Befreiung der Natur von den Zwängen religiöser Askese anvisiert. In diesem Punkt konvergiert auch Camus' Erzählung typologisch mit der Barojas: In beiden Texten erscheint das "Wasser" als Alternative zu der alles Leben versengenden Askese der Sonne, die in *L'Etranger* mit dem Tod und in *La Peste* mit der tödlichen

---

43 Ibid., S. 1196.
44 Ibid.

Krankheit assoziiert wird. Hier zeigt sich, daß Stoffe und Motive (etwa Wasser oder Sonne) nicht unabhängig von der Textstruktur und dem sozio-linguistischen Kontext untersucht werden sollten, in dem sie neue Bedeutungen annehmen, die von Werk zu Werk variieren.

Interessanter als die Tatsache, daß Camus – wie Baroja – Nietzsches Religionskritik und sein Plädoyer für die gesunde Natur teilweise übernimmt, ist die Art, wie Nietzsches Diskurs auf intertextueller Ebene in einen Roman wie *L'Etranger* eingeht und dort umgestaltet wird: Meursault ist kein Übermensch, kein Zarathustra; er läßt aber als erzählende und handelnde Instanz erkennen, daß die Natur lebt und daß die christlich-humanistischen Diskurse der Justiz leblose Formen sind. Zugleich wird deutlich, daß die Ideologie als narrative Struktur, die auf rigide semantische Gegensätze wie *gut/böse, ehrenhaft/unehrenhaft* angewiesen ist, ihre Glaubwürdigkeit verliert: Das Todesurteil, das ihre Exponenten aussprechen, erscheint dem Leser als blinder Racheakt, der nichts mit Gerechtigkeit zu tun hat. So diskreditiert die Ideologie sich selbst und Werte wie "Gerechtigkeit", die sie zu schützen vorgibt. Dadurch lädt sie zu jener "Umwertung der Werte" ein, die Nietzsche initiierte, als er den Dualismus der Metaphysik (und der Ideologie) radikal in Frage stellte und auf die Möglichkeit hinwies, "daß *was* den Wert der guten und verehrten Dinge ausmacht, gerade darin bestünde, mit jenen schlimmen, scheinbar entgegengesetzten Dingen auf verfängliche Weise verwandt, verknüpft, verhäkelt, vielleicht gar wesensgleich zu sein."[45]

4. Von Nietzsche zu D.H. Lawrence: Die Ambivalenz der Natur

Die von Nietzsche aufgezeigte und in allen Bereichen des philosophischen Denkens konsequent durchgehaltene Ambivalenz (als *coincidentia oppositorum*) ist eines der Hauptmerkmale von David Herbert Lawrences (1885–1930) Werk. Anders als Pío Baroja und

---

45   F. Nietzsche, *Jenseits von Gut und Böse*, in: ders., *Werke* Bd. IV, op.cit., S. 568.

Albert Camus, die einen von der Misogynie und vom Willen zur Macht befreiten Nietzsche in ihre Werke aufnehmen, erkennt Lawrence den Doppelcharakter der Natur: Sie bedeutet ihm nicht nur Versöhnung mit dem Objekt und geschlechtliche Liebe, sondern auch Machtinstinkt. Im Gegensatz zu den beiden "mediterranen" Autoren, die in den hier kommentierten Romanen den Machtaspekt weitgehend ausblenden und von Nietzsche hauptsächlich die Kultur- und Religionskritik übernehmen, erscheint Lawrence als konsequenter Nietzscheaner, weil er in nahezu allen Texten auch den "Willen zur Macht" thematisiert und dadurch die Ambivalenz-Problematik wieder in den Vordergrund rücken läßt: Das von der Zivilisation und Religion befreite Individuum erkennt sich einerseits selbst als Teil der Natur; andererseits gehorcht es aber dem naturwüchsigen Selbsterhaltungstrieb, der den Mitmenschen eher als Gefahr denn als Glücksquelle erscheinen läßt und den Machtinstinkt weckt.

Zunächst ist Lawrence – ähnlich wie Baroja und Camus – ein Kultur-, Religions- und Sprachkritiker, dessen "Unbehagen in der Kultur" (Freud) aus der Erkenntnis hervorgeht, daß die christliche Kultur Großbritanniens ihre Glaubwürdigkeit eingebüßt hat. Nirgendwo kommt dieses Unbehagen so klar zum Ausdruck wie in seinem Aufsatz "Enslaved by Civilisation", in dem er das britische Erziehungswesen attackiert: "Eines haben Menschen nicht gelernt: ihre eigenen instinktiven Regungen gegen all das zu verteidigen, was man sie gelehrt hat."[46] Individuen sind charakterlos und "gebrochen" ("broken in"), sagt Lawrence, weil sie nicht die Kraft hatten, gegen eine Zivilisation aufzubegehren, die aus ihnen – mit Hilfe ängstlicher Mütter und mittelmäßiger Lehrerinnen – brave Schüler ("good little boys"), brave Familienväter und brave Soldaten im Ersten Weltkrieg gemacht hat: "The men of my generation were broken in...", lautet einer der letzten Sätze.

Eine Kultur erscheint immer dann als repressiv, sinnlos und "unbehaglich", wenn sie sich selbst diskreditiert hat und wie die spanische Kultur um 1898 in einer tiefen Krise steckt. Auch die britische Kultur macht an der Schwelle zum 20. Jahrhundert eine

---

46 D.H. Lawrence, "Enslaved by Civilisation", in: ders., *Phoenix II. Uncollected, Unpublished and Other Prose Works*, London, Heinemann, 1968, S. 578.

Krise durch, weil im Ersten Weltkrieg deutlich wird, daß die christlichen Werte (im weitesten Sinne) längst den Marktgesetzen und der Einzelne dem Räderwerk einer anonymen Kriegsmaschinerie zum Opfer gefallen sind.

Immer wieder greift Lawrence – wie seine Zeitgenossen Hesse, Camus, Broch und Musil – die Herrschaft des Tauschwerts, des Geldes an und versucht, sich ihr zu entziehen. In einem seiner Briefe an Bertrand Russell schreibt er: "Wir *müssen* einen anderen Maßstab als den Geldmaßstab finden, um den *gesamten* Alltag zu messen." ("We *must* provide another standard than the pecuniary standard, to measure *all* daily life by.")[47] Denn er weiß, daß der Geld- oder Tauschwert alle anderen christlichen und nichtchristlichen Kulturwerte zur Bedeutungslosigkeit verurteilt hat: Sie sind nur noch Fassade wie das Christentum des Großindustriellen und Bergbaumagnaten Thomas Crich, der in Lawrences Roman *Women in Love* (1916) vergeblich versucht, christliche Nächstenliebe und seine Herrschaft über ein Heer elender Bergarbeiter auf einen Nenner zu bringen: Gerald Crich, sein Sohn und Erbe, ist ein gefühlskalter *superman*, der die unglaubwürdig gewordenen christlichen Ideologeme über Bord wirft und die Bergwerke seines Vaters auf Kosten der Bergarbeiter modernisiert: Er ist der kommende Technokrat, der meint, auch ohne ideologische Apologie und moralisches Ornament auszukommen.

Auf die durch Marktgesetze, Ersten Weltkrieg und ideologische Konflikte verursachte Krise der christlichen Kultur reagiert Lawrence – ähnlich wie Nietzsche, Baroja und Camus – mit einer radikalen Kritik, die außer in seinen Romanen und Novellen (etwa *Women in Love* oder *The Virgin and the Gipsy*) vor allem in seiner Streitschrift *Apocalypse* (1931), einem Kommentar zur biblischen *Apokalypse*, klare Konturen annimmt. "Die Zeit macht eine zyklische Bewegung, keine gerade Linie. Und wir sind am Ende des christlichen Zyklus angelangt", heißt es in dieser nietzscheanischen Schrift.[48] Nietzscheanisch ist auch der Sprachduktus, der an die *Genealogie der Moral* erinnert: "Oh, dieses

47   D.H. Lawrence, *The Collected Letters* (Hrsg. H.T. Moore), London, Heinemann, 1962, S. 316-317.
48   D.H. Lawrence, *Apocalypse*, London, Heinemann, 1931, 1960, S. 78.

Christentum der Apokalypse ist das Christentum der mittelmäßigen Massen. Und wir müssen zugeben, daß es häßlich ist. Rechthaberei, Eitelkeit, Selbstherrlichkeit und unterschwelliger *Neid* bilden seine ganze Grundlage."[49] Nach Nietzsche entdeckt Lawrence die ambivalente Struktur der christlichen Lehre: "Es gibt christliche Liebe – und christlichen Neid. Jene ist darauf aus, die Welt zu retten – dieser wird nicht eher zufrieden sein, bis er die Welt zerstört hat. Es sind zwei Seiten einer Medaille."[50]

Nicht nur das bürgerlich-humanistische Christentum, auch die Demokratie und ihre Wertsetzungen erscheinen Lawrence als diskreditiert. Seine Alternative, die ihm den Faschismus-Vorwurf eingebracht hat[51], ist ein heroischer, naturverbundener Individualismus, dessen herrschaftliche und misogyne Aspekte an Nietzsches Philosophie des Übermenschen erinnern. Ähnlich wie Nietzsches Übermensch ist auch der von D.H. Lawrence eine Reaktion oder Überreaktion auf die Krise der britischen und europäischen Gesellschaft des Ersten Weltkrieges.

Wie bei Camus und den Autoren der *Generación del 98* erfaßt diese Krise die Sprache, deren kommerziell und propagandistisch mißbrauchtes Vokabular der Indifferenz zu verfallen droht. Es ist wohl kein Zufall, wenn nicht erst in Camus' *L'Etranger* (1942), sondern schon in *Women in Love* (1916) das Wort "love" aufgehört hat zu bedeuten: "'The point about love,' he said, his consciousness quickly adjusting itself, 'is that we hate the word because we have vulgarized it. It ought to be proscribed, tabooed from utterance, for many years, till we get a new, better idea'."[52] Die typologische Ähnlichkeit, die hier auf sprachlicher Ebene Lawrences und Camus' Romane miteinander verbindet, ist kein Zufall, sondern aus ähnlichen gesellschaftlichen und sprachlichen Situationen, die hier skizzenhaft dargestellt wurden, ableitbar.

---

49 Ibid., S. 97.

50 Ibid., S. 98.

51 Siehe die Urteile von B. Russell und C. Gray in: R. Beck, *D.H. Lawrence*, Heidelberg, Carl Winter, 1978, S. 107-109. Siehe auch die feministische Studie von C. Nixon: *Lawrence's Leadership Politics and the Turn against Women*, Berkeley-Los Angeles-London, Univ. of California Press, 1986.

52 D.H. Lawrence, *Women in Love*, in: ders., *The Penguin Great Novels of D.H.Lawrence*, Harmondsworth, Penguin, 1984, S. 803.

Im Zusammenhang mit der gesellschaftlichen und sprachlichen Krise ist auch Nietzsches Einfluß auf Lawrence zu erklären. Über ihn schreibt Daniel J. Schneider in seiner Biographie: "Wieviel er im Jahre 1907 und danach von Nietzsche gelesen hat, ist schwer zu entscheiden. Nach Jessie Chambers begann Lawrence über Nietzsches Ideen zu sprechen, als er nach Croydon ging. Die Zentralbibliothek von Croydon hatte eine große Auswahl aus Nietzsches Werken in den Regalen, und wir wissen, daß Lawrence *Der Wille zur Macht*, *Die fröhliche Wissenschaft* (im Jahre 1915) und *Also sprach Zarathustra* las, Werke also, die Nietzsches wesentliche Gedanken enthalten. Tatsächlich entspricht Lawrences Denken in so vielen Punkten dem Nietzsches, daß es selbstverständlich ist, daß der deutsche Philosoph zu Lawrences größten Leidenschaften gehörte."[53] Besonders wichtig ist hier das Wort "entspricht", das auf die Wechselbeziehung von typologischer Ähnlichkeit und dem auf genetischer, produktiver Ebene wirkenden Einfluß hindeutet, der sich zuerst im Roman *The Trespasser* (1912) bemerkbar macht.[54]

Auf dieser Ebene der Intertextualität geht Niezsches Diskurs in die Texte des englischen Autors ein, der immer wieder zur semantischen Grundstruktur dieses Diskurses zurückkehrt: *zur Ambivalenz als Einheit der Gegensätze und der gegensätzlichen Werte.* Vor allem die Ambivalenz der Natur, die bei Lawrence – ähnlich wie bei Hesse und Gide – als befreiende und als bedrohliche Kraft erscheint, wird häufig zum Ausgangspunkt seiner Erzählung.

Seine Novelle ("short novel") *The Virgin and the Gipsy* (1927) zeigt, wie sich innere und äußere Natur – Liebesverlangen und Überschwemmung – vereinigen und die unglaubwürdig gewordene Kultur eines englischen Vikars und Pharisäers hinwegfegen.

Yvette, Tochter des Vikars, rebelliert gegen eine repressive, geisttötende anglikanische Kultur und gegen das kleinbürgerliche

---

53 D.J. Schneider, *The Consciousness of D.H. Lawrence. An Intellectual Biography*, Kansas, Univ. Press, 1986, S. 57.

54 Siehe: C. Milton, *Lawrence and Nietzsche. A Study in Influence*, Aberdeen, Univ. Press, 1987, S. 18: "It is in *The Trespasser* that Nietzsche is first mentioned by name (...)."

Milieu ihres Vaters, aus dem ihre Mutter auf skandalöse Art (mit einem jüngeren Mann) ausgebrochen ist. Yvette fühlt sich von einem jungen Zigeuner angezogen, der in ihrer Gegend mit seiner Sippe ein Nomadenleben führt. In der Gestalt des Zigeuners gehen innere und äußere Natur, unbewußtes erotisches Verlangen und Sexualität, ineinander über: "Then with a slow, effortless spring of his flexible loins, he was on the cart again, and touching the horse with the reins. The roan horse was away at once, the cart–wheels grinding uphill, and soon the man was gone, without looking round. Gone like a dream which was only a dream, yet which she could not shake off."[55]

Eines Tages läßt der junge Zigeuner Yvette von der alten Zigeunerin ausrichten: "Be braver in your heart... Be braver in your body" und: "Listen for the voice of water."[56] Tatsächlich bricht kurze Zeit später ein Damm, und die Wassermassen zerstören das Haus des Vikars (die "Rectory"), in dem auch die Mutter des Vikars, eine Inkarnation kleinbürgerlicher Heuchelei, ertrinkt. Yvette und der Zigeuner fliehen vor den Fluten in das halb eingestürzte Haus und finden im oberen Stockwerk ihr kurzes Liebesglück: "'Warm me', she moaned, with chattering teeth. 'Warm me. I shall die of shivering'."[57] "The voice of water": Der Leser wird hier nicht nur an Camus' Mittelmeer, sondern auch und vor allem an die Wassersymbolik Barojas erinnert, in dessen *Camino de perfección* von einer Quelle die Rede ist, deren Gesang niemand versteht: "una fuente que cantaba invariable y monótona su eterna canción no comprendida."[58]

Bei Lawrence, einem Autor der extremen Ambivalenz, kann die Natur allerdings auch als bedrohliche Macht erscheinen, die wenig mit Befreiung und Glück, um so mehr aber mit Nietzsches Theorie des Machtinstinkts zu tun hat. In seiner "short novel" *The Fox*, die als Pendant zu *The Virgin and the Gipsy* zu lesen ist, zeigt er beispielsweise, wie ein junger Mann, der mit dem Fuchs und der wilden Natur assoziiert wird, die beiden Freundinnen

---

55 D.H. Lawrence, *The Virgin and the Gipsy*, in: ders., *The Complete Short Novels*, Harmondsworth, Penguin, 1982, S. 509.

56 Ibid., S. 540.

57 Ibid., S. 549.

58 P. Baroja, *Camino de perfección*, op.cit., S. 60.

March und Banford entzweit, Jill Banford – scheinbar zufällig, ohne es zu beabsichtigen – tötet und sich der anderen Frau bemächtigt: "He wanted to veil her woman's spirit, as Orientals veil the woman's face. (...) He wanted to make her submit, yield, blindly pass away out of all her strenuous consciousness. He wanted to take away her consciousness, and make her just his woman. Just his woman."[59] Von einer Befreiung im Natürlichen, im Geschlechtlichen – wie etwa bei Baroja – kann hier nicht die Rede sein. Nietzsches Machtinstinkt tritt in den Vordergrund und zerstört die erotische Liebe.

Daß Lawrence bisweilen auch die innere Natur, die verdrängte Sexualität, für eine Gefahr hielt, läßt seine kritische Einstellung zur Psychoanalyse erkennen, der er in "Psychoanalysis and the Unconscious" die Zersetzung von Kultur und Moral vorwirft: "Zu allererst geht es hier um eine moralische Angelegenheit. Es ist nicht eine Sache der Reform, neuer moralischer Werte. Es geht um Leben oder Tod der Moral. (...) Die Psychoanalyse ist unter therapeutischem Vorwand darauf aus, die moralische Urteilskraft des Menschen restlos zu beseitigen (...)."[60]

Lawrence, der wie Nietzsche und Autoren der Jahrhundertwende wie Svevo, Musil oder Kafka im Rahmen einer extremen Ambivalenz denkt, die die hegelianische Synthese im Höheren nicht kennt, stellt auch in einem seiner Hauptwerke, in *Women in Love*, die Natur als Befreiung *und* als Bedrohung dar. Zugleich erscheinen seine Protagonisten in einem unlösbaren Spannungsverhältnis zwischen Natur und Kultur, Narzißmus und erotischer Hingabe, Zärtlichkeit und Machtinstinkt, Intellekt und Materie. Daß es Lawrence nicht gelingt, die Antinomie zwischen Intellekt und Materie aufzulösen, ist H. M. Robinson aufgefallen, der zu zeigen versucht, wie der englische Autor an Nietzsches Materialismus scheitert: "Lawrence ist außerstande, Intelligenz und Wert ganz oder teilweise in physischer Gestalt erscheinen zu lassen."[61]

---

59   D.H. Lawrence; *The Fox*, in: ders., *The Complete Short Novels*, op.cit., S. 204.

60   D.H. Lawrence, *Fantasia of the Unconscious. Psychoanalysis and the Unconscious*, Harmondsworth, Penguin, 1983, S. 202.

61   H. M. Robinson, "Nietzsche, Lawrence, and the Somatic Conception of the Good Life" in: *New Comparison* Nr. 5, 1988, S. 55.

Sicherlich haben Autoren wie Rudolf Beck und F.R. Leavis recht, wenn sie *Women in Love* als gesellschaftskritischen Roman deuten, als "Kritik an der mechanistischen Prinzipien gehorchenden modernen Industriegesellschaft"[62] und als Absage an eine "technologico-Benthamite civilization"[63]; recht hat auch E. Hess, wenn sie vom Autor dieses Romans sagt: "Er sieht die Werte und das Gerüst der alten Welt verfallen (...)."[64] In einem anderen Zusammenhang weist W. M. Verhoeven darauf hin, daß es Lawrence letztlich nicht gelingt, den Dualismus, der seine Werte strukturiert, aufzulösen: "Er scheint seine Versuche, die Elemente der Dualität miteinander zu *verknüpfen*, aufgegeben zu haben."[65]

Doch die Werte einer Gesellschaft zerfallen nicht von selbst: ihre Krise wird, wie sich weiter oben gezeigt hat, von der Kommerzialisierung ganzer Gesellschaftsbereiche, vom Utilitarismus sowie von ideologischen Konflikten und Kriegen herbeigeführt. Das Zusammenwirken dieser Faktoren läßt Wörter und die Werte, die sie bezeichnen, ambivalent erscheinen und macht sie für die Orientierung des Subjekts untauglich: Liebe ist zugleich Haß, Altruismus Egoismus, Wahrheit Lüge und christliche Nächstenliebe eine Form der Herrschaft.

Insofern deckt R. Drain die Grundstruktur von *Women in Love* auf, wenn er von einem "cluster of ambivalent responses" spricht und erklärt: "Wie wir in *Women in Love* sehen, ist das Ergebnis eine komplexe Ambivalenz. Die Protagonisten geraten in Versuchung, sich selbst zu bewahren, indem sie der Welt, der Gesellschaft, den Mitmenschen absagen; doch zugleich möchten sie alles wagen, um aus dieser Gefängnisisolation auszubrechen (...)."[66]

Dieser Roman ist nicht nur nietzscheanisch, weil er eine

---

62 R. Beck, *D.H. Lawrence*, op.cit., S. 112.

63 F.R. Leavis, *Thought, Words and Creativity. Art and Thought in Lawrence*, London, Chatto & Windus, 1976, S. 69.

64 E. Hess, *Die Naturbetrachtung im Prosawerk von D.H. Lawrence*, Bern, Francke, 1957, S. 66.

65 W. M. Verhoeven, *D.H. Lawrence's Duality Concept. Its Development in the Novels of the Early and Major Phase*, Groningen, Phoenix Publishing Company, 1987, S. 218.

66 R. Drain, "Women in Love", in: A.H. Gomme (Hrsg.), *D.H. Lawrence. A Critical Study of the Major Novels and Other Writings*, Sussex, The Harvester Press, 1979 (2. Aufl.), S. 80.

Zivilisations- und Religionskritik beinhaltet und vor den Augen des Lesers die naturwüchsigen, dionysischen Kräfte entfesselt, sondern auch und vor allem deshalb, weil er die *coincidentia oppositorum*, die Nietzsches Philosophie beherrscht, zum Hauptthema werden läßt: Die christliche Nächstenliebe von Thomas Crich ist in Wirklichkeit ein Herrschaftsinstrument; Gut und Böse sind miteinander "verhäkelt", wie Nietzsche sagt, und Liebe und Haß gehen unentwirrbar ineinander über.

Von Ursulas Einstellung zu ihrer Freundin Hermione und ihrem späteren Mann Rupert Birkin heißt es etwa am Ende des 12. Kapitels: "And yet she could not bear her. But she put the thought away. 'She's really good', she said to herself. 'She really wants what is right'. And she tried to feel at one with Hermione, and to shut off from Birkin. She was strictly hostile to him. But she was held to him by some bond, some deep principle."[67] Von Rupert Birkin sagt Hermione: "'He is never constant, always this awful, dreadful reaction. Always this quick change from good to bad, bad to good. And nothing is so devastating, nothing – '".[68]

Nichts ist so zerstörerisch wie die Ambivalenz, die dem Subjekt als sprechendem Subjekt, als Diskurssubjekt seine stabilen semantischen Grundlagen nimmt: die Relevanzkriterien und Klassifikationen (s. Kap. II), mit deren Hilfe es Gut und Böse, Wahrheit und Lüge, Liebe und Haß als Gegensätze konstituiert und sauber voneinander trennt. Wo diese Trennung nicht mehr gilt, wird auch die Grundlage der Subjektivität fragwürdig. Birkins Freund Gerald Crich, Sohn und Erbe von Thomas Crich, leidet unter dem Zerfall der Subjektivität, der wie bei Camus eine Folge widersprüchlicher Wertsetzungen und Impulse ist: "'You see', said Birkin, 'part of you wants the Pussum, and nothing but the Pussum, part of you wants the mines, the business, and nothing but the business – and there you are – all in bits – '".[69] Zwischen dem Mädchen Pussum und dem Bergbaugeschäft hin- und hergerissen, ist Gerald Crich "zerfallen", "all in bits". An anderer Stelle heißt es von ihm, sein Leben habe keinen Mittelpunkt: "(...)

---

67 D.H. Lawrence, *Women in Love*, op.cit., S. 813.
68 Ibid., S. 931.
69 Ibid., S. 779.

'it doesn't centre at all. It is artificially held together by the social mechanism'."[70]

Diese Bemerkungen, die an Robert Musils Roman *Der Mann ohne Eigenschaften* erinnern, in dem ebenfalls die Haltlosigkeit und "Dezentriertheit" des Subjekts in den Vordergrund treten, erklären, weshalb die Protagonisten von *Women in Love* schließlich ihr Heil in der Natur suchen, die immer wieder – ähnlich wie in den "short novels" – als Alternative zur depravierten Kultur erscheint. Doch diese Natur ist ebenso ambivalent wie die kulturellen Werte und die kulturell vermittelten Regungen (etwa "Liebe": s.o.), vor denen die Protagonisten fliehen: Sie erscheint einerseits als Befreiung im Eros, andererseits als Wille zur Macht, der dem Todestrieb Thanatos gehorcht.

Nicht zufällig findet Gerald Crich, der kühl kalkulierende Machtmensch, den Tod im verschneiten Tiroler Hochgebirge: "Dead, dead and cold!"[71] Machtinstinkt, Hochgebirgskälte und Tod fügen sich schließlich zu einer semantischen Struktur, in deren Rahmen eine Protagonistin Nietzsches "Willen zur Macht" in Frage stellt: "It is just like Gerald Crich with his horse – a lust for bullying – a real *Wille zur Macht* – so base, so petty", bemerkt an entscheidender Stelle Ursula Brangwen.[72] Jedoch führt diese Kritik am Machtinstinkt keine Lösung herbei, und die Natur bleibt ein zweigleisiges Prinzip, das sowohl Glück als auch Untergang verheißt.

Wenn Rupert Birkin und Ursula Brangwen schließlich doch das Glück finden, während Gerald Crich und Gudrun Brangwen am Herrschaftsprinzip scheitern, so verdanken sie es Birkins (und Lawrences) Festhalten an einem Individualismus, der auf dem Gedanken gründet, daß Individuen, die eine Beziehung eingehen, weiterhin autonome Einheiten bleiben und nicht versuchen sollen, einander zu vereinnahmen. Die Zweierbeziehung erscheint somit als prekäres Gleichgewicht zwischen zwei Willensäußerungen im Sinne von Schopenhauer, der Lawrence ebenfalls nachhaltig beeinflußt hat.[73] Ihre Darstellung bei Lawrence ist zugleich ein

---

70 Ibid., S. 748.
71 Ibid., S. 1074.
72 Ibid., S. 818.
73 Siehe: D.J. Schneider, *The Consciousness of D.H. Lawrence*, op.cit., S. 61.

Versuch, das Ambivalenzproblem zu lösen und eine Brücke vom Egoismus zum Altruismus, vom Narzißmus zur erotischen Liebe und von der Freiheit des Einzelnen zu einer dauerhaften Bindung zu schlagen.

Der Erzählerdiskurs, der für diesen großangelegten Versuch verantwortlich ist, kann keine kausallogische, anekdotische Struktur haben. Seine Struktur ist nicht die einer kausal gefügten narrativen Syntax, die von Ereignis zu Ereignis eilt, sondern hat paradigmatischen Charakter: Die einzelnen Szenen des Romans, etwa das Kapitel "Diver", in dem die beiden Schwestern Ursula und Gudrun Gerald Crich beim Schwimmen zusehen, oder das Kapitel "Man to Man", in dem sich die homosexuelle Liebe zwischen Gerald Crich und Rupert Birkin zu den heterosexuellen Liebesbeziehungen gesellt, bilden eher eine semantische Einheit wie in Barojas *Camino de perfección* und Kafkas *Der Prozeß* (s. Kap. III). Der Roman *Women in Love* wird eher von einer "causalité philosophique" als von einer "causalité événementielle" im Sinne von T. Todorov strukturiert: seine Triebfeder ist nicht so sehr die *Handlung* (wie in den Romanen Balzacs), sondern die *Erkenntnis*: die Suche nach Wahrheit in einer von der Ambivalenz beherrschten Welt, in der die Wahrheit nicht mehr vorab gegeben ist.

Hier wird auch deutlich, weshalb der radikale Kulturkritiker Nietzsche Autoren wie Baroja, Camus und Lawrence beeinflussen konnte: In Nietzsche erkannten diese Autoren einen Suchenden, der wie sie die überlieferten Werte hinter sich verbrannte und mit dem Nichts oder der Möglichkeit einer menschenleeren Natur konfrontiert wurde: "La nature sans hommes" (Camus), "a clean, lovely, humanless world" (Lawrence)[74]. Die menschenleere Natur als Verlockung und Gefahr erscheint immer in gesellschaftlichen und sprachlichen Situationen, in denen Wörter und die Werte, die sie bezeichnen, unglaubwürdig werden.

---

74 A. Camus, *Noces*, in: ders., *Essais*, op.cit., S. 87 und D.H. Lawrence, *Women in Love*, op.cit., S. 801.

V. Vergleichende Rezeptionsforschung

Im vorigen Kapitel wurde bereits angedeutet, daß Einfluß- und Rezeptionsforschung nicht identifiziert werden sollten, weil sie methodisch heterogen sind. Während sich der genetische Vergleich als Einflußstudie primär mit der Einwirkung eines Autors auf einen anderen befaßt, hat es die Rezeptionsstudie – wie sich zeigen wird – mit kollektiven Erscheinungen zu tun, etwa mit der Aufnahme eines Textes durch Gruppen von Lesern oder Literaturkritikern. Während im ersten Fall einzelne Werke oder Texte genetisch aufeinander bezogen werden, werden im zweiten Fall zahlreiche Kritiker- oder Leserreaktionen auf einen Einzeltext oder ein ganzes Werk nach bestimmten Kriterien klassifiziert und ausgewertet. Im ersten Fall haben wir es also mit einer textanalytischen, texthermeneutischen oder textsoziologischen Studie im traditionellen Sinne zu tun, im zweiten Fall mit einer quantitativen Untersuchung im Sinne der empirischen Soziologie oder Sozialpsychologie.

Freilich kann es Grenzfälle geben, in denen die Wirkung eines Autors oder Autorenkollektivs in einem anderssprachigen Autorenkollektiv untersucht wird: etwa der französischen Surrealisten und der italienischen Futuristen in der Wiener Gruppe der 50er und 60er Jahre (Artmann, Rühm, Wiener u.a.).[1] In solchen Fällen könnte sowohl von Beeinflussung (also einem genetischen Vergleich) als auch von Rezeption die Rede sein. Sehr viel hängt davon ab, welche Absicht ein Literaturwissenschaftler verfolgt: Will er vor allem die avantgardistischen Verfahren untersuchen, die Mitglieder der Wiener Gruppe von Futuristen und Surrealisten übernommen haben, oder will er das quantitative Ausmaß der Wirkung oder Rezeption erforschen?

Obwohl festgehalten werden kann, daß Einflußstudien es primär mit dem Dialog von Autoren und literarischen Texten zu tun haben, während sich die Rezeptionsforschung mit kollektiven Kritiker- und Leserreaktionen befaßt, sollte man die Wechselbe-

---

1   Siehe: S. Schmid-Bortenschlager, "Produktive Rezeption der Avantgarde in Österreich", in: P.V. Zima, J. Strutz (Hrsg.), *Europäische Avantgarde*, Frankfurt-Bern-Paris, Peter Lang, 1987, S. 133-137.

ziehung zwischen Einfluß und Rezeption, genetischem Vergleich und Rezeptionsstudie nicht aus den Augen verlieren. So haben beispielsweise Pío Barojas kritische Artikel über Nietzsche die spanische Nietzsche-Rezeption mitgestaltet (s. Kap. IV), während die französische Nietzsche-Rezeption der Jahrhundertwende auf die ideologischen und philosophischen Auseinandersetzungen in Marcel Prousts *A la recherche du temps perdu* eingewirkt hat (Saint-Loup ist "Nietzscheaner"). Ähnliches ließe sich von der Triestiner Psychoanalyse sagen, die Italo Svevo zunächst in ihren Bann schlug, später allerdings in Svevos Roman *La coscienza di Zeno* (1923) polemisch und ironisch relativiert wurde.

Barojas Reaktionen auf Nietzsches Philosophie zeigen – ähnlich wie Miguel de Unamunos Kommentare zu Kierkegaards Werk – daß in jedem Land zu jedem Zeitpunkt *Vermittler* auftreten, die als erste auf fremdsprachige Autoren aufmerksam machen, ihre Texte kritisch kommentieren oder interpretieren und dadurch einen Rezeptionsprozeß auslösen, den sie zugleich in eine bestimmte Bahn lenken, in der er lange Zeit verharren kann. Man denke an Madame de Staëls einflußreiche Berichte über die deutsche Literatur und Kultur, die auf das französische Publikum nachhaltig gewirkt haben[2], sowie an Sartres und Derridas Heidegger-Interpretationen, die mit den deutschen Deutungen (etwa Adornos) wenig zu tun hatten und in Frankreich eine neuartige Heidegger-Rezeption in Gang setzten. Schließlich sei an die Vermittler-Rolle Colin Wilsons und Timothy Learys erinnert, deren Aussagen und Schriften die gesamte Hesse-Rezeption in Großbritannien und vor allem den USA geprägt haben. Von beiden wird im letzten Abschnitt dieses Kapitels ausführlich die Rede sein.

Zum Abschluß soll die Bedeutung des Rezeptionsvergleichs hervorgehoben werden: In der traditionellen Komparatistik war es bisher üblich, die Rezeption eines Autors oder eines Textes (Goethes oder des *Werther*-Romans) in einem fremden Land zu untersuchen. Obwohl derlei Rezeptionsanalysen aufschlußreich und wertvoll sein können, sollte man nicht die Möglichkeit aus den

---

2   Madame de Staël, *De l'Allemagne*, Paris, Hachette, 1958 und *Über Deutschland*, Frankfurt, Insel, 1985.

Augen verlieren, die Rezeptionen eines Autors oder Textes in verschiedenen Ländern miteinander zu vergleichen. Dies soll hier im letzten Abschnitt – wenn auch nur ansatzweise – versucht werden.

1. Kritik der Rezeptionsästhetik

Die Rezeptionsästhetik von Hans Robert Jauß trat mit dem Anspruch auf, Literaturgeschichte und Literaturwissenschaft aus dem produktionsästhetischen "Paradigma", das von der Frage nach Text und Autor beherrscht wurde, in ein rezeptionsästhetisches überzuleiten, in dessen Mittelpunkt der Leser steht. In einem Aufsatz, der 1969 in den *Linguistischen Berichten* erschien, unterscheidet Jauß drei historische "Paradigmen": das klassizistische, das von der "Antike als Vorbild und Normensystem"[3] beherrscht wird; das literaturhistorische, das von der Frage nach dem Ursprung und der nationalen Identität zusammengehalten wird; und schließlich das werkimmanente, das zusammen mit der Geschichte alle textexternen Faktoren ausblendet. Selbst wenn man Jauß' Versuch, die Komparatistik im zweiten, im historischen "Paradigma" zu verankern, plausibel findet, wird man die Heterogenität dieses "Paradigmas" nicht übersehen wollen: Die Tatsache, daß Vertreter des Positivismus und der Geistesgeschichte die Literatur aus historischer Sicht betrachten, macht sie noch nicht zu Verfechtern einer gemeinsamen theoretischen Position oder gar Methode. Im ersten Kapitel (Abschn. 5) hat sich u.a. gezeigt, daß die am Modell der Naturwissenschaften ausgerichtete positivistische Forschung (etwa Scherers) der geisteswissenschaftlichen Hermeneutik diametral entgegengesetzt ist. Es kommt hinzu, daß Jauß auch die außerordentlich heterogene marxistische Literaturwissenschaft ins zweite Paradigma einzuordnen versucht: "Die marxistische Literaturwissenschaft hat in der Tat das literarhistorische Modell des zweiten Paradigmas bis heute noch nicht durch eine

---

3   H.R. Jauß, "Paradigmawechsel in der Literaturwissenschaft", in: *Linguistische Berichte* 3, 1969, S. 47.

ihrer Geschichtsauffassung gemäße Konzeption ersetzt."[4]

Hier wird deutlich, daß der Paradigma-Begriff, den Thomas S. Kuhn in seinem bekannten Buch auf die Entwicklung einiger Naturwissenschaften (Physik, Astronomie, Chemie) anwendet, in den Sozialwissenschaften und in der Literaturwissenschaft zu einem schillernden Pseudobegriff wird, der wenig erklärt, dafür aber eine ideologische Funktion erfüllt, auf die in der Vergangenheit hingewiesen wurde.[5] In Jauß' Diskurs wird das Wort "Paradigma" insofern zu einem Ideologem, als es eine "auf Wirkung bezogene Ästhetik"[6] legitimieren soll, die etwas später in der bekannten Streitschrift *Literaturgeschichte als Provokation der Literaturwissenschaft* als Alternative zu den verschiedenen Varianten der Produktions- und Darstellungsästhetik vorgeschlagen wird: *"Eine Erneuerung der Literaturgeschichte erfordert, die Vorurteile des historischen Objektivismus abzubauen und die traditionelle Produktions- und Darstellungsästhetik in einer Rezeptions- und Wirkungsästhetik zu fundieren."*[7]

In dieser Passage zeigt sich, daß Jauß' Diskurs (s. Kap. II) auf ein ideologisches Telos, nämlich die "Rezeptionsästhetik", ausgerichtet ist und daß seine Klassifikationen und Definitionen der diskursiven Teleologie dienen: Sein Versuch etwa, so heterogene Erscheinungen wie Positivismus, Geistesgeschichte und Marxismus dem "zweiten literaturwissenschaftlichen Paradigma" zu subsumieren, soll Ende der 60er Jahre verhindern, daß "der Marxismus" als historisch-wissenschaftlicher Aktant der Rezeptionsästhetik das neue Paradigma streitig macht. Auch "der Strukturalismus" soll als Anwärter auf das neue, das vierte Paradigma disqualifiziert werden: "Denn die neuen Schulen und Richtungen der Kritik, die unter dieses jetzt so modische Etikett gebracht werden oder sich selbst damit auszeichnen wollen, sind in ihrer

---

4   Ibid., S. 53.

5   Siehe: Th.S. Kuhn, *Die Struktur wissenschaftlicher Revolutionen*, Frankfurt, Suhrkamp, 1973, S. 57-64 und Vf., *Ideologie und Theorie. Eine Diskurskritik*, Tübingen, Francke, 1989, Kap. 12.

6   H.R. Jauß, "Paradigmawechsel in der Literaturwissenschaft", op.cit., S. 56.

7   H.R. Jauß, *Literaturwissenschaft als Provokation*, Frankfurt, Suhrkamp, 1970, S. 171.

Methodik und Tendenz noch ganz uneinheitlich."[8] Allerdings ist die Rezeptionsforschung, der so verschiedene Ansätze angehören wie Jauß' Hermeneutik des Lesens, Wolfgang Isers phänomenologische Wirkungsästhetik, Norman Hollands psychoanalytischer "reader response criticism" und die in Ostdeutschland entwickelten marxistischen Rezeptionstheorien, kaum homogener. Der an sich richtige Hinweis auf die Heterogenität des Strukturalismus erscheint somit als ideologisches Manöver, welches die rezeptionsästhetische Teleologie fördert.

Der ideologische Charakter der Rezeptionsästhetik, der in anderen Zusammenhängen erforscht wurde[9] und hier im Anschluß an das zweite Kapitel als diskursive Anordnung dargestellt wird, soll nicht Jauß' Ansatz diskreditieren, sondern zeigen, daß jede Theorie als Soziolekt und Diskurs nur ein mögliches (kontingentes) modellierendes System ist, das die Wirklichkeit in Übereinstimmung mit partikularen Interessen gestaltet. Dabei reagiert es auf andere Soziolekte und Diskurse – etwa den Marxismus, die Psychoanalyse oder den Strukturalismus – und stellt ihre wissenschaftliche Qualifikation in Frage. Insofern ist auch die Rezeptionsästhetik von H.R. Jauß nur dialogisch als ideologisch-theoretische Reaktion auf die Diskurse des Marxismus, der werkimmanenten Literaturwissenschaft und des Strukturalismus zu verstehen.

Trotz dieser ideologiekritischen Erkenntnis wäre es ein Fehler, sie pauschal als Ideologie (im allgemeinen und restriktiven Sinn) zu verurteilen und ihre Wahrheitsmomente zu ignorieren – wie es Anfang der 70er Jahre einige übereifrige Marxisten getan haben.[10] Denn Jauß und Iser haben durchaus recht, wenn sie im Anschluß an den tschechoslowakischen Strukturalismus für eine grundsätzliche Unterscheidung von Text und Interpretation plädieren und sich – wie seinerzeit der Prager Strukturalist Jan Mukařovský – dagegen wehren, daß der vieldeutige Text mit

---

8 H.R. Jauß, "Paradigmawechsel in der Literaturwissenschaft", op.cit., S. 54.

9 Siehe: P.V. Zima, "'Rezeption' und 'Produktion' als ideologische Begriffe", in: ders., *Kritik der Literatursoziologie*, Frankfurt, Suhrkamp, 1978.

10 Siehe: B.J. Warneken, "Zu Hans Robert Jauß' Programm einer Rezeptionsästhetik", in: P.U. Hohendahl (Hrsg.), *Sozialgeschichte und Wirkungsästhetik*, Frankfurt, Athenäum-Fischer, 1974, S. 290-296.

seinen Interpretationen (oder wie Mukařovský sagt: "ästhetischen Objekten") verwechselt wird. Mukařovský unterscheidet sorgfältig zwischen dem Kunstwerk als *Artefakt* oder *Symbol* und dem Kunstwerk als *ästhetischem Objekt*: "Vor allem ist zu betonen, daß das Kunstwerk keineswegs eine unveränderliche Größe darstellt: durch jede Verschiebung in der Zeit, im Raum und in der sozialen Umwelt verändert sich die aktuelle künstlerische Tradition, durch deren Prisma das Werk wahrgenommen wird, und unter dem Eindruck dieser Verschiebungen verändert sich auch das ästhetische Objekt, das im Bewußtsein der Mitglieder des jeweiligen Kollektivs dem materiellen Artefakt, der Schöpfung des Künstlers entspricht."[11]

Ein vieldeutiger literarischer Text wie Hermann Hesses *Der Steppenwolf* (s. Abschn. 3) ist interpretierbar und bringt in der amerikanischen Gesellschaft der 60er Jahre ganz andere *ästhetische Objekte* hervor als in der deutschen Gesellschaft der Zwischenkriegszeit. Ein japanisches *Haiku*-Gedicht wird von der europäischen Leserschaft nicht mehr im Rahmen der japanischen Literaturtraditionen wahrgenommen, sondern unmittelbar in den Kontext der europäischen Erfahrungswelt projiziert, so daß auch in diesem Fall ein neues ästhetisches Objekt entsteht, das bei so manchem japanischen Leser Befremden auslösen mag. Im vierten Kapitel stellte sich heraus, daß Nietzsche im Spanien der "Generación del 98" anders gelesen wird als im Deutschen Reich der Jahrhundertwende.

Jauß knüpft nun an Mukařovský an, wenn er zeigt, wie die sich wandelnden ästhetischen und außerästhetischen Normen[12] die literarischen Erwartungen des Publikums prägen und wie diese historisch variablen Erwartungen stets neue Interpretationen oder ästhetische Objekte hervorbringen. Im Gegensatz zur werkimmanenten Interpretation eines Wolfgang Kayser, die – ähnlich wie die meisten marxistischen Ästhetiken – nach der "richtigen Interpretation" Ausschau hielt[13], geht Jauß von der These aus, daß

11 J. Mukařovský, *Kapitel aus der Ästhetik*, Frankfurt, Suhrkamp, 1970, S. 74.

12 Siehe: J. Mukařovský, "Die ästhetische Norm", in: ders., *Kunst, Poetik, Semiotik*, Frankfurt, Suhrkamp, 1989, S. 130-131.

13 Siehe: W. Kayser, *Das sprachliche Kunstwerk*, Bern-München, 1949 (19. Aufl.), S. 22-24.

Literatur nicht Ideen ausdrückt oder Wirklichkeit abbildet, sondern bestehende ästhetische und außerästhetische (etwa moralische) Normen verletzt und dadurch häufig den *Erwartungshorizont* der Leser durchbricht.

Dieser *Erwartungshorizont*, den Jauß im Anschluß an den Wissenssoziologen Karl Mannheim[14] und den Hermeneutiker Hans-Georg Gadamer[15] definiert, setzt sich aus mindestens drei Komponenten zusammen: 1. aus den Erfahrungen des Lesers mit einem bestimmten Autor; 2. aus seinen Erfahrungen mit einer literarischen Gattung (mit Literatur und Kunst allgemein) und 3. aus nichtliterarischen (psychischen, sozialen) Faktoren. Es wird sich zeigen, daß Jauß die literarischen Komponenten des Erwartungshorizonts in den Vordergrund stellt und die außerliterarischen vernachlässigt.

Indem Literatur und Kunst etablierte ästhetische Normen in Frage stellen (etwa durch die Erneuerung dramatischer und epischer Formen), nötigen sie Leser oder Zuschauer nicht nur zum neuen Sehen, sondern auch dazu, ihr Literatur- und Wirklichkeitsverständnis zu überprüfen und zu ändern. Läßt sich der Leser auf einen ernsthaften Dialog mit dem – anfangs unverständlichen oder fremden – Text ein, so wird er seine Normenskala revidieren, auf das neue ästhetische Angebot eingehen und seinen Erwartungshorizont in Übereinstimmung mit diesem Angebot erweitern. Jauß spricht in diesem Fall von einer *Horizontverschmelzung*, die zwischen Text und Leser stattfindet.

Es leuchtet ein, daß sowohl der Begriff des "Erwartungshorizonts" als auch der der "Horizontverschmelzung" für die Komparatistik fruchtbar gemacht werden kann. Was Jauß über die Literatur des Mittelalters schreibt, gilt in abgewandelter Form auch für die Aneignung fremder Literaturen: "Sich diese Anders-

---

14 Als erster verwendet K. Mannheim den Begriff *Erwartungshorizont*: Siehe: K. Mannheim, *Strukturen des Denkens*, Frankfurt, Suhrkamp, 1980, S. 230.

15 Siehe: H.-G. Gadamer, *Wahrheit und Methode*, Tübingen, Mohr-Siebeck, 1975 (4. Aufl.), S. 286-287. Wie später Jauß ging es Gadamer darum, mit Hilfe der Horizont-Metapher die historischen Fragen zu rekonstruieren, auf die ein Autor mit seinem Werk zu antworten suchte: "Entsprechend bedeutet die Ausarbeitung der hermeneutischen Situation die Gewinnung des rechten Fragehorizonts für die Fragen, die sich uns angesichts der Überlieferung stellen." (S. 286)

heit einer abgeschiedenen Vergangenheit bewußt zu machen, erfordert das reflektierende Aufnehmen ihrer befremdenden Aspekte, methodisch ausführbar als Rekonstruktion des Erwartungshorizonts der Adressaten, für die der Text ursprünglich verfaßt war."[16] Der deutsche Leser des französischen Nouveau Roman wird diese neue Gattung nur dann adäquat verstehen, wenn er – wie sein französischer Zeitgenosse – Alain Robbe-Grillets offene und versteckte Polemik gegen den existentialistischen Roman Sartres und Camus' wahrnimmt und dadurch der literarischen Tradition sowie ihren Brüchen und Verwerfungen Rechnung trägt.[17] Die Ironie von Cervantes' Roman *El ingenioso hidalgo Don Quijote de la Mancha* wird er nur dann nachvollziehen können, wenn er weiß, daß dieser Roman als Parodie des traditionellen Ritterromans zustande kam und von den meisten spanischen Lesern des ausgehenden 16. Jahrhunderts entsprechend rezipiert wurde.

Obwohl an der Brauchbarkeit von Jauß' Schlüsselbegriff des "Erwartungshorizonts" für die Komparatistik nicht gezweifelt werden sollte, wäre es leichtsinnig, ihn kritiklos zu übernehmen, zumal er in der Vergangenheit, vor allem von ostdeutschen Marxisten wie Robert Weimann und Manfred Naumann, kritisch zerlegt wurde. Die marxistische Kritik am rezeptionsästhetischen Begriff hat in den 70er Jahren wichtige Erkenntnisse zutage gefördert und uns vor Augen geführt, wie Begrifflichkeit durch ideologisch-theoretischen Dialog bereinigt und gestärkt wird. Gestärkt wird allerdings nicht eine ideologische Position, sondern der Begriff selbst, dessen verschiedene Aspekte erst in dem oft polemisch geführten theoretischen Gespräch in Erscheinung treten.

So weisen beispielsweise die unter Leitung von Manfred Naumann arbeitenden Autoren des Sammelbandes *Gesellschaft. Literatur. Lesen* (1973) mit Recht darauf hin, daß der Erwartungshorizont bei Jauß fast ausschließlich literarisch, literaturimmanent definiert wird und daß der Publikumsbegriff der Rezeptionsästhe-

---

16 H.R. Jauß, *Alterität und Modernität der mittelalterlichen Literatur*, München, Fink, 1977, S. 10.

17 Siehe: A. Robbe-Grillet, *Pour un nouveau roman*, Paris, Gallimard ("idées"), 1970, S. 70-78.

tik zu abstrakt, zu unverbindlich ist: "Um welches konkrete Publikum es sich nämlich handelt, das als eine derart energetische Kraft den Literaturprozeß trägt, wird von Jauß nicht näher bestimmt. Für ihn existiert nur ein Publikum schlechthin, das einzig in seiner Eigenschaft als Literaturrezipient gekennzeichnet wird. Nur in dieser Eigenschaft, die sich in einem ausschließlich literarisch, nicht soziologisch vorgegebenen 'Erwartungshorizont' niederschlägt, fungiert es als die die Geschichtlichkeit der Literatur konstituierende Vermittlungsinstanz."[18]

In dieser Kritik werden einige wunde Punkte der Jaußschen Rezeptionsästhetik sichtbar: Es ist richtig, daß Jauß den "Erwartungshorizont" vorwiegend literaturimmanent betrachtet und ihn sowohl in seinen frühen als auch in seinen späteren Studien vor allem im Bereich der schriftstellerischen Produktion untersucht. Rezeption bedeutet ihm häufig die Aufnahme eines Autors durch einen anderen, nicht durch ein differenziertes Publikum: Goethe erscheint als Leser der *Nouvelle Héloïse* und Paul Valéry als Leser von Goethes *Faust*. Wie sehr die Rezeptionsproblematik auf die Lektüre einzelner Autoren eingeengt wird, zeigt Jauß' Arbeit über "Rousseaus 'Nouvelle Héloïse' und Goethes 'Werther' im Horizontwandel zwischen französischer Aufklärung und deutschem Idealismus", in der die "produktive Rezeption" durch den einzelnen Dichter in den Mittelpunkt der Betrachtung gerückt wird: "Sodann soll das latente Muster der *Nouvelle Héloïse* im Text des *Werther* aufgedeckt und danach gefragt werden, wie Goethe dieses Muster in produktiver Rezeption aufgenommen und erneuert hat (...)."[19]

Von Mukařovskýs und Felix Vodičkas ursprünglichem Vorhaben, die Konstitution ästhetischer Objekte im Kollektivbewußtsein von Literaturkritikern[20] und anderen gesellschaftlichen Gruppen zu untersuchen, ist hier nicht viel übriggeblieben. Jauß verwirklicht auch nicht sein eigenes, zugleich sozialgeschichtliches und

18 M. Naumann (Hrsg.), *Gesellschaft. Literatur. Lesen*, Berlin-Weimar, Aufbau Vlg., 1975 (2. Aufl.), S. 136.

19 H.R. Jauß, *Ästhetische Erfahrung und literarische Hermeneutik*, Frankfurt, Suhrkamp, 1982, S. 614.

20 Siehe: F. Vodička, *Die Struktur der literarischen Entwicklung*, München, Fink, 1976, S. 94-98.

rezeptionsästhetisches Projekt, das er in "Der Leser als Instanz einer neuen Geschichte der Literatur" (1975) ankündigt: "Die Geschichte der Literatur stellt sich hinfort als Prozeß dar, an dem der Leser als tätiges, obschon kollektives Subjekt dem individuell produzierenden Autor gegenübersteht und als vermittelnde Instanz in der Geschichte der Literatur nicht mehr übersehen werden kann."[21] Anscheinend ist es doch möglich, ihn zu übersehen, denn Jauß selbst hat sich mit dem "kollektiven Leser", d.h. mit dem Verhalten von Lesergruppen, nie ernsthaft befaßt, und Jörn Stückrath hat zweifellos recht, wenn er kritisch anmerkt, "daß Jauß' Interesse am Leser vor allem auch das Interesse am Leser als Autor ist."[22]

Man könnte noch einen Schritt weitergehen und sich fragen, ob Jauß' Rezeptionsästhetik, die ein neues literaturwissenschaftliches Paradigma begründen sollte, nicht vorab als hermeneutische Einflußforschung konzipiert und entwickelt wurde. Sofern man bereit ist, von Barojas, Camus' und Lawrences "Nietzsche-Rezeption" zu sprechen, kann man auch die im vorigen Kapitel durchgeführten Analysen für Rezeptionsstudien halten... Tatsächlich zeigt sich, daß in der Komparatistik Einflußstudien oder genetische Vergleiche mit Rezeptionsuntersuchungen verwechselt werden. An solchen Verwechslungen ist Jauß nicht unbeteiligt. So unterscheidet zwar Maria Moog-Grünewald in ihrem Aufsatz über "Einfluß- und Rezeptionsforschung" die *passive Rezeption durch die breite Lesermasse*", die "*reproduzierende Rezeption durch Kritik, Kommentar, Essay*" und die "*produktive Rezeption durch Literaten und Dichter*"[23], richtet aber das Augenmerk (wie Jauß) auf die produktive Rezeption, die weitgehend mit dem Einfluß übereinstimmt. Der letzte Teil ihres Aufsatzes "Frischs Don Juan – 'Rezeption' und 'Innovation'" setzt sich mit Max Frischs Umdeutung von Tirso de Molinas, Molières und Mozarts Bearbeitun-

21 H.R. Jauß, "Der Leser als Instanz einer neuen Geschichte der Literatur", in: *Poetica* 3/4, 1975, S. 336.

22 J. Stückrath, *Historische Rezeptionsforschung. Ein kritischer Versuch zu ihrer Geschichte und Theorie*, Stuttgart, Metzler, 1979, S. 119.

23 M. Moog-Grünewald, "Einfluß- und Rezeptionsforschung", in: M. Schmeling (Hrsg.), *Vergleichende Literaturwissenschaft. Theorie und Praxis*, Wiesbaden, Athenaion, 1981, S. 58.

gen des Don-Juan-Stoffes auseinander: "Frisch gibt eine neue Antwort, und diese verdankt ihre Originalität und Wirkung den vorgängigen literarischen wie 'vulgären' Rezeptionen der drei wichtigsten Stoffbearbeitungen durch Molina, Molière und Mozart/Da Ponte."[24] Doch Einfluß- und Rezeptionsforschung sind zweierlei, und das Versprechen der Jaußschen Rezeptionsästhetik, den "Leser als kollektives Subjekt" zu erforschen, bleibt uneingelöst.

2. Rezeptionssoziologie komparatistisch

Es kann nicht von Komparatisten eingelöst werden, die ihre Disziplin von den Sozialwissenschaften abgekoppelt haben und danach streben, die Leserforschung aus der Literaturwissenschaft zu verbannen: "Die Kenntnis der 'Rezeptionserlebnisse' rein passiver Leser in möglichst stattlicher Zahl zeitigt eh nur für die Psychologie, die Soziologie und vor allem für die kommerzielle Buchmarktforschung gewinnbringende Ergebnisse, kaum für die Literaturwissenschaft."[25] Unberücksichtigt bleibt hier die Tatsache, daß es in der Soziologie, der Psychologie und der Psychoanalyse auch kritische Theorien gibt, die nicht mit dem Kommerz verquickt sind, sondern nach der Korrelation von literarischer Sinnzuordnung und ideologischer Motivation fragen. Dabei gehen sie über den literarischen Bereich hinaus und untersuchen den ideologischen Erwartungshorizont der Leser, den auch der Wissenssoziologe Mannheim meinte, als er den Schlüsselbegriff der Rezeptionsästhetik prägte.[26]

In der Vergangenheit hat deutsche und französische Leserfor-

---

24 Ibid., S. 69.

25 Ibid., S. 54-55.

26 Siehe: K. Mannheim, *Ideologie und Utopie*, Frankfurt, Schulte-Bulmke Vlg., 1978 (6. Aufl.), S. 55, wo der Autor den totalen Ideologiebegriff mit Metaphern wie "Sicht", "Aspekt", "Betrachtungsweise" etc. umschreibt: "(...) Bei dem totalen Ideologiebegriff ist man der Ansicht, daß dieser oder jener Lagerung diese oder jene Sicht, Betrachtungsweise, Aspekt *entspricht*." Der Begriff des "Erwartungshorizonts" ist also durchaus mit dem "totalen Ideologiebegriff" der Wissenssoziologie verwandt.

schung gezeigt, daß die Soziologie der Lesergruppe sowohl für die Allgemeine als auch für die Vergleichende Literaturwissenschaft wesentlich ist: Besondere Aufmerksamkeit schenkt diese Soziologie der Entwicklung der Literaturkritik und der sozialen Position des Kritikers, von dem der Prager Strukturalist Felix Vodička sagt: "Der *Kritiker* hat in der Gesellschaft derjenigen, die am literarischen Leben teilnehmen und sich auf das Werk hin orientieren, seine festgelegte Funktion. Seine Pflicht ist es, sich über ein Werk als ein ästhetisches Objekt auszusprechen, die Konkretisation des Werks, d.h. seine Gestalt vom Standpunkt des ästhetischen und literarischen Empfindens seiner Zeit festzuhalten und sich über dessen Wert im System der gültigen literarischen Werte zu äußern (...)."[27] In Vodičkas Darstellung ist allerdings noch recht undifferenziert von "Gesellschaft", "literarischem Leben" und der "Zeit" des Kritikers die Rede, so daß die Frage aufkommt, ob das deutsche oder französische Literaturpublikum zu einem bestimmten historischen Zeitpunkt so homogen ist, daß es aufgrund eines einheitlichen Erwartungshorizonts ästhetische Objekte einheitlich konstituiert.

Daß dies nicht der Fall ist, zeigt die französische Studie von Joseph Jurt *La Réception de la littérature par la critique journalistique. Lectures de Bernanos (1926–1936)* (Paris, 1980), in der deutlich wird, daß die Berufsgruppe der Literaturkritiker als Gruppe von Spezialisten einerseits homogen ist, weil sie in einem besonderen Bereich wirkt, den Pierre Bourdieu als "champ littéraire" ("literarisches Feld")[28] bezeichnet, andererseits jedoch ideologisch heterogen ist und daher kein einheitliches ästhetisches Objekt hervorbringen kann. Innerhalb dieser Berufsgruppe unterscheidet Jurt ideologische Gruppierungen, deren Spektrum von der extremen Rechten bis zur extremen Linken reicht.

Jurt geht von der These aus, daß das Werk des katholischen Schriftstellers Georges Bernanos (1888–1948) eine radikale Kritik an der spätkapitalistischen Marktgesellschaft enthält, die die

---

27 F. Vodička, *Die Struktur der literarischen Entwicklung*, op.cit., S. 64.
28 Siehe: P. Bourdieu, "Les Champs ou l'histoire faite choses", in: A. Accardo, P. Corcuff, *La Sociologie de Bourdieu. Textes choisis et commentés*, Bordeaux, Le Mascaret, 1986 (2. Aufl.), S. 102-104. Diese Textauswahl vermittelt eine gute Übersicht über Bourdieus Begriffe "champ" und "habitus".

Kritikergruppe ideologisch spaltet und polarisiert. Seine Studie zeigt u.a., daß dieses Werk von der extremen Rechten, die eine archaische Weltordnung verteidigt, mit Zustimmung aufgenommen wurde, daß es jedoch bei Vertretern des konservativen (Groß-)Bürgertums, die für die Marktgesellschaft eintreten, auf eindeutige Ablehnung stieß.

Neben der extremen und der bürgerlichen Rechten unterscheidet Jurt folgende Gruppierungen, die im Umfeld verschiedener Zeitungen und Zeitschriften entstehen: "katholische Presse, Zentrum ('les modérés'), literarisches Zentrum (liberal-humanistische literarische Zeitschriften), Linksradikale, sozialistische Linke, kommunistische Linke."[29] Es nimmt nicht wunder, kommentiert Jurt die Ergebnisse seiner Untersuchung, daß gerade die offizielle katholische Presse die Auffassungen des rebellischen katholischen Autors mit Skepsis oder Ablehnung beurteilt. Obwohl sie numerisch sehr stark ist (25 % der Rezensionen), weil sich ihre Kritiker von den "katholischen" Themen des Autors angezogen fühlen, sind ihre Kommentare kaum freundlicher als die der bürgerlichen Rechten: Denn die Vertreter des offiziellen Katholizismus haben sich in die bestehende Ordnung integrieren lassen und müssen daher Bernanos' Plädoyer für freiwillige Armut ablehnen: "(...) Die Vertreter der sozialen, kirchlichen und kulturellen Hierarchien erscheinen in seiner Romanwelt in einem kritischen Licht, währenddem die Menschen, die innerhalb der sozialen Hierarchien einen marginalen Platz einnehmen, zu eigentlichen Wertträgern werden."[30]

In diesem Zusammenhang überrascht es kaum, daß Bernanos' Werk vor allem von den Rezensenten des liberal-humanistischen Zentrums mit Wohlwollen aufgenommen wurde und daß auch die

---

29 J. Jurt, "Für eine Rezeptionssoziologie", in: *Romanistische Zeitschrift für Literaturgeschichte* 1/2, 1979, S. 222. - Jurt hat vor allem in einer späteren Arbeit die Reaktionen der Literaturkritik von der Logik des "literarischen Feldes" her erklärt: J. Jurt, "Tra lettura e scrittura: la critica letteraria come istanza del campo intellettuale", in: C. Bordoni (Hrsg.), *Produzione letteraria e cultura di massa*, Carrara, Apuana Editrice, 1988, S. 37-62. Zum Ansatz von Bourdieu siehe auch: J. Jurt, "Die Theorie des literarischen Feldes. Zu den literatursoziologischen Arbeiten Bourdieus und seiner Schule", in: *Romanistische Zeitschrift für Literaturgeschichte* Nr. 4, 1981, S. 454-479.

30 Ibid., S. 225-226.

Kritiker der radikalen, der sozialistischen und der kommunistischen Presse Verständnis für seine ästhetisch-soziale Problematik zeigten. Allerdings muß hinzugefügt werden, daß die drei Gruppen der Linken mit 8,6 % der Rezensionen nur schwach vertreten sind. Jurt führt diese schwache Resonanz in der linken Presse auf die politische Tatsache zurück, daß die Kritiker der Linken sich naturgemäß weniger für die Probleme des Katholizismus (der Religion) interessieren.

Jurts Rezeptionsstudie bestätigt die kritischen Argumente des ersten Abschnitts: Es ist nicht möglich, dem Publikum einer Gesellschaft einen homogenen Erwartungshorizont zuzurechnen, weil dieses Publikum fragmentiert ist und sowohl in ideologische Gruppen als auch in Berufsgruppen zerfällt: Literaturkritiker rezipieren einen Roman anders als Laien.[31] Zu dieser berufsmäßigen Differenzierung gesellt sich die ideologische: Auch die Gruppe der Kritiker (oder Literaturwissenschaftler) hat keinen einheitlichen Erwartungshorizont, sondern ist ideologisch heterogen. Dazu bemerkt Jurt: "Nach ihm (Jauß, P.V.Z) ist der Erwartungshorizont fast ausschließlich durch literarische Erfahrungen und literarisches Vorwissen (Gattungskonventionen, Stilvorstellungen) bestimmt. Diese Hypothese wurde durch unsere Untersuchung nicht bestätigt (...)."[32] Bestätigt wurde hingegen die ideologische Steuerung des ästhetischen Urteils: "Die ästhetischen Kriterien sind im übrigen selten frei von ideologischen Konnotationen; sie dienen oft auch dazu, ein ideologisch motiviertes Vor-Urteil zu untermauern."[33]

Von großer Bedeutung für eine komparatistische Rezeptionsforschung ist die vergleichende soziologische Studie *Lire la*

---

31 Zur Differenzierung der Öffentlichkeit und des Publikums siehe: N. Luhmann, "Das Kunstwerk und die Selbstreproduktion der Kunst", in: H.U. Gumbrecht, K.L. Pfeiffer u.a. (Hrsg.), *Stil. Geschichten und Funktionen eines kulturwissenschaftlichen Diskurselements*, Frankfurt, Suhrkamp, 1986, S. 639, wo von der "Ausdifferenzierung der *Differenz* von Profis und Publikum" die Rede ist.

32 J. Jurt, *La Réception de la littérature par la critique journalistique. Lectures de Bernanos (1926-1936)*, Paris, Jean-Michel Place, 1980, S. 314. - Jurt zeigt u.a. auch, daß keineswegs von einem einheitlichen konservativen Erwartungshorizont ausgegangen werden kann, der durch die Innovationen der Texte transzendiert wird. Die Innovation wird von einem Teil der Kritiker durchaus erwartet.

33 Ibid.

lecture (1982), die in Paris an der Ecole des Hautes Etudes en Sciences Sociales zustande kam und die Rezeption eines französischen und eines ungarischen Romans in Frankreich und in Ungarn zum Gegenstand hat. Die beiden Autoren der Studie, Jacques Leenhardt und Pierre Józsa, nahmen sich vor, die französische und die ungarische Rezeption von Georges Perecs Roman *Les Choses* (1965) und Endre Fejes' *Rozsdatemetö* (1962), (dt. *Schrottplatz*, 1966) miteinander zu vergleichen. Da sie nur die französische Rezeption der beiden Romane nach Berufsgruppen und ideologischen Gruppen gegliedert haben, soll hier vor allem der französische Rezeptionszusammenhang berücksichtigt werden.

Anders als Jurt, der Rezensionen und andere Kommentare aus den Jahren 1926–1936 heranziehen konnte, waren Leenhardt und Józsa auf Leserbefragung angewiesen, da sie es nicht mit Kritikern, sondern mit Laien zu tun hatten. Aber auch ihre Analysen lassen erhebliche Differenzen innerhalb der französischen und der ungarischen Rezeption der Romane erkennen. Die Interpretationen der beiden Texte weichen sowohl aus *nationalkulturellen* als auch aus *beruflichen* und *ideologischen* Gründen voneinander ab: "(...) Unsere Untersuchung hat gezeigt, in welchem Maße verschieden die Lektüren der Romane Perecs und Fejes' in Frankreich und Ungarn waren."[34]

Perecs und Fejes' Romane eignen sich deshalb für die von Leenhardt und Józsa durchgeführte Untersuchung, weil sie soziale und politische Probleme der französischen und ungarischen Gesellschaft der 60er Jahre behandeln und die Leser mit ihrem eigenen Alltag konfrontieren. Während *Les Choses* die Problematik der Konsumgesellschaft schildert und zeigt, wie die beiden jungen Protagonisten Jérôme und Sylvie vergeblich versuchen,

---

34 J. Leenhardt, "Das 'Lesen-Können' oder: Über die sozio-historischen Modalitäten des Lesens", in: *Zeitschrift für Literaturwissenschaft und Linguistik* ("Lesen historisch"), 57/58, 1985, S. 241-242. - Siehe auch: J. Leenhardt, "Réception de la littérature et sociologie de la lecture", in: R. Estivals (Hrsg.), *Le livre en France. La recherche et l'enseignement*, Paris, Retz/SBS, 1984 und: J. Leenhardt, "Les effets esthétiques de l'œuvre littéraire: un problème sociologique", in: M. Poulain (Hrsg.), *Pour une sociologie de la lecture. Lectures et lecteurs dans la France contemporaine*, Paris, Ed. du Cercle de la Librairie, 1988, S. 70, wo Leenhardt auf die nationalkulturellen Komponenten der Rezeptionsprozesse in Ungarn und Frankreich eingeht.

ihre Freiheit zu wahren und der Integration in die von Produktion und Konsum beherrschte Ordnung zu entgehen, steht in Fejes' Roman die heruntergekommene Arbeiterfamilie Hábetler im Mittelpunkt, deren Abkapselung von der Umwelt der ungarischen Nachkriegsgesellschaft zu inneren Schwierigkeiten führt, die den vom jungen János Hábetler (Jani) verübten Mord zur Folge haben.

Die Autoren von *Lire la lecture* unterscheiden zunächst drei Lesemodalitäten, die sich auf die Einstellung der Leser zur literarischen Wertung beziehen: die *deskriptiv-phänomenale Lesart*, die sich auf die faktischen Zusammenhänge konzentriert und auf Wertung verzichtet; die *emotionale und identifikatorische Lesart*, die von affektiv oder sozial motivierten Werturteilen geprägt ist (Identifikation mit den Protagonisten, Ablehnung der Protagonisten) und schließlich die *intellektive Lesart*, die vorwiegend hermeneutischen Charakter hat: Dem Leser kommt es nicht primär darauf an, die Protagonisten zu beurteilen, sondern sie zu verstehen und ihr Verhalten zu erklären.[35]

Diesen drei Lesarten entsprechen insgesamt vier axiologische Systeme, in denen die verschiedenen kollektiven Rezeptionsweisen untergebracht werden können: *System I* wird von den Autoren selbst als "possibilisme raisonnable" definiert, d.h. als zweckrationale (M. Weber) Einstellung, die nicht nach Werten, sondern nach dem Verhältnis von Mittel und Zweck fragt und auch als "pragmatisch" bezeichnet werden könnte. *System II* gründet auf klar umrissenen metaphysischen und ethischen Wertungen und wird von den Autoren in eine A- und eine B-Variante eingeteilt: Während die erste Variante des Systems durch implizite Wertungen gekennzeichnet wird, die sich auf Kulturwerte wie *Freiheit*, *Gewissen* oder *Gemeinschaftssinn* beziehen, werden in der zweiten Variante eindeutige Werturteile artikuliert, und das Verhalten der Protagonisten wird nach moralischen oder politischen Gesichtspunkten beurteilt. *System III* schließlich entspricht weitgehend der "intellektiven" Lesemodalität, da es die Werturteile der Systeme

---

35 Siehe: J. Leenhardt, P. Józsa, *Lire la lecture*, Paris. Le Sycomore, 1982, S. 38. - Siehe auch J. Jurts *La Réception de la littérature par la critique journalistique*, op.cit., S. 312-313, wo die "critique compréhensive" (zu vergleichen mit der "intellektiven Lesart" von *Lire la lecture*) von einer "critique judicative" unterschieden wird, die präskriptiven (ästhetischen, moralischen) Charakter hat.

IIA und IIB durch hermeneutische oder "soziologische" Erklärungen ersetzt.

In ihrer Rezeptionsanalyse von Perecs *Les Choses* haben Leenhardt und Józsa 121 französische und 145 ungarische Leserinnen und Leser befragt und dabei vor allem die Einstellung der Leserschaft zu den Protagonisten des Romans angepeilt: "Wer ist sympathischer, Jérôme oder Sylvie?" – "Waren Jérôme und Sylvie im Leben erfolgreich?" etc. Diese und ähnliche Fragen richten sie an sechs französische Berufsgruppen, die zumeist auch als ideologische Gruppen aufzufassen sind (eine entsprechende Einteilung des ungarischen Publikums war ihnen leider nicht möglich): 1. die Ingenieure (ingénieurs), 2. die Paraintellektuellen (paraintellectuels), 3. die Angestellten (employés), 4. die Fachleute oder technische Berufe (techniciens), 5. die Arbeiter (ouvriers) und 6. die kleinen Handelsleute (petits commerçants).

Die Ingenieure beurteilen die Problematik von *Les Choses* im Rahmen einer liberal-individualistischen Ideologie, die eine Krise durchmacht; ihre Lesart kann noch am ehesten im System IIA untergebracht werden. Obwohl sie sich darüber klar sind, daß es schwierig oder gar unmöglich ist, individualistische Werte wie Freiheit, Unabhängigkeit oder Autonomie zu verwirklichen, nehmen sie Perecs Protagonisten gegenüber eine ironische Haltung an. Sie werfen ihnen ihre Unentschlossenheit und Passivität vor und verteidigen – oft wider besseres Wissen und gegen die ihnen bekannten Zwänge des Systems – die Werte ihrer individualistischen Ideologie, deren problematischen Charakter sie nicht zugeben.

Besonders aufschlußreich sind die Leserreaktionen der Paraintellektuellen, die in vieler Hinsicht Jérôme und Sylvie ähneln, die ihre Universitätsausbildung als Sozialpsychologen nicht abgeschlossen haben. Wie die Protagonisten streben auch die Angehörigen dieser Gruppe nach einer individualistisch definierten Freiheit oder Autonomie, die sie im Rahmen der bestehenden Ordnung nicht verwirklichen können. So ist es zu erklären, daß sie Verständnis für Jérôme und Sylvie zeigen und die Widersprüche, in die sich das junge Paar verstrickt, als tragisch deuten.

Im Gegensatz zu den vergeblich revoltierenden Paraintellektuellen lesen die weitgehend intergrierten und abgesicherten

Angestellten Perecs Roman kritisch im Sinne des Systems IIA: Sie distanzieren sich von den Protagonisten, denen sie "Unreife" und "infantile Vorstellungen" vorwerfen. Selbst plädieren sie für eine Überwindung solcher Vorstellungen im Erwachsenenalter und akzeptieren – wenn auch resignierend – die Eingliederung des Einzelnen in die bestehende soziale Ordnung.

Anders als die Angehörigen dieser Gruppe reden die Fachleute (etwa der Werbefachmann) einem "vernünftigen Pragmatismus" (*System I*) das Wort, vergleichen Mittel und Zweck und werfen Perec vor, er habe – recht unrealistisch – den materiellen Erfolg von Sylvie und Jérôme herbeigeführt, als er Jérôme am Ende des Romans zum Direktor avancieren ließ. Einen solchen Erfolg hatte der Held in ihren Augen – aus rein sachlichen Gründen – nicht verdient.

Für die soziologische Analyse besonders interessant sind die Reaktionen der kleinen Handelsleute und Arbeiter, die ideologisch bzw. politisch motiviert sind und dem System IIB zugeordnet werden können. Anders als die Fachleute oder Ingenieure, die im Rahmen einer individualistischen Problematik argumentieren, betrachten die Arbeiter den von Perec dargestellten Ereignisablauf aus der Sicht des Kollektivs. Sie werfen den beiden Protagonisten vor, daß sie in einem abstrakten Individualismus verharren, statt sich mit einer politischen Bewegung zu identifizieren. Dieser Kollektivismus der Arbeiter wird durch ihren Glauben an nützliche Arbeit und an die Familie ergänzt. Beide Werte vermissen sie in der Welt von Jérôme und Sylvie.

Diese Werte werden auch von den "petits commerçants" (etwa Ladenbesitzern) verteidigt, jedoch mit individualistischen Vorzeichen versehen, d.h. im Rahmen eines individualistischen Soziolekts umgedeutet. Dieser Individualismus erklärt zumindest teilweise, weshalb die Handelsleute einerseits Verständnis für die Wünsche und Träume des jungen Paares zeigen, andererseits jedoch den fehlenden Realismus von Perecs Protagonisten tadeln. Aus ihrer zwiespältigen Einstellung spricht ihre marginale Position in einer Gesellschaft, deren Konzernwirtschaft dem Kleinhandel immer weniger Spielraum läßt.

Insgesamt zeigt sich, daß nur die Paraintellektuellen – ähnlich wie die Protagonisten – ein Jenseits der bestehenden Gesellschaftsordnung anpeilen. Alle anderen Lesergruppen lassen erkennen, daß sie die bestehende Ordnung akzeptieren und Entwürfe, die über sie hinausgehen, für "unrealistisch" halten.

Ihre Einstellung zu einem ungarischen Roman wie Endre Fejes' *Schrottplatz* (*Rozsdatemetö*, 1962) wird einerseits von ihren ideologischen und beruflichen Vorstellungen geprägt, andererseits von den Konnotationen, die der Name "Ungarn" in der französischen Gesellschaft und Kultur evoziert. In diesem Kontext ist auch der Unterschied zwischen der ungarischen und der französischen Rezeption von *Schrottplatz* zu erklären: Während die ungarischen Leser Fejes' wenig schmeichelhafte Darstellung ihrer sozialen Welt ablehnen und ihn mehrheitlich für "unrealistisch" oder "pessimistisch" halten, sehen viele französische Leser ihre Vorstellungen (d.h. Vorurteile) von einem "Balkanstaat" bestätigt: "(...) Fejes' Roman erscheint ihnen als treues Spiegelbild einer 'balkanischen' Welt."[36] Hier wird klar, daß bestimmte kulturell, ideologisch und kommerziell vermittelte Stereotypen die Lektüre lenken und die Konstruktion des ästhetischen Objekts beeinflussen. Allerdings wirken sich kulturelle Stereotypen bei der Lektüre des "eigenen", des "einheimischen" Romans nicht so stark aus, weil die Leser mit ihrer eigenen Gesellschaft eher vertraut und folglich nicht auf Kulturklischees angewiesen sind: Sie kennen den *Referenten* des historischen oder gesellschaftskritischen Romans.

Dennoch kann nicht behauptet werden, daß die französischen Leser, die – anders als im Falle von *Les Choses* – die referentiellen Komponenten von Fejes' Roman ("ungarische Wirklichkeit") aus Unkenntnis verzerrt rezipieren oder nicht wahrnehmen, die Problematik der Erzählung völlig mißverstehen: Anders als die ungarischen Leser denken sie über die von Fejes dargestellte Familienproblematik nach. Von den ungarischen Leserreaktionen heißt es bei Leenhardt und Józsa: "Da sie mit der ungarischen Gesellschaft weitgehend identisch ist, wird die Familie nicht – wie bei den französischen Lesern – auf soziologischer Ebene objektiviert. In den Argumentationen der Ungarn wird sie nicht reflektiert." ("Dans les argumentations des Hongrois, elle fonctionne

---

36 Ibid., S. 220.

comme un impensé.")[37]

Als Gesamtergebnis halten die Autoren von *Lire la lecture* fest, daß der französische Durchschnittsleser eher dazu neigt, Problematik und Handlung der beiden Romane global zu objektivieren und zu reflektieren, d.h. im Rahmen der Systeme I oder III zu lesen, während die Mehrheit der ungarischen Leser sich auf einzelne Szenen konzentriert ("dramatisation systématique des scènes"), diese mit Pathos rezipiert und insgesamt eher im Rahmen der Systeme IIA und IIB reagiert. So ist es auch zu erklären, daß die französischen Leser im Gegensatz zu den ungarischen nicht den individuellen Helden (etwa János Hábetlers Sohn Jani) in den Mittelpunkt ihrer Kommentare stellen, sondern die sozialen Verhältnisse und Organisationen.

Es geht hier nicht darum, alle Einzelheiten dieser umfangreichen und sehr fruchtbaren Untersuchung wiederzugeben, sondern zu zeigen, daß eine Rezeptionsästhetik, die ihren Objektbereich auf die Beziehungen zwischen einzelnen Autoren und ihren Werken einengt, in Wirklichkeit keine Theorie des Lesers oder des Publikums ist, sondern bestenfalls eine Theorie des Einflusses. Denn die wesentliche Frage nach der Einwirkung sozialer Faktoren (Familie, Ideologie, Erziehungssystem) auf die Rezeption bleibt unbeantwortet.

Wie diese Faktoren im einzelnen wirken, zeigt Leenhardts und Józsas gruppenspezifische Analyse der Rezeption von Fejes' *Rozsdatemető* in Frankreich. Während die Gruppen der Ingenieure, der Paraintellektuellen, der Angestellten und der Fachleute den Roman auf verschiedene Aspekte einer individualistischen Ideologie beziehen, heben die Arbeiter – wie schon in ihrer Rezeption von *Les Choses* – die Bedeutung des Familienkollektivs hervor.

Die Leserreaktionen der Ingenieure sind insofern für die französische Rezeption des ungarischen Romans charakteristisch, als sie von einer distanzierten Haltung zeugen, die den Systemen I und III entspricht. Dennoch können sie – wie die Autoren von *Lire la lecture* bemerken – nicht mit den Reaktionen des gesamten französischen Publikums identifiziert werden, weil die Ingenieure als einzige Lesergruppe die Probleme und das Elend der

---

37 Ibid., S. 224.

Familie Hábetler mit den Problemen der Arbeiterklasse identifizieren, die sie selbst nicht betreffen. Die Familie Hábetler ist in ihren Augen ein geschlossener und repressiver "clan", der ihrem eigenen Individualismus diametral entgegengesetzt ist.

Wesentlich positiver wird die ungarische Familie von den Paraintellektuellen eingestuft, weil sie ihnen trotz ihrer individualistischen Aspirationen (die auch in ihrer Rezeption von *Les Choses* zum Ausdruck kamen) als eine Garantie für Geborgenheit und Glück erscheint. In einer ähnlichen Perspektive wird die Rolle der Familie von den Angestellten aufgewertet, die einerseits die Privatsphäre privilegieren, andererseits die individuelle Verantwortung für das Familienglück hervorheben und den Eltern Hábetler vorwerfen, daß sie sich nicht ausreichend um die Erziehung ihrer Kinder gekümmert haben. Insgesamt handelt es sich um eine individualistische Lektüre, die vom Begriff der individuellen "Verantwortung" beherrscht wird. In *Lire la lecture* ist vom "caractère individualiste de la lecture des employés" die Rede.[38]

Dieser Individualismus wird von den Fachleuten (techniciens) insofern in Frage gestellt, als ihre Gruppe vom Gegensatz zwischen individueller Freiheit und gesellschaftlicher Notwendigkeit gespalten wird: Während die einen behaupten, daß die Hábetlers für ihre Misere verantwortlich gemacht werden können, stellen die anderen sie als Opfer eines sozialen Determinismus dar und sprechen sie von jeglicher Schuld frei. Das Dilemma der "techniciens" fassen Leenhardt und Józsa zusammen, wenn sie bemerken: "Es ist klar, daß die Fachleute das Gewicht des Systems zu spüren bekommen, aber sie geben die Idee der Verantwortung nicht auf."[39]

Im Gegensatz zu den bürgerlichen Gruppen sind die Arbeiter weniger um die individuelle Freiheit oder Verantwortung als um Wohlergehen und Ehre des Familienkollektivs besorgt: "Da die Familie in ihren Augen eine wichtige Funktion erfüllt, wird die Familie Hábetler von den Arbeitern immer wieder verurteilt."[40] Der junge Jani Hábetler erscheint ihnen als positiver Held, weil

---

38 Ibid., S. 259.
39 Ibid., S. 264.
40 Ibid., S. 269.

er durch Mord oder Totschlag die Ehre seiner Familie rettet. – Im Gegensatz zu den Angehörigen dieser Gruppe, deren Reaktionen eindeutig wertenden Charakter haben und den Systemen IIA/B zugeordnet werden können, begnügen sich die französischen "petits commerçants" mit vagen und recht stereotypen Kommentaren, die erkennen lassen, daß sie sich von der Problematik des ungarischen Romans kaum angesprochen fühlen: nicht so sehr, weil sie Franzosen sind, sondern weil der von Fejes geschilderte Kampf ums Überleben die moralischen Maßstäbe, die die kleinen Handelsleute anlegen möchten, auszuschließen scheint.

Sowohl Jurts als auch Leenhardts und Józsas Untersuchungen zeigen, daß es unmöglich ist, einer Gesellschaft zu einem bestimmten historischen Zeitpunkt einen einheitlichen Erwartungshorizont zuzurechnen; sie zeigen auch, daß Mukařovský und Vodička unzulässig verallgemeinern, wenn sie vom ästhetischen Objekt einer Periode oder Epoche sprechen. Denn in jeder Phase der historischen Entwicklung koexistieren verschiedene ästhetische Objekte oder *Objektkonstruktionen* (s. Kap. II), von denen eine jede berufsspezifischen und ideologischen Charakter hat. Sie ist außerdem kulturell überdeterminiert, wobei kulturelle Stereotypen (etwa die Ungarn-Bilder der Franzosen), mit denen sich ausführlich die von Hugo Dyserinck entwickelte *Imagologie* ("Image-Forschung") befaßt[41], eine entscheidende Rolle spielen.

Die kulturellen Determinanten treten am klarsten in wenig differenzierten oder archaischen Gesellschaften zutage, in denen Mythen mit der Kultur weitgehend identisch sind und als semantisch-narrative Strukturen und Aktantenmodelle die Wahrnehmung steuern. Diesen Vorgang stellt besonders anschaulich Ottmar Ette in einer Studie über die Funktion von Mythen in der Alten und der Neuen Welt dar. So deuten etwa Kolumbus und seine Begleiter die amerikanische Wirklichkeit im Rahmen der mythischen Diskurse Europas: "Erfahrung wird nur auf der Grundlage des Gelesenen ausgewertet. Dazu nicht Passendes wird ebenso ausgeschieden wie Mehrdeutiges: die Fraueninsel *ist* der Ort der Amazonen, die Seekühe *sind* Sirenen, die Eingeborenen *sind* Bewohner

---

41 Siehe: H. Dyserinck, *Komparatistik. Eine Einführung*, Bonn, Bouvier, 1977, Kap. I.4: "Komparatistische Imagologie".

Indiens, der Orinoco *ist* einer der Flüsse des Irdischen Paradieses usw."[42] Umgekehrt lassen die Mythen der Azteken "Cortés in den Augen Moctezumas als Abgesandten oder als Verkörperung des Gottes und Kulturheroen Quetzalcóatl erscheinen, der seine Rückkehr und die Übernahme seiner rechtmäßigen Herrschaft angekündigt hatte."[43] Hier wird klar, daß Kultur, Mythos oder Ideologie die Individuen zu Subjekten machen und sowohl ihre Wahrnehmung als auch ihr Handeln bestimmen.

3. Die Hesse-Rezeption in Deutschland und den USA

Auch ein Vergleich zwischen der Rezeption von Hermann Hesses (1877–1962) Werk in Deutschland und den Vereinigten Staaten sollte dreidimensional im Sinne des vorigen Abschnitts sein: Er sollte den nationalkulturellen, gruppenspezifischen und ideologischen Komponenten Rechnung tragen. Es versteht sich von selbst, daß im letzten Teil dieses Kapitels keine mit *Lire la lecture* vergleichbaren empirischen Untersuchungen durchgeführt werden können. Es geht darum, die verschiedenen Schichten der Objektkonstruktion (des ästhetischen Objekts) bloßzulegen; dabei sollen nicht nur die sozialen Zusammenhänge berücksichtigt werden, sondern auch die diskursiven Verfahren (Selektionen, Klassifikationen, narrative Abläufe), die unmittelbar dafür verantwortlich sind, daß Hesses Werk in den USA ganz anders wahrgenommen und konstruiert wird als in Deutschland.

Es wird hier von Hesses Werk in seiner Gesamtheit die Rede sein, und die Interpretationen oder Objektkonstruktionen einzelner Texte sollen die verschiedenen Phasen der Hesse-Rezeption illustrieren. Diese greifen zwar ineinander, weil Themen wie *Romantik*, *Revolte* und *Außenseitertum* immer wieder zur Sprache kommen, sie unterscheiden sich jedoch erheblich voneinander durch verschiedene semantische Selektionen und Schwerpunktbildungen.

---

42 O. Ette, "Funktionen von Mythen und Legenden in Texten des 16. und 17. Jahrhunderts über die Neue Welt", in: K. Kohut u.a. (Hrsg.), *Der eroberte Kontinent. Historische Realität, Rechtfertigung und literarische Darstellung der Kolonisation Amerikas*, Frankfurt, Vervuert, 1991, S. 165-166.

43 Ibid., S. 6.

Dadurch kommt es zu Objektkonstruktionen, die sich zwar überschneiden, zugleich jedoch in wesentlichen Punkten voneinander abweichen.

Die Abweichungen haben sowohl kulturellen als auch gruppenspezifischen Charakter. Obwohl im folgenden nicht über empirische Untersuchungen im strengen Sinne berichtet wird, soll doch gezeigt werden, wie ästhetische Objekte (Mukařovský) als Objekt*konstruktionen* auf kollektive Interessen zurückzuführen sind, die die Rezeptions- und Interpretationsprozesse lenken.

Auf diese Prozesse wirken auch literarische *Vermittler* ein, die ihrem Publikum eine fremde Literatur oder einen fremden Autor zugänglich machen. Eine Vermittlerrolle in diesem Sinne fiel, wie Gerhard R. Kaiser gezeigt hat, Madame de Staël (Baronne de Staël-Holstein) zu, die in ihrem bekannten Buch *De l'Allemagne* (1810) das Interesse des französischen literarischen Publikums für Deutschland weckte: "Sosehr Mme de Staël sich auch der besten Gewährsmänner, vorab A.W. Schlegels, versichert hatte, sosehr ist *De l'Allemagne* doch ein Werk, das nicht nur deutsche Literatur *nach* Frankreich vermittelt, sondern *aus* französischer Perspektive auswählt."[44] Dieses von Kaiser ganz zu Recht angeschnittene hermeneutische Problem wird auch in der Hesse-Rezeption begegnen.

Sie setzt in Deutschland um 1904 mit dem Erscheinen von *Peter Camenzind* ein, einem kulturkritischen und rebellischen Roman, der den Leser mahnt, sich vom oberflächlichen Kulturtreiben abzuwenden und wieder auf den "Herzschlag der Erde" zu hören. Dieser rousseauistisch-romantische Aufruf verhallt nicht ungehört: "Das Buch, dem der Autor nicht nur seine an klassischen Vorbildern geschulte Sprachmusik verliehen hat, sondern auch Ironie und Selbstdistanz, traf auf die Szenerie der Jugendbewegung, die sich seit der Jahrhundertwende gegen das als naturfremd empfundene Wilhelminische Deutschland wandte. Von Zeitgenossen wie Oskar Loerke, Bertolt Brecht und Walter Rathenau begrüßt, wird es mit dreißig Auflagen innerhalb zweier Jahre zum 'Bestseller' in der Zeit des 'Wandervogels', ohne daß

---

44   G.R. Kaiser, *Einführung in die Vergleichende Literaturwissenschaft. Forschungsstand - Kritik - Aufgaben*, Darmstadt, Wiss. Buchgesellschaft, 1980, S. 59.

sein Autor jedoch gewillt gewesen wäre, auch nur den kleinsten Schritt in Richtung einer kollektiven Verbrüderung mit eben diesen Jugendorganisationen zu tun."[45]

Obwohl von einer Verbrüderung nicht die Rede sein konnte, zeichnete sich dennoch eine Affinität zwischen der Sehnsucht der jungen Vorkriegsgeneration nach einem "Führeridol"[46] oder einer heilen Welt und Hesses Frühwerk ab, von dem Gotthilf Hafner in einem Nachwort zu den Erzählungen sagt: "Die fünfzehn Erzählungen spiegeln, noch als allgemeinen Besitz, eine heile Welt mit unbestrittenen Maßstäben für Leid und Glück, für gut und böse."[47]

Komplementär zu dieser heilen Welt, die sowohl in Hesses Erstlingsroman als auch in Erzählungen wie "Die Marmorsäge", "Der Lateinschüler" oder "Schön ist die Jugend" in Erscheinung tritt, verhält sich die jugendliche Welt der Revolte, die in Hesses zweitem Roman *Unterm Rad* (1906) problematisiert wird. Es nimmt nicht wunder, daß auch dieser Roman vorwiegend von der suchenden und revoltierenden Jugend – insbesondere von Schülern und Studenten – rezipiert wird, und zwar im Rahmen bestimmter Identifikationsmuster, die von antiautoritärem Verhalten geprägt sind und mit Hilfe des *Systems IIB* von *Lire la lecture* zumindest annähernd erfaßt werden könnten. Charakteristisch für diesen Rezeptionsmodus ist die Leserreaktion eines Gymnasiasten aus Tokio, der sich – wie unzählige deutsche Schüler – mit dem Helden von *Unterm Rad* identifiziert und dessen Kommentar erkennen läßt, daß es jenseits aller kulturellen Unterschiede Probleme gibt, die Jugendlichen gemeinsam sind: "Ich war wie Hans Giebenrath in einem verwirrten Seelenzustand. Ich hatte dasjenige Werk aus vielen gesucht, das meinem Seelenzustand entsprechen würde. Es war nicht zu beschreiben, wie groß meine Freude war, als ich Ihre junge Gestalt in jenem Roman fand."[48]

Das ästhetische Objekt von Hesses Frühwerk kann jedoch

---

45 F. Baumer, "Deutschland", in: M. Pfeifer (Hrsg.), *Hermann Hesses weltweite Wirkung. Internationale Rezeptionsgeschichte*, Frankfurt, Suhrkamp, 1977, S. 18.

46 Ibid., S. 20.

47 G. Hafner, "Nachwort", in: H. Hesse, *Erzählungen. Diesseits, Kleine Welt*, Stuttgart-Zürich-Salzburg, Europäischer Buchklub, 1959, S. 454.

48 F. Baumer, "Deutschland", op.cit., S. 21.

nicht auf jugendliche Sehnsucht und Revolte eingeengt werden. Denn dieses Werk sprach verschiedene Lesergruppen an, die mit der revoltierenden Jugend recht wenig zu tun hatten und vor allem die Dorf- und Landschaftsidyllen goutierten, die sowohl in *Peter Camenzind* als auch in Erzählungen wie "Heumond" oder "Die Marmorsäge" in den Vordergrund treten. Auch mit diesen Gruppen konnte sich der Schriftsteller nicht vorbehaltlos identifizieren; davon zeugt sein Kommentar zu *Narziß und Goldmund* (1930), in dem sich Hesse als Romantiker der Moderne von der kleinbürgerlichen Romantik distanziert: "Beim Goldmund kann der gute deutsche Leser Pfeife rauchen und ans Mittelalter denken, und das Leben so schön und wehmütig finden, und braucht nicht an sich und sein Leben, seine Geschäfte, seine Kriege, seine 'Kultur' und dergl. zu denken. So hat er wieder einmal ein Buch nach seinem Herzen gefunden. Nun, es ist ja einerlei, es kommt ja doch bloß auf die paar wenigen an..."[49]

Nur diese "paar wenigen" konnten etwas mit Hesses Roman *Der Steppenwolf* (1927) anfangen, der – wie Jauß sagen würde – den Erwartungshorizont der meisten am Frühwerk "geschulten" Lesergruppen durchbrach: "Wenige waren bereit, hinter Harry Hallers Selbstmordvisionen und seinem Brechreiz, den er 'inmitten der zerstörten und von Aktiengesellschaften ausgesogenen Erde' empfindet, das Exemplarische dieses Outsiders als eines überindividuellen Organs epochaler Krankheitssysmptome zu akzeptieren, in denen sich die Katastrophe des nächsten Krieges bereits ankündigt."[50] Viele hingegen identifizierten sich mit den konservativen und rechtsradikalen Kritikern, die Hesse seit 1914, als er in einem berühmt gewordenen Artikel ("O Freunde, nicht diese Töne!", NZZ, 3.11.14) gegen Chauvinismus und Krieg aufbegehrte, einen "Verräter" und "vaterlandslosen Gesellen" schimpften.

Daß *Der Steppenwolf* nicht nur als Gesellschaftskritik oder Manifest des Pazifismus, sondern auch als ein Experiment der literarischen Moderne zu lesen ist, fiel u.a. Thomas Mann auf:

49 H. Hesse, in: V. Michels (Hrsg.), *Materialien zu Hermann Hesses "Der Steppenwolf"*, Frankfurt, Suhrkamp, 1972, S. 263.
50 F. Baumer, "Deutschland", op.cit., S. 26.

"Und ist es nötig zu sagen, daß *Der Steppenwolf* ein Romanwerk ist, das an experimenteller Gewagtheit dem *Ulysses*, den *Faux-Monnayeurs* nicht nachsteht?"[51] Das ästhetische Objekt "Moderne", das im Rahmen einer neuen *Klassifikation* zustande kommt (Hesse-Gide-Joyce), konkurriert hier mit dem ästhetischen Objekt "Hesse als Romantiker oder Neuromantiker". Dies bedeutet jedoch keineswegs, daß die neuromantische Revolte dem *Steppenwolf* fremd ist, zumal die Romantik einige Charakteristika der Moderne (Mehrdeutigkeit, Ironie, Traumexperiment) vorwegnimmt.

Das zeigt die amerikanische Rezeption des alemannischen Autors, die – zumindest in ihrer Anfangsphase – das Frühwerk nicht beachtet und sich auf Texte wie *Siddharta* (1922), *Der Steppenwolf* (1927) und (später) *Das Glasperlenspiel* (1943) konzentriert. Es versteht sich von selbst, daß die *Selektion* dieser Texte, die auch von den zur Verfügung stehenden Übersetzungen abhängt (s. Kap. VI), zu einer besonderen Objektkonstruktion führt, die nicht ohne Vorbehalte als ästhetisches Objekt im Sinne von Mukařovský zu bezeichnen ist. Denn das Hesse-Bild, das dem britischen und nordamerikanischen Publikum von den *Vermittlern* Colin Wilson und Timothy Leary geboten wurde, sollte eher Gegenstand der Kultursoziologie oder Sozialpsychologie als der Ästhetik sein.

Mit Mukařovský und Vodička könnte man sagen, daß im Verlauf der britischen und amerikanischen Rezeption die ästhetische Funktion von Hesses Romanen und Novellen in den Hintergrund tritt, während ihre psychischen und sozialen Funktionen aktualisiert werden. Diese Einschätzung der nordamerikanischen Objektkonstruktion wird weitgehend von Theodore Ziolkowski bestätigt: "Die Kritiker, die Hesse solange ignoriert hatten, blickten sich erschrocken um und entdeckten, daß der ehemalige Heilige eines kleinen Kults zu einem neuen Rattenfänger geworden war, der eine ganze Generation von Jugendlichen verführt hatte. Jetzt wendeten sich die Kritiker in den populären Zeitschriften diesem neuen Phänomen zu: Hesse wurde 'entdeckt' – zwar

---

51 Th. Mann, "Hermann Hesse. Einleitung zu einer amerikanischen Demian-Ausgabe", in: V. Michels (Hrsg.) *Über Hermann Hesse* Bd.1: 1904-1962, Frankfurt, Suhrkamp, 1976, S. 156.

nicht als literarisches, sondern als soziologisches Phänomen."[52]

An dieser Stelle wird deutlich, daß Mukařovskýs Begriff des "ästhetischen Objekts" insofern korrekturbedürftig ist, als nicht jede kollektive Sinnzuordnung ästhetischer oder literarischer Natur ist. Daher bietet sich als Alternative der Begriff "Objektkonstruktion" an, der auch nicht-ästhetische Sinngebungen erfaßt und zudem die diskursiven Konstruktionsverfahren (Klassifikation, narrative Struktur etc.) berücksichtigt. Daß Hesses Werk von verschiedenen amerikanischen Gruppen neu *konstruiert* wurde, bestätigt indirekt Egon Schwarz in seiner Analyse der amerikanischen Rezeption: "Hätte es keinen Hesse gegeben, so hätten ihn die amerikanischen Rebellen erfinden müssen."[53] Rezeption ist insofern eine "Erfindung" im Sinne des Radikalen Konstruktivismus,[54] als die Texte eines fremden Autors in Übereinstimmung mit neuen Bedürfnissen und Interessen (re-) konstruiert werden. Einige dieser Interessen werden in der umfangreichen Rezeptionsanalyse von Carlee Marrer-Tising erwähnt: Antiautoritäre Gesinnung (Revolte gegen die ältere Generation), Kritik an Schule und Universität, Suche nach dem Ich und dem Sinnzusammenhang, Antimilitarismus und Pazifismus.[55]

Zu dem von Ziolkowski erwähnten soziologischen Phänomen wurde Hesse zunächst durch seinen britischen *Vermittler* Colin Wilson, der in seiner berühmt gewordenen Studie *The Outsider* (1956) Hesse dem englischsprachigen Publikum als romantischen Außenseiter vorstellt. Es überrascht kaum, daß er dabei den *Steppenwolf* in den Mittelpunkt seiner Betrachtungen stellt: "Für unsere Untersuchung des Outsiders ist der *Steppenwolf* (1927)

---

52 T. Ziolkowski, "Hermann Hesse in den USA", in: A. Hsia (Hrsg.),*Hermann Hesse heute*, Bonn, Bouvier, 1980, S. 11.

53 E. Schwarz, "Hermann Hesse, die amerikanische Jugendbewegung und Probleme der literarischen Wertung", in: V. Michels (Hrsg.), *Über Hermann Hesse Bd.2*, 1963-1977, Frankfurt, Suhrkamp, 1977, S. 90.

54 "Erfindung" im Sinne der radikalen Konstruktivisten, die von dem Gedanken ausgehen, daß wir nicht die Dinge "an sich" wahrnehmen, sondern nur unsere Konstrukte von ihnen. Siehe: P. Watzlawick (Hrsg.), *Die erfundene Wirklichkeit. Wie wissen wir, was wir zu wissen glauben? Beiträge zum Konstruktivismus*, München, Piper, 1985 (3.Aufl.).

55 C. Marrer-Tising, *The Reception of Hermann Hesse by the Youth in the United States. A Thematic Analysis*, Bern-Frankfurt, Peter Lang, 1982, S. 381-383.

Hesses bedeutendster Beitrag."[56] Wilsons Vermittlerrolle wird von John J. White pointiert zusammengefaßt: "Es ist ein paradoxer Aspekt der Wirkungsgeschichte, daß Wilsons einseitiges Bild vom Hesseschen Helden als 'romantischem Outsider', vorgetragen in einem enthusiastischen Kapitel, direkt und indirekt mehr zur Verarbeitung von Hesses Ruf in Großbritannien beigetragen hat als alles andere, was vor 1956 geschrieben wurde."[57]

Stärker als der im Jahre 1946 verliehene Nobelpreis, der Hesse in den USA vorwiegend in literarischen Kreisen bekannt machte, wirkte Wilsons Buch auf die amerikanische Rezeption ein, die bei den Beatniks der späten 50er und 60er Jahre gruppenspezifischen Charakter annahm: "Starke Anregungen kamen von Colin Wilson, dessen anglo-amerikanischer Bestseller *The Outsider* Hesse eine literarische Sonderstellung einräumte, was eine nachhaltige Leserneugier unter den Beatniks auslöste."[58] Wie sehr den Randgruppen der Beatniks eine Katalysatorfunktion im Rezeptionsprozeß zufiel, fällt auch Carlee Marrer-Tising auf: "Kurzum, Hesses amerikanische Popularitätswelle begann, als die Beatnik-Hippie-Bewegung anfing, ihn als einen Autor des Untergrunds (underground writer) zu lesen(...)."[59] Die ideologische Affinität zwischen den Vorstellungen der Beatnik- und Hippie-Gruppen und einigen ins Englische übersetzten Texten wie *Siddharta* (übers. 1951) oder *Der Steppenwolf* (übers. 1929, 1963) erklärt sich im Zusammenhang mit den folgenden Ideologemen: *anarchistische Gesinnung, Außenseitertum, antimaterialistische Einstellung* und *Neigung zu fernöstlicher Mystik.* Vom Lesemodus der Beatniks sagt Rudolf Koester zu Recht, er "beruhte großenteils auf Identifikation".[60]

Dieser Lesemodus wird in der Hippie-Kultur der späten 60er Jahre fortgesetzt, wobei das Außenseitertum durch psychedelische

---

56 C. Wilson, "Der romantische Outsider", in: V. Michels (Hrsg.), *Über Hermann Hesse* Bd.l., 1904-1962, Frankfurt, Suhrkamp, 1976, S. 287.

57 J.J. White, "Großbritannien", in: M. Pfeifer (Hrsg.), *Hermann Hesses weltweite Wirkung* Bd.l, op.cit., S. 192.

58 R. Koester, "USA", in: *Hermann Hesses weltweite Wirkung* Bd.l, op.cit., S. 158.

59 C. Marrer-Tising, *The Reception of Hermann Hesse by the Youth in the United States*, op.cit., S. 62.

60 R. Koester, "USA", op.cit., S. 158.

Experimente mit der "Innerlichkeit" (dem Unbewußten) ergänzt wird. Für diese Ergänzung ist primär der zweite englischsprachige Vermittler Hermann Hesses verantwortlich: Timothy Leary, "ein staatlich geprüfter Drop-out, der High Priest der amerikanischen psychedelischen Bewegung, wegen LSD-Besitz und Marihuana-Schmuggel zu dreißig Jahre Gefängnis verurteilt, Psychologe und abtrünniger Harvard-Dozent (...)."[61] Leary radikalisiert die referentielle (also nicht-fiktionale und nicht-ästhetische) Lesart von Hesses Texten: "Die Kritiker erzählen uns, Hesse sei ein meisterhafter Romancier. Nun, vielleicht. Doch der Roman ist ein soziales Modell, und das Soziale in Hesse ist exoterisch. Auf einer anderen Ebene ist Hesse der Meisterführer zum psychedelischen Erlebnis und seiner Aufwertung. Vor deiner LSD-Sitzung solltest du *Siddharta* und *Steppenwolf* lesen. Der letzte Teil des *Steppenwolf* ist ein unschätzbares Lehrbuch."[62] Diese Passage zeigt, wie ein ästhetisches Objekt ("Hesse als Romancier") durch selektive Rekonstruktion, durch "Ebenenwechsel", um Leary zu paraphrasieren, zu einem referentiellen Text, zu einer Gebrauchsanweisung für den Drogengenuß werden kann. Insofern hat Ziolkowski recht, wenn er in seinem bekannten Aufsatz "Saint Hesse among the Hippies" bemerkt, daß in der Hippie-Subkultur "jegliche Diskussion über Hesses rein literarische Verdienste irrelevant ist."[63]

Nicht irrelevant hingegen ist Hesses *politisches und pazifistisches Engagement*, das sich zum Outsidertum, zur orientalischen Mystik und zum Experiment mit dem Unbewußten gesellt und zeitweise so verschiedene Gruppen wie Teenager, Beatniks, Hippies und radikale Kritiker des Vietnam-Krieges zusammenführt. Über die Allianz dieser Gruppen schreibt Fred Haines, der in den 70er Jahren den *Steppenwolf* verfilmte: "Wenn sich anfangs Beatniks und Teenager gegenseitig ignorierten, so führte der

---

61 Aus: *Hermann Hesse 1877-1977. Stationen seines Lebens, des Werkes und seiner Wirkung,* Marbach-Neckar, Gedenkausstellung zum 100.Geburtstag im Schiller-National-Museum, Deutsche Schiller-Gesellschaft, 1977, S. 384.

62 T. Leary, "Meisterführer zum psychedelischen Erlebnis", in: V. Michels (Hrsg.), *Materialien zu Hermann Hesses "Der Steppenwolf"*, Frankfurt, Suhrkamp, 1972, S. 352.

63 T. Ziolkowski, in: *Hermann Hesse 1877-1977*, op.cit., S. 387.

Vietnam-Krieg sie später zusammen, während er gleichzeitig die Kluft beider Gruppen zu der älteren Generation unüberbrückbar vergrößerte."[64] Diese Darstellung wird weitgehend von Marrer-Tising bestätigt, wenn sie im Zusammenhang mit der amerikanischen Nachkriegsgeneration von einem "greater sense of rebellion against the older generation" spricht.[65] Die pazifistisch-anarchistische Ideologie, zu der sich Hesse in seinen *Politischen Betrachtungen* direkt und im *Steppenwolf* indirekt bekennt[66], hat in den USA den Brückenschlag von den Beatniks und Hippies zur Friedensbewegung der späteren 60er Jahre ermöglicht. Allerdings geriet diese politische Rezeption niemals in Gegensatz zur romantischen, anarchistischen oder psychedelischen.

Dadurch unterscheidet sie sich von den linksradikalen und marxistischen Reaktionen der 60er Jahre in Westdeutschland: "Den jungen westdeutschen Linksradikalen – ohnehin voreingenommen gegen einen Favoriten der älteren Generation – erschien Hesse als ein unpolitischer, weltfremder Innerlichkeitsromancier (...)."[67] Damit knüpft die deutsche 68er Generation an die linke Kritik der Zwischenkriegszeit an, die sich auf besonders prägnante Art in einem Kommentar von Kurt Tucholsky artikuliert: "Es ist kein Zufall, daß diese Innenkünstler fast immer reaktionär sind oder aber – und das ist der schlimmere Fall – von Reaktionären benutzt, ausgenutzt und mißbraucht werden können."[68] Diese Kritik kündigt wiederum die Rezeptionsproblematik in der ehemaligen DDR an, deren diskursive Aspekte hier zum Abschluß skizziert werden sollen.

Für sie sind die Kommentare von Hesse-Forschern wie Fritz Böttger und Hans-Joachim Bernhard typisch, in denen es primär darum geht, Hesse trotz seines radikalen Individualismus und Idealismus für das "Erbe" der neuen sozialistischen Kultur zu

---

64 F. Haines, "Hermann Hesse und die amerikanische Subkultur", in: V. Michels (Hrsg.), *Materialien zu Hermann Hesses "Der Steppenwolf"*, op.cit., S. 393.

65 C. Marrer-Tising, *The Reception of Hermann Hesse by the Youth in the United States*, op.cit., S. 57.

66 Siehe: H. Hesse, "Krieg und Frieden. Sommer 1918", in: ders., *Politische Betrachtungen*, Frankfurt, Suhrkamp, 1970, S. 30-33.

67 R. Koester, "USA", in: H. Pfeifer (Hrsg.), *Hermann Hesses weltweite Wirkung*, op.cit., S. 161.

68 K. Tucholsky, in: *Hermann Hesse 1877-1977*, op.cit., S. 358.

"retten", d.h. ihn als bürgerlichen, kritisch-realistischen Humanisten zu vereinnahmen. Dies geschieht auf intertextueller Ebene (s.Kap.II) in ständiger unterschwelliger Polemik gegen die westdeutschen und amerikanischen Diskurse, die Hesse für die Romantik, die Moderne oder das psychische Experiment reklamieren.

Der dominierende ostdeutsche Diskurs der frühen 70er Jahre ist – auch im Bereich der Hesse-Kritik – nicht nur dualistisch, sondern auch teleologisch strukturiert. Im Rahmen des bekannten Aktantenmodells (Subjekt=Arbeiterklasse; Antisubjekt=Bürgertum; Objekt=Gesellschaft; Auftraggeber=Kommunismus; Gegenauftraggeber=Kapitalismus) wird Hesses Ambivalenz als tragischer Zwiespalt eines bürgerlichen Humanisten gedeutet, der sich nicht entschließen konnte, zum Helfer (adjuvant, Greimas) des Subjekts zu werden: "Die ausschlaggebende Möglichkeit dazu liegt in der zwiespältigen Haltung des Dichters zu den geschichtsbildenden Kräften der Epoche, zur revolutionären Arbeiterklasse, zum Kommunismus."[69] Im Zweifelsfall gilt es, teleologisch nachzuhelfen, damit aus dem Schwankenden doch noch ein brauchbarer Helfer des Proletariats werde: "Hesse hat sich den Blick für die Lebenskraft und Perspektive des Kommunismus (...) nicht trüben lassen."[70] In dieser Perspektive erscheint *Der Steppenwolf* als ein Roman des kritischen Humanismus: "*Der Steppenwolf* ist ein Buch der verzweifelten Abwehr aller Versuche einer 'Zurücknahme' des humanistischen frühbürgerlichen Denkens."[71] Das Wort 'Zurücknahme' ist nur im Rahmen eines diskursiven Schemas zu verstehen, dem die narrative Struktur "vom Feudalismus zum Kapitalismus, vom Kapitalismus zum Sozialismus (Kommunismus)" zugrunde liegt.

Daß diese ideologische Struktur nicht nur in der Hesse-Rezeption dominiert, sondern auch die ostdeutschen Deutungen anderer moderner Autoren, etwa des Kubaners José Martí, beherrscht, veranschaulicht die voluminöse Martí-Studie von Ottmar Ette, in der ein ostdeutscher Literaturwissenschaftler namens Hans-Otto Dill zitiert wird, "der immer wieder die Verbindungslinie Martí-

---

69 H.-J. Bernhard, "Hesse-Pflege und Hesse-Kult", in: F. Böttger, *Hermann Hesse, Leben. Werk. Zeit*, Berlin, Vlg. der Nation, 1974, S. 470.
70 Ibid.
71 Ibid., S. 459.

Oktoberrevolution/Lenin-Castro beschwor": "War Martí für Dill auf der politischen Ebene unbezweifelbar ein direkter Vorläufer des kubanischen Sozialismus, so erschien der Modernist auf der literarischen Ebene als eine Art Vorläufer des sozialistischen Realismus."[72]

Es geht hier nicht um die ideologische Struktur als solche, sondern um die Tatsache, daß sie ästhetische Objekte hervorbringt, die aus Hesse trotz seines Individualismus, seines Idealismus und seiner Nähe zu Nietzsche, die Bernhard selbst erwähnt[73], einen Helfer der Arbeiterklasse und einen Vorläufer der sozialistisch-realistischen Literatur machen. Daß Hesse sich mit derlei Deutungen nicht anfreunden konnte, liegt auf der Hand.[74] Nicht auf seine kritischen Reaktionen kommt es an, sondern auf die hier gewonnene Erkenntnis, daß verschiedene berufliche und ideologische Diskurse literarische Texte unterschiedlich (re-)konstruieren und daß die sich überschneidenden und divergierenden Objektkonstruktionen von gruppenspezifischen, ideologischen Interessen und kulturellen Idiosynkrasien zeugen.

---

72 O. Ette, *José Martí (Teil I). Apostel - Dichter - Revolutionär. Eine Geschichte seiner Rezeption*, Tübingen, Niemeyer, 1991, S. 291.

73 Siehe: H.-J. Bernhard, "Hesse-Pflege und Hesse-Kult", op.cit., S. 464.

74 Siehe: H. Hesse, in: M. Pfeifer, "Deutsche Demokratische Republik", in: M. Pfeifer (Hrsg.), *Hermann Hesses weltweite Wirkung* Bd.l, op.cit., S. 47.

VI. Die literarische Übersetzung

Seit Jahren bemühen sich Vertreter der Übersetzungswissenschaft, ihr Fach als eigenständigen Forschungsbereich gegen Linguistik, Semiotik und Literaturwissenschaft abzugrenzen.[1] Schon deshalb erscheint es wenig sinnvoll, diese Disziplin in ihrer Gesamtheit der ohnehin heterogenen und um ihre Identität ringenden Komparatistik einzuverleiben. Nicht die Übersetzungswissenschaft als ganze ist Bestandteil der Komparatistik, sondern ausschließlich die *literarische Übersetzung*, die es nicht nur mit sprachlichen, sondern auch mit ästhetischen Normen zu tun hat. Diese Normen wandeln sich von Epoche zu Epoche, von Gesellschaft zu Gesellschaft und von Gruppe zu Gruppe, so daß die Übersetzungstätigkeit, die von Rezeption und Interpretation nicht zu trennen ist, immer neue ästhetische Objekte oder Objektkonstruktionen (s. Kap. V) hervorbringt.

Seit langem sind sich Theoretiker der literarischen Übersetzung einig, daß Übersetzer in erster Linie Rezipienten – Leserinnen oder Leser – sind, deren gesellschaftliche, psychische und literarische Erfahrungen in den Übersetzungsprozeß eingehen: "Der Übersetzer ist in erster Linie Leser", schreibt Jiří Levý und spricht im Anschluß an Roman Ingarden und Felix Vodička von der "Konkretisierung (des Werks, P.V.Z.) seitens des Übersetzers."[2] Der Übersetzer wendet also die sprachlichen und ästhetischen Normen seiner Gesellschaftsgruppe auf den fremden Text – etwa auf Hesses *Der Steppenwolf* – an und verwandelt ihn dadurch in einen neuen Text oder ein "ästhetisches Objekt" im Sinne von Mukařovský und Vodička. Somit erscheint er als ein Geistesverwandter des Literaturkritikers, von dem Vodička sagt, ihm falle die Aufgabe zu, die Textgestalt "vom Standpunkt des ästhetischen und literarischen Empfindens seiner Zeit festzuhal-

---

1   Siehe z.B. W. Wilss, *Übersetzungswissenschaft. Probleme und Methoden*, Stuttgart, Klett, 1977, Kap. VI; R. Stolze, "Zur Bedeutung von Hermeneutik und Textlinguistik beim Übersetzen", in: M. Snell-Hornby (Hrsg.), *Übersetzungswissenschaft - eine Neuorientierung. Zur Integrierung von Theorie und Praxis*, Tübingen, Francke, 1986, S. 133-135.

2   J. Levý, *Die literarische Übersetzung. Theorie einer Kunstgattung*, Frankfurt-Bonn, Athenäum, 1969, S. 37.

ten". (Kap.V) Anders als der Kritiker gestaltet der Übersetzer den fremden Text um und wird dadurch zum Ko-Autor, zum Produzenten.

Im Anschluß an das II. und V. Kapitel kann die literarische Übersetzung nun als *ein sprachlicher Vorgang aufgefaßt werden, in dem der fremde Text, der Text der Ausgangssprache (langue de départ, source language), im Rahmen einer besonderen kulturellen und sozio-linguistischen Situation durch den Übersetzer in der Zielsprache (langue d'arrivée, target oder goal language) rekonstruiert wird.* Es wird sich zeigen, daß sich der Übersetzer als Leser *und* Autor bei dieser ästhetischen Objektkonstruktion entweder an der Produktions- oder Rezeptionssituation des fremden Textes orientieren oder versuchen kann, das Fremde den Anforderungen und Bedürfnissen der Zielsprache und der Rezipientengruppe anzupassen, für die er schreibt.

In beiden Fällen ist seine Tätigkeit als ein *intertextueller Prozeß* (s.Kap.II) aufzufassen, in dessen Verlauf er – wie Bachtin und Vološinov sagen würden – nicht Wörter hört und spricht, sondern "Wahrheit oder Lüge, Gutes oder Schlechtes, Angenehmes oder Unangenehmes usw." Anders gesagt: Übersetzung beinhaltet – wie jede literarische Produktion – stets sprachliche, ästhetische und ideologische Wertung, die von den herrschenden Normen und Werten sowie von der sozio-linguistischen Situation insgesamt nicht zu trennen ist. Zugleich ist das Übersetzen ein intertextueller Vorgang, der – wie Friedmar Apel bemerkt – in die Übersetzungstradition der Zielsprache eingebettet ist, "da Übersetzer häufig ihre Lösungen in Anlehnung oder Abgrenzung zu früheren Übersetzungen erarbeiten." [3] Wörter wie "Anlehnung" oder "Abgrenzung" deuten an, daß der intertextuelle Dialog mit dem fremden Text durch ein kritisches Verhältnis zur konkurrierenden Übersetzung ergänzt wird und daß der Übersetzer seinen Diskurs und seine Objektkonstruktionen gegen rivalisierende Entwürfe zu verteidigen hat.

Auch Komparatisten wie Hendrik van Gorp betrachten die Übersetzung aus intertextueller Sicht: "(...) Die Übersetzung ist in der Intertextualität verwurzelt. Sie wird, wörtlich verstanden, zu

---

3   F. Apel, *Literarische Übersetzung*, Stuttgart, Metzler, 1983, S. 29.

einem Zeichen der Wider-rede (contra-diction), des Meta-textes (méta-texte)."[4] Daß die intertextuelle Spannung zwischen dem fremden Text der Ausgangssprache und dem Metatext der Zielsprache auch hermeneutisch-ästhetischen und poetologischen Charakter hat, ist Werner von Koppenfels aufgefallen: "Die ästhetisch fruchtbare Spannung zur Fremdvorlage, die als Charakteristikum von Intertextualität schlechthin zu gelten hat, ist im janushaften Status der literarischen Übersetzung exemplarisch ausgebildet: Sie ist Reproduktion und Produktion zugleich, kritische Analyse und poetische Synthese, orientiert sich am fremden wie am eigenen Sprachsystem, an fremder und eigener Zeit und Gesellschaft, am übersetzten und übersetzenden Autor."[5]

Das Übersetzen ist jedoch nicht nur ein literaturimmanenter Prozeß, der ausschließlich im Bereich der *inneren Intertextualität* (s.Kap.II) abläuft, sondern auch ein Vorgang, der seine Dynamik den Interferenzen der *äußeren Intertextualität* verdankt: Übersetzt wird nicht nur – wie sich im folgenden zeigen wird – im Hinblick auf literarische und stilistische Normen oder Werte, sondern auch in ständiger Auseinandersetzung mit den ideologischen (moralischen, politischen) Soziolekten und Diskursen einer sprachlichen Situation. Auch sie tragen wesentlich zur Entstehung neuer literarischer Objektkonstruktionen bei.

Insofern entspricht die hier vorgeschlagene Auffassung der literarischen Übersetzung dem dialogischen, intertextuellen Literaturbegriff des zweiten Kapitels: Wie der literarische Text schlechthin, ist auch der Metatext des Übersetzers ein Produkt des Dialogs mit dem kulturell, sprachlich und ideologisch Fremden, mit dem Anderen. Während aber im übersetzten Text lediglich die innere und die äußere Intertextualität der ausgangssprachlichen Situation zusammenwirken, hat es der Übersetzer stets auch mit der zielsprachlichen Situation zu tun, in der Soziolekte und Wortbedeutungen entstanden sind, die der Ausgangssprache völlig fremd sein

---

4   H. van Gorp, "La Traduction littéraire parmi les autres métatextes", in: J. S. Holmes, J. Lambert, R. Van den Broeck (Hrsg.), *Literature and Translation*, Leuven, Acco, 1978, S. 110.

5   W. von Koppenfels, "Intertextualität und Sprachwechsel. Die literarische Übersetzung", in: U. Broich, M. Pfister (Hrsg.), *Intertextualität. Formen, Funktionen, anglistische Fallstudien*, Tübingen, Niemeyer, 1985, S. 139.

können (etwa wenn der übersetzte Text einem anderen Kultursystem und/oder einem anderen Jahrhundert angehört). So übersetzt beispielsweise Holger Klein das Wort "conversation" in Shakespeares *Hamlet*-Tragödie nicht mit "Konversation", sondern mit "Umgang", um eine Bedeutung wiederzugeben, die dieses Lexem bis 1770 hatte: "the action of consorting with others; living together; commerce, society, intimacy".[6]

Nicht nur die literarische Übersetzung als komparatistische Praxis ist dialogisch, intertextuell angelegt; auch die Theorie der Übersetzung sollte – wie jede andere Theorie – dialogischen Charakter haben und sich in ständiger Auseinandersetzung mit den theoretischen Diskursen der Vergangenheit und Gegenwart entfalten. Schon aus diesem Grunde werden hier in einem ersten Schritt die Ergebnisse der älteren und modernen philosophischen und wissenschaftlichen Diskussionen in aller Knappheit dargestellt und ausgewertet. Erst danach wird es möglich sein, die Problematik der Übersetzung in einem soziosemiotischen oder textsoziologischen Kontext weiterzudenken.

1. Theorien der Übersetzung: eine kritische Übersicht

Da Autoren wie Ralph-Rainer Wuthenow (1969), Susan Bassnett-McGuire (1980) und Friedmar Apel (1982) umfangreiche Arbeiten zur Geschichte der literarischen Übersetzung vorgelegt haben[7], erscheint es wenig sinnvoll, additiv vorzugehen und Altbekanntes chronologisch zu rekapitulieren. Denn weitaus wichtiger als eine rein chronologische Übersicht ist die Frage, welche theoretischen Positionen sich im Laufe der Jahrhunderte herauskristallisiert

---

6 W. Shakespeare, *Hamlet* (Bd. 1: Text Englisch-Deutsch), übers. von H. Klein, Stuttgart, Reclam, 1984, S. 172.

7 Siehe: R.R. Wuthenow, *Das fremde Kunstwerk. Aspekte der literarischen Übersetzung*, Göttingen, Vandenhoeck & Ruprecht, 1969, S. Bassnett-McGuire, *Translation Studies*, London-New York, Methuen, 1980 und F. Apel, *Sprachbewegung. Eine historisch-poetologische Untersuchung zum Problem des Übersetzens*, Heidelberg, Winter, 1982. Siehe auch T. Hermans' Kommentar zur Übersetzung im Humanismus und in der Renaissance: "Literary Translation: the Birth of a Concept", in: *New Comparison* Nr. 1, Sommer 1986, S. 28-42.

haben und wie die Argumentationsmuster der einzelnen Übersetzungswissenschaftler im Spannungsverhältnis zwischen diesen Positionen struktuiert werden.

Schon in der Einleitung wurde angedeutet, daß der Übersetzer sich zwischen zwei Polen bewegt: zwischen dem Autor und der Ausgangssprache einerseits und dem Leser und der Zielsprache andererseits. Der recht schematische, dafür aber populäre Gegensatz zwischen der "wörtlichen" und der "freien" Übersetzung ist nur im Rahmen dieses übergreifenden Gegensatzes *produktionsorientiert/rezeptionsorientiert* zu verstehen. Denn die Theoretiker, die für eine Ausrichtung auf den Autor und die Produktion plädieren, setzen sich – fast zwangsläufig – für die "wörtliche" Übersetzung und die "Treue zum Original" ein; ihre Opponenten hingegen, die dem Leser und der Zielsprache den Vorzug geben, müssen für die "freie" Übersetzung eintreten, weil Lesbarkeit und Treue zum Original selten auf einen Nenner zu bringen sind.

Es versteht sich von selbst, daß der Gegensatz zwischen Produktion und Rezeption in dem hier entworfenen Zusammenhang keinen wertenden, sondern einen funktionalen Charakter hat: Bestimmte Texte – etwa altgriechischer oder römischer Autoren – werden zumeist aus didaktischen Gründen wörtlich übersetzt; auch Prosaübersetzungen von Gedichten haben häufig wörtlichen, produktionsorientierten Charakter und dienen didaktischen Zwekken. Zahlreiche andere Übersetzungen – auch antiker Autoren – sind hingegen "frei" und auf die zeitgenössische Rezeption ausgerichtet, weil sie das Interesse des Durchschnittslesers für die Antike, das Mittelalter oder die Renaissance wecken und nicht im Keim ersticken sollen.

Der Gegensatz hat auch eine theoretisch-funktionale Bedeutung, weil er neben dem Gegensatz von "wörtlich" und "frei" auch den methodologisch wesentlichen zwischen *Ausdrucksebene* und *Inhaltsebene* hervortreten läßt. Während die Ausdrucksebene im Sinne von Louis Hjelmslev[8] vorläufig als die *Gesamtheit der Signifikanten* (Saussure), der phonetischen Einheiten, definiert werden kann, entspricht die Inhaltsebene weitgehend der *Gesamt-*

---

8   Siehe: L. Hjelmslev, *Prolegomena zu einer Sprachtheorie*, München, Hueber, 1974, Kap. 13: "Ausdruck und Inhalt".

heit der Signifikate, der semantischen Einheiten. (Siehe: Abschn. 2.) Im Rahmen des Gegensatzes zwischen einer produktionsorientierten und einer rezeptionsorientierten Übersetzung ist die Unterscheidung zwischen Ausdrucks- und Inhaltsebene deshalb wichtig, weil Übersetzer, die sich an der Ausgangssprache und am Produktionszusammenhang orientieren, auch dazu neigen, die Besonderheiten des Originalausdrucks (Alliterationen, Assonanzen, Reime) zu berücksichtigen, während Übersetzer, die die Rezeption und die Zielsprache privilegieren, vor allem den semantischen Inhalt des Originals und die Ausdrucksebene ihrer eigenen Sprache (etwa ihre akustischen und rhetorischen Vorzüge) ins Auge fassen. In vielen Fällen nehmen sie sich eine Umgestaltung des fremden Inhalts vor, und die Übersetzung geht in *Paraphrase* oder *Umdichtung* über.

Die Geschichte der literarischen Übersetzung und der Übersetzung allgemein weist zahlreiche Peripetien und gegenläufige Tendenzen auf, und es ist daher kaum möglich, eine Epoche oder Gesellschaft auf eine der hier skizzierten Positionen festzulegen. In fast jeder gesellschaftlichen und sprachlichen Situation konkurrieren verschiedene Auffassungen der Übersetzung miteinander, so daß neben der Ausrichtung auf die Zielsprache und den Rezeptionszusammenhang fast immer auch die Ausrichtung auf den Autor als Produzenten und den Text der Ausgangssprache anzutreffen ist.

Dennoch läßt sich zeigen, daß zu einem bestimmten Zeitpunkt in einer Kultur wie der römischen oder der deutschen sowohl in der Theorie als auch in der Praxis der Übersetzung eine der beiden Grundtendenzen vorherrscht. Man verlangt eine leserfreundliche Übertragung, die sich primär nach den Regeln der Zielsprache richtet, *oder* man fordert Treue zum Original und zum Produktionskontext der Ausgangssprache.

In der römischen Antike, in der die Übersetzung erstmals systematisch praktiziert wurde, setzt sich die Ansicht durch, dem Übersetzer falle die Aufgabe zu, den fremden Text "einzubürgern", d.h. ihn den rhetorischen Regeln der Zielsprache anzupassen. So geht beispielsweise Marcus Tullius Cicero (106-43) vom Primat der lateinischen Sprache und ihrer stilistischen und ästhetischen Normen aus und nimmt sich vor, eines Tages den griechischen Redner Aischines (389-314) wie einen Römer zum römischen Publikum sprechen zu lassen: "Aliqvando enim Aeschinem ipsvm Latine dicentem avdiamvs."[9] Deshalb möchte er, daß griechische Autoren nicht "Wort für Wort" ("verbvm pro verbo"), sondern mit Ausdrücken, die der römischen Gewohnheit entsprechen ("ad nostram consvetvdinem aptis") wiedergegeben werden.[10] Für ihn selbst bedeutet dies konkret, er habe die Texte "nicht als Dolmetsch, sondern als Redner umgestaltet" ("nec converti vt interpres, sed vt orator"). – *Der Anspruch des Eigenschöpferischen und die geringschätzende Ablehnung der bloßen 'interpretatio' gehören im Denken Ciceros eng zusammen"*, folgert Arno Reiff.[11]

Die eigene stilistische Schöpfung steht auch bei Plinius dem Jüngeren (61-113) im Mittelpunkt des Kommentars zur Übersetzung. Auch dieser Autor betrachtet das Übersetzen aus dem Griechischen primär als eine lateinische Stilübung, die den Blick des Römers für die lexikalischen Nuancen und die Interaktion der Figuren schärft: "Diese Art von Übung verbessert und erweitert den Wortschatz, steigert die Mannigfaltigkeit der Stilfiguren, die Ausdruckskraft; außerdem erwirbt man durch die Nachahmung der Besten eine vergleichbare Erfindungsgabe (inveniendi facvltas)." Etwas weiter fügt Plinius hinzu: "So erwirbt man kritische Einsicht und Urteilsfähigkeit." ("Intelligentia ex hoc et ivdicivm adqviritvr.")[12] Es geht also nicht darum, dem Original näherzukommen, sondern im Rezeptionszusammenhang zu reüssieren. Das Original ist lediglich Mittel zum Zweck.

Weshalb diese Einstellung in der römischen Gesellschaft vorherrscht, erklärt Susan Bassnett-McGuire, wenn sie ganz zu Recht darauf hinweist, daß die meisten gebildeten Römer zweisprachig waren und daher die Übersetzung *anhand* des Originals lasen und beurteilten: "The translated text was read *through* the

---

9   M. T. Cicero, zitiert nach: A. Reiff, *Interpretatio, imitatio, aemulatio. Begriff und Vorstellung literarischer Abhängigkeit bei den Römern*, Köln, Phil. Diss., 1959, S.40.

10 Ibid.

11 Ibid., S. 44.

12 G. Plinius, *Lettres*, t.III, *Livres* VII-IX, éd. G. Budé, Coll. des Universités de France, Paris, A.M. Guillemin, 1959, S. 9.

source text (...)". Sie fährt fort: "Der gute Übersetzer setzte also den Originaltext bei seiner Leserschaft als bekannt voraus und ging aufgrund dieser Vorkenntnis eine bestimmte Verpflichtung ein, denn er wußte, daß das Urteil über sein Talent als Übersetzer von der Kreativität abhing, mit der er sein Modell umgestaltete."[13] Kreativität ist hier das Schlüsselwort: denn es kommt nicht darauf an, das ohnehin bekannte Original Wort für Wort zu übersetzen, sondern mit ihm in der Zielsprache rhetorisch und stilistisch zu wetteifern, um es möglichst zu übertreffen. Dies bedeutet zugleich, daß die Ausdrucksebene der Zielsprache wesentlich ist, die der Ausgangssprache hingegen sekundär.

Nicht um stilistisch oder rhetorisch zu glänzen, sondern um von seinem frühchristlichen Publikum gelesen und verstanden zu werden, setzt der Bibelübersetzer Hieronymus (348-420) die römische Tradition fort. Unumwunden gibt er in seinem bekannten Brief an Pammachius zu, daß er "nicht ein Wort durch das andere, sondern einen Sinn durch den anderen ausdrücke" ("non verbvm e verbo sed sensvm exprimere de sensv").[14] Dabei beruft er sich auf Cicero und die Apostel, die seiner Ansicht nach nicht Worte, sondern Sinngehalte übersetzt haben. Zugleich versucht er den Vorwurf zu entkräften, er habe die ursprünglichen Bedeutungen des Bibeltextes verzerrt.

Gegen diesen Vorwurf wehrt sich Jahrhunderte später auch der Bibelübersetzer Martin Luther (1483-1546), der einerseits die Treue zum Text ernst nimmt, andererseits jedoch vom Volk verstanden werden möchte und deshalb alle unidiomatischen Redewendungen und gelehrten Floskeln meidet. In seinem "Sendbrief vom Dolmetschen" (1530) tritt stärker als bei den bisher genannten Autoren das Spannungsverhältnis zwischen Ausgangs- und Zielsprache in den Vordergrund. Ein Satz aus dem Neuen Testament wie "Ex abvndantia cordis os loqvitvr" soll nicht umständlich mit "Aus dem Überfluß des Herzens redet der Mund" wiedergegeben, sondern in ein idiomatisches Deutsch übersetzt

---

13 S. Bassnett-McGuire, *Translation Studies*, op.cit., S. 45.

14   Hl. Hieronymus, "Brief an Pammachius", in: H. J. Störig (Hrsg.), *Das Problem des Übersetzens*, Darmstadt, Wiss. Buchgesellschaft, 1973, S. 1. - Zitiert nach: Saint Jérôme, *Lettres* t.III, texte établi et traduit par J. Labourt, Paris, Société d'Edition "Les Belles Lettres", 1953, S. 59. (Zweisprachige Ausgabe.)

werden: "Wes das Herz voll ist, des gehet der Mund über". –
"Das heißt gut Deutsch geredet, des ich mich beflissen und leider
nicht allwege erreicht noch getroffen habe", kommentiert Luther
die von ihm vorgeschlagene Variante.[15]

Auf ganz andere Art als die Bibelübersetzer Hieronymus und
Luther, die trotz ihrer Leserfreundlichkeit und Volkstümlichkeit
von ihrem eigenen Glauben zur "Texttreue" angehalten wurden,
setzen im Anschluß an Erasmus von Rotterdam und die humanistische Tradition Italiens (L. Castelvetro, F. da Longiano) die
Literaten der französischen Renaissance und des Klassizismus –
des 17. Jahrhunderts – die römische Tradition fort. Sie tun es in
einem sozio-linguistischen Kontext, in dem es, wie Renée Balibar
und Dominique Laporte gezeigt haben[16], zu einer Konsolidierung
des Französischen als Nationalsprache kommt, die u.a. zur Folge
hat, daß sich viele Übersetzer bemüßigt fühlen, den fremden Text
im Rahmen verschiedener nationaler Ideologien den herrschenden
ästhetischen und stilistischen Normen anzupassen. So entstehen
"freie", vom Geschmack der Zeitgenossen diktierte Übersetzungen, die sich einerseits durch "Schönheit", andererseits durch
"Untreue" dem Original gegenüber auszeichnen und als "Belles
Infidèles" in die Literaturgeschichte eingehen.

Auf die kulturpolitische und ideologische Funktion der "Belles
Infidèles" geht Jürgen von Stackelberg ein, wenn er einerseits die
Ausrichtung der damaligen französischen Übersetzung auf die
Normen der Zielsprache hervorhebt, andererseits auf die Bedeutung dieser Textsorte für die nationale Ideologie hinweist: "Immer
wieder ging es darum, aus dem *fremden Autor einen Franzosen
zu machen*, wie es auch im achtzehnten Jahrhundert noch immer
ganz ebenso heißt, wie es im siebzehnten Jahrhundert geheißen
hatte."[17] Er dehnt seinen Kommentar in den ideologie- und kul-

---

15 M. Luther, "Sendbrief vom Dolmetschen", in: H. J. Störig (Hrsg.), *Das Problem
    des Übersetzens*, op.cit., S. 21-22.

16 Siehe: R. Balibar, D. Laporte, *Le Français national*, Paris, Hachette, 1972.

17 J. von Stackelberg, "Blüte und Niedergang der 'Belles Infidèles'" in: H. Kittel
    (Hrsg.) *Die literarische Übersetzung. Stand und Perspektiven ihrer Forschung*,
    Berlin, E. Schmidt Vlg., 1988, S. 20. Siehe auch: R. Zuber, *Les Belles Infidèles et
    la formation du goût classique: Perrot d'Ablancourt et Guez de Balzac*, Paris, A.
    Colin, 1968 und S. Guellouz (Hrsg.), *La Traduction au XVIIᵉ siècle*, Paris, Klincksieck, 1990.

turkritischen Bereich aus, wenn er bemerkt, daß die "Belles Infidèles" zu "Zeugnissen französischer Kulturüberlegenheit" werden.[18]

Charakteristisch für diese Einstellung zur literarischen Übersetzung ist das Werk eines Nicolas Perrot d'Ablancourt (1606-
1664), der sich als Humanist und Rhetoriker vornimmt, so zu
übersetzen, "daß die Feinheiten unserer Sprache nicht verletzt
werden" ("sans choquer les delicatesses de nostre Langue"), und
der in jeder Hinsicht die ciceronische Tradition fortsetzt. Über den
fremden Autor schreibt er: "Kurzum: nicht so sehr auf das achten,
was er sagt, als vielmehr darauf, was es sich zu sagen geziemt (ce
qu'il faut dire), und eher seine Absicht als seine Worte im Auge
behalten. Deshalb sagt Cicero, der ein großer Meister der Rede-
kunst war und die Reden des Aischines und des Demosthenes zu
übersetzen hatte, daß er es nicht als Dolmetscher, sondern als
Redner tat; denn er wußte sehr wohl, daß er sonst keinen Erfolg
gehabt hätte."[19]

Ähnlich äußern sich die Vorgänger und Zeitgenossen von
Perrot d'Ablancourt: etwa François de Malherbe und Antoine du
Breton. Während der eine unumwunden zugibt, er habe beim
Übersetzen einiges "hinzugefügt oder ausgelassen" ("ajouté ou
retranché")[20], um die Klarheit des Ausdrucks zu wahren, um
Wiederholungen zu vermeiden oder um den "esprit délicat" seines
Publikums nicht zu verletzen, fordert der andere, die Übersetzung
oder "version", müsse in jeder Hinsicht "einem Produkt unseres
Geistes gleichen" ("qu'elle paroisse une pure production de nostre
esprit").[21]

Trotz der Hegemonie der rezeptionsorientierten oder "freien"
Übersetzung im Frankreich der Renaissance und des Klassizismus
können, wie eingangs bereits angedeutet, auch in dieser Epoche
gegenläufige Tendenzen aufgezeigt werden. So verfaßt beispiels-

---

18 Ibid., S. 22.

19 N. Perrot d'Ablancourt, in: P. A. Horguelin (Hrsg.), *Anthologie de la manière de
    traduire. Domaine français*, Montreal, Linguatech, 1981, S. 93.

20 F. de Malherbe, in: P. A. Horguelin (Hrsg.), *Anthologie de la manière de traduire*,
    op.cit., S. 78.

21 A. du Breton, in: P. A. Horguelin (Hrsg.), *Anthologie de la manière de traduire*,
    op.cit., S. 91.

weise Gaspard Bachet de Méziriac (1581-1638) als Gründungsmitglied der Académie française im Jahre 1635 einen "Discours de la traduction", der im wesentlichen eine Polemik gegen Jacques Amyot und dessen freie Übersetzung ist. Bachet de Méziriac fordert u.a., der Übersetzer möge dem Original nichts hinzufügen ("qu'il n'ajoute rien à ce que dit son Auteur"), er möge nichts auslassen ("qu'il ne retranche rien") und keine sinnentstellenden Änderungen vornehmen ("qu'il n'y rapporte aucun changement qui puisse altérer le sens").[22] Anderthalb Jahrzehnte später veröffentlicht der Bischof Pierre-Daniel Huet, der auch einen Traktat über die Poetik des Romans verfaßt hat[23], eine Abhandlung mit dem Titel *De interpretatione* (1661), in der er sich gegen das freie Übersetzen ausspricht. (Eine besondere Rolle spielt das Problem der Übersetzung auch in der Querelle des Anciens et des Modernes, insbesondere in der Frage einer adäquaten Homer-Übertragung. Während Houdar de la Motte die *Ilias* frei übersetzt (1713), plädiert Madame Dacier für eine produktionsorientierte Übersetzungsweise.)

Im 18. Jahrhundert koexistieren zwar beide Tendenzen, aber die Anzahl der originalgetreuen Übersetzungen nimmt, wie Jürgen von Stackelberg bemerkt, zu, und das Erscheinen besonders "schöner und untreuer" Übertragungen in der zweiten Hälfte dieses Jahrhunderts vermag diese Entwicklung nicht mehr umzukehren. Mit Chateaubriands Milton-Übersetzung setzt schließlich eine Umorientierung ein, die für die gesamte europäische Romantik charakteristisch ist: "Gleichzeitig aber hatte Chateaubriand sich schon an die mühevolle Arbeit seiner ersten Milton-Übersetzung gemacht, die nach dreißigjähriger Arbeit 1834 erschien und die erste 'getreue Häßliche' der französischen Übersetzungsgeschichte genannt zu werden verdient."[24] Es wird sich zeigen, daß auch die deutschen Romantiker wesentlich zu dieser Tendenzwende beigetragen haben.

Auch im England des 17. und 18. Jahrhunderts sind – ähnlich

---

22 G. Bachet de Méziriac, in: P. A. Horguelin (Hrsg.), *Anthologie de la manière de traduire*, op.cit., S. 82.

23 Siehe: P.-D. Huet, *Traité de l'origine des romans* (1670). Nebst der Happelschen Übersetzung von 1682, Faksimileausgabe, Stuttgart, Metzler, 1966.

24 J. von Stackelberg, "Blüte und Niedergang der 'Belles Infidèles'", op.cit., S. 24.

wie in Frankreich – gegenläufige Tendenzen zu erkennen. Zu denjenigen, die der freien, paraphrasierenden und rezeptionsorientierten Übersetzung den Vorzug geben, gehört zweifellos John Dryden (1631-1700), der, französischen Modellen folgend, eine lesbare, zeitgenössische Übertragung anstrebt: "Mir lag daran, Vergil so sprechen zu lassen, wie er selbst gesprochen hätte, wenn er in England und in unserer Zeit zur Welt gekommen wäre."[25] Dies bedeutet konkret, daß Ergänzungen und Auslassungen legitim sind, wenn sich herausstellt, daß eine Ausdrucksweise, die im Griechischen oder Lateinischen anmutig ist, im Englischen ihren Glanz verliert: "that what was beautiful in the Greek or Latin would not appear so shining in the English."[26] Auf diesen Glanz scheint es aber Dryden anzukommen, wenn er vom Übersetzer verlangt, er solle zwar den Charakter seines Autors wahren, diesen jedoch "so reizvoll wie möglich erscheinen lassen" ("make his author appear as charming as possibly he can").[27]

Gegen diese großzügige, rezeptionsorientierte Art des Übersetzens spricht sich an der Schwelle zum 19. Jahrhundert Alexander Fraser Tytler mit seinem Buch *Principles of Translation* (1791) aus, der ersten systematischen Abhandlung in englischer Sprache. Obwohl er eher zur Originaltreue tendiert und dazu neigt, den Produktionszusammenhang zu privilegieren, hält auch er Ergänzungen oder Auslassungen für gerechtfertigt, wenn sie zur Klärung des Textzusammenhangs beitragen. Wie Dryden beruft er sich auf den Geschmack seiner Zeit, ohne, wie Karl Dedecius richtig bemerkt, "erläutert zu haben, was überall und zu allen Zeiten denn mit Sicherheit als guter Geschmack zu werten sei."[28]

Einen Konsens über den guten Geschmack scheint es nur in klassizistischen Perioden zu geben, in denen eine allgemein verbindliche Regelpoetik dominiert: etwa im Frankreich des 17. Jahrhunderts oder in der ersten Phase der deutschen Aufklärung. Obwohl Johann Christoph Gottsched (1700-1766), einer der

---

25 J. Dryden, *Dedication of the Aeneis* (1697), zit. nach: S. Bassnett-McGuire, *Translation Studies*, op.cit., S. 60.

26 J. Dryden, "Preface to Sylvae", in: ders., *Of Dramatic Poesy and other Critical Essays* (vol. II), ed. G. Watson, London, J.M. Dent & Sons, 1962, S. 19.

27 Ibid.

28 K. Dedecius, *Vom Übersetzen*, Frankfurt, Suhrkamp, 1986, S. 100.

wichtigsten Vertreter der deutschen Aufklärung und des Klassizismus, eine recht gemäßigte Haltung zwischen den beiden Extremen einnimmt, setzt er sich – ähnlich wie Dryden – für eine sinngetreue, aber rezeptionsorientierte Übertragung ein, die dem Zeitgeschmack gerecht wird: "Daher drücke man denn (...) alles mit solchen Redensarten aus, die in seiner Sprache nicht fremde klingen, sondern derselben eigenthümlich sind."[29] Über Gottsched und seinen Schüler Georg Venzky, den Autor der Abhandlung *Das Bild eines geschickten Übersetzers*, schreibt Friedmar Apel: "Venzky deduziert hier aus den allgemeinen Prinzipien von Gottscheds Sprach- und Dichtkunst genauere Anweisungen für den Übersetzer, in denen Genauigkeit, Deutlichkeit und Klarheit, vor allem aber Reinheit und Regelrichtigkeit des Zielsprachentextes die immer wiederkehrenden Grundsätze sind."[30]

Hier zeigt sich, daß die Übersetzungstheorie der Aufklärung nicht nur auf die Zielsprache und den Rezipienten ausgerichtet ist, sondern zugleich von einer rationalistischen (logozentrischen) Sprachauffassung ausgeht, die vom Rationalismus des Aufklärers Christian Wolff (1679-1754) geprägt ist. Der Übersetzer erscheint bei Gottsched und anderen Vertretern der Aufklärung als "Zeichen-Austauscher"[31], und die Ausdrucksebene des Textes (die Ebene der Signifikanten) wird auf rationalistische Art der Inhaltsebene (der Ebene der Signifikate) untergeordnet. Der Rationalist setzt – wie später der Cartesianer Saussure – voraus, daß die Verbindung zwischen Signifikant und Signifikat willkürlich ist und daß folglich grundverschiedene Signifikanten – etwa *Meer, sea, mar, more* – vertauschbar sind, weil sie ein- und dasselbe Signifikat bezeichnen (denotieren). Die Verschiedenheit und Besonderheit der Sprachen wird auf diesem Wege rationalistisch-platonisch umgangen: auf den Begriff gebracht.

Als erster stellt Johann Gottfried Herder (1744-1803) in seiner Abhandlung *Über den Ursprung der Sprache* (1772) diese rationalistische Sprachauffassung in Frage: "Aber Worte selbst, Sinn,

---

29 J. Ch. Gottsched, "Von den Übersetzungen", in: ders. *Ausgewählte Werke* (Hrsg. P.M. Mitchell), Bd. VII, 2.Teil, Berlin-New York, De Gruyter, 1975, S. 7.

30 F. Apel, *Sprachbewegung. Eine historisch-poetologische Untersuchung zum Problem des Übersetzens*, Heidelberg, Winter, 1982, S. 38.

31 Ibid., S. 39.

Seele der Sprache – welch ein unendliches Feld von Verschiedenheit!"[32] "Nicht mehr erscheint die Vielheit der Sprachen als Mangel", kommentiert Friedmar Apel Herders Text, "sondern Verschiedenheit, Mannigfaltigkeit, Besonderheit werden zu positiven Kategorien, jede einzelne Sprache wird unverwechselbar, irreduzibel."[33] Mit diesem Entwurf kündigt Herder die romantische Philosophie der Übersetzung an, in der es nicht mehr um "die 'Einbürgerung' des Fremden" geht, von der Kloepfer spricht[34], sondern um ein utopisches "Sich-Hinüberbiegen zum Fremden", das Ralph-Rainer Wuthenow im Zusammenhang mit Schleiermacher beschreibt.[35]

In seiner Abhandlung *Über die verschiedenen Methoden des Übersetzens* (1813) entwarf der Theologe, Übersetzer und Begründer der modernen Hermeneutik Friedrich Schleiermacher (1768-1834) eine romantische Alternative zur rationalistischen und klassizistischen Theorie der Übersetzung. Wie Dryden und andere Vorgänger geht er zwar von den beiden Möglichkeiten aus, dem fremden Schriftsteller seine Fremdheit zu belassen und dem Leser einen Lernprozeß zuzumuten oder dem Leser einen Gefallen zu tun und den fremden Autor so sprechen zu lassen, wie er als Deutscher gesprochen hätte; diese beiden Varianten oder Methoden der Übersetzung sind jedoch streng auseinanderzuhalten, da "aus jeder Vermischung (...) ein höchst unzuverlässiges Resultat notwendig hervorgeht, und zu besorgen ist, daß Schriftsteller und Leser sich gänzlich verfehlen."[36]

Am Ende seiner Abhandlung läßt Schleiermacher allerdings keinen Zweifel daran aufkommen, daß es nicht darum gehen kann, "die Geister der Sprachen in einander aufzulösen", sondern daß

---

32 J. G. Herder, *Über den Ursprung der Sprache*, zit. nach F. Apel, *Sprachbewegung*, op.cit., S. 87.

33 Ibid. - Zum Rationalismus und Universalismus der Aufklärung bemerkt Apel in *Literarische Übersetzung*, op.cit., S. 43: "Fremde Gedanken dürfte es nach einem aufklärerischen Sprachbegriff eigentlich nicht geben."

34 R. Kloepfer, *Die Theorie der literarischen Übersetzung*, München, Fink, 1967, S. 66.

35 R. R. Wuthenow, *Das fremde Kunstwerk. Aspekte der literarischen Übersetzung*, Göttingen, Vandenhoeck & Ruprecht, 1969, S. 55.

36 F. Schleiermacher, "Ueber die verschiedenen Methoden des Uebersezens", in: H. J. Störig (Hrsg.), *Das Problem des Übersetzens*, op.cit., S. 47.

es darauf ankommt, das Fremde zu erkennen und in seiner Fremdheit zu verstehen. Will man dieses Ziel erreichen, so kommt nur die erste Methode, die auch der Romantiker Chateaubriand praktizierte, in Frage: "Dies scheint in der Tat der wahre geschichtliche Zwekk des Uebersezens im großen, wie es bei uns nun einheimisch ist. Für dieses aber ist nur die Eine Methode anwendbar, die wir zuerst betrachtet haben."[37] Daher soll, wie Wuthenow es ausdrückt, stets ein "Hauch von Fremdheit über der Übersetzung liegen"[38], damit der Leser zum Original geführt werde.

Ähnlich wie Schleiermacher äußert sich auch Wilhelm von Humboldt in der Einleitung zu seiner Übersetzung von Aischylos' *Agamemnon* (1816). Auch er plädiert für die Treue zum Original und zu dessen Fremdheit, weil "kein Wort Einer Sprache vollkommen einem in einer anderen Sprache gleich ist."[39] Unmißverständlich wird hier die rationalistische Sprachauffassung Wolffs, Gottscheds und Drydens verabschiedet, die sich über die Besonderheiten der Ausdrucksebene hinwegsetzte und versuchte, die voneinander abweichenden Signifikanten auf einen Nenner, auf ein Signifikat zu bringen. Diesem abstrakten Universalismus opponiert Humboldts Übersetzung: "Denn sie sucht als dann auch feine Eigenthümlichkeiten nachzuahmen, vermeidet das bloss Allgemeine, und kann doch immer nur jeder Eigenthümlichkeit eine verschiedene gegenüberstellen."[40] Daher trägt jede Übersetzung – wie schon bei Schleiermacher – "eine gewisse Farbe der Fremdheit an sich".[41]

Diese antirationalistische, romantische Betonung der Besonderheit des fremden Originals und der Ausdrucksebene der Sprache klingt in einigen Sprachphilosophien und Übersetzungstheorien des 20. Jahrhunderts nach. Ihre Nähe zur Romantik ist kein Zufall, sondern erklärt sich genetisch (s. Kap. IV) aus dem unmittelbaren Einfluß romantischer Autoren oder typologisch (s. Kap. III) im Zusammenhang mit einem antirationalistischen

---

37 Ibid., S. 69.
38 R. R. Wuthenow, *Das fremde Kunstwerk*, op.cit., S. 53.
39 W. von Humboldt, "Einleitung zu *Agamemnon*", in: H. J. Störig (Hrsg.), *Das Problem des Übersetzens*, op.cit., S. 80.
40 Ibid., S. 81.
41 Ibid., S. 83.

Impuls, der u.a. als Revolte gegen eine auf dem Herrschaftsprinzip gegründete, technologisierte Gesellschaft zu verstehen ist. In diesem Sinne sind sowohl Walter Benjamins als auch Jacques Derridas Kommentare zur Übersetzung als "romantisch" aufzufassen: Beide Autoren wenden sich gegen einen Sprachbegriff, der die Ausdrucksebene auflöst und sich ausschließlich am vertauschbaren Signifikat orientiert.

In seinem bekannten Aufsatz "Die Aufgabe des Übersetzers" (1923) plädiert Walter Benjamin für eine Übersetzung, die vor allem "die Art des Meinens" – d.h. die Ausdrucksebene – berücksichtigt und versucht, sich mimetisch dem fremden Original anzugleichen. Im Gegensatz zu den rationalistischen und klassizistischen Theoretikern nimmt er die phonetischen und semantischen Verschiebungen wahr, die im Übergang von einem Signifikanten zum anderen erfolgen: "In 'Brot' und 'pain' ist das Gemeinte zwar dasselbe, die Art, es zu meinen, dagegen nicht. In der Art des Meinens nämlich liegt es, daß beide Worte dem Deutschen und Franzosen je etwas Verschiedenes bedeuten, daß sie für beide nicht vertauschbar sind, ja sich letzten Endes auszuschließen streben; am Gemeinten aber, daß sie, absolut genommen, das Selbe und Identische bedeuten."[42] Hier spricht der Neuromantiker, der auch in seinen Kommentaren zur Kunst- und Sprachtheorie von der Einmaligkeit, der Unvertauschbarkeit des Wortzeichens ausgeht und die rationalistischen Thesen mit der Behauptung herausfordert, die Sprache sei "nicht ein verabredetes System von Zeichen".[43]

In Anbetracht dieser Sprach- und Übersetzungstheorie nimmt es nicht wunder, wenn sich Benjamin – stärker noch als Schleiermacher oder Humboldt – am Produktionszusammenhang und am fremden Text orientiert. Er erscheint als der eigentliche Antipode der Aufklärer und Rationalisten des 17. und 18. Jahrhunderts, wenn er schreibt: "Denn kein Gedicht gilt dem Leser, kein Bild dem Besucher, keine Symphonie der Hörerschaft".[44]

---

42 W. Benjamin, "Die Aufgabe des Übersetzers", in: ders., *Gesammelte Schriften* Bd. IV.1, Frankfurt, Suhrkamp, 1972, S. 14.

43 W. Benjamin, "Über das mimetische Vermögen", in: ders., *Gesammelte Schriften* Bd. II.1, Frankfurt, Suhrkamp, 1977.

44 W. Benjamin, "Die Aufgabe des Übersetzers", op.cit., S. 9.

Es geht hier nicht um die Frage, ob diese extreme Aussage, die die gesamte Rezeptionsästhetik und die halbe Komparatistik überflüssig zu machen scheint, zutrifft, sondern um die Erkenntnis, daß sich die Übersetzungstheorie in ihrer Entwicklung zwischen den Polen der Produktion und der Rezeption, des Ausdrucks und des Inhalts bewegt und daß seit der Romantik die Theorien, die den Produktions- und Ausdruckszusammenhang privilegieren, in den Vordergrund treten. Zu ihnen gehört auch die Ästhetik Benedetto Croces, die die Übersetzbarkeit als solche in Frage stellt: "Tatsächlich mindert oder zerstört jede Übersetzung die Qualität oder läßt eine neue Ausdrucksform (nuova espressione) entstehen (...)."[45] Croce läßt nur die Nachdichtung gelten, der eine eigene ästhetische Qualität zukommt, weil sie "Originalwert" hat.

Besonders extrem ist die Position des französischen Philosophen und Begründers der Dekonstruktion Jacques Derrida, der in einem Artikel über Walter Benjamin, der den Titel trägt "Des Tours de Babel" (1985), die Übersetzung als Aporie darstellt. Der Gott von Babel fordert und verbietet zugleich die Übersetzung; sein Name ist unübersetzbar, und "die Übersetzung wird sowohl notwendig als auch unmöglich" ("la traduction devient alors nécessaire et impossible").[46] Ihre Unmöglichkeit wird sowohl Benjamin als auch Derrida zum Thema, und Derrida schreibt über Benjamin: "Das stets Intakte, Unfaßbare, Unberührbare ist es, was den Übersetzer fasziniert und seine Arbeitsweise bestimmt." ("Le toujours intact, l'intangible, l'intouchable, c'est ce qui fascine et oriente le travail du traducteur.")[47] Der Textsinn ist "unfaßbar", weil Derridas dekonstruktionistischer Theorie zufolge nur Sinnverschiebungen zwischen Signifikanten denkbar sind, nicht jedoch die "Sinnpräsenz" irgendeines fixierbaren, endgültigen Signifikats (Begriffs).[48]

---

45 B. Croce, *Estetica come scienza dell'espressione e linguistica generale*, Bari, Laterza, 1973 (12.Aufl.), S. 76.

46 J. Derrida, "Des Tours de Babel", in: J. F. Graham (Hrsg.), *Difference in Translation*, London-Ithaca, Cornell Univ. Press, 1985, S. 214.

47 Ibid., S. 235.

48 Siehe: J. Derrida, "Die Différance", in: ders., *Randgänge der Philosophie*, Wien, Passagen-Verlag, 1988, S. 29-52.

Die Semiotik als kritische Sozialwissenschaft wird zwar Benjamins und Derridas Überlegungen zur Übersetzbarkeit ernst nehmen, sie wird sich jedoch nicht von den theologischen Geheimnissen der Dekonstruktion faszinieren lassen. Eher wird sie versuchen, den Text strukturell und funktional zu betrachten, um die Spielräume und Grenzen der Übersetzung abstecken zu können.

2. Übersetzung semiotisch: Inhalt-Ausdruck, Monosemie-Polysemie, Denotation-Konnotation

Keine kritische Sozialwissenschaft wird auf philosophische Reflexion verzichten wollen; dies ist einer der Gründe, weshalb hier die literarischen und philosophischen Theorien der Übersetzung besprochen wurden. Dabei hat sich herausgestellt, daß das Spannungsverhältnis zwischen Produktions- und Rezeptionskontext, zwischen Ausdrucks- und Inhaltsebene die gesamte historische Diskussion polarisiert und in die zeitgenössischen Sprachphilosophien hineinwirkt. Die Semiotik wird sich zwar hüten, die Erkenntnisse dieser Philosophien (Croces, Benjamins, Derridas) zu ignorieren, wird aber der Frage nachgehen, inwiefern sich die Übersetzungsproblematik von Textsorte zu Textsorte (wissenschaftlicher, poetischer, politischer Text) ändert und inwiefern die Besonderheiten einer Gattung (etwa der Lyrik Shakespeares und Georges) für Terminologie und Methode von Bedeutung sind.

Denn es leuchtet ein, daß das Verhältnis von Inhalt und Ausdruck, Monosemie und Polysemie, Denotation und Konnotation zwar in nahezu allen Textsorten eine wichtige Rolle spielt, in literarischen Texten und vor allem in der Versdichtung jedoch eine besondere Form annimmt. Schon Dryden zeigte sich von der Wechselbeziehung zwischen Ausdrucks- und Inhaltsebene bei Vergil beeindruckt: "Überall läßt sein Vers den Gegenstand heraushören, dessen Sinn er ausdrückt." ("His verse is everywhere sounding the very thing in your ears whose sense it bears.")[49] Wie sehen nun die Vorgänge auf den beiden Ebenen im Übersetzungszusammenhang konkret aus?

---

49 J. Dryden, "Preface to Sylvae", op.cit., S. 21.

Geht man davon aus, daß – wie bereits angedeutet – die von Louis Hjelmslev definierte *Ausdrucksebene* der Gesamtheit von Saussures *Signifikanten* entspricht, während die *Inhaltsebene* als die Ebene der *Signifikate* umschrieben werden kann, so kann man mit Hjelmslev noch einen Schritt weiter gehen und die Eigengesetzlichkeit dieser beiden Ebenen postulieren. Sie besteht darin, daß in jeder Sprache aufgrund besonderer phonetischer sowie semantisch-syntaktischer Gesetzmäßigkeiten die zunächst ungeformte Masse oder Materie der Laute und des Sinnes zu geformten Substanzen gemacht wird.[50] Entscheidend ist nun, daß diese Gesetzmäßigkeiten in jeder Sprache anders geartet sind, so daß beispielsweise der Name Berlin (Hjelmslevs Beispiel) im Deutschen, Dänischen, Englischen und Japanischen verschieden ausgesprochen wird: Die Lautsubstanz wird unterschiedlich geformt. Ähnliches kann von den Inhaltssubstanzen, den Bedeutungssubstanzen der verschiedenen Sprachsysteme behauptet werden: Sie können zwar auf eine allen Sprachen gemeinsame Gedankenmasse (dän. *mening*, engl. *purport*, Hjelmslev) bezogen werden, aber die Formierungsprozesse, die die besonderen Inhaltssubstanzen entstehen lassen, sind grundverschieden, so daß die formierten Substanzen keineswegs identisch sind.

Den vier deutschen Farbenbezeichnungen "grün", "blau", "grau", "braun" entsprechen im Kymrischen (der keltischen Sprache von Wales) nur drei Bezeichnungen: "gwyrdd", "glas", "llwyd". Dadurch kommt es zu semantischen Verschiebungen, und Hjelmslev erklärt, wie wichtig diese sind: "Auf kymrisch heißt 'grün' teils *gwyrdd*, teils *glas*, 'blau' heißt *glas*, 'grau' heißt *glas* oder *llwyd*, 'braun' heißt *llwyd*; das heißt, daß der Bereich des Spektrums, der von unserem Farbwort *grün* gedeckt wird, im Kymrischen von einer Linie durchschnitten wird, die einen Teil davon demselben Bereich wie unser Wort *blau* zuweist, während es die Grenze, die das Deutsche zwischen *grün* und *blau* legt, im Kymrischen nicht gibt."[51]

Hier wird klar, daß sowohl die Eigengesetzlichkeiten der Aus-

50 Siehe: L. Hjelmslev, *Prolegomena zu einer Sprachtheorie*, München, Hueber, 1974, Kap. 13: "Ausdruck und Inhalt".
51 L. Hjelmslev, *Prolegomena zu einer Sprachtheorie*, op.cit., S. 56.

drucksebene als auch die der Inhaltsebene für die literarische Übersetzung und die Übersetzung allgemein von großer Bedeutung sind: In einem französischen Gedicht können "Rhin" ("Rhein") und "Berlin" einen Reim ergeben; in einem deutschen Gedicht u.a. deshalb nicht, weil die Ausdrucksebene (das phonetische System) des Deutschen anderen Gesetzen gehorcht als die des Französischen. Daß diese Gesetze (vor allem in der Dichtung) auch auf die Inhaltsebene einwirken können, ist Jiří Levý aufgefallen: "Durch Reimverbindungen z.B. gelangen in ein Gedicht Bedeutungskombinationen, die sich einem Dichter in einer anderen Sprache nicht bieten würden. Am deutlichsten wird dies bei Reimklischees. Der konventionelle Reim *amore-cuore* in der italienischen Poesie verstärkt schon aus sprachlichen Gründen die Häufigkeit des Motivs vom Herzen als Symbol der Liebe. Im Englischen führt der konventionelle Reim *love-dove* eher in das Gefilde der Täubchen und des Schnäbelns, ebenso wie das Reimklischee *womb-tomb* (Schoß-Grab) die Häufigkeit des motivischen Gegensatzes zwischen Geburt und Tod erhöht."[52] Man könnte der Vollständigkeit halber noch das deutsche Reimklischee *Herz-Schmerz* hinzufügen, um die Eigengesetzlichkeit der Ausdrucksebene und ihre Einwirkung auf den semantischen Inhalt zu illustrieren.

Doch auch die Inhaltsebene kennt eigene Gesetze und Formierungsprozesse, die Übersetzungsschwierigkeiten verursachen: Die kymrische Bezeichnung "glas" ist im Deutschen weder mit "blaugrün" noch mit "blaugrau" wiederzugeben, weil die erste Bezeichnung nicht weit genug geht ("glas" bedeutet auch "grau") und die zweite einerseits zu eng ist ("glas" bedeutet auch "grün"), andererseits über das Ziel hinausschießt, weil "grau" auch "llwyd" bedeutet. Der Übersetzer von "glas" ist nicht zu beneiden – ebensowenig wie der der russischen Wörter "sinij" ("dunkelblau") und "goluboj" ("himmelblau", "hellblau"), der auch nur umschreiben kann, weil er kein *Äquivalent* findet, auch dann nicht, wenn er ins Serbokroatische übersetzt, wo es zwar das Wort "sinji" (neben "plav" = "blau") gibt, aber nur mit der Bedeutung "gräulich", "bläulichgrau".

---

52 J. Levý, *Die literarische Übersetzung*, op.cit., S. 39.

Die *Äquivalenzproblematik*, die hier angesprochen wurde und die für die Übersetzungswissenschaft wichtig ist, betrifft nicht nur die Eigengesetzlichkeiten der verschiedenen Sprachebenen, sondern auch den Gegensatz von *Monosemie* und *Polysemie*: Ist es möglich, ein Lexem der Ausgangssprache auf eine Bedeutung festzulegen und einem entsprechenden Lexem der Zielsprache gleichzusetzen? Die vorsichtige Antwort auf diese Frage, die Benjamin und Derrida rundweg verneinen würden, lautet, daß in bestimmten Fällen, in denen ein *Semem* als *Lexem* im Kontext auf eine Isotopie, d.h. auf ein *kontextuelles Sem* oder *Klassem* festlegbar ist, Monosemie postuliert und eine Äquivalenzbeziehung gesucht werden kann. Zu dieser Klasse von lexikalischen Einheiten rechnet Jean Delisle, der sich vor allem auf die Übersetzung wissenschaftlicher Texte bezieht, Eigennamen, Zahlen und feststehende wissenschaftliche Ausdrücke, die sich "aufgrund ihrer Monosemie dem Interpretationsprozeß entziehen".[53] Sie kommen auch in literarischen Texten vor (etwa in einem Roman wie Balzacs *Illusions perdues*), können als monosem gelten und nach dem Äquivalenzprinzip übersetzt werden: So ist beispielsweise "depuis trente ans" kaum anders als mit dem Ausdruck "seit dreißig Jahren" wiederzugeben, und Wolfram Wilss hat durchaus recht, wenn er den Terminus der "Übersetzungsäquivalenz" mit Einschränkungen gelten läßt.[54]

Dabei sollte der Einwand von Jörn Albrecht berücksichtigt werden, daß Äquivalenz in diesem Falle "Gleich*wertigkeit*", nicht "Gleichheit" bedeutet.[55] In diesem Zusammenhang ist die Skepsis einiger Textlinguisten zu beurteilen, die wie Wolfgang Dressler zum Problem der semantischen Äquivalenz sagen: "Eine vollständige, eindeutige (...) Übersetzungsäquivalenz gibt es nicht, und damit auch keine vollständige Übersetzbarkeit, denn nicht einmal

---

53 J. Delisle, *L'Analyse du discours comme méthode de traduction. Initiation à la traduction française de textes pragmatiques anglais. Théorie et pratique*, Ottawa, Ed. de l'Univ. d'Ottawa, 1984, S. 102.

54 W. Wilss, "Semiotik und Übersetzungswissenschaft", in: W. Wilss (Hrsg.), *Semiotik und Übersetzen*, Tübingen, Gunter Narr Vlg., 1980, S. 15.

55 J. Albrecht, "Invarianz, Äquivalenz, Adäquatheit", in: R. Arntz, G. Thome, *Übersetzungswissenschaft. Ergebnisse und Perspektiven*, Tübingen, Gunter Narr Vlg., 1990, S. 72.

im Rahmen derselben Sprache ist vollständige Synonymie sprachlicher Ausdrücke (beliebiger Länge) möglich."[56] Wie so oft steht das Wesentliche in der Klammer: Es kommt tatsächlich darauf an, mit welcher Textsorte man es zu tun hat, auf welcher Textebene man sich bewegt und wie groß die Einheiten sind, die man übersetzt.

So wird in literarischen Texten eher die Polysemie als Zusammenwirken heterogener Seme und Isotopien vorherrschen, und das Monosemiepostulat wird vor allem auf kleinere Einheiten wie "depuis trente ans" anwendbar sein. In wissenschaftlichen, vor allem in naturwissenschaftlichen Textsorten wird es zu einer Umkehrung dieses Verhältnisses von Monosemie und Polysemie kommen. Fragwürdig ist jedoch die gängige Ansicht, derzufolge literarische Texte vieldeutig, wissenschaftliche hingegen eindeutig sind: Während in Balzacs Romanen zahlreiche eindeutige Aussagen und sogar Begriffe anzutreffen sind ("classe sociale", "institution", "oligarchie" in *La Duchesse de Langeais*), nimmt in Thomas S. Kuhns Buch über *Die Struktur wissenschaftlicher Revolutionen* (1962) das Wort "Paradigma" ("paradigm") Margaret Masterman zufolge 21 verschiedene Bedeutungen an.[57]

Es genügt jedoch nicht, die Wechselbeziehung zwischen Monosemie und Polysemie im literarischen Text im Auge zu behalten und so zu übersetzen, daß intendierte Vieldeutigkeit nicht reduziert, nicht monosemiert wird; es ist zugleich notwendig, neben den *denotativen Bedeutungen* des fremden Textes seine *konnotativen Bedeutungen* zu erkennen und wiederzugeben. Die Konnotation definiert im Anschluß an Hjelmslev Winfried Nöth: "Konnotation ist auch für Hjelmslev derjenige Bedeutungsaspekt, der über die eigentliche denotative Bedeutung eines Zeichens hinausreicht. (...) Die semantische Erweiterung der Denotation durch die Konnotation beschreibt Hjelmslev dadurch, daß er das vollständige denotative Zeichen als die *Ausdrucksebene* des kon-

---

56 W. Dressler, "Der Beitrag der Textlinguistik zur Übersetzungswissenschaft", in: V. Kapp (Hrsg.), *Übersetzer und Dolmetscher. Theoretische Grundlagen, Ausbildung, Berufspraxis*, Heidelberg, Quelle und Meyer, 1974, S. 62.

57 Siehe: M. Masterman, "The Nature of a Paradigm", in: I. Lakatos, A. Musgrave (Hrsg.), *Criticism and the Growth of Knowledge*, Cambridge, Univ. Press, 1970, S. 61-65.

notativen Zeichens definiert."[58] Wenn beispielsweise Stendhal in
La Chartreuse de Parme einen Protagonisten *Signore*! ausrufen
läßt, so gesellt sich zum denotativen Aspekt des Wortes, das einen
Herrn bezeichnet, ein sekundärer konnotativer Aspekt, der die
italienische Sprache und Kultur mitbedeutet. Im Deutschen kon-
notieren Wortverbindungen wie "Zitrusfrüchte" oder "Verdauungs-
trakt" den kommerziellen und den medizinischen Soziolekt; Wörter wie "Knast" und "einnähen" den Soziolekt der Ganoven. In
der Übersetzung bereiten Konnotationen häufig Schwierigkeiten,
weil die sekundären Bedeutungen von Wörtern wie "gemütlich",
"cosy" (engl.) oder "gezellig" (niederl.), die keineswegs äquivalent sind, nur schwer wiedergegeben werden können.

Im folgenden sollen zwei Übersetzungen eines Sonetts von
William Shakespeare (1564-1616) miteinander konfrontiert und
auf die Struktur des englischen Gedichts bezogen werden. Es
versteht sich von selbst, daß eine gründliche Analyse der drei
Gedichtstrukturen weit über den Rahmen dieses Abschnitts (und
des Kapitels) hinausgeht und daß der Vergleich des Originals mit
den beiden Übersetzungen nur einige Aspekte der Gesamtproblematik beleuchten kann. Es geht allerdings nicht nur um die drei
Aspekte der semiotischen Analyse die hier erörtert wurden, sondern auch um den intertextuellen Charakter der Übersetzung, der
in der Einleitung zur Sprache kam: Denn es wird sich herausstellen, daß Stefan Georges Umdichtung des Shakespeare-Sonetts
nur dialogisch als Reaktion auf die romantischen Übersetzungen
zu verstehen ist.

Shakespeares Gedicht, das aus dem ersten Teilzyklus seiner
Sonette stammt (Nr. 2), spricht einen jungen Freund des Dichters
an:

> When forty winters shall besiege thy brow
> And dig deep trenches in thy beauty's field,
> Thy youth's proud livery, so gaz'd on now,
> Will be a tatter'd weed, of small worth held:
> Then being ask'd where all thy beauty lies,

---

58 W. Nöth, *Handbuch der Semiotik*, Stuttgart, Metzler, 1985, S. 75. - Zur Rolle der
Konnotation in der Übersetzungswissenschaft siehe auch: E. A. Nida, Ch. R. Taber,
The Theory and Practice of Translation, Leiden, E. J. Brill, 1969, Kap. 5: "Conno-
tative Meaning".

Where all the treasure of thy lusty days,
To say, within thy own deep-sunken eyes,
Were an all-eating shame and thriftless praise.
How much more praise deserv'd thy beauty's use,
If thou couldst answer "This fair child of mine
Shall sum up my count and make my old excuse",
Proving his beauty by succession thine!
This were to be new made when thou art old,
And see thy blood warm when thou feel'st it cold.

WILLIAM SHAKESPEARE

Wenn vierzig Winter einst Dein Haupt umnachten
Und tief durchfurchen Deiner Schönheit Feld,
Dann ist Dein Jugendflor, wonach wir itzt so trachten,
Ein mürbes Kleid das unbemerkt zerfällt.
Ein ödes Lob, ein allverzehrend Schmähn
Wär's dann, dem Forscher nach den Reizen all,
Nach all dem frühen Reichtum, zu gestehn
Er sey dahin mit Deines Auges Fall.
Weit rühmlicher wies Deine Schönheit sich,
Könnt'st Du erwiedern, "dieß mein schönes Kind
Tilgt meine Schuld, vertritt im Alter mich,
Weil seine Reize Erben meiner sind".-
Dieß ists wodurch ein Greis sich neu verjüngt,
Und kaltem Blut die Wärme wiederbringt.

GOTTLOB REGIS

Belagern vierzig winter deine braun,
Ziehn gräben tief in deiner schönheit flur:
Ist deiner jugend putz, heut ein gestaun,
Dann eine wertlos rissige hülle nur.

Fragt wer nach deiner schönheiten geschick
Und allen schätzen deiner rüstigen zeit:
Dann zeigen eignen eingesunknen blick
Wär scham die frisst und lob das missgedeiht.

Mehr lob erwürbe deiner schönheit huld,
Könntst du erwidern: "dies mein schönes Kind
Zahlt meine rechnung, löst des alters schuld",
Da seine reize dein durch erbrecht sind.

Dies wär ein neues wirken wenn du alt,
Du sähest warm dein blut, fühlt es sich kalt.

STEFAN GEORGE

Robert de Beaugrande ist zuzustimmen, wenn er fordert, daß eine literarische Übersetzung erst dann adäquat kommentiert werden kann, wenn der Originaltext analysiert wurde.[59] Obwohl in diesem Fall eine gründliche semiotische oder textlinguistische Analyse, die sich über 20 oder 30 Seiten erstrecken könnte, nicht anvisiert werden kann, soll Shakespeares Text wenigstens skizzenhaft auf verschiedenen semiotischen Ebenen dargestellt werden. Dabei soll das erste Quartett im Vordergrund stehen. Den Ausgangspunkt kann die Thematik bilden, die das Gedicht mit anderen Shakespeare-Sonetten verbindet und die Leslie A. Fiedler in einer Kurzformel ausdrückt, wenn er schreibt: "Großen Schönheiten fällt die besondere Aufgabe zu, zu heiraten und sich fortzupflanzen".[60] Oder noch kürzer formuliert: "Unsterblichkeit als endlose Fortpflanzung", "immortality as endless propagation".[61] Diese Thematik beherrscht nicht nur das hier zitierte zweite Sonett, sondern wird in zahlreichen anderen Sonetten des englischen Dichters variiert.

Im vorliegenden Fall ist sie zunächst global im Rahmen eines Aktantenmodells im Sinne von Greimas (s. Kap. II) darstellbar: Das sprechende, erzählende Subjekt beauftragt als Auftraggeber (destinateur) seinen jungen Freund als handelndes Subjekt (sujet d'énoncé), ein Kind (Helfer, adjuvant) zu zeugen, um seine Schönheit (Objektaktant, actant-objet) vor dem Zugriff des Alters (Antisubjekt, antisujet) und indirekt des Todes (Gegenauftraggeber, antidestinateur) zu retten.

Dieses Aktantenmodell ist deshalb wesentlich, weil es als Textkonstante und monoseme Konstruktion den semantischen

---

59 Siehe: R. de Beaugrande, "Toward a Semiotic Theory of Literary Translating", in: W. Wilss (Hrsg.), *Semiotik und Übersetzen*, op.cit., S. 27: "The translator must therefore perform a thorough functional analysis of any text to be translated."

60 L. A. Fiedler, "Some Contexts of Shakespeare's Sonnets", in: *The Riddle of Shakespeare's Sonnets*, London, RKP, 1962, S. 68.

61 Ibid., S. 80.

Grundstrukturen des Gedichts (*Jugend/Alter*; *Schönheit/Häßlichkeit*) entspricht und in allen 41 Übersetzungen, die Raimund Borgmeier gesammelt und kommentiert hat[62], vorkommt. Es ist gleichsam das Gerüst oder Skelett des Textes, das von *allen* Übersetzerinnen und Übersetzern re-konstruiert wird. So erscheint beispielsweise in allen Fällen das *Kind* (auch als Mädchen oder Knabe: H.Hübner, H. v. Friesen) als die "erlösende" Instanz, die die Altersschuld des angesprochenen Subjekts tilgt.[63]

Es ist aufschlußreich zu beobachten, daß sogar der metaphorisch-metonymische Ausdruck "forty winters" ("vierzig Winter" und "vierzig winter" bei Gottlob Regis und Stefan George), der in 34 von den 41 Übersetzungen als Äquivalent vorkommt, weniger monosem und konstant ist als die Grundstruktur und das Aktantenmodell. In sieben Fällen wird er variiert: anscheinend deshalb, weil einige Übersetzer das Alter nicht mit "vierzig", sondern eher mit "fünfzig" (R.S. Schneider: "Fünfzig Winter") oder mit einem "halben Jahrhundert" (F.Bodenstedt) assoziierten.

Noch stärker variieren Elemente der *Ausdrucks- und Inhaltsebene*, der phonetischen und der semantischen Struktur, die vor allem im ersten Quartett des englischen Sonetts ineinandergreifen: Die Alliterationen *when-winters, besiege-brow, dig-deep* und *will-weed-worth* stellen zugleich einen Nexus zwischen Phonetik und Semantik sowie zwischen Phonetik und Syntax her: Während *when* und *forty winters* das gemeinsame Sem "Zeitlichkeit" aufweisen und die Isotopie des "Alters" einführen, ist den Wörtern *besiege* und *brow* (*belagern-Augenbraun*) das Sem "Kreisförmigkeit" gemeinsam und den Wörtern *dig* und *deep* das Sem "Tiefe". Die Einheiten *will, weed* (*Kleid*) und *worth* gehören eher phonetisch und syntaktisch zusammen, *weed* und *worth* können jedoch zugleich auf der Isotopie des "Wertes" gelesen werden.

Insgesamt ist Raimund Borgmeier recht zu geben, wenn er zu Shakespeares zweitem Sonett bemerkt: "Die Bilder sind funktionaler Bestandteil des Gedichtganzen. Die Bildeinheiten sind

---

62 Siehe: R. Borgmeier, *Shakespeares Sonett "When forty winters" und die deutschen Übersetzer. Untersuchungen zu den Problemen der Shakespeare-Übertragung*, München, Fink, 1970.

63 Siehe: Ibid., S. 22 und 11 (Anhang).

gleichzeitig Sinneinheiten."[64] Weniger überzeugend ist sein Kommentar zur phonetischen Struktur: "Lautmalerische Effekte durch Häufung bestimmter Laute oder Lautkombinationen sind nicht zu bemerken. Eine Ausnahme bildet lediglich die Alliteration in Zeile 2 (*dig deep*), die das Kriegs-Bild hervorhebt (...)."[65] Seine Zusatzbehauptung, daß die anderen "potentiellen Alliterationen fast gar nicht zur Wirkung" kommen, zeigt lediglich, wie prekär manche Argumente sind, die die ästhetische Wirkung anpeilen und sich über die verschiedenen Ebenen der Textstruktur hinwegsetzen. Deshalb sollte hier, wenn auch nur ansatzweise, gezeigt werden, wie die phonetische, die semantische und die syntaktische Ebene interagieren und wie semantische Kombinationen durch phonetische verstärkt werden.[66]

Diese Verstärkung wird auch durch *konnotative Verfahren* erreicht, die im Gesamtkontext des Sonetts besondere Funktionen erfüllen: So konnotiert die Metapher "forty winters" nicht nur die Mühen des winterlichen Daseins, sondern auch die "Kälte" des Alter(n)s und des Todes, die immer wieder – vor allem in Literatur und Kunst – mit dem Winter assoziiert werden (der Winter als alter Mann, der Tod als Kälte). Zugleich verweist die Metapher "forty winters" aufgrund ihrer Konnotationen auf die Sememe *old* und *cold*, die den Schlußreim des Gedichts bilden.

Eine wichtige konnotative Funktion erfüllen ferner die Sememe *besiege, deep* und *trenches*, die die Sprache der traditionellen Strategie evozieren. Natürlich sind diese "Kriegs-Bilder", wie Borgmeier sagt, in der Vergangenheit bemerkt worden. In dem hier konstruierten Zusammenhang nehmen sie jedoch eine besondere Bedeutung im Rahmen des Aktantenmodells an, von dem Greimas sagt, es weise eine "polemische Struktur"[67] auf: Die "forty winters" bezeichnen metonymisch das Antisubjekt "Alter", dessen Strategien (*besiege, dig deep trenches*) nicht zu vereiteln

---

64 Ibid., S. 25.

65 Ibid., S. 36.

66 Zur Interaktion von phonetischer und semantischer Struktur im lyrischen Text siehe auch: E. Köhler, *"Can vei la lauzeta mover.* Überlegungen zum Verhältnis von phonischer Struktur und semantischer Struktur", in: ders., *Literatursoziologische Perspektiven. Gesammelte Aufsätze* (Hrsg. H. Krauss), Heidelberg, Winter, 1982.

67 A.J. Greimas, *Du Sens II. Essais sémiotiques*, Paris, Seuil, 1983, S. 17.

sind, das aber durch die "List der Zeugung" besiegt werden kann.

Wie radikal die Veränderungen sind, die die literarische Übersetzung im Ausdrucks-, Inhalts- und Konnotationsbereich bewirkt, zeigen die Nachdichtungen des Shakespeare-Sonetts von Gottlob Regis und Stefan George. In keinem der beiden Fälle kann man mit Borgmeier von "deutschen Äquivalenten"[68] oder mit R. de Beaugrande von einer "reasonable equivalence"[69] sprechen. Denn sieht man von der monosemen Grund- und Aktantenstruktur sowie von der fast monosemen Einheit "forty winters" ab, so wird deutlich, daß Ausdruck, Inhalt und Konnotationen drastisch verändert werden.

In Regis' Text wird zwar sowohl das jambische Versmaß des Originals als auch die elisabethanische Sonettform[70] bewahrt, aber sowohl auf der Ausdrucks- als auch auf der Inhaltsebene finden Verschiebungen statt, und es kommt zu neuen Akzentsetzungen. Im phonetischen Bereich bleibt zwar die Alliteration von *when* und *winters* in *wenn* und *Winter* erhalten, aber die anderen englischen Alliterationen (*besiege-brow*, *dig-deep* und *will-weed-worth*) verschwinden völlig und werden durch die *f*-Reihung, einer vom Phonem (f) dominierten phonetischen Isotopie, verdrängt: tie*f*-durch*f*urchen-*F*eld-Jugend*f*lor-zer*f*ällt. Es kommt hin- zu, daß Shakespeares männlicher (einsilbiger) Reim, der das gesamte Original beherrscht, in Regis' romantischer Übertragung oder Nachdichtung (von einer produktionsorientierten, "wörtlichen" Übersetzung sollte in diesem Fall nicht die Rede sein) in einen weiblichen (zweisilbigen) Reim verwandelt wird: *umnachten*, *trachten*.

Auf der Inhaltsebene, der Ebene der semantischen Isotopien und Konnotationen, entstehen stellenweise neue Bedeutungen: Von den Semen der "Kreisförmigkeit" (*besiege-brow*) und "Tiefe" (*dig-deep*) bleibt nur letzteres erhalten. Zugleich zerfallen die

---

68   R. Borgmeier, *Shakespeares Sonett "When forty winters" und seine deutschen Übersetzer*, op.cit., S. 28.

69   R. de Beaugrande, "Toward a Semiotic Theory of Literary Translating", op.cit., S. 37.

70   Im Gegensatz zu der bei Petrarca üblichen Sonettform (zwei Quartette und zwei Terzette) setzt sich das elisabethanische Sonett aus drei Quartetten und einem Distichon oder Couplet zusammen.

"strategischen" Konnotationen und werden durch romantische Konnotationen (*Winternacht, die Nacht des Alters, des Todes*) ersetzt. Insofern hat Borgmeier recht, wenn er bemerkt, Regis bringe "viel entschiedener das romantische Klischee statt des ungewohnten Shakespeare-Ausdrucks", und hinzufügt: "'Haupt', 'umnachten' und 'durchfurchen' haben wohl einen 'kraftvollen' Klang, zerbrechen aber das ursprüngliche Bild vollkommen."[71]

Auch auf syntaktischer Ebene entfernt sich Regis vom englischen Original: etwa wenn er im zweiten Quartett "Ein ödes Lob, ein allverzehrend Schmähn" ("an all-eating shame and thriftless praise") durch Umstellung in der ersten – statt wie Shakespeare in der vierten – Zeile des Quartetts unterbringt. Verloren geht schließlich auch der Ausruf: "How much more praise...!", weil er von Regis – wie von George, nicht jedoch von Übersetzern wie J.J. Eschenburg oder K. Richter[72] – in einen Aussagesatz verwandelt wird.

Auch George (1868-1933), dessen Umdichtung – wie die von Regis – nicht erschöpfend, sondern nur punktuell, exemplarisch analysiert werden kann, behält Shakespeares Sonettform sowie den jambischen Pentameter bei. Darin stimmt er mit Regis überein. Zugleich ist seine Umdichtung jedoch als intertextuelle, polemisch-dialogische Reaktion auf die romantischen Shakespeare-Übersetzungen zu lesen. Auf sie geht George selbst ein, wenn er in der Einleitung zu seiner Umdichtung schreibt: "Von den gründen weshalb Shakespeares sonette bei uns noch wenig gewürdigt wurden, ist abgesehn von der anforderung sehr hohen verse-verständnisses der wichtigste innere: dass unsre gewohnheit alle dichtung durchaus 'romantisch' sieht, diese vierzehnzeiler aber, obwohl oberste dichtung, durchaus 'unromantisch' sind."[73]

Auf intertextueller Ebene wendet sich George jedoch nicht nur gegen die romantischen Nachdichtungen von Shakespeares Sonetten, sondern auch gegen die "verbürgerlichenden" eines Friedrich

---

71 R. Borgmeier, *Shakespeares Sonett "When forty winters" und seine deutschen Übersetzer*, op.cit., S. 42.

72 Siehe: Ibid., S. 3 und 7 (Anhang).

73 S. George, *Shakespeare Sonette. Umdichtung. Vermehrt um einige Stücke aus dem liebenden Pilgrim*, Düsseldorf-München, H. Küpper, vormals G. Bondi Vlg., 1964, S. 5.

Bodenstedt (1819-1892), dessen Übersetzungskunst sich am zeitgenössischen Rezipienten, d.h. am Bildungsbürgertum des 19. Jahrhunderts, orientiert. Gegen sie polemisiert im Jahre 1935 auch Ludwig W. Kahn: "In einem Worte: Bodenstedt findet, daß es erst seiner bedarf, um Shakespeare 'poetisch' zu machen. – Und die Sprache, in die er Shakespeare übersetzt, ist wirklich und wahrhaftig die des 19. Jhs., nämlich die betrüblich prosaische, verbürgerlichte, hausbackene Ausdrucksweise, die schon fast an kaufmännische Geschäftsbriefe gemahnt(...)."[74] Tatsächlich geht es Bodenstedt nicht primär darum, Sinn und Ton des Originaltextes wiederzugeben, sondern darum, eine Eleganz des Ausdrucks zu erreichen, die der bürgerlichen Leserschaft zusagt:

> Einst wird, eh' Du gelebt ein halb Jahrhundert,
> Die reine Stirne tiefe Falten schlagen,
> Dann Deiner Schönheit Glanz, jetzt so bewundert,
> Wird wertlos, wie ein Kleid, das abgetragen.

Als Alternative zu diesem rezipienten- und marktfreundlichen Sprachduktus wählt Stefan George eine nüchterne, asketische Schreibweise, die sich eher am Produktions- als am Rezeptionszusammenhang orientiert. Für ihn gilt, was Hugo Friedrich über Georges Geistesverwandten Stéphane Mallarmé schreibt: "Mallarmé führt jenen Prozeß weiter, der seit der Wende zum 19. Jahrhundert die Dichtung in den Widerstand gegen die kommerzialisierte Öffentlichkeit und gegen die wissenschaftliche Austreibung des Weltgeheimnisses geführt hat."[75]

Sowohl die Ausdrucks- als auch die Inhaltsebene von Georges Text lassen die Absicht erkennen, sich an das Original zu halten und dennoch einer eigenen stilistischen und ästhetischen Norm zu gehorchen. Trotzdem kommt es sowohl im phonetischen als auch im semantischen Bereich zu Verschiebungen: Die Alliteration *b*esiege-*b*row, *b*elagern-*b*raun bleibt zwar erhalten, aber andere Alliterationen – etwa *w*hen-*w*inters oder *d*ig-*d*eep – verschwinden

---

74 L. W. Kahn, "Bürgerlicher Stil und bürgerliche Übersetzungen", in: H. J. Störig (Hrsg.), *Das Problem des Übersetzens*, op.cit., S. 279.

75 H. Friedrich, *Die Struktur der modernen Lyrik. Von der Mitte des neunzehnten bis zur Mitte des zwanzigsten Jahrhunderts*, Hamburg, Rowohlt, 1970 (3.Aufl.), S. 113.

und werden durch neue Alliterationen oder Assonanzen ersetzt: Ähnlich wie bei Regis kommt es in der zweiten Zeile zu einer *f*-Isotopie: tie*f*-*f*lur. Insgesamt ist Georges Umdichtung "musikalischer" als das Original und weist eine prononciertere phonetische Struktur auf: *f*lur-ju*g*end-*p*utz-*n*ur; fra*g*t-*g*eschick-rüsti*g*en-zei*g*en-ei*g*nen-ein*g*esunknen-missge*d*eiht; *z*ei*g*en-*eig*nen-*ei*ngesunknen; fri*ss*t-mi*ss*gedeiht; *l*ob-hu*l*d-zah*l*t-*l*öst-a*l*ters-schu*l*d; *d*a-*d*ein-*d*urch; *w*är-*w*irken-*w*enn-*w*arm.

Stärker als bei Shakespeare selbst oder bei Regis greifen bei George Ausdruck und Inhalt ineinander, weil in vielen Fällen phonetische Affinität einer semantischen Verwandtschaft (gemeinsame Seme) entspricht: *belagern-braun* (Einkreisung, Kreisförmigkeit); *jugend-putz* (Euphorie); *frisst-missgedeiht* (Dysphorie); *wirken-warm* (Erneuerung, Leben). Diese strukturelle Einheit des Sonetts verdeutlicht, was "gebundene Rede" in Georges Ästhetizismus – im Gegensatz zur Prosa – sein will: eine vollkommene Entsprechung von Sinn und Klang.

Freilich wird diese Einheit um den Preis zahlreicher semantischer Abweichungen erkauft: So zerfällt auch bei George die "strategische" Konnotationskette *besiege-trenches-field*, weil eines ihrer Glieder ausfällt (*field* : *flur*), während das syntaktisch zentrale Semem *trenches* mit dem viel allgemeineren Semem *gräben* wiedergegeben wird. Das Problem besteht darin, daß es im Deutschen die englische Unterscheidung zwischen *trench* (militärische Konnotationen) und *ditch* (ohne militärische Konnotationen) nicht gibt: ebensowenig wie die Unterscheidung zwischen *sinij* und *goluboj* (s.o.). Die semantischen Substanzen der beiden Sprachen sind unterschiedlich geformt (Hjelmslev), und deshalb ist es nicht möglich, das englische Wort *trench* im Deutschen mit denselben starken Konnotationen wiederzugeben.

An dieser Stelle drängt sich die leidige Frage nach der Übersetzbarkeit von Dichtung auf: Haben nicht Croce und Derrida recht, wenn sie gegen alle ehrlichen Bemühungen der Übersetzer die Eigengesetzlichkeit der Sprachen, vor allem ihrer Ausdrucksebenen, geltend machen? Sind die phonetischen und semantischen Substanzen nicht so unterschiedlich geformt, daß es keine Entsprechungen im eigentlichen Sinne gibt? Derlei Fragen können sowohl bejaht als auch verneint werden: Denn einerseits leuchtet ein, daß die besonderen Gesetze der Ausdrucks- und Inhaltsebenen eine Übersetzung im Sinne von Monosemie und Äquivalenz (*forty winters* = *vierzig Winter*) nur in Ausnahmefällen ermöglichen. Andererseits wird jeder zugeben müssen, daß in allen 41 Übersetzungen, die Borgmeier gesammelt hat, das englische Original zu erkennen ist. Dies hängt damit zusammen, daß – wie sich herausgestellt hat – alle Übersetzungen dieselbe semantische Grundstruktur und dasselbe Aktantenmodell wie das Original aufweisen. Auf diesen Ebenen ist es also durchaus möglich, Übersetzbarkeit zu postulieren und von Übersetzung zu sprechen: auch im Falle von Regis und George.

Die Frage nach der Übersetzbarkeit wird häufig von der Frage nach der *richtigen Übersetzung* und nach der Berechtigung von *Übersetzungskritik* begleitet. Sie ist kaum zu beantworten, sollte aber im Zusammenhang mit der *Rezeptionsproblematik,* der *ästhetischen Norm* und dem *ästhetischen Objekt* (Mukařovský, Kap. V) gestellt werden, weil sie dann gleichsam von selbst in die *richtige Frage* nach dem sozio-linguistischen und normativen Kontext ausmündet.

Ein Vergleich von Regis' Übersetzung mit der Georges zeigt, daß wir es mit zwei grundverschiedenen ästhetischen Objektkonstruktionen (Kap. V) zu tun haben, von denen die erste der romantischen, die zweite der ästhetizistischen Norm gehorcht. Daß beide Normen zugleich gesellschaftliche Normen sind, läßt Georges Kritik an einem romantischen Soziolekt erkennen, der sich beim Bildungsbürgertum des 19. Jahrhunderts zunehmender Beliebtheit erfreut und bei Bodenstedt zu einem kommerzialisierbaren Stereotyp verkommt.

Wie jede Textart, die Konzessionen an ideologische und kommerzielle Diskurse macht, kann auch die Übersetzung, die mit der Ideologie oder dem Markt liebäugelt, kritisiert werden. Von einer falschen Übersetzung kann allerdings nur dann die Rede sein, wenn Übersetzer von monosemen Einheiten (Namen, Zahlen, Grundstrukturen, Aktantenmodellen) *grundlos* abweichen. Abweichungen im Hinblick auf polyseme Einheiten können nur im Zusammenhang mit der ästhetischen Norm, dem ästhetischen Objekt und der sozio-linguistischen Situation des Übersetzers erklärt und (wiederum normativ) kritisiert, nicht jedoch als "falsch" widerlegt werden.

3. Übersetzung soziologisch: Kultur und Ideologie

Die Geschichte der Übersetzungstheorie und der Vergleich der beiden Shakespeare-Übersetzungen zeigen bereits, daß literarische Übersetzung nicht unabhängig von ihrem sozio-linguistischen Kontext zu verstehen ist: zumal sie nicht nur strukturelle – phonetische, semantische, syntaktische –, sondern auch funktionale, d.h. gesellschaftliche Aspekte aufweist.

Eine der wesentlichen gesellschaftlichen Funktionen literarischer Übersetzungen ist die Konsolidierung bestimmter kultureller oder ideologischer Entwicklungen und Trends. Das Werk eines Autors, der nahezu unbekannt oder nur vom Hörensagen bekannt ist, wird übersetzt und wirkt oftmals als Katalysator in ästhetischen und politischen Diskussionen. Eines der bekanntesten Beispiele ist Christoph Martin Wielands (1733-1813) Prosa-Übersetzung von 22 Shakespeare-Dramen (1762-66) die, wie F. Apel sagt, der deutschen Shakespeare-Diskussion eine "sprachlich konkrete Grundlage" gab.[76] Auf dieser Grundlage konnte der englische Dichter von den Autoren der Sturm-und-Drang-Zeit und der Klassik nicht nur gründlich rezipiert, sondern auch als Zeuge gegen den französischen Klassizismus zitiert werden. Der Übersetzer ist also zugleich ein *Vermittler* (Kap.V), der auf den Rezeptionsprozeß und die ästhetische Normbildung einwirkt.

Nicht nur ästhetische, sondern auch ethische und politische Normen können durch Übersetzungen in Frage gestellt und verändert werden: Vor allem die zweite englische Übersetzung von Hermann Hesses *Der Steppenwolf* (1963) wirkte wie ein Katalysator im Wert- und Normenwandel der britischen und nordamerikanischen Gesellschaft, weil zu Beginn der 60er Jahre Randgruppen dieser Gesellschaft Hesses Roman mit bestimmten Erwartungen lasen, die dieser Roman nicht nur nicht enttäuschte, sondern stärkte und mit neuen Zielsetzungen verknüpfte. (Siehe: Kap.V.)

---

76 F. Apel, *Literarische Übersetzung*, op.cit., S. 46.

Die Funktion der literarischen Übersetzung tritt auch in besonderen sozio-linguistischen Situationen in Erscheinung, die von einer oder von mehreren Ideologien beherrscht werden, die aufgrund bestimmter *Relevanzkriterien* (Kap.II) die Auswahl von ideologisch bedeutsamen Werken begünstigen, deren Übersetzung den Interessen der Machthaber entspricht. So wurden beispielsweise in der Zeit des Marxismus-Leninismus sowohl in der Sowjetunion als auch in der Tschechoslowakei Autoren wie Heinrich Mann und später Heinrich Böll übersetzt, weil man sich von ihnen als bürgerlichen Vertretern des "kritischen Realismus" und als Kritikern kapitalistischer Verhältnisse eine Konsolidierung des realen Sozialismus versprach. Sie wurden als "Vorboten des sozialistischen Realismus" narrativ in den marxistisch-leninistischen Diskurs eingebunden und entsprechend selektiv übertragen.

Kulturelle und ideologische Faktoren wirken sich jedoch nicht nur funktional auf die Auswahl fremder Texte aus, die für eine Übersetzung in Frage kommen, sie wirken auch strukturell auf Semantik und Syntax der Übersetzung ein – ohne daß die Übersetzer sich dessen in allen Fällen bewußt sind. Zu den vordringlichen Aufgaben der Textsoziologie oder Soziosemiotik gehört daher die kultur- und ideologiekritische Analyse von Übersetzungen.

Daß Übersetzer bisweilen den kulturellen Zwängen der Zielsprache ausgeliefert sind, läßt eine Textpassage aus Albert Camus' Roman *L'Etranger* erkennen, in welcher der Untersuchungsrichter versucht, den gleichgültigen Meursault zum christlichen Glauben zu bekehren. Im französischen Original duzt er ihn, um eine affektive Reaktion hervorzurufen:

Mais à travers la table, il avançait déjà le Christ sous mes yeux et s'écriait d'une façon déraisonnable: "Moi, je suis chrétien. Je demande pardon de *tes* fautes à celui-là. Comment peux-*tu* ne pas croire qu'il a souffert pour *toi*?" J'ai bien remarqué qu'il me tutoyait, mais j'en avais assez.[77]

Während in der deutschen und der kroatischen Übersetzung *tu*, *tes* und *toi* als monoseme Einheiten adäquat mit *du*, *deiner* (Sün-

---

77 A. Camus, *L'Etranger*, in: ders., *Théâtre, récits, nouvelles*, Paris, Gallimard (Bibl. de la Pléiade), 1962, S. 1175.

den) und *dich* bzw. mit *ti, tvoje* sowie mit den grammatischen Duzformen *možeš* und *ne vjeruješ* wiedergegeben werden können, muß sich der englische Übersetzer Stuart Gilbert auf Umschreibungen und Zusätze verlassen, weil das Englische den zugleich kulturellen und semantischen Gegensatz zwischen Duzen und Siezen nicht kennt:

While I was talking, he thrust the crucifix again just under my nose and shouted: "I, anyhow, am a Christian. And I pray Him to forgive you for your sins. My poor young man, how can you not believe that He suffered for your sake?" - I noticed that his manner seemed genuinely solicitous when he said, "My poor young man" - but I was beginning to have enough of it.[78]

Es ist unmöglich, in der englischen Zielsprache die Duzform unmittelbar wiederzugeben, und der Übersetzer versucht, diesen Mangel durch die familiäre Anrede "My poor young man" wettzumachen. Das Verb "duzen", das sowohl im deutschen als auch im kroatischen Text vorkommt ("Ich merkte, daß er mich duzte"/"Odmah primijetih da me tika")[79], wird vom englischen Übersetzer – nicht zu Unrecht – mit dem umständlich erweiterten Satz "I noticed that his manner seemed genuinely solicitous..." umschrieben. Die Duzform fehlt, und zwar nicht nur als grammatisches, sondern auch als kulturell-affektives Element. (Ihr Fehlen im Englischen hat seinerzeit den französischen Außenminister Michel Jobert veranlaßt, sich über die Freundschaft zwischen Helmut Schmidt und Valéry Giscard d'Estaing zu mokieren: "Ils se tutoient en anglais", meinte er ironisch.)

Kulturelle Besonderheiten wirken sich nicht nur auf grammatischer, sondern auch auf referentieller, "sachlicher" Ebene aus. So stellen beispielsweise Veronica Smith und Christine Klein-Braley fest, daß in der englischen Übersetzung von Kästners Kinderbuch *Emil und die Detektive* verschiedene Ortsangaben ausgelassen wurden, weil die englische Leserschaft sie kaum verstehen würde: "(...) an der Tür vorbei, die Bahnhofshalle entlang, fand eine andere Tür (...)." "Englische Bahnhöfe haben weder Hallen noch

---

78 A. Camus, *The Outsider*, Harmondsworth, Penguin, 1961, S. 73.
79 A. Camus, *Der Fremde*, Reinbek, Rowohlt, 1961, S. 71; A. Camus, *Stranac*, Zagreb, Znanje, 1986 (2.Aufl.), S. 71.

Türen, deshalb würden diese Angaben den jungen Leser nur verwirren", kommentieren die beiden Autorinnen die Auslassung des Übersetzers.[80]

Aufmerksamen Leserinnen und Lesern wird nicht entgangen sein, daß der englische Übersetzer der hier zitierten Textpassage aus *L'Etranger* sich einige "infidélités" im Sinne des französischen 17. Jahrhunderts zuschulden kommen läßt, etwa wenn er "mais à travers la table" unbekümmert mit "while I was talking" wiedergibt oder "d'une façon déraisonnable" schlicht ausläßt. Während die "freie" oder "ungenaue" Übersetzung den Sinn der Passage kaum ändert, wirkt sich die Auslassung auf ideologischer Ebene aus, weil der in Camus' Roman relativ seltene kritische Kommentar des Ich-Erzählers Meursault getilgt wird. Dieser Kommentar ist jedoch wesentlich, weil er als Bestandteil des Erzählerdiskurses die dualistisch strukturierten christlichen Diskurse der Richter und der gesamten Justiz einfaßt und in den Augen des Lesers relativiert.

Indem der englische Übersetzer ein wesentliches Element des Erzählerdiskurses ausfallen läßt, schwächt er auf der Ebene der *énonciation* die ideologiekritischen Komponenten der Indifferenz (s. Kap. IV) und bringt einen Text hervor, aus dem die kritische Distanz des Erzählers zu den Diskursen der humanistisch-christlichen Ideologie nicht so klar spricht wie aus dem Original. Dabei entsteht eine ästhetisch-ideologische Objektkonstruktion, in der das "Christentum" des Untersuchungsrichters gar nicht so "déraisonnable" (dt. Übers.: "besessen", kr. Übers.: "izbezumljeno") ist, wie Camus und sein Erzähler es darstellen. – Aus ideologiekritischer Sicht erscheint nur das Original sinnvoll: Die Ideologie ist "unvernünftig", "déraisonnable" (= *absurde, bête, excessif, insensé, irrationnel – Petit Robert*).

Auch die ideologiekritische Komponente von Jean-Paul Sartres Erstlingsroman *La Nausée* (1938) wird in der ersten deutschen Übersetzung von Heinrich Wallfisch abgeschwächt. Die Textpassage, die den "Heroismus" der vom Autodidakten propagierten

---

80 V. Smith, Ch. Klein-Braley, *In other words. Arbeitsbuch Übersetzung*, Ismaning, Hueber, 1989 (2.Aufl.), S. 223.

humanistisch-sozialistischen Ideologie karnevalistisch ins Lächerliche zieht, lautet:

"Dans la plus insignifiante de vos actions, ajoute-t-il avec aigreur, il y a une immensité d'héroïsme." - "Et comme dessert, messieurs?" dit la bonne. (...) "Un fromage", dis-je avec héroïsme.[81]

Wallfisch übersetzt so, daß das Lexem *Heroismus* in Roquentins parodierender und karnevalisierender Antwort nicht mehr vorkommt:

"In der geringfügigsten Ihrer Handlungen", fügt er säuerlich hinzu, "liegt ein gewaltiges Heldentum." "Und als Nachtisch, meine Herren?" fragt die Kellnerin. (...) "Käse", sage ich tapfer.[82]

In der neuen Übersetzung von Uli Aumüller (1981), die den Mangel bemerkt haben muß, wird das von Sartre parodierte humanistische Lexem nicht nur in seiner romanischen Form (*Heroismus* statt *Heldentum*) wiedergegeben, sondern auch – und ganz zu Recht – betont:

"In der unbedeutendsten Ihrer Handlungen", fügt er erbittert hinzu, "steckt ein ungeheurer Heroismus." - "Und zum Nachtisch, meine Herren?" fragt die Kellnerin. (...) "Käse", sage ich voll Heroismus.[83]

Mit der Betonung der Parodie trägt die Übersetzerin der sprachlichen Situation Rechnung, in der Sartre schreibt und die er in einem Artikel über den Sprachphilosophen Brice Parain konkret darstellt: "Parain befaßt sich mit der Sprache von 1940, nicht mit der Sprache als Universalerscheinung. Es geht um die Sprache der kranken Wörter, in der 'Friede' Aggression, 'Freiheit' Unterdrückung und 'Sozialismus' Regime der Ungleichheit bedeuten."[84] Auch "héroïsme", "Heroismus" und "Heldentum" gehören zu den kranken Wörtern und Wortleichen, die Werbung, Propaganda und

---

81 J.-P. Sartre, *La Nausée*, in: ders. *Œuvres romanesques*, Paris, Gallimard (Bibl. de la Pléiade), 1981, S. 143.

82 J.-P. Sartre, *Der Ekel* (übers. von H. Wallfisch), Reinbek, Rowohlt, 1963, S. 129.

83 J.-P. Sartre, *Der Ekel* (übers. von U. Aumüller), Reinbeck, Rowohlt, 1981, S. 188.

84 J.-P. Sartre, "Aller et retour", in: ders., *Critiques littéraires. Situations I*, Paris, Gallimard ("idées"), 1947, S. 236.

Ideologie um 1940 täglich produzieren. Aus diesem Grunde ist Uli Aumüllers Übersetzung wahrscheinlich optimal: Durch die Wahl der romanischen Variante gibt sie nicht nur das Original so lebendig wie möglich wieder, sondern zieht auch Sartres soziolinguistische Situation der "kranken Wörter" in Betracht.

Es wird hier natürlich nicht behauptet, daß der englische Übersetzer von *L'Etranger* und der deutsche Übersetzer von *La Nausée* absichtlich "d'une façon déraisonnable" ausgelassen und "héroïsme" abgeschwächt haben. Sicherlich haben sie aber unbewußt die ideologiekritische Wirkung der Originale gemildert. Es kommt allerdings vor, daß Übersetzer bewußt, d.h. aus ideologischen Gründen, dem Original die Spitze abbrechen und auf diese Art, wie André Lefevere es ausdrückt, "eine wichtige Rolle im Kampfe rivalisierender Ideologien spielen".[85]

So zeigt beispielsweise Dietmar Rieger in einer gründlichen Analyse der deutschen Übersetzungen von Pierre-Jean de Bérangers (1780-1857) politischen Chansons, daß Selektion und Klassifikation als ideologische Verfahren in restriktivem Sinne (Kap. II) eingesetzt werden können. Rieger stellt nicht nur "eine ausgesprochene Tendenz zur 'Germanisierung' des Originals" fest[86], sondern auch eine Tendenz zur Ideologisierung, d.h. Domestizierung der kritisch-satirischen Lieder auf lexikalischer und semantischer Ebene.

Einer der deutschen Übersetzer (Adrian) nimmt sich vor, die *Könige* (*rois*) gegen die restaurationsfeindliche Polemik Bérangers in Schutz zu nehmen und läßt das Semem *roi*, das im Original eine wichtige Funktion erfüllt, unauffällig verschwinden:

> J'ai pris goût à la république
> Depuis que j'ai vu tant de *rois*.

---

85 A. Lefevere, "Translation: Its Genealogy in the West", in: S. Bassnett, A. Lefevere (Hrsg.), *Translation, History and Culture*, London-New York, Pinter Publishers, 1990, S. 23.

86 D. Rieger, "Das Problem der Übersetzbarkeit des 'politischen Scherzes'. Zu einigen frühen deutschen Béranger-Übertragungen", in: W. Pöckl (Hrsg.), *Literarische Übersetzung. Beiträge zur gleichnamigen Sektion des XXI. Romanistentages in Aachen (25.-27. September 1989)*, Bonn, Romanistischer Verlag, 1990, S. 256.

> Ein Freystaat nur kann mir behagen,
> Die *andern Formen* lieb' ich nicht.[87]

Wo nicht nur ein Schlüsselwort wie *rois* getilgt und durch den harmlosen Ausdruck *andere Formen* ersetzt wird, sondern auch *république* mit dem unverbindlichen *Freystaat* übersetzt wird, verschwindet der polemische Kontrast zwischen *république* und *monarchie*, auf den es Béranger offenbar ankam. Übrig bleibt das *Behagen* des Kleinbürgers, dem es wenigstens im Diskurs gelang, die restaurativen Tendenzen zu stärken.

Alle Aspekte des ideologischen oder ideologiekritischen (Aumüller) Übersetzens lassen eines erkennen: Übersetzung, Nachdichtung und Übersetzungskritik sollten nicht nur auf der Ebene der *inneren Intertextualität*, d.h. literaturimmanent beurteilt werden, sondern sind auch auf der komplementären Ebene der *äußeren Intertextualität* zu betrachten. Nicht nur die Camus-, Sartre- und Béranger-Übersetzungen, sondern auch die Shakespeare-Nachdichtungen sollten auf diese Ebene projiziert und als ideologische oder ideologiekritische Reaktionen verstanden werden. Denn Georges ästhetizistische Reaktion auf die romantischen und bürgerlichen Nachdichtungen von Regis und Bodenstedt weist neben ästhetischen auch politische Komponenten auf: Sie polemisiert – wohl zu Recht – gegen die Konzessionen der Literatur an die Kulturindustrie und entwirft – wohl zu Unrecht – eine auf Esoterik und Herrschaft gründende Alternative, die, wie Adorno und andere gezeigt haben, ideologisch und vor allem ideologisierbar ist.[88]

Insgesamt wird deutlich, daß die ideologischen Interferenzen, die im Bereich der Rezeption wirken, auch im Übersetzungsprozeß aufgezeigt werden können. So deckt beispielsweise Edgar Sallager in einem scharfsinnigen Kommentar zu den französischen Kafka-Übersetzungen nationale Vorurteile auf, deren Einfluß sich anscheinend auch ein kompetenter Übersetzer wie Alexandre Vialatte nicht entziehen kann, wenn er das Deutsche als "langue

---

87 Ibid., S. 258.
88 Siehe: Th. W. Adorno, "George", in: ders., *Noten zur Literatur IV*, Frankfurt, Suhrkamp, 1974, S. 48-51; M. Winkler, *George-Kreis*, Stuttgart, Metzler, 1972, S. 60-63.

enflée, gothique, baroque"[89] beschreibt. Man wird an die französischen Durchschnittsleser erinnert, die während der Lektüre von Fejes' *Rozsdatemetö* an einen Balkanstaat denken...Der Übersetzer ist, wie Jiří Levý bemerkt, in erster Instanz Leser: ein Leser, den seine Kultur und seine Ideologie zu einem lesenden und schreibenden Subjekt machen.

---

89 E. Sallager, "Zu den Neuübersetzungen von Kafkas Romanen in Frankreich", in: W. Pöckl (Hrsg.), *Literarische Übersetzung*, op.cit., S. 275.

VII. Periodisierung und Gattungsgeschichte

Im vorigen Kapitel hat sich gezeigt, daß Rezeption und Übersetzung literarischer Werke in den historischen Kontext eingebettet sind und der intertextuelle Dialog nicht unabhängig von Begriffen wie *Romantik* oder *Ästhetizismus* zu verstehen ist. Georges Kritik an den romantischen und neuromantischen Übersetzungen von Shakespeares Lyrik bestätigt die These der russischen Formalisten, derzufolge Werke der Literatur nicht als isolierte Fakten, sondern nur innerhalb der *literarischen Evolution*[1] erklärt werden können. Der neue Text revoltiert gegen die traditionelle, die etablierte ästhetische Norm einer vergangenen oder zu Ende gehenden Epoche.

Die formalistische These mag noch so nützlich sein, wenn es gilt, den Evolutionszusammenhang der Literatur zu berücksichtigen; sie sagt jedoch wenig über die Probleme aus, die eine *Periodisierung* als Beschreibung und Erklärung dieses Zusammenhangs mit sich bringt. Wenn der literarische Prozeß – wie Georges Kritik an der Romantik vermuten läßt – weder gradlinig noch kumulativ verläuft, sondern von Verwerfungen und Brüchen geprägt ist, die neue Epochen einleiten, dann stellt sich die Frage, nach welchen Kriterien diese Zeiträume und die Einschnitte, die sie voneinander trennen, zu *definieren* (*definire* = *abgrenzen*) sind.

Schon im zweiten Kapitel war – wenn auch nur ansatzweise – von den Schwierigkeiten der Periodisierung die Rede, die dort primär als ein diskursives, d.h. soziosemiotisches Problem aufgefaßt wurde. Es ging in erster Linie darum, die "realistische" Illusion aufzulösen, die wesentlich dazu beigetragen hat, daß Bezeichnungen wie "Klassik", "Romantik" oder "Realismus" noch heute hypostasiert, d.h. mit wirklichen Gegenständen verwechselt werden. Tatsächlich handelt es sich jedoch nicht um Gegenstände, sondern um nur *mögliche Objektkonstruktionen*, deren Beschaffenheit von den Relevanzkriterien, Klassifikationen und narrativen Strukturen der Soziolekte und Diskurse abhängt, in denen sie

---

1   Die literarische Evolution als Wechselwirkung von Automatisierung und Innovation wird in einem Aufsatz von Jurij Tynjanov dargestellt: "Über die literarische Evolution", in: J. Striedter (Hrsg.), *Russischer Formalismus*, München, Fink, 1969.

entstanden sind. Zugleich sind sie mit individuellen und kollektiven Interessen verquickt, die sich in jedem Diskurs niederschlagen. Anders ausgedrückt: Jede Schriftsteller- oder Wissenschaftlergruppe teilt die literarische Entwicklung anders ein, weil sie besondere Ansichten und Interessen vertritt, die sich in ihrem Soziolekt artikulieren.[2]

Dies bedeutet keineswegs, daß alle Objektkonstruktionen gleichwertig sind und daß dem Relativismus oder der Beliebigkeit Tür und Tor geöffnet werden. Entscheidendes Kriterium für die Beurteilung von Objektkonstruktionen ist – außer der Klarheit und der Komplexität – die Fähigkeit des theoretischen Diskurssubjekts, die Entstehung seiner Konstruktion zu reflektieren und dialogisch auf vergleichbare Konstruktionen zu beziehen. Erst im Dialog der Diskurse wird deutlich, daß Perioden wie "Klassik", "Romantik" oder "Realismus" auf verschiedene, aber durchaus komplementäre Arten konstruiert werden können und daß fast jedem Periodenbegriff *idealtypische* und *ästhetische Begriffe* entsprechen: "Realismus" erscheint dann nicht nur als literarischer Zeitabschnitt, sondern als epochenübergreifende Weltanschauung und Schreibweise oder als ästhetische Norm, die es Schriftstellern wie Brecht oder Philosophen wie Lukács gestattet, Werke des Ästhetizismus oder des Naturalismus als inadäquat zu kritisieren und abzulehnen.

Der normative Aspekt dieser Begriffe zeigt, wie wichtig es ist, ihre Hypostasierung und Dogmatisierung zu vermeiden, die darauf hinauslaufen, daß eine mögliche Objektkonstruktion mit der Wirklichkeit identifiziert wird und konkurrierende Objektkonstruktionen monologisch ausgegrenzt werden. Es kommt darauf an, jeden Diskurs über die Literaturgeschichte als einen nur möglichen Diskurs, d.h. als hypothetisches Konstrukt aufzufassen und den (im restriktiven Sinne) ideologischen Anspruch zurückzuweisen, der tendenziell jeder Theorie innewohnt: mit der Wirklichkeit, mit dem Gegenstand identisch zu sein.

"Die Erkenntnis einer materiellen Realität ist ideologisch", bemerkt Luis J. Prieto, "wenn das Subjekt die Grenzen und die Identität des Objekts, zu dem diese Realität für es geworden ist,

---

2   Zum Begriff des Soziolekts siehe: Kap. II sowie: Vf., "Le Sociolecte dans la fiction et dans la théorie", in: *Sociocriticism* vol. V, 2, no. 10, 1989.

als in der Realität selbst befindlich betrachtet, d.h. wenn das Subjekt der Realität selbst die *Idee* zuspricht, die es aus ihr konstruiert hat. Das Subjekt einer ideologischen Erkenntnis ist sich dann dieser Konstruktion nicht bewußt und hat a fortiori keine Ahnung von der Rolle, welche eine Praxis darin spielt."[3] Diese Definition des ideologischen Denkens ist für die Literaturgeschichte, insbesondere für das Problem der Periodisierung wesentlich, weil sie den partikularen Charakter einer jeden Erkenntnis verdeutlicht und jede Art von Periodisierung als eine nur mögliche "historische Erzählung" (d.h. Konstruktion) erscheinen läßt.

Doch Erkenntnis ist nicht nur partikular im ideologischen (gruppenspezifischen), sondern auch im kulturellen Sinn. Schon deshalb fällt der Komparatistik im Bereich der Literaturgeschichte eine besondere Aufgabe zu: Sie soll den nationalen und kulturspezifischen Charakter der verschiedenen Periodisierungssysteme aufzeigen und dazu beitragen, daß die voneinander abweichenden nationalen Literaturgeschichten als "Erzählungen" ("récits") dialogisch aufeinander bezogen werden. Dabei stellt sich heraus, daß auf interkultureller oder internationaler Ebene Begriffe wie "Klassik" oder "Realismus" einerseits recht heterogene Erscheinungen bezeichnen, andererseits durch den interkulturellen Vergleich durchaus konkretisiert werden können.

Im folgenden wird sich u.a. zeigen, daß Periodisierung als sprachliche, d.h. semantisch-narrative Tätigkeit sowohl ideologisch als auch kulturell bedingt ist und daß diese Bedingtheit ohne selbstkritische Reflexion des theoretischen Aussagesubjekts zu einer ideologischen Hypostasierung (im restriktiven Sinne) führen kann. Da es jedoch keine ideologie- oder kulturfreie Periodisierung (d.h. Klassifikation) gibt, kommt es darauf an, einen theoretischen Dialog zwischen den heterogenen, aber dennoch vergleichbaren literaturgeschichtlichen Objektkonstruktionen herbeizuführen.

---

3   L. J. Prieto, "Entwurf einer allgemeinen Semiologie", in: *Zeitschrift für Semiotik* Nr. 1, 1979, S. 263.

1. Periodisierung als soziosemiotisches Problem

Der Verzicht auf Reflexion, Diskurskritik und Dialog bringt zwei Arten von Abstraktion hervor, von denen die erste subjektivistischen, die zweite objektivistischen Charakter hat. Die subjektivistische Variante tritt besonders klar in G. W. F. Hegels (1770-1831) idealistischer Ästhetik in Erscheinung, in der die griechische Klassik (die Skulptur) am höchsten bewertet wird, weil in ihr nach Hegel idealler Inhalt und materielle Erscheinung eine Einheit bilden, während in der symbolischen Kunst der orientalischen Antike (Ägyptens, Persiens) diese beiden Aspekte noch auseinandertreten und durch ihre Diskrepanz die Entstehung vollkommener Kunstwerke im Sinne der griechischen Klassik verhindern. In der romantischen Kunstepoche, der Hegel die gesamte christliche Kunst des Mittelalters und der Neuzeit subsumiert (Ritterroman, Cervantes' *Don Quijote*, Shakespeares Dramen), steht das sprachliche Kunstwerk im Mittelpunkt, und die Kunst löst sich als Wortkunst, als vergeistigte Kunst allmählich im begrifflichen Denken der Philosophie auf: "Deshalb ist unsere Gegenwart ihrem allgemeinen Zustande nach der Kunst nicht günstig", schließt der Philosoph.[4]

Nicht die Tatsache, daß aus zeitgenössischer Sicht einer solchen Periodisierung Willkür anhaftet, ist hier entscheidend, sondern der Mangel an Reflexion über die Partikularität des eigenen Standortes: Hegel läßt nirgendwo erkennen, daß diese Einteilung der Kunstentwicklung in drei Großetappen eine nur mögliche Einteilung und folglich ein kontingentes Konstrukt ist. Sein Periodisierungsversuch ist ideologisch im Sinne von Prieto, weil er eine kontingente narrative Konstruktion subjektivistisch in die historisch-ästhetische Wirklichkeit hineinprojiziert und mit dieser identifiziert. Die Hegelsche "Erzählung", derzufolge aus der unvollkommenen symbolischen Kunst das "klassische Ideal" der griechischen Antike hervorgeht und aus dessen Zerfall die christlich-romantische Kunst, die sich in ihren Endphasen im begrifflichen Denken auflöst, kann relativiert und als kulturelle und

---

4   G. W. F. Hegel, *Vorlesungen über die Ästhetik* Bd. I, Frankfurt, Suhrkamp (Werkausgabe), 1970, S.25.

ideologische Hypostasierung herrschender Doxa kritisiert werden: Während für die Apotheose der griechischen Antike ("klar nämlich ist das klassische Ideal", Hegel) die klassizistischen Vorurteile des von Winckelmann[5] beeinflußten deutschen Idealismus verantwortlich sind, ist Hegels Auflösung der Kunst im begrifflichen Denken u.a. auf seinen systematischen Logozentrismus zurückzuführen, dessen Herrschaftsanspruch in der jüngsten Vergangenheit mehrfach kritisiert wurde.[6]

Im Bereich der Kunst- und Literaturgeschichte ist Hegels idealistischer Subjektivismus keine Einzelerscheinung, auch kein Kuriosum des 19. Jahrhunderts. Immer wieder versuchen Literaturhistoriker und Literaturwissenschaftler, die eigenen Relevanz- und Klassifikationskriterien subjektivistisch mit dem Gegenstand zu identifizieren. So stellt beispielsweise der amerikanische Barockforscher F. J. Warnke in einem Kommentar zur Dichtung Théophile de Viaus (1590-1626) erstaunt fest: "Théophile wechselt in verwirrender Weise zwischen manieristischen und barocken Positionen." – Zu Recht weist Ulrich Schulz-Buschhaus auf die subjektivistische "fallacy" hin, die der Verwunderung des Forschers ("bewildering fashion", Warnke) zugrunde liegt: "Dabei stellt die 'bewildering fashion' der Mischung manieristischer und barocker Elemente genaugenommen natürlich keineswegs ein wirkliches Strukturmerkmal der Texte dar, sondern erweist sich durchaus als Eigenproduktion des Barockforschers, der erstaunt in einem einzigen Werk verschiedene Stilzüge registriert, die er selbst erst konzeptuell entworfen, voneinander getrennt und auf zwei Epochen verteilt hat."[7]

---

5   Der Archäologe und Philosoph Johann Joachim Winckelmann (1717-1768) war ein Bewunderer der griechischen Antike und hat vor allem mit seinem Werk Über die Nachahmung der griechischen Werke in der Malerei und Bildhauerkunst (1755) die deutsche Klassik nachhaltig beeinflußt.

6   Siehe z.B. Th. W. Adorno, Ästhetische Theorie, Frankfurt, Suhrkamp, 1970, S. 139-142 und J. Derrida, Randgänge der Philosophie, Wien, Passagen-Verlag, 1988, S. 115-118.

7   U. Schulz-Buschhaus, "Gattungsmischung - Gattungskombination - Gattungsnivellierung. Überlegungen zum Gebrauch des literarhistorischen Epochenbegriffs 'Barock'", in: H.-U. Gumbrecht, U. Link-Heer, Epochenschwellen und Epochenstrukturen im Diskurs der Literatur- und Sprachhistorie, Frankfurt, Suhrkamp, 1985, S. 214.

Diese Kritik am unreflektierten Subjektivismus des Barockforschers ist deshalb aufschlußreich, weil sie den kontingenten Charakter der – nur implizit – verwendeten Relevanzkriterien aufdeckt und die Willkür erkennen läßt, die der gesamten Konstruktion dieses Forschers anhaftet. Denn der grundlegende semantische Gegensatz *Manierismus/Barock*, von dem der Literaturhistoriker als erzählendes Subjekt ausgeht, wohnt dem untersuchten Gegenstand keineswegs inne, sondern wird in ihn hineinprojiziert, ohne daß sich das Diskurssubjekt dessen bewußt wäre.

Eine ideologische Verblendung dieser Art wirkt sich auch auf die Objektkonstruktionen Hegels aus, in denen Begriffe wie "Klassik" oder "Romantik" aufgrund bestimmter unreflektierter Relevanzkriterien zustande kommen, die sowohl chronologischen als auch idealtypischen, ästhetisch-präskriptiven und soziologisch-historischen Charakter haben. Denn "Klassik" bezeichnet bei Hegel nicht nur eine Periode oder Zeitspanne, sondern zugleich einen Idealtypus mit einer ästhetisch-präskriptiven Funktion, die noch in der dogmatischen Ästhetik der Marxisten-Leninisten nachwirkt (s. weiter unten).

Als Alternative zu den spekulativen Entwürfen dieses literaturgeschichtlichen Subjektivismus wurde in der Vergangenheit immer wieder ein Objektivismus praktiziert, der sich an der reinen Chronologie, bestenfalls an Kriegen und anderen chronologisch fixierbaren Ereignissen orientierte. Er erfreute sich vor allem in Schulbüchern großer Beliebtheit, weil häufig stillschweigend angenommen wurde, daß Bezeichnungen wie "Zwischen den Kriegen" oder "Nach dem 2. Weltkrieg"[8] vom Gegenstand selbst legitimiert wurden und daher keiner subjektiven Rechtfertigung durch den Literaturhistoriker bedurften. Indessen ist jedem klar, der in einer deutschen Literaturgeschichte erfährt, das Jahr 1922 sei eine internationale "Durchbruchstelle" gewesen, weil um diese Zeit Joyces *Ulysses*, T.S. Eliots *The Waste Land*, Valérys *Charmes* und Rilkes *Duineser Elegien* entstanden sind, daß einer scheinbar objektimmanenten Chronologie eine Interpretation der Moderne (der Klassik oder Romantik) innewohnt, die in jeder

8   Siehe: J. Rackl, E. Ebner, K. Hunger, *Deutsche Literaturgeschichte* (neu bearbeitet von L. Krell, L. Fiedler), Bamberg, C.C. Buchners Vlg., 1963, S. 379 und 411.

Hinsicht eine subjektive und folglich kontingente Konstruktion ist.

Auf besonders prägnante Art kommt dieser chronologische Objektivismus in älteren italienischen Literaturgeschichten zum Ausdruck, in denen nicht so sehr Periodenbegriffe wie Barock, Klassik oder Romantik dominieren, sondern die literarische Evolution nach Jahrhunderten eingeteilt wird: *Seicento*, *Ottocento*, *Novecento* etc. Dabei entstehen Ausdrücke wie "stile seicentesco" oder "ottocentesco."[9] Daß eine solche Einteilung nach Jahrhunderten oder Jahrzehnten fragwürdig ist, fiel Jurij Surovcev in "Literaturnyj progress i ego periodizacija" (1983) auf: "Die literarischen 'Dreißigerjahre' begannen nicht im Jahre 1930, und die 'Zwanzigerjahre' hörten nicht im Jahre 1930 auf."[10] Gesellschaftliche, kulturelle und literarische Entwicklungen sind nicht formal-chronologisch zu erfassen, weil sie ineinandergreifen und einander in dem von amerikanischen Soziologen aufgezeigten "cultural lag" überlagern.[11]

Subjektivismus und Objektivismus, zwei einander scheinbar diametral entgegengesetzte Arten der Literaturgeschichtsschreibung, haben eines gemeinsam: Sie schließen das Nachdenken über die eigenen Relevanzkriterien und Objektkonstruktionen aus, weil der subjektivistische Philosoph oder Literaturwissenschaftler seine Betrachtungsweise für die einzig mögliche (für natürlich) hält, während der objektivistische Literaturwissenschaftler meint, die Entwicklung als solche wiederzugeben. Beide verfallen der Ideologie (Naturalismus) und der Abstraktion, weil sie den Konstruktionsprozeß und die ihn bedingenden gesellschaftlichen, kulturellen und sprachlichen Faktoren (Soziolekte, Relevanzkriterien, Klassifikationen) nicht reflektieren.

Der Abstraktion verfällt auch eine rein *literaturimmanente Periodisierung*, wie sie etwa von H.P.H. Teesing in *Das Problem*

---

9   Siehe: *Storia letteraria d'Italia*, Milano, Vallardi Ed., s.d. (darin vor allem: V. Rossi, *Il Quattrocento* und A. Belloni, *Il Seicento*). Sowie: U. Leo, *Torquato Tasso. Studien zur Vorgeschichte des Seicentismo*, Bern, Francke, 1951.

10 J. Surovcev, "Literaturnyj progress i ego periodizacija", in: *Voprosy literatury* Nr. 10, 1983. S. 113.

11 Siehe: W. F. Ogburn, "Cultural Lag as Theory", in: *Sociology and Social Research* Nr. XLI, 1957. Unter "cultural lag" versteht Ogburn Anpassungsrückstände der Kultur im Gefolge eines beschleunigten technischen Fortschritts in modernen Gesellschaften.

der Perioden in der Literaturgeschichte (1949) vorgeschlagen und als "Prinzip der immanenten Entwicklung" praktiziert wird.[12] Teesing warnt nicht nur davor, "die Literatur nach politischen, soziologischen, sprachlichen oder allgemeinkulturellen Gesichtspunkten zu periodisieren"[13], sondern verzichtet auch auf eine Reflexion seines eigenen Diskurses, seiner eigenen historischen "Erzählung", im sozio-linguistischen Kontext. Insofern bleibt seine ansonsten informative Arbeit im doppelten Sinne abstrakt: Einerseits wird der theoretische Diskurs mit seinen Objektkonstruktionen nicht problematisiert, andererseits wird die literarische Entwicklung – ähnlich wie im russischen Formalismus – vorwiegend literaturimmanent und chronologisch (als Aufeinanderfolge von originellen Schriftstellergenerationen) erklärt. Mit Recht wurden schon die Formalisten wegen ihres Verharrens im literarischen Bereich kritisiert, weil sie nicht in der Lage waren zu *erklären*, weshalb (aus welchen gesellschaftlichen Gründen) der Klassizismus von der Romantik, der Symbolismus vom Futurismus abgelöst wurde. Ihr rein mechanisches, formales Kriterium der *Innovation* reichte als Erklärung nicht aus.[14]

2. Drei Beispiele: Klassik, Romantik, Realismus

Eine Komparatistik, die aus der sozialwissenschaftlichen Diskussion hervorgeht, wird sich im Bereich der Literaturgeschichte und der Periodisierung an drei Kriterien halten: 1. Sie wird – hier vor

---

12 H.P.H. Teesing, *Das Problem der Perioden in der Literaturgeschichte*, Groningen-Batavia, J.B. Wolters Vlg., 1948, S. 106.

13 H. P. H. Teesing, "Periodisierung", in: W. Kohlschmidt, W. Mohr, *Reallexikon der deutschen Literaturgeschichte* Bd. 3, Berlin-New York, De Gruyter, 1977, S. 78 (zit. nach: M. Brunkhorst, "Die Periodisierung in der Literaturgeschichte", in: M. Schmeling (Hrsg.), *Vergleichende Literaturwissenschaft*, Wiesbaden, Athenaion, 1981, S. 28-29.). - Schon in seiner Dissertation *Das Problem der Perioden in der Literaturgeschichte*, op.cit., S. 109, schrieb Teesing: "Aus unseren Erörterungen in den vorangehenden Kapiteln geht bereits hervor, daß wir eine Einteilung der Literaturgeschichte nach Gesichtspunkten der politischen Historie ablehnen müssen."

14 Siehe: P.N. Medvedevs Kritik am Formalismus in: P. N. Medvedev, *Die Formale Methode in der Literaturwissenschaft*, Stuttgart, Metzler, 1976, S. 209-225.

allem im 3. Abschnitt – ihren eigenen gesellschaftlichen und sprachlichen Standort reflexiv zu bestimmen suchen und die Kontingenz ihrer Relevanzkriterien und Objektkonstruktionen berücksichtigen. Zugleich wird sie der Erkenntnis der Semiotik und der Geschichtswissenschaft Rechnung tragen, daß jede Klassifikation und jedes narrative Schema eine *Erklärung* (der Perioden und Werke) beinhaltet. Dazu bemerkt Werner Schiffer im Anschluß an den britischen Philosophen A. C. Danto: "Vor allem Dantos nicht nur geschichts-, sondern ebenso erzähltheoretisch provozierende Kernthese – die Form der Erzählung sei bereits als solche eine *Form der Erklärung* – ist bisher nicht genauer auf ihre Tragfähigkeit und Konsequenzen überprüft worden."[15] Man könnte hinzufügen, daß eine narrative Erklärung häufig auch eine Bewertung ("Sterilität der Spätromantik", "Niedergang der Moderne") mit sich bringt. 2. Eine soziologisch fundierte Komparatistik wird natürlich nicht literaturimmanent verfahren, sondern versuchen, die sozialen, sprachlichen und ästhetischen Determinanten einer Periode in Erscheinung treten zu lassen. Dabei wird sich herausstellen, daß Perioden wie *Romantik* oder *Moderne* ideologisch heterogen sind und von gegenläufigen Tendenzen als identifizierbare Einheiten in Frage gestellt werden, während Schriftstellergruppen (George-Kreis) oder Bewegungen (Futurismus, Surrealismus) durchaus mit Ideologien im allgemeinen Sinne zu verknüpfen sind. 3. Für die komparatistische Theorie ist schließlich die Erkenntnis entscheidend, daß es nur im Rahmen einer vergleichenden Betrachtung gelingen kann, Perioden wie *Klassik, Romantik* oder *Realismus* konkret, d.h. im internationalen oder interkulturellen Gesamtkontext zu bestimmen.

Zur komparatistischen und interkulturellen Neubestimmung der französischen Klassik des 17. Jahrhunderts schreibt beispielsweise Yves Chevrel: "Es kann auch geschehen, daß ein übernationaler Begriff, der von den Historikern einer Literatur nicht wahrgenommen oder abgelehnt wird, die etablierten Schemata dieser Literatur in Frage stellt: Das französische 17. Jahrhundert erscheint heute nicht mehr als eine monolithische klassische Epoche, und man

---

15 W. Schiffer, *Theorien der Geschichtsschreibung und ihre erzähltheoretische Relevanz (Danto, Habermas, Baumgartner, Droysen)*, Stuttgart, Metzler, 1980, S. 23.

läßt dort auch den Barockbegriff zu (...)."[16] Daß dieser Begriff, der in der französischen Literatur eher pejorative Bedeutungen angenommen hat, die gesamte französische Klassik nicht nur im interkulturellen Kontext, sondern auch in einem neuen Licht erscheinen lassen könnte, fällt Miroslav Hanak auf, wenn er im Anschluß an Helmut Hatzfeld und Leo Spitzer die klassische Literatur Frankreichs aus der Sicht des Barock betrachtet: "Der allmähliche Triumph des Klassizismus in Frankreich zwischen 1620 und 1680 wird von Hatzfeld radikal umgedeutet. Er sieht im Sieg von Richelieus und Ludwigs XIV. Politik, Moral und Ästhetik den Höhepunkt eines paneuropäischen Barockexperiments."[17] Dies bedeutet, daß das 17. Jahrhundert, das dem französischen Selbstverständnis als "grand siècle" oder "siècle classique" erscheint, nun aus deutscher oder mitteleuropäischer Sicht – vor allem im Zusammenhang mit H. Wölfflins *Renaissance und Barock*, 1888 – neu bestimmt wird.

So kann eine dialogische Wechselbeziehung zwischen Selbstverständnis und Fremdverständnis inszeniert werden, und das Selbstverständnis der französischen Klassik wird seines hermeneutischen Monopolanspruchs entledigt. Daß es einen solchen Monopolanspruch auf Deutung und Selbstdeutung gab, bestätigen Günter Berger und Hans-Jürgen Lüsebrink, wenn sie im Zusammenhang mit Boileaus *Art poétique* (1674) von der "Selbstkanonisierung der französischen Klassik" sprechen und zeigen, wie sehr die klassische oder klassizistische Norm noch auf die zeitgenössische französische Kanonbildung einwirkt: "Und in Frankreich überwiegen heute wie vor 100 Jahren in den Programmen der Agrégation Autoren des 17. Jahrhunderts."[18]

Diese Vorherrschaft der klassizistischen Ästhetik in Frankreich ist nicht rein literaturimmanent zu erklären, sondern nur im soziohistorischen Kontext, wo sie als Herrschaftsform des Absolutis-

---

16 Y. Chevrel, *La Littérature comparée*, Paris, PUF (Que sais-je?), 1989, S. 38.

17 M. Hanak, "The Emergence of Baroque Mentality in Its Cultural Impact on Western Europe after 1550", in: *Journal of Aesthetics and Art Criticism* Nr. XXVIII/3, 1970, S. 322.

18 H.-J. Lüsebrink, G. Berger, "Kanonbildung in systematischer Sicht", in: G. Berger, H.-J. Lüsebrink (Hrsg.), *Literarische Kanonbildung in der Romania*, Rheinfelden, Schäuble Vlg., 1987, S. 24.

mus erscheint: "Die Literatur der französischen Klassik und mit ihr deren Dominante, die klassische Tragödie", schreibt Erich Köhler, "ist, auch in der Gestalt, die Racine dieser letzteren gab, soziologisch gesehen die Leistung zweier Klassen, noblesse de robe und noblesse d'épée im Kraftfeld des Absolutismus, bedingt durch das Publikum von 'la cour et la ville'."[19]

Obwohl die französische und die deutsche Klassik thematisch z.T. übereinstimmen, weil ihre Autoren auf antike Mythen und Gestalten zurückgreifen (man denke an Racines *Iphigénie*, 1674 und an Goethes *Iphigenie*, 1779/87), liegen sie nicht nur chronologisch weit auseinander (17. Jh. und 18. Jh.), sondern sind auch sozialgeschichtlich heterogen. Während die französische Klassik mit der konsolidierten Herrschaft des Absolutismus zusammenfällt, entfaltet sich die deutsche Klassik jenseits aller Herrschaftsansprüche und politischer Legitimationszwänge: "Im Unterschied zu vergleichbaren europäischen Nationalliteraturen (Frankreich, England) ist die deutsche Klassik ein historisch 'spätes' Phänomen. Sie steht zudem (im Gegensatz etwa zur lateinischen oder französischen Klassik) nicht 'im Einklang von Geist und (politischer) Macht', sondern vielmehr in der Spannung und 'Verbindung von geistiger Größe und staatlicher Bedeutungslosigkeit'. Eine Zuordnung zu Herrschern wie Augustus oder Ludwig XIV. bleibt ausgeschlossen (...)."[20] Dies ist wohl einer der Gründe, weshalb die deutschen Klassiker die Regelpoetiken Chapelains und Boileaus, die sie zu Recht mit dem Absolutismus identifizierten, ablehnten und sich an Shakespeares Dramatik orientierten, aus der sie ein Streben nach Freiheit und ästhetischer Eigenwilligkeit heraushörten.

Die vor allem für die römische Antike und den französischen Absolutismus charakteristische Verquickung von Klassik und Herrschaft hat u.a. zur Folge, daß die klassische Norm von den Herrschenden verschiedener Gesellschaften und Epochen als *Idealtypus* ins Zeitlose projiziert und zur herrschenden Norm

---

19 E. Köhler, "Gattungssystem und Gesellschaftssystem", in: ders., *Literatursoziologische Perspektiven*, Heidelberg, Winter, 1982, S. 13.

20 W. Voßkamp, "Klassik als Epoche. Zur Typologie und Funktion der Weimarer Klassik", in: H.-J. Simm (Hrsg.), *Literarische Klassik*, Frankfurt, Suhrkamp, 1988, S. 260.

erhoben wird: "Klassisch meint beispielhafte Werte von über-
zeitlicher Vollendung (...)."[21] So ist es zu erklären, daß im Zeitalter eines neuen Absolutismus die sowjetischen Marxisten-Leninisten den Beschluß faßten, im Rahmen des sozialistischen Realismus einer neuen Klassik zur Blüte zu verhelfen. Im Jahre 1936
plädierte beispielsweise Stalin für die Schaffung einer sowjetischen Klassik.[22]

Auch die gegen die straffen Regeln der Klassik revoltierende
europäische Romantik ist auf den beiden Ebenen darstellbar, auf
denen hier die Problematik der Klassik betrachtet wurde: auf der
interkulturell-komparatistischen und der sozialgeschichtlich-äs-
thetischen Ebene, auf der jede Periode als Auseinandersetzung um
die dominierende ästhetische Norm erscheint.

Auf der ersten Ebene stellt sich zunächst die Frage, ob von
einer europäischen Romantik als relativ homogener Erscheinung
überhaupt die Rede sein kann. Obwohl die verschiedenen romantischen Literaturen Europas nicht so weit auseinanderliegen wie die
französische und die deutsche Klassik, ist es dennoch nicht einfach, sie zeitlich oder ideologisch auf einen Nenner zu bringen.
Dieses Problem veranschaulicht René Welleks Kritik an Arthur O.
Lovejoy, der, eher zum Empirismus neigend, den Verdacht hegt,
daß die "Romantik eines Landes mit der eines anderen unter
Umständen nur wenig gemeinsam hat."[23] Im Gegensatz dazu
meint Wellek, in verschiedenen europäischen Literaturen des
späten 18. und des frühen 19. Jahrhunderts gemeinsame Züge
aufzeigen zu können, die seiner Ansicht nach die Bezeichnung
europäische Romantik rechtfertigen. Von den Dichtern dieser Zeit
sagt er: "Alle erkennen die Verflechtung von Imagination, Symbol, Mythos und organischer Natur; sie sehen diese Verflechtung
als Teil der angestrengten Bemühung, die Spaltung von Subjekt
und Objekt, von Ich und Welt, von Bewußtem und Unbewußtem

---

21 "Klassik", in: *Literaturwissenschaftliches Wörterbuch für Romanisten*, Tübingen,
    Francke, 1989 (3. Aufl.), S. 173.
22 Siehe: H. Günther, *Die Verstaatlichung der Literatur. Entstehung und Funktions-
    weise des sozialistisch-realistischen Kanons in der sowjetischen Literatur der 30er
    Jahre*, Stuttgart, Metzler, 1984, S. 136.
23 A. O. Lovejoy, in: R. Wellek, *Konfrontationen. Vergleichende Studien zur Roman-
    tik*, Frankfurt, Suhrkamp, 1964, S. 9.

zu überwinden. Das ist das zentrale Glaubensbekenntnis der großen romantischen Dichter in England, Deutschland und Frankreich."[24]

Doch einige Jahre später ist auch Wellek bereit, neben den typologischen Gemeinsamkeiten, an denen er weiterhin festhält, die Differenzen zwischen den verschiedenen romantischen Bewegungen Europas hervortreten zu lassen.[25] Darin stimmt er mit einem Autor wie Gerhart Hoffmeister überein, der auf die politischen Unterschiede hinweist, die die deutsche von der englischen und der französischen Romantik trennen: Während die ausländische Romantik "fast überall progressiv und ins Leben eingreifend wirkte", sagt er, wurden die deutschen Romantiker nach Napoleons Eroberungsfeldzug unter dem Einfluß des konservativen Philosophen Edmund Burke zunehmend reaktionär.[26] Diese Darstellung ist jedoch nur bedingt richtig, wenn man bedenkt, daß die französischen Romantiker zwischen liberalen (Victor Hugo) und konservativen (François René de Chateaubriand) Ideologien hin- und her gerissen wurden und daß Philippe Van Tieghem von zwei französischen Romantiken spricht, die einander unversöhnlich gegenüberstehen: "Il y a deux Romantismes entre lesquels l'union semble impossible."[27] Schon Carl Schmitt wies auf die ideologisch-politische Heterogenität der romantischen Literaturen – etwa der englischen – hin: "In der englischen Romantik treten politische Konservative, Wordsworth und Walter Scott, neben den Revolutionären Byron und Shelley auf."[28] Es scheint also auch "zwei englische Romantiken" zu geben, um Philippe Van Tieghem zu paraphrasieren.

Zu dieser sozialen Heterogenität der europäischen Romantik gesellt sich ein komparatistisches Problem par excellence, das schon im Zusammenhang mit der Klassik angesprochen wurde: Die Periodisierung der europäischen Romantik ist von National-

---

24 Ibid., S. 9-10.
25 Siehe: Ibid., S. 10-15.
26 G. Hoffmeister, *Deutsche und europäische Romantik*, Stuttgart, Metzler, 1978, S. 19.
27 Ph. Van Tieghem, *Le Romantisme français*, Paris PUF (Que sais-je?), 1963, S. 19.
28 C. Schmitt, "Romantik" in: H. Prang (Hrsg.), *Begriffsbestimmung der Romantik*, Darmstadt, Wiss. Buchgesellschaft, 1972, S. 81.

kultur zu Nationalkultur verschieden, und Klaus Doderer stellt 1955 fest: "In keiner Phase der letzten 150 Jahre hat das Urteil der westeuropäischen Forschung mit dem der deutschen über die deutsche Romantik übereingestimmt."[29] Diese Ansicht bestätigt 1978 G. Hoffmeister, wenn er zeigt, daß vor allem in Frankreich "die deutschen Klassiker von Lessing bis Goethe, die Idealisten von Herder bis Schelling ins Romantische umgedeutet, die eigentlichen Romantiker von Wackenroder bis Eichendorff dagegen nur selten beachtet" wurden.[30]

Hier wird deutlich, daß – ähnlich wie bei der Periodisierung der "Klassik" – Selbstverständnis und Fremdverständnis aus sprachlichen und kulturellen Gründen auseinandertreten. Es kommt hinzu, daß die verschiedenen nationalen Auffassungen der Romantik auch ideologisch bedingt sind und daß die ideologischen Diskrepanzen einer einheitlichen Begriffsbestimmung der europäischen Romantik im Wege stehen. So ist beispielsweise Fritz Strich, ein bedeutender Vertreter der deutschen Geistesgeschichte (s. Kap. I), davon überzeugt, daß "trotz des fremden Namens und der europäischen Ausdehnung" (engl. *romance, romantic*) die Romantik "ein Recht" habe, "als eine germanische und besonders deutsche Erscheinung angesehen zu werden."[31] In dieser ideologischen Vereinnahmung spielt natürlich der semantische Gegensatz zwischen französischem Klassizismus (Rationalismus) und deutscher Romantik (deutschem Gemüt) eine entscheidende Rolle. Allerdings ist dieser Gegensatz auch *innerhalb* der französischen Romantik anzutreffen, so daß der von der Geistesgeschichte erhobene deutsche Monopolanspruch auf Gemüt und Herz wieder relativiert wird.[32]

Ein weiteres Problem, das jeden Versuch einer interkulturellen Periodisierung der Romantik erheblich erschwert, ist die Ambivalenz von Autoren wie Goethe und Rousseau. Während der Goethe der Sturm- und Drang-Zeit (*Die Leiden des jungen Werthers*,

29 K. Doderer, "Das englische und französische Bild von der deutschen Romantik" in: H. Prang (Hrsg.), *Begriffsbestimmung der Romantik*, op.cit., S. 392.

30 G. Hoffmeister, *Deutsche und europäische Romantik*, op.cit., S. 91.

31 F. Strich, "Die Romantik als europäische Bewegung", in: H. Prang (Hrsg.), *Begriffsbestimmung der Romantik*, op.cit., S. 112.

32 Siehe: Ph. Van Tieghem, *Le Romantisme français*, op.cit., S. 21.

1774) durchaus mit der Romantik verknüpft werden kann, wie es in italienischen und französischen Darstellungen geschieht[33], kann der Autor der *Iphigenie* (1787) kaum als Verfechter romantischer Ideale gelten. Auch Rousseaus Werk steht zwischen den Zeiten und geht weder in der Aufklärung noch in der Romantik restlos auf. Dazu bemerkt Ursula Link-Heer, die Rousseaus Denken zwischen den ideologischen Blöcken der damaligen französischen Gesellschaft ortet: "Er scheint weder die 'lumières' zu 'repräsentieren' (...) noch die Romantik (...), noch andere 'Epochenstile' wie die Empfindsamkeit, das Rokoko, den Sturm und Drang. Seine Identität scheint in keiner dieser Identitäten, die die Literarhistorie zu konstituieren sich bemüht hat, aufzugehen, obwohl keine dieser Periodisierungsanstrengungen darauf verzichten kann, sich auf Rousseau zu beziehen und auf den Rousseauismus."[34]

Rousseaus Stellung zwischen den Epochen und seine Ankündigung eines kulturellen Bruchs (Aufklärung/Romantik) macht ihn zu einer ambivalenten Erscheinung, die die Literaturgeschichte weder ignorieren noch eindeutig bestimmen und in einen ihrer Diskurse problemlos integrieren kann. Eine mögliche Lösung bietet die hier vorgeschlagene dialogische Vorgangsweise, die darin besteht, daß die Objekte der Periodisierung dialogisch konstituiert, d.h. zwischen den Kulturen und den Ideologien angesiedelt werden. Die Problematik der Klassik oder der Romantik ist wohl nur in diesem dialogischen Zusammenhang rekonstruierbar.

Es soll hier lediglich von einer *Problematik* die Rede sein und nicht von einer Ideologie oder gar einem Paradigma im naturwissenschaftlichen Sinne[35], weil die Romantik von so vielen gegen-

33 Siehe z.B. "Romanticismo", in: *Enciclopedia italiana*, Rom, 1906-14, S. 64 und: G. Petronio, *Il romanticismo*, Palermo, Palumbo, 1973, S. 176-178.

34 U. Link-Heer, "Literarhistorische Periodisierungsprobleme und kultureller Bruch: das Beispiel Rousseau", in: B. Cerquiglini, H.-U. Gumbrecht (Hrsg.), *Der Diskurs der Literatur- und Sprachhistorie. Wissenschaftsgeschichte als Innovationsvorgabe*, Frankfurt, Suhrkamp, 1983, S. 243-244.

35 Daß der von T.S. Kuhn auf die Entwicklung der Naturwissenschaften angewandte Paradigmabegriff nicht auch auf die Kultur- und Sozialwissenschaften angewandt werden sollte, behauptet zu Recht K. Bayertz in *Wissenschaftstheorie und Paradigmabegriff*, Stuttgart, Metzler, 1981, S. 109-110.

läufigen Tendenzen durchschnitten wird, daß sie auf keine – konservative, liberale oder revolutionäre – Ideologie festlegbar ist. Die gemeinsame Problematik, die aus den heterogenen Definitionsversuchen herausgelesen werden kann und z.T. *genetisch* im Hinblick auf Kontakte zwischen Autoren zu erklären ist[36], wäre noch am ehesten *typologisch* mit Hilfe des *Subjektbegriffs* zu bezeichnen. Denn allen europäischen Romantikern war es um die Herauslösung des individuellen Subjekts aus den Zwängen des Rationalismus und Klassizismus zu tun. Zugleich erscheint die Romantik – bei Lamartine und Chateaubriand ebenso wie bei Shelley, Byron, Eichendorff und Tieck – als ein radikaler Individualismus, dessen Widersprüche und Verwerfungen die Zerrissenheit der Moderne ankündigen. Ein bekanntes Beispiel ist Alphonse de Lamartines langes Gedicht *L'Homme* (1820), in dem die existentielle Antinomie zentral ist:

> Borné dans sa nature, infini dans ses vœux,
> L'homme est un dieu tombé qui se souvient des cieux.[37]

Ihre Nähe zur Moderne ist wohl der Grund, weshalb ein Literaturwissenschaftler wie Jacques Barzun, der auch Balzac und Stendhal, Schiller und Goethe zur Romantik rechnet, diese Periode auf Realismus, Symbolismus, Ästhetizismus und die Avantgarde ausdehnt: "Die Romantik stirbt nicht im Jahre 1850, sondern verzweigt sich unter verschiedenen Namen wie ein Delta."[38]

Barzuns Periodisierung der Romantik, die einer Auflösung dieser Epoche gleichkommt, ist deshalb anregend, weil sie zur typologisch-ästhetischen Verwendung des Romantik-Begriffs hinüberführt. "Romantik" erscheint nicht mehr als ein Zeitabschnitt der Literaturgeschichte, sondern als widersprüchliche Bewußtseinsform, die sporadisch auftreten kann. So fragt sich

---

36 So wurde beispielsweise S. T. Coleridge vom deutschen Idealismus (Kants, Schellings) beeinflußt, übersetzte Schillers *Wallenstein*-Drama und traf in Italien mit L. Tieck zusammen.

37 A. de Lamartine, *Méditations poétiques. Nouvelles méditations poétiques*, Paris, Gallimard, 1963, S. 25.

38 J. Barzun, *Classic, Romantic and Modern*, Chicago-London, Univ. of Chicago Press, 1943, 1975, S. 99.

beispielsweise Henri Lefebvre, ob die Moderne nicht von einer neuen Romantik abgelöst wird[39], und auch Alexander von Bormann hält eine neue, "postmoderne" Romantik für möglich: "Peter Roseis Roman *Von Hier nach Dort* (1978) entwickelt das Aufbruchs- und Wandermotiv ganz in romantischer Unbestimmtheit; Gert Jonkes Roman *Der ferne Klang* (1979) führt das Motiv der Naturmusik als Befreiung der Natur von den Menschen durch; Peter Handkes Erzählungen *Langsame Heimkehr* (1979) und *Die Lehre der Sainte-Victoire* versuchen, eine neue Mythologie und Poetik, ein neues Sprechen zu entwickeln."[40] Bormanns "These von einer Wiederkehr der Romantik", zeigt, daß "Romantik", ähnlich wie "Klassik" oder "Realismus", auch als wiederkehrende Bewußtseinsform aufgefaßt werden kann, die durchaus gesellschaftliche Wurzeln hat, weil sie mit der Revolte gegen Rationalismus und Naturbeherrschung verquickt ist. Insofern steht die Romantik nicht nur historisch, sondern auch sozialtypologisch im Gegensatz zu Klassik und Klassizismus. "Jede etablierte Ordnung, gleichgültig, ob aus einer Revolution oder Restauration hervorgegangen, strebt nach einem Klassizismus, der sie rechtfertigt", erklärt Henri Lefebvre.[41] Folglich wäre "Romantik" idealtypisch als konservative oder zukunftsträchtige Revolte gegen die etablierte Ordnung und die herrschende ästhetische Norm aufzufassen. Darin unterscheidet sie sich von der Klassik, die zwar nicht immer Herrschaftsansprüche artikuliert, insgesamt jedoch nicht als Ausdruck eines revoltierenden oder marginalen Bewußtseins zu verstehen ist.[42]

Ähnlich wie die Romantik ist auch der Realismus eine ambivalente literarische Strömung, die vor allem aus komparatistischer Sicht bald als Revolte gegen die etablierten Verhältnisse, bald als

---

39 H. Lefebvre, *Einführung in die Modernität. Zwölf Präludien*, Frankfurt, Suhrkamp, 1978, S. 267-379.

40 A. von Bormann, "Wie aktuell ist die deutsche Romantik?", in: *Euphorion* Bd. 78, 1984, S. 411.

41 H. Lefebvre, *Einführung in die Modernität*, op.cit., S. 271.

42 Daß auch die Klassik gesellschaftskritisch gedeutet werden kann, zeigen die *Iphigenie*-Interpretationen Adornos und Jauß': Th. W. Adorno, "Zum Klassizismus von Goethes Iphigenie", in: ders., *Noten zur Literatur IV*, Frankfurt, Suhrkamp, 1974, S. 14-15, und H. R. Jauß, "Racines und Goethes Iphigenie", in: R. Warning (Hrsg.), *Rezeptionsästhetik*, München, Fink, 1975, S. 359-364.

deren Apologie erscheint. Sowohl in Deutschland als auch in Frankreich, Großbritannien, Spanien und Italien treten realistische Schriftsteller wie Honoré de Balzac (1799-1850) oder Benito Pérez Galdós (1843-1920) mit dem Anspruch auf, die gesamte "Wirklichkeit" zu erfassen und alle Gesellschaftsgruppen dem literarischen Schaffen zu erschließen. Dadurch opponieren sie den klassizistischen Ästhetiken Europas, die eine literarische Darstellung der gesellschaftlichen Mittel- und Unterschicht ausschließen: "Beschränkungen in der Wahl des Sujets – wie etwa im Klassizismus – werden nicht mehr toleriert. Damit gewinnt der Realismus die Qualität des Revolutionären, er weiß sich mit dem *status quo* nicht mehr einverstanden."[43] Hiermit ist allerdings nicht die ganze Wahrheit über den europäischen Realismus des 19. Jahrhunderts ausgesprochen, der bei Autoren wie Balzac, George Eliot (1819-1880) oder Gottfried Keller (1819-1890) auch konservative Aspekte aufweist.

Dennoch kann der literarische Realismus als ein Versuch aufgefaßt werden, die individuelle und individualistische Revolte der Romantiker durch systematische (Balzac) oder gar "wissenschaftliche" (Zola) Gesellschaftskritik zu ersetzen. Insofern steht er nicht nur im Widerspruch zum klassischen, sondern auch zum romantischen Bewußtsein, und George J. Becker hat bis zu einem gewissen Grad recht, wenn er in der Romantik des 19. Jahrhunderts das Feindbild der Realisten erkennt: "Where modern realism began, romanticism was the enemy".[44] Allerdings sollte dieser Gegensatz nicht verabsolutiert werden, zumal verschiedene Literarhistoriker (nicht nur Jacques Barzun) auf die Verwandtschaft von Romantik und Realismus hingewiesen haben.[45] Auch die Affinität zwischen Realismus und Klassizismus, die sowohl auf sozialgeschichtlicher als auch auf ästhetischer Ebene darstellbar ist, sollte nicht vernachlässigt werden; sie wird am Ende dieses Abschnitts zur Sprache kommen.

Die Ambivalenz des Realismus ist in dessen zentralem Theorem angelegt: in der aristotelischen These, daß Kunst und Litera-

---

43 S. Kohl, Realismus: *Theorie und Geschichte*, München, Fink, 1977, S. 79.

44 G. J. Becker, "Modern Realism as a Literary Movement", in: ders. (Hrsg.), *Documents of Modern Realism*, Princeton, Univ. Press, 1963, S. 5.

45 Siehe: S. Kohl, *Realismus*, op.cit., S. 87-88.

tur die Wirklichkeit nachahmen (sollen). Diese These, die Erich Auerbach in seinem bekannten Buch *Mimesis* (1946) ausführlich kommentiert, ist deshalb zweideutig, weil sie einerseits zwar den Subjektivismus der Romantik einschränkt, andererseits jedoch den eigenen Subjektivismus, der sich als "reine Objektivität" ideologisch tarnt, gegen Kritik immunisiert: Wer, welcher Diskurs definiert die "Wirklichkeit"? Ist Wirklichkeitswahrnehmung nicht sprachlich vorkonstruiert? Solche Fragen werden weder von den Realisten des 19. noch von denen des 20. Jahrhunderts aufgeworfen.

Balzac, der zahlreiche europäische Realisten des 19. Jahrhunderts beeinflußt hat und selbst ein Bewunderer, bisweilen sogar Nachahmer von Sir Walter Scott (1771-1832) war, hält an der mimetischen (wirklichkeitsabbildenden) Funktion der Romanliteratur fest. Aus seiner Vorbemerkung zu *Les Paysans* (1844) geht hervor, daß er an die Möglichkeit glaubt, gesellschaftliche Entwicklungen in deren objektiver Beschaffenheit darstellen zu können: "J'étudie la marche de mon époque et je publie cet ouvrage."[46] Ähnlich äußert sich die englische Schriftstellerin George Eliot (1819-1880), die sich in ihrem Roman *Adam Bede* (1859) der Spiegelmetapher bedient, um ihre mimetische Auffassung der Erzählprosa zu veranschaulichen: "The mirror is doubtless defective; the outlines will sometimes be disturbed, the reflection faint or confused; but I feel as much bound to tell you as precisely as I can what that reflection is, as if I were in the witness-box narrating my experience on oath."[47] Auch hier wird die Konstruktionstätigkeit des erzählenden Subjekts nicht problematisiert; der Diskurs wird stillschweigend der Wirklichkeit gleichgesetzt. Es wird sich zeigen, daß diese Gleichsetzung, die im Realismus des 19. Jahrhunderts kaum politische Folgen hatte, im marxistischen Realismus des 20. Jahrhunderts zur Grundlage einer repressiven Ästhetik wird.

Für die Definition der realistischen Periode ist sowohl der genetische als auch der typologische Aspekt wesentlich: Der

---

46 H. de Balzac, *Les Paysans*, Paris, Gallimard-Libraire Générale française, 1968, S. 19.

47 G. Eliot, Adam Bede, zit. nach "On Realism" (by G. Eliot), in: G.J. Becker (Hrsg.), *Documents of Modern Realism*, op.cit., S. 113.

französische Realismus (Balzac, Flaubert) und der mit ihm verwandte, aber im Bereich der Gesellschaftskritik radikalere Naturalismus (Zola) haben auf zahlreiche europäische Schriftstellerinnen und Schriftsteller eingewirkt: auf Theodor Fontane und Arno Holz in Deutschland, Benito Pérez Galdós in Spanien, George Eliot in England und Frederika Bremer in Schweden. Im italienischen (sizilianischen) Verismo Luigi Capuanas, Federico De Robertos und Giovanni Vergas kam es zu einer besonders intensiven Rezeption französischer Realisten und Naturalisten: "Es gab (...) eine gedrängte und kumulative Aufnahme von Balzac, Sue, Flaubert, Zola, den Brüdern Goncourt und auch Daudet, um nur die wichtigsten Namen zu nennen. Eine Vermischung der einzelnen Tendenzen war eine unvermeidbare Folge dessen."[48] Diese Aufnahmebereitschaft war jedoch – wie so oft – typologisch durch ähnliche historische und gesellschaftliche Verhältnisse bedingt, die in nahezu allen europäischen Ländern vom Aufstieg der Arbeiterklasse geprägt wurden.

Selbst Autoren wie Theodor Fontane oder George Eliot, die sich nicht unmittelbar mit den Problemen dieser Klasse befaßten, hielten daher eine Auseinandersetzung mit der gesellschaftlichen Realität – oder mit dem, was sie für gesellschaftliche Realität hielten – für notwendig. Dies bedeutet jedoch keineswegs, daß sie eine gesellschaftskritische oder gar revolutionäre Haltung einnahmen. Sogar Balzac, den Marx und Engels als Realisten und Gesellschaftsanalytiker sehr schätzten[49], betrachtete das Zeitgeschehen von einer konservativen (legitimistischen) Warte aus, und seine Kritik am Adel war eher als konstruktiver Nachhilfeunterricht denn als Gesellschaftskritik im Sinne von Zola gedacht.

Dennoch hat nach Marx und Engels auch der ungarische Marxist Georg Lukács Balzacs Realismus hochgeschätzt, weil er der Meinung war, daß der Text der *Comédie Humaine* nicht die konservativen Absichten des Autors artikuliert, sondern die *wirklichen* Tendenzen der damaligen französischen Gesellschaft bloß-

48 H. Meter, *Figur und Erzählauffassung im veristischen Roman. Studien zu Verga, De Roberto und Capuana vor dem Hintergrund der französischen Realisten und Naturalisten*, Frankfurt, Klostermann, 1986, S. 9-10.
49 Siehe z.B. K. Marx, *Das Kapital III*, Frankfurt-Berlin-Wien, Ullstein, 1971, S. 38.

legt. Im Gegensatz zum Naturalisten Zola, der Lukács zufolge
nicht in der Lage ist, das ästhetisch *Typische* im Sinne von Hegel,
Marx und Engels zu erfassen, gelingt es dem Realisten Balzac,
Einzelerscheinung und allgemeines historisches Gesetz im Besonderen, im Typischen zur Synthese zu bringen: "Zolas Theaterdi-
rektor wiederholt unaufhörlich: 'Sag nicht Theater, sag Bordell'.
Balzac gestaltet aber, wie das Theater im Kapitalismus prostituiert
wird. Das Drama der Hauptfiguren ist hier zugleich das Drama
der Institution (...)."[50] Als realistisch betrachtet Lukács – wie
schon Hegel und Marx – die "sinnliche Erscheinung der Idee"
(Hegel): die Darstellung des Gesamtzusammenhangs, der "allgemeinen Maxime" (Hegel), im typischen Einzelfall.

An dieser Stelle wird deutlich, daß der Realismus, ähnlich wie
die Romantik, eine ambivalente Erscheinung ist, weil er sowohl
konservative als auch gesellschaftskritische oder revolutionäre
Tendenzen aufweist. Balzac möchte als Legitimist systemerhaltend
wirken, wirkt aber – laut Marx, Engels, Lukács und neuerdings
Macherey [51] – kritisch-realistisch, weil er den unaufhaltsamen
Untergang der alten Ordnung darstellt, die zu retten er sich vorge-
nommen hat. Zola hingegen, der als Sozialist gegen die etablierten
Verhältnisse aufbegehrt, wird von Lukács und anderen Marxisten
eher als systemerhaltender Autor eingestuft.[52]

Selbst wenn die marxistischen Interpretationen als fragwürdig
relativiert werden, so zeigen sie doch, daß Selbstverständnis und
Fremdeinschätzung der Realisten-Naturalisten auseinanderklaffen
und daß es falsch wäre, eine Dichotomie zwischen "konservativer
Romantik" und "fortschrittlichem Realismus" zu konstruieren,
zumal deutsche Realisten wie Theodor Fontane oder Wilhelm
Heinrich Riehl (1823-1897) alles andere als Revolutionäre des
Wortes waren: "Auch Fontane, der doch recht liberal ist und die
französischen Realisten und Naturalisten gründlich kennt, läßt sich

---

50 G. Lukács, "Erzählen oder beschreiben?", in: R. Brinkmann (Hrsg.), *Begriffsbestim-
    mung des literarischen Realismus*, Darmstadt, Wiss. Buchgesellschaft, 1974, S. 37.

51 Siehe: P. Macherey, *Pour une théorie de la production littéraire*, Paris, Maspero,
    1970, S. 287-327.

52 Siehe: G. Lukács, "Erzählen oder beschreiben?", op.cit., S. 36-37.

in seinem Werk nicht unmittelbar auf Gesellschaftskritik ein."[53]
Im IV. Kapitel war hier von José María de Pereda die Rede,
einem Vertreter des spanischen Realismus, dessen Werk im Gegensatz zu den gesellschaftskritischen Romanen Benito Pérez
Galdós' oder Emilia Pardo Bazáns eine ausgesprochen konservative (karlistische) Tendenz aufweist. Der Realismus ist daher –
ebensowenig wie die Romantik – auf eine politische Position
festzulegen. Seine politische Heterogenität macht sich vor allem
im interkulturellen Kontext bemerkbar.

Zugleich wird klar, daß die Bezeichnung "Realismus" – ähnlich wie die Bezeichnung "Romantik" – neben einer historisch-
chronologischen auch eine ästhetisch-idealtypische Komponente
aufweist. Bei einem Marxisten wie Lukács, dessen Terminologie
die des sozialistischen Realismus nachhaltig geprägt hat, wird sie
zu einem normativen Begriff, der sowohl dem Begriff des Naturalismus (s.o.) als auch dem des Modernismus entgegengesetzt wird.
Während Naturalismus (Zola) und Avantgarde (Expressionismus,
Surrealismus) die Wirklichkeit nur abstrakt widerspiegeln, weil sie
bei der zufallsbedingten Erscheinung verharren, lassen Realisten
wie Balzac, Gorki oder Thomas Mann das Wesen im Typischen
(im Gesamtzusammenhang) erkennen: "Gerade darum", schreibt
Lukács, "kann der bürgerliche Schriftsteller sein eigenes Dilemma: Franz Kafka oder Thomas Mann?, artistisch interessante
Dekadenz oder lebenswahrer kritischer Realismus? heute leichter
positiv beantworten, als es ihm noch gestern möglich war."[54]
Realismus ist hier nicht nur ein literaturgeschichtlicher Epochen-
begriff, sondern vor allem auch eine ästhetisch-präskriptive Kate-
gorie, die es Lukács gestattet, den "kritischen Realisten" Thomas
Mann gegen den "dekadenten" Modernisten Kafka auszuspielen.

Dabei zeigt sich, welche Rolle Relevanzkriterien, Klassifikationen (Taxonomien) und narrative Abläufe in der Periodisierung
spielen: Während in einschlägigen Werken über den Realismus
dieser mit dem Naturalismus verknüpft wird (Naturalismus als

---

53 M. Schipper, *Realisme. De illusie van werkelijkheid in literatuur*, Assen, Van
    Gorcum, 1979, S. 47.
54 G. Lukács, "Franz Kafka oder Thomas Mann?", in: ders., *Die Gegenwartsbedeu-
    tung des kritischen Realismus, Werke* Bd. 4, *Probleme des Realismus I*, 1971, S.
    550.

radikale Variante des Realismus), konstruiert Lukács einen ästhetischen Gegensatz zwischen diesen beiden Begriffen. Zugleich
definiert und klassifiziert er Thomas Mann nicht als "Modernisten", sondern als "kritischen Realisten" und macht ihn dadurch
zu einem Helfer (*adjuvant*, Greimas) der "fortschrittlichen", der
"revolutionären" Kräfte (s. Kap. V, 3).

Im Diskurs des sozialistischen Realismus, dessen Ästhetik sich
Lukács nie zu eigen gemacht hat, wird Thomas Mann schließlich
zum Vorläufer der sozialistisch-realistischen Literatur, die die
Marxisten-Leninisten für den Höhepunkt der literarischen Entwicklung hielten. Gemeinsam ist Lukács und den Vertretern des
sozialistischen Realismus jedoch die Verknüpfung des modernen
Realismus mit dem "klassischen Erbe", vor allem mit der deutschen Klassik. Vom Realisten seiner Zeit fordert Lukács, er müsse
"eine lebendige Beziehung zum Erbe" besitzen.[55] Daß diese Bindung des Realismus an das "klassische Erbe" ein konservatives
Ideologem ist, ist zahlreichen Kritikern dieser ästhetischen Doktrin
aufgefallen.[56]

Wichtiger noch als der Konservatismus dieser realistischen
Ästhetik ist ihre Illusion, daß nicht nur die wahre Literatur, sondern auch die wahre Theorie Wirklichkeit widerspiegelt. Von
Lukács wird Philosophie hegelianisch als "gedankliche Widerspiegelung der Wirklichkeit" definiert.[57] Diese Annahme ist ideologisch im restriktiven Sinne, weil sie entscheidend dazu beiträgt,
daß der Marxist den eigenen Diskurs der Wirklichkeit gleichsetzt
und daher von der Literatur nichts anderes erwarten kann, als daß
sie seinen Diskurs auf semantischer und narrativer Ebene (vom
Kapitalismus zum Sozialismus etc.) reproduziert. Denn die Tatsache, daß "Wirklichkeit" nur als konstruierte wahrgenommen wird,
bleibt bei Lukács ebenso unberücksichtigt wie die Relevanzkriterien, Klassifikationen und narrativen Abläufe, die seiner Wirklich-

---

55 G. Lukács "Es geht um den Realismus", in: H.-J. Schmitt (Hrsg.), *Die Expressio-
    nismusdebatte. Materialien zu einer marxistischen Realismuskonzeption*, Frankfurt,
    Suhrkamp, 1973, S. 224.
56 Siehe z.B.: E. Bloch, "Die Diskussionen über Expressionismus", in: H.-J. Schmitt
    (Hrsg.), *Die Expressionismusdebatte*, op.cit., S. 186-187.
57 G. Lukács, "Es geht um den Realismus", op.cit., S. 196.

keitsauffassung, seinem Realismusbegriff und seiner Periodisierung zugrunde liegen.

Auch Brecht fällt dieser realistisch-naturalistischen Illusion zum Opfer, wenn er schreibt: "Alles Formale, was uns hindert, der sozialen Kausalität auf den Grund zu kommen, muß weg; alles Formale, was uns verhilft, der sozialen Kausalität auf den Grund zu kommen, muß her."[58] Wer aber definiert die "soziale Kausalität" auf narrativer Ebene? Wie kommen die Relevanzkriterien zustande, die es uns gestatten, das "gute Formale" vom "schlechten Formalen" zu unterscheiden? Über diese ideologiekritischen Fragen haben sich weder die Realisten des 19. Jahrhunderts noch die Marxisten des 20. Jahrhunderts als ihre noetischen Erben den Kopf zerbrochen. Erst die Vertreter der Moderne hörten auf, die Sprache für eine Selbstverständlichkeit zu halten.

3. Moderne/Postmoderne

Nicht zu Unrecht wird die Moderne als ein Antirealismus definiert, der ein skeptisches und selbstkritisches Sprachbewußtsein hervorbringt, das die hier kritisierte realistische Illusion zergehen läßt. Erst im Rahmen einer modernen Literatur- und Theorieauffassung ist es überhaupt möglich, verschiedene Arten der Periodisierung als mögliche Objektkonstruktionen zu betrachten und nach ihrer Entstehung in Ideologien, Soziolekten und Diskursen zu fragen. Die Moderne ist das kritische und selbstkritische Projekt *par excellence*, und schon aus diesem Grunde sollte jeder Versuch, diese komplexe Periode zwischen Realismus und Postmoderne konkret zu bestimmen, mit einer Reflexion der eigenen Relevanzkriterien und diskursiven Verfahren beginnen.

Die (Re-)Konstruktion der Moderne erfolgt hier im Rahmen der Kritischen Theorie, die sich selbstkritisch als Bestandteil der modernen Ära versteht. Von diesem Selbstverständnis zeugen vor allem neuere Arbeiten von Jürgen Habermas, in denen die postmoderne These zurückgewiesen wird, derzufolge das theoretische und ästhetische Repertoire der Moderne erschöpft sei: "Veräcnt-

---

58   B. Brecht, *Über Realismus*, Frankfurt, Suhrkamp, 1971, S. 39.

lich gemacht wird dabei nur der einzige Fundus, aus dem wir schöpfen können – die kulturelle Moderne."[59] Trotz dieses *engagement* räumt Habermas ein: "Die 70er Jahre im Rücken, müssen wir uns aber eingestehen, daß der Modernismus heute kaum noch Resonanz findet."[60]

Ein solcher Diskurs, der die Moderne gegen die Postmoderne verteidigt, wird von anderen Relevanzkriterien, Klassifikationen und Definitionen getragen als ein Plädoyer für die Postmoderne, in dem es primär darum geht, die Moderne zu verabschieden. Im Gegensatz dazu wird ein marxistisch-leninistischer Diskurs den semantischen Gegensatz zwischen Moderne und Postmoderne als "bürgerlich" für *irrelevant* erklären und vom Gegensatz Modernismus/Realismus ausgehen. So wird beispielsweise in einem tschechischen Lexikon aus dem Jahre 1981 der Modernismus im Gegensatz zum Realismus definiert: "Allgemeine Bezeichnung für einige nichtrealistische Strömungen in der Kunst und vor allem in der Literatur des 20. Jahrhunderts."[61] Dieser Definition liegt – wie auch der kritisch-theoretischen – eine narrative Struktur zugrunde: "vom bürgerlichen Modernismus, von der Dekadenz zum sozialistischen Realismus" (und nicht: zur Postmoderne). Noch anders klassifiziert und erzählt Robert Pynsent, wenn er in *Decadence and Innovation* (1989) die Studentenrevolten der 60er Jahre als eine Wiederkehr der Dekadenzerscheinungen des "Fin de siècle" deutet.[62]

Insgesamt ist daher S. S. Prawer recht zu geben, wenn er zum Modellcharakter eines jeden Periodisierungsversuchs bemerkt: "Eine 'Strömung', eine 'Periode', eine 'Bewegung' bietet nicht mehr als ein Modell der Beschreibung, das immer wieder mit den Einzelheiten der Wirklichkeit konfrontiert werden muß, deren

---

59 J. Habermas, *Die Neue Unübersichtlichkeit*, Frankfurt, Suhrkamp, 1985, S. 183.

60 J. Habermas, *Die Moderne - ein unvollendetes Projekt. Philosophisch-politische Aufsätze 1977-1990*, Leipzig, Reclam, 1990, S. 36.

61 "Modernismus", in: *Ilustrovaný encyklopedický slovník*, Praha, Academia, 1981, S. 555.

62 Siehe: R. Pynsent, "Conclusory Essay: Decadence, Decay and Innovation" in: ders. (Hrsg.), *Decadence and Innovation. Austro-Hungarian Life and Art at the Turn of the Century*, London, Weidenfeld & Nicolson, 1989, S. 225-237.

Beschaffenheit es erklären soll."[63] Allerdings ist Prawers Auffassung nicht konstruktivistisch genug: Perioden sind nicht nur Modelle oder Definitionen, sondern vor allem diskursive Konstruktionen, Bestandteile von Erzählschemata, die zumeist nicht unmittelbar mit der immer schon gedeuteten (klassifizierten, erzählten) Wirklichkeit, sondern nur mit anderen Diskursen zu konfrontieren sind (s.o.).

So kann beispielsweise das äußerst ambivalente Werk Flauberts nicht einfach als *factum brutum* zur Überprüfung eines literaturgeschichtlichen Diskurses herangezogen werden: Fast jeder Satz dieses Werks ist deutbar, und es macht sehr viel aus, ob ich den Autor von *Madame Bovary* (1857) dem Realismus oder den Autor der *Education sentimentale* (1870) der Moderne zurechne, wie es zumindest implizit Pierre Macherey tut, wenn er von Flauberts "irréalisme" spricht.[64] Denn auch die *Education sentimentale* könnte als realistischer Roman interpretiert und entsprechend klassifiziert werden; sehr viel hängt von den semantischen und syntaktischen Verfahren des Diskurses ab, dessen Kontingenz nur reflexiv und dialogisch zu überwinden ist. (Siehe: Kap. II).

Auch der Diskurs der Kritischen Theorie ist kontingent. Sein Festhalten an der Moderne als "einem unvollendeten Projekt" (Habermas) erklärt sich im Spannungsverhältnis zwischen Utopie und Konservatismus, das den Sprachduktus dieser Theorie bestimmt. Der erste und der letzte Satz von Adornos *Negativer Dialektik* verdeutlichen, was gemeint ist: "Philosophie, die einmal überholt schien, erhält sich am Leben, weil der Augenblick ihrer Verwirklichung versäumt ward." Komplementär dazu heißt es am Ende: "Solches Denken ist solidarisch mit Metaphysik im Augenblick ihres Sturzes."[65]

Es wird sich zeigen, daß sich auch die Autoren der Moderne und des Modernismus, von denen hier einige – Oscar Wilde, Pío

63 S. S. Prawer, *Comparative Literary Studies. An Introduction*, London, Duckworth, 1973, S. 121.

64 P. Macherey, *A quoi pense la littérature?* Paris, PUF, 1990, S. 175: "Le réalisme de Flaubert (...) a eu pour envers un fondamental idéalisme, culminant dans un effort de complète déréalisation du monde."

65 Th. W. Adorno, *Negative Dialektik*, Frankfurt, Suhrkamp, 1966, S. 13 und 398.

Baroja, D.H. Lawrence, Hermann Hesse – ausführlicher kommentiert wurden, zwischen dem Pol des Konservatismus und dem Pol der Utopie bewegen. Parallel zu den Sätzen aus Adornos philosophischem Werk wäre Robert Musils Bemerkung aus dem Nachlaß zu lesen: "Der Individualismus geht zu Ende. Ulrich liegt nichts daran. Aber das Richtige wäre hinüberzuretten."[66] Auch Musil geht es in allen utopischen Entwürfen um jene "rettende Kritik", die Autoren der Kritischen Theorie wie Benjamin, Adorno und Habermas so wichtig ist.

Kritik als "rettende Kritik" und als "Utopie" richtet sich gegen eine bürgerliche Gesellschaft, deren Entfesselung der Marktmechanismen und der kapitalistischen Produktionsmethoden das zu zerstören droht, was das Bürgertum – nicht zu Unrecht – für den Kern seiner Kultur hielt: die Autonomie und Freiheit des Individuums, die Autonomie der Kunst und des Denkens, den Wahrheitsbegriff.

Diese Kritik am Bürgertum wurde zum ersten Mal systematisch um 1850 von Baudelaire und Proudhon in Frankreich, von Marx und den anderen Junghegelianern (Ludwig Feuerbach, Arnold Ruge, Max Stirner) in Deutschland vorgebracht. Nach der Revolution von 1848, nach dem Zerfall des Hegelschen Systems, der großartigsten philosophischen Apologie des bürgerlichen Staates, wurden zugleich gesellschaftskritische und moderne, modernistische Perspektiven sichtbar. Über das Revolutionsjahr 1848 schreibt Baudelaire: "Mon ivresse en 1848. De quelle nature était cette ivresse? Goût de la vengeance."[67] Komplementär zur Kapitalismus-Kritik Proudhons und der Junghegelianer ist Baudelaires Kritik am bürgerlichen Kommerz zu lesen: "Le commerce est satanique, parce qu'il est une des formes de l'égoïsme, et la plus basse et la plus vile."[68]

Kritik und modernes Bewußtsein gehen Hand in Hand, und Arthur Rimbauds bekannter Forderung "il faut être absolument moderne!" entspricht in Deutschland die Erkenntnis des Junghegelianers Friedrich Theodor Vischer (1807-1887), daß Hegels letzter,

---

66 R. Musil, *Der Mann ohne Eigenschaften*, Reinbek, Rowohlt, 1952, S. 1578.

67 Ch. Baudelaire, "Mon cœur mis à nu", in: ders., *Œuvres Complètes* I, Paris, Gallimard (Bibl. de la Pléiade), 1975, S. 679.

68 Ibid., S. 704.

christlich-romantischer Epoche (s. Abschn. 2) in der philosophischen Ästhetik eine von der Reformation eingeleitete "moderne Zeit"[69] folgen sollte. In seinem "Plan zu einer neuen Gliederung der Ästhetik" (1843) betrachtet er "das Moderne als eine selbständige Hauptform des ästhetischen Ideals".[70] Aus Vischers Text geht deutlich hervor, daß gesellschaftliche Umbrüche eine neue Periodisierung (Klassifikation) erzwingen können. Das "Moderne" als selbständige Form wird von Hegels Schüler und Kritiker angesichts "der großen Krisis" erkannt, "welche die moderne Zeit vom Mittelalter trennt".[71] (Natürlich meint Vischer mit der "modernen Zeit" nicht Baudelaires, Benjamins oder Adornos "Moderne", sondern das, was allgemein als "Neuzeit" bezeichnet wird.)

Zwischen der *Moderne* Baudelaires, Rimbauds und Adornos einerseits und dem *Modernismus*, den vor allem britische und amerikanische Literaturwissenschaftler wie Malcolm Bradbury um 1900 beginnen lassen, herrscht *Kontinuität*. Sie wurde nicht nur von Marcel Raymond aufgezeigt, der mit Recht Baudelaire und Rimbaud als Vorläufer der Surrealisten betrach- tet[72], sondern auch von Autoren wie Jacques Barzun, die Symbolismus, Ästhetizismus und Avantgarde als – durchaus disparate – Einheit auffassen.[73] Daß es diese Kontinuität nicht nur im ästhetischen, sondern auch im gesellschaftskritischen Bereich gibt, läßt Hermann Hesses Roman *Der Steppenwolf* (1927) erkennen, in dem rund 60 Jahre nach Baudelaires Polemik gegen den bürgerlichen Utilitarismus die Marktgesellschaft attackiert wird, in dem gleich zu Beginn von "der zerstörten und von Aktiengesellschaften ausgesogenen Erde"[74] die Rede ist.

Eines der vielen Bindeglieder zwischen der *frühen* und der *späten Moderne* oder zwischen Moderne und Modernismus bildet

69 F. Th. Vischer, *Ästhetik oder Wissenschaft des Schönen* (2. Teil), Reutlingen-Leipzig, Carl Mäcken's Vlg., 1847, S. 268.
70 F. Th. Vischer, *Kritische Gänge* Bd. 4, München, Meyer & Jessen-Vlg., 1922, S. 175.
71 Ibid.
72 Siehe: M. Raymond, *De Baudelaire au surréalisme*, Paris, Corti, 1969, S. 316-357.
73 Siehe: J. Barzun, *Classic, Romantic and Modern*, op.cit., S. 110-114.
74 H. Hesse, *Der Steppenwolf*, Frankfurt, Suhrkamp, 1955, S. 30.

zweifellos Joris-Karl Huysmans' 1884 erschienener Roman *A Rebours*, in dem einerseits der Ästhetizismus Mallarmés gepriesen, andererseits (und komplementär dazu) die vom Bürgertum organisierte Kommerzialisierung der Gesellschaft angeprangert wird: "(...) Le bourgeois, rassuré, trônait, jovial, de par la force de son argent et la contagion de sa sottise. Le résultat de son avènement avait été l'écrasement de toute intelligence, la négation de toute probité, la mort de tout art (...)."[75] Sowohl bei Huysmans als auch bei Autoren wie Baudelaire, Mallarmé, den Surrealisten und Hermann Hesse oszilliert die Kritik der bürgerlichen Ordnung – wie bei Musil und in der Kritischen Theorie – zwischen dem konservativen und dem utopischen Pol: Einerseits werden die Zerstörungen beklagt, die der Marktmechanismus anrichtet, andererseits wird eine Überwindung der bürgerlichen Verhältnisse angepeilt: im Dandysmus (Baudelaire, Wilde), im Ästhetizismus (Mallarmé, George, der frühe Huysmans), in der Religion (der späte Huysmans), im Unbewußten (Hesse, die Surrealisten), in der Gewaltanwendung (Surrealisten, Futuristen), in der Revolution (Brecht, Benjamin) oder in der "Utopie des anderen Zustands" (Musil).

Im Spannungsfeld zwischen diesen beiden Polen bewegt sich übrigens auch der lateinamerikanische *Modernismo* (Rubén Darío, José Martí), der auf keinen Fall – wie es manchmal geschieht[76] – von der europäischen und nordamerikanischen Moderne getrennt werden sollte. Die von Ricardo Gullón herausgegebene Anthologie *El modernismo visto por los modernistas* (1980)[77] läßt zweierlei erkennen: Daß der *Modernismo* von Autoren wie Darío und Martí aus europäischen Quellen (Nietzsche, Wagner, Symbolismus, Ästhetizismus) gespeist wurde und daß er seinerseits nachhaltig auf europäische (vor allem spanische) Autoren wie Pío

---

75 J.-K. Huysmans, *A Rebours*, Paris, Fasquelle, 1970, S. 267.- Siehe auch: W. B. Berg, "Dekadenz und Utopie in J.-K. Huysmans *A Rebours*", in: GRM Nr. 2, 1975.

76 Siehe z.B.: "Modernisme", in: *Lexicon van literaire termini*, Leuven, Wolters, 1986, S. 261.

77 Siehe: R. Gullón (Hrsg.), *El modernismo visto por los modernistas*, Barcelona, Editoral Labor, 1980, darin vor allem: J. R. Jiménez, "El modernismo poético en España y en Hispanoamérica" sowie: R. Darío, "Un esteta italiano. Gabriel D'Annunzio" und R. Darío, "Puvis de Chavannes".

Baroja, Juan Ramón Jiménez und Azorín eingewirkt hat. Diese Wirkung ist sowohl genetisch (Kontakte) als auch typologisch zu erklären: Die von Nietzsche, Schopenhauer und Marx beeinflußten Autoren der "Generación del 98" (s. Kap. IV) entwickelten ähnliche Denkmuster wie ihre europäischen und lateinamerikanischen Zeitgenossen. Doch diese Denkmuster waren durchaus im 19. Jahrhundert beheimatet (Darío: 1867-1916, Martí: 1853-1895) und trugen wesentlich zur Kontinuität zwischen der frühen und der späten Moderne (dem "Modernismus" des 20. Jahrhunderts) bei.

Trotz dieser Kontinuität sollte die Differenz zwischen den beiden Phasen der Moderne nicht verwischt werden: Nach dem Ersten Weltkrieg verschärft sich nicht nur die Krise der kulturellen Werte, die schon von Baudelaire, Oscar Wilde, John Ruskin und Huysmans kommentiert wurde, sondern auch die Krise des Subjekts, das durch den Niedergang des liberalen Individualismus radikal in Frage gestellt wird. Der Individualismus wird unglaubwürdig in einer Gesellschaft, deren Entwicklung in zunehmendem Maße von Großkonzernen und organisierten Kollektiven (z.B. Gewerkschaften) beherrscht wird, die die individuelle Initiative zurückdrängen. Schon Henri Lefebvre fiel auf, daß die zweite Phase der Moderne mit dieser sozio-ökonomischen Tendenz zusammenfällt: "Mit dem 20. Jahrhundert, mit dem Imperialismus, mit den Revolutionen und Kriegen beginnt eine andere Periode – die unsere." Während dieser Periode, sagt Lefebvre, "endet die Herrschaft des Individualismus, deutet sich das Regime des Kollektivs und der Organisation an und setzt sich auch durch, doch ohne daß ein absoluter Bruch einträte. Das Individuum setzt sich zäh zur Wehr, stets auf der Suche nach dem Terrain, wo Widerstand und Verteidigung noch möglich scheinen: in der Kunst, im Imaginären, im subversiven Detail."[78]

Von einem Bruch kann schon deshalb nicht die Rede sein, weil die Gesamtproblematik der Moderne von der Philosophie Friedrich Nietzsches (1844-1900) durchdrungen und eingefaßt wird. Nietzsche ist nicht nur ein Denker des 19. Jahrhunderts und ein Erbe der Junghegelianer (er kannte Feuerbachs materialistische Philosophie und Max Stirners anarchistisches Werk *Der Einzige*

78 H. Lefebvre, *Einführung in die Modernität*, op.cit., S. 209-210.

und sein Eigentum: 1845), sondern auch ein Denker der *radikalen Ambivalenz*, die die gesamte Moderne – vor allem deren zweite Phase – prägt. Von Nietzsches Einfluß auf einige moderne Autoren war schon im IV. Kapitel ausführlich die Rede, so daß es an dieser Stelle genügen mag, die Bedeutung der Ambivalenz für die Gesamtproblematik in aller Knappheit darzustellen. Dabei soll die Moderne sowohl als Idealtypus als auch historisch aufgefaßt werden.

Es wird hier – ähnlich wie im Zusammenhang mit dem Realismus und der Romantik – lediglich von einer *Problematik* die Rede sein (und nicht etwa von einer Ideologie oder Weltanschauung), da die Moderne ideologisch noch heterogener ist als die Romantik. In ihr konkurrieren anarchistische, faschistische, marxistische, liberale und konservative Ideologien, von denen viele – jedenfalls die radikaleren – im Rahmen des Gegensatzes Konservatismus/Utopie zu beschreiben sind: eines Gegensatzes, der in den Diskursen des Anarchismus, des Faschismus, des Existentialismus und des Marxismus eine ambivalente Einheit bildet, die für den widersprüchlichen, antinomischen Charakter dieser Periode kennzeichnend ist.

Sowohl Nietzsche als auch der junge Marx haben die Bedeutung der Ambivalenz (als Einheit der Gegensätze) in der modernen Gesellschaft erkannt. Bei Marx erscheint sie als eine Folge der Vermittlung durch den Tauschwert. Schon in seinen Jugendschriften geht er auf den Grundwiderspruch der Moderne ein, der für alle anderen Antinomien und Verzerrungen verantwortlich ist: auf den Widerspruch zwischen Marktgesetz und Kultur, zwischen Tauschwert und Gebrauchswert. Vom Geld heißt es in den Frühschriften: "Es ist die Verbrüderung der Unmöglichkeiten, es zwingt das sich Widersprechende zum Kuß."[79] Komplementär dazu kritisiert Nietzsche als Erbe und Kritiker der Hegelschen Dialektik in *Jenseits von Gut und Böse* den undialektischen Gegensatz der Metaphysiker: "Der Grundglaube der Metaphysiker ist *der Glaube an die Gegensätze der Werte.* (...) Es wäre sogar noch möglich, daß das, *was* den Wert jener guten und verehrten Dinge

---

79 K. Marx, *Die Frühschriften. Von 1837 bis zum Manifest der kommunistischen Partei 1848*, Hrsg. S. Landshut, Stuttgart, Kröner, 1971, S. 301.

ausmacht, gerade darin bestünde, mit jenen schlimmen, scheinbar entgegengesetzten Dingen auf verfängliche Weise verwandt, verknüpft, verhäkelt, vielleicht gar wesensgleich zu sein."[80] In diesen beiden Zitaten wird die moderne Ambivalenz konkret dargestellt: als unaufhebbare Einheit der Gegensätze, die (anders als bei Hegel) keine Synthese, keine systematische Totalität begründet (Nietzsche) und als ein Symptom der Vermittlung durch den Tauschwert (Marx) zu der von Nietzsche angedeuteten Indifferenz, zur Wesensgleichheit der Werte, tendiert. Es ist die Hauptthese dieses Abschnitts, *daß der von Nietzsche angekündigte Übergang von der Ambivalenz zur Indifferenz dem Übergang von der Moderne zur Postmoderne entspricht.*

In einer Situation, die von der Zerstörung der Kulturwerte durch den Tauschwert und von der Ideologiekritik, die auf diese Krise des Wertsystems reagiert, geprägt ist, entstehen Bewußtseinsformen, die man als *modern* definieren könnte: *das Bewußtsein von der Widersprüchlichkeit oder Ambivalenz aller Werte und die komplementäre Kritik am Wahrheitsbegriff; der Zweifel am (Hegelschen) System und an der Möglichkeit, die Entwicklung der Menschheit in einem großangelegten Makrosyntagma darzustellen; die Kritik an der narrativen Syntax (der "anekdotischen Erzählung") in der modernen Prosa; das Bewußtsein von einer Krise des individuellen Subjekts und der Subjektivität allgemein; die Betonung des Zufalls und der Kontingenz der Notwendigkeit gegenüber; das Auseinandertreten von Subjekt und Objekt sowie das "Unbehagen in der Kultur" (Freud) und die Darstellung der Natur als einer Befreiung oder Gefährdung des Subjekts.*

Diese sicherlich ergänzungsbedürftige Definition der Moderne schließt spezifischere Bezeichnungen wie "Imagismus", "Expressionismus", "Impressionsimus", "Symbolismus", "Futurismus", "Surrealismus" oder "Avantgarde" nicht aus, sondern ein und bildet gleichsam den gemeinsamen Nenner dieser Bewegungen und Strömungen. Sie postuliert zugleich eine Verwandtschaft zwischen modernen Autoren wie James Joyce, Thomas Mann oder Marcel Proust und diesen Strömungen, die trotz aller Differenzen

---

80 F. Nietzsche, *Jenseits von Gut und Böse*, in: ders., *Werke* Bd. 4, München, Hanser, 1980, S. 568.

wahrgenommen und nicht – wie es in einem Artikel von D. W. Fokkema geschieht – schlicht negiert werden sollte.[81]

Die hier aufgezeigten Aspekte der Moderne – Ambivalenz, Krise der Erzählung, Krise des Subjekts – sind im III. und IV. Kapitel kommentiert worden und können deshalb im folgenden in einer Kurzübersicht gebündelt werden. – Das zentrale Problem der Ambivalenz wird nicht nur von Autoren wie Kafka und Hašek (Kap. III), sondern auch von Robert Musil angeschnitten: "Diese Überzeugung von der Übergänglichkeit der menschlichen Erscheinungen ineinander, die tiefere Verwandtschaft der moralischen Gegensätze kann man geradezu als ein Kennzeichen der zeitgenössischen Literatur im Unterschied zu früheren Zeiten ansprechen."[82] Das Ineinandergreifen der Gegensätze läßt, wie schon bei Nietzsche, so auch bei den modernen Romanciers, den Zweifel am Wahrheitsbegriff aufkommen. Charakteristisch für diesen Zweifel ist Italo Svevos Behauptung (die an Nietzsches "Wesensgleichheit" erinnert), daß "Wahrheit und Unwahrheit vertauschbar sind": "Naturalmente che vero e falso possono scambiarsi (...)."[83]

Ambivalenz und Zerfall des Wahrheitsbegriffs, die als spezifische Merkmale die Moderne von Romantik und Realismus trennen, verursachen eine Krise der narrativen Syntax, die die Romane von Joyce, Gide, Musil, Svevo, Kafka, Lawrence und Proust kennzeichnet. In einem seiner postum veröffentlichten *Carnets* zweifelt Proust an der Form des Romans und fragt: "Faut-il en faire un roman, une étude philosophique, suis-je romancier?"[84] Wie eine Antwort auf diese Frage klingen Robert Musils Bemerkungen zur Krise des Romans: "Äußerlich ist die gegenwärtige Krise des Romans so in Erscheinung getreten: Wir wollen uns nichts mehr erzählen lassen, betrachten das nur noch als Zeitver-

---

81 Siehe: D. W. Fokkema, *Literary History, Modernism, and Postmodernism (The Harvard University Erasmus Lectures, Spring 1983)*, Amsterdam-Philadelphia, J. Benjamins, 1984, S. 33: "It (the Modernist code) also differs sharply from the coexisting code of Surrealism."

82 R. Musil, *Gesammelte Werke*, Bd. 9, Reinbek, Rowohlt, 1978, S. 1682.

83 I. Svevo, *Racconti, Saggi, Pagine sparse (Opere III)*, Milano, Dall' Oglio, 1968, S. 586.

84 M. Proust, *Le Carnet de 1908* (établi et présenté par P. Kolb), Paris, Gallimard, 1976, S. 61.

treib."[85] Im III. und IV. Kapitel hat sich gezeigt, wie die Erzähl-struktur des Romans bei Kafka, Hašek, Baroja und Lawrence zersetzt wird.

Als Alternative zur traditionellen, anekdotischen Romanstruktur kristallisiert sich bei den modernen Autoren ein paradigmatisches, assoziatives und "labyrinthisches"[86] Schreiben heraus, das häufig mit dem Unbewußten verknüpft wird und die Romane Joyces ("stream of consciousness"), Prousts und Hesses mit Surrealismus und Futurismus verbindet.[87] Die a-syntaktische Schreibweise dieser Romane zeugt von der Unmöglichkeit, die Wirklichkeit erzählerisch zu rekonstruieren, zu beherrschen.

Komplementär zum Niedergang des Erzählers als "sujet d'énonciation" verhält sich die Passivität des "sujet d'énoncé", des Protagonisten. Sie steht im Mittelpunkt von Azoríns (José Martí-nez Ruiz': 1873-1967) Roman *La Voluntad* (1902), dessen Erzähler Stirner, Nietzsche und Schopenhauer zitiert und von sich selbst sagt: "In mir hat sich der Wille aufgelöst; ich bin ein Phantast." ("La voluntad en mí está disgregada; soy un imaginativo".)[88] Diese Aussage, die in *La Voluntad* endlos variiert wird, erinnert nicht nur an Prousts passiven Jean Santeuil und Musils "Möglich-keitsmenschen" Ulrich, sondern auch an den viel älteren Des Esseintes in Huysmans' *A Rebours*.

Auch die Passivität oder Handlungsunfähigkeit der Protagonisten des mondänen Dramas (Wildes, Hofmannsthals) zeugt von der Krise des Subjekts und der Subjektivität, die in der schwachen Handlungsstruktur moderner Dramen (Becketts, Musils, Cocteaus) zum Ausdruck kommt. Das Handeln wird problematisch, weil das *Ich* keine objektorientierte, sondern eine reflexive Haltung an-nimmt, d.h. über seine eigene Widersprüchlichkeit und Zerrissen-

---

85 R. Musil, *Gesammelte Werke* Bd. 8, op.cit., S. 1412.

86 Zur Beziehung von moderner Prosa und "labyrinthischem" Erzählstil siehe das wichtige Buch von M. Schmeling: *Der labyrinthische Diskurs. Vom Mythos zum Erzählmodell*, Frankfurt, Athenäum, 1987, vor allem S. 174-221.

87 Zum Verhältnis von modernem Roman und surrealistischer Avantgarde siehe: Vf., *L'Ambivalence romanesque. Proust, Kafka, Musil*, Bern-Frankfurt-Paris, Peter Lang Vlg., 1988 (2.Aufl.): "De Marcel Proust au surréalisme" (S. 336-347) sowie Vf., "Hesse et Sartre: Entre nature et culture", in: *Sud* Nr. 82, 1989, S. 132-135.

88 Azorín (José Martínez Ruiz), *La Voluntad*, in: ders., *Obras Completas*, Madrid, Aguilar, 1947-60, S. 968.

heit nachdenkt. Aus ihr geht die Suche nach neuen Werten hervor, die vom Kommerz und den ideologischen Konflikten noch nicht depraviert wurden. Obwohl diese Suche immer wieder utopische Dimensionen annimmt, weil Autoren und Protagonisten ein Jenseits der falschen Gesellschaft anpeilen, kann sie sich der Ideologie nicht entziehen.

Zu den ästhetischen Ideologien der Moderne gehören neben dem Ästhetizismus (Mallarmé, George, Proust), dem Marxismus (W.H. Auden, Malraux, Brecht), dem Existentialismus (Sartre, Beauvoir, Moravia), dem Anarchismus (Baroja, Genet, Pasolini) und dem Katholizismus (Bernanos, G. Greene, G. Marcel) auch faschistische Ideologien, die bisher aus der Problematik der Moderne ausgeklammert wurden. Nicht nur Proust, Baroja oder Bernanos suchen nach Alternativen zu dem zerfallenden christlich-humanistischen Wertsystem; auch die Autoren des rechten Lagers sind Suchende: Während Marinetti die bürgerliche Gesellschaft durch eine technizistische Utopie überwinden möchte, die z.T. mit den faschistischen Zielsetzungen übereinstimmt, entdeckt Pierre Drieu Larochelle die "Urnatur", die "Rasse": Die Entdeckung seines Helden Gilles ist *strukturell* (nicht ideologisch) durchaus mit den Entdeckungen Roquentins in *La Nausée*, mit der Wahrheitssuche der Helden Barojas, Kafkas oder Malraux' zu vergleichen: "Oh! Races, races. Il y a des races, j'ai une race."[89] (Vgl. P. Baroja: "el gran coro de la Naturaleza Madre" oder M. Proust: "l'art est ce qu'il y a de plus réel".) Es wäre falsch, den Faschismus aus der Problematik der Moderne auszuschließen, weil er als Reaktion auf diese Problematik – auf den Zerfall der Werte, den Niedergang des Individualismus – zu verstehen ist. "Das Gesetz" (Kafka), "die Kunst" (Mallarmé, Proust), "die Revolution" (Brecht, Benjamin), "die Rasse" und "die Erde" (Giono) bilden zusammen als Ideologeme und "Mythen des Alltags" (Barthes) das Repertoire der Moderne.

Zu diesem Repertoire gehört auch der Mythos der Natur, die dem von Krisen erschütterten Subjekt bald als Bedrohung, bald als befreiende Kraft erscheint. Im Gegensatz zu den Romantikern betrachten manche moderne Autoren (von Baudelaire bis Sartre

---

89 P. Drieu Larochelle, *Gilles*, Paris, Gallimard, 1939, S. 91.

und Kafka) die innere und äußere Natur als Gefahr, und Jauß hat durchaus recht, wenn er im Hinblick auf die Moderne die "Absage an das Naturverständnis der Romantik" betont. Allerdings vereinfacht er das Problem allzu sehr, wenn er von der "Austreibung der Natur aus der Ästhetik der Moderne" spricht.[90] Denn die Moderne ist ein ambivalentes Ganzes, in dem naturfeindliche Tendenzen von Apotheosen der Natur abgelöst werden. Während bei Sartre und Kafka alles Naturwüchsige ekelerregend wirkt, erscheint die Natur bei so verschiedenen Schriftstellern wie Pío Baroja, D.H. Lawrence, Hermann Hesse und Albert Camus als befreiende Kraft. Die Naturauffassung dieser Autoren geht auf Nietzsche zurück, der den "Mangel an Natur" beklagte und schrieb, "daß man die allerersten Instinkte des Lebens verachten lehrte; daß man eine 'Seele', einen 'Geist' *erlog*, um den Leib zuschanden zu machen (...)."[91]

Es gibt also auch eine "romantische", naturzugewandte Moderne, die nicht nur bei den hier genannten Romanautoren, sondern auch im Surrealismus zutage tritt, der sich nicht zufällig auf Romantiker wie Novalis und Gérard de Nerval beruft.[92] Er sieht vor allem in der "inneren Natur", in der "féerie intérieure" (Breton) des Unbewußten ein befreiendes und produktives Prinzip, das auch von Romanciers wie Proust und Hesse erkannt wird. Mit Recht spricht Gisela Steinwachs im Zusammenhang mit dem surrealistischen Experiment von einer "Rückverwandlung der Kultur in Natur"[93], die verdeutlicht, daß das moderne "Unbehagen in der Kultur" zwei komplementäre Aspekte hat: Angst vor der entfesselten Natur inmitten eines zerfallenden Wertsystems und Euphorie angesichts der naturwüchsigen Befreiung von einer als repressiv erfahrenen Kultur.

Naturwüchsig sind die Kontingenz und der Zufall, die "Auf-

---

90 H. R. Jauß, "Ursprünge der Naturfeindschaft in der Ästhetik der Moderne", in: K. Maurer, W. Wehle (Hrsg.), *Romantik, Aufbruch zur Moderne*, München, Fink, 1991, S. 357 und 381.

91 F. Nietzsche, "Warum ich ein Schicksal bin", in: ders., *Werke* Bd. IV, op.cit., S. 1157.

92 Siehe: A. Breton, *Manifestes du surréalisme*, Paris, Gallimard ("idées"), 1969, S. 36 und 183.

93 Siehe: G. Steinwachs, *Mythologie des Surrealismus oder Die Rückverwandlung von Kultur in Natur*, Neuwied-Berlin, Luchterhand, 1971.

klärer" wie Kafka und Sartre domestizieren möchten, die jedoch von Proust, Hesse, Camus und den Vertretern der Avantgarde zu ästhetischen Prinzipien erhoben werden: Der surrealistische "hasard objectif" ist nicht von der inneren Natur, vom Unbewußten und vom Experiment zu trennen. Die Wirkung des "objet trouvé" wird nicht als Zwangsmechanismus empfunden, sondern als Befreiung: "La trouvaille d'objet", schreibt Breton in *L'Amour fou*, "remplit ici rigoureusement le même office que le rêve, en ce sens qu'elle libère l'individu (...)."[94]

Der Traum aber ist Utopie, die sich unablässig der Schrift mitteilt und von dieser in einer permanenten Revolutionierung der Stilmittel gesucht wird. Der moderne Innovationsdrang wohnt dem Traum inne, der nicht rein individuell ist, sondern stets auch die Überwindung der bestehenden Verhältnisse meint: das, was noch im Jahre 1968 in Paris als *dépassement* bezeichnet wurde. Von ihm träumte schon der russische Futurist Nikolaj Gorlov: "Die Futuristen, die die alte Lebensart haßten, haßten auch die alte Sprache."[95] Das Projekt der modernen Avantgarde, ja der literarischen Moderne insgesamt, kam durch eine Synthese von sprachlichem und politischem Utopiebewußtsein zustande, die zuletzt noch Adorno in seiner *Ästhetischen Theorie* ins Auge faßte. Sofern es eine postmoderne Literatur gibt, wird sie durch den *Zerfall dieser Synthese* gekennzeichnet.

In zahlreichen Publikationen wird die Moderne zu Recht mit der Krise der Werte in Beziehung gesetzt: etwa in Ricardo J. Quinones' *Mapping Literary Modernism*, wo von einem "break-up of historical values" die Rede ist.[96] Auf diese Krise reagiert "das immanente Pathos der Wahrheitssuche", von dem Viktor Žmegač spricht[97] und das hier in aller Knappheit dargestellt wurde. In der zuerst von Arnold Toynbee angekündigten Postmoderne scheint

---

94 A. Breton, *L'Amour fou*, Paris, Gallimard, 1937, S. 36.

95 N. Gorlov, "Qu'est-ce que le futurisme?", in: G. Conio (Hrsg.) *Le Formalisme et le futurisme russes devant le marxisme*, Lausanne, Ed. L'Age d'Homme, 1975, S. 1970.

96 J. Quinones, *Mapping Literary Modernism. Time and Development*, Princeton, Univ. Press, 1985, S. 136.

97 V. Žmegač, "Zur Diagnose von Moderne und Postmoderne", in: E. Fischer-Lichte, K. Schwind (Hrsg.), *Avantgarde und Postmoderne. Prozesse struktureller und funktioneller Veränderungen*, Tübingen, Stauffenburg Vlg., 1991, S. 19.

diese Wahrheitssuche, ja die gesamte Wertproblematik, marginal oder gar überflüssig zu werden, weil die Ambivalenz der historischen Werte in eine Indifferenz übergeht, die von Nietzsche als "Wesensgleichheit" und von Italo Svevo als "Vertauschbarkeit" ("possono scambiarsi") aufgefaßt wurde. Angesichts dieser Indifferenz zerfällt das Spannungsverhältnis zwischen rettender Kritik (Konservatismus) und Utopie (Revolution): Wo es nichts mehr zu retten gibt, dort wird auch die utopisch-revolutionäre Anstrengung fragwürdig. Zugleich zerfällt die moderne Synthese von sprachlichem und politischem Utopiebewußtsein: Das sprachliche Experiment gibt es auch in der postmodernen Literatur, aber es kündigt keine Überwindung, kein *dépassement* der bestehenden Verhältnisse an.

Den verschiedenen Textexperimenten der Postmoderne ist gemeinsam, daß ihre innovativen oder traditionellen Verfahren keine gesellschaftskritisch-utopische Bedeutung mehr haben, und Paul Michael Lützeler ist in jeder Hinsicht beizupflichten, wenn er zusammenfassend bemerkt: "Aber anders als in der ästhetischen Moderne setzt sich erst beim postmodernen Denken eine dezidierte Skepsis gegnüber utopischen Konzepten durch (...)."[98] Diese Ansicht bestätigt in einem anderen Kontext Klaus R. Scherpe: "Dem postmodernen Bewußtsein scheint die ästhetische Imagination eines 'anderen Zustands', der explosive Kraft entfaltet, verlorengegangen zu sein."[99] In der Terminologie der Kritischen Theorie der 60er Jahre ausgedrückt: In der Postmoderne verschwindet endgültig jene "zweite Dimension", vor deren Verlust Herbert Marcuse so eindringlich warnt.[100]

Es ist wichtig, diesen Utopieverlust als historischen Wendepunkt zu berücksichtigen, wenn man verstehen will, weshalb auch

98 P. M. Lützeler, "Einleitung: Von der Spätmoderne zur Postmoderne", in: ders. (Hrsg.), *Spätmoderne und Postmoderne. Beiträge zur deutschsprachigen Gegenwartsliteratur*, Frankfurt, Fischer, 1991, S. 20.

99 K. R. Scherpe, "Dramatisierung und Entdramatisierung des Untergangs - zum ästhetischen Bewußtsein von Moderne und Postmoderne", in: A. Huyssen, K. R. Scherpe (Hrsg.), *Postmoderne. Zeichen eines kulturellen Wandels*, Reinbek, Rowohlt, 1986, S. 272.

100 Siehe: H. Marcuse, *Der eindimensionale Mensch*, Neuwied-Berlin, Luchterhand, 1972, sowie: G. Ueding (Hrsg.), *Literatur ist Utopie*, Frankfurt, Suhrkamp, 1978, S. 13.

postmoderne Texte, die die experimentellen Verfahren der Moderne fortsetzen oder gar radikalisieren, nicht mehr "modern" sind: In ihnen hat Innovation nur noch technisch-ästhetischen und nicht mehr gesellschaftskritischen, utopischen Charakter. In diesem Kontext wäre auch Uwe Japps Frage zu beantworten, "ob der Anspruch der Moderne, insofern er in einer Poetik des Experiments zentriert ist, überhaupt überboten werden kann – oder ob nicht gerade in der (z.B.) von T.S. Eliot betonten Unabschließbarkeit des Experiments das 'Schicksal' der Moderne, kein Ende finden zu können, begründet ist."[101] Aus der Sicht der Kritischen Theorie sieht die Entwicklung etwas anders aus: Die Moderne kann sehr wohl ein Ende finden, sofern sie nicht rein technisch als Experiment, sondern auch sozialgeschichtlich als utopische Revolutionierung der Schrift im Sinne der *Tel-Quel-*Gruppe aufgefaßt wird.[102]

Das Experiment als solches weist noch nicht auf ein *dépassement* im Sinne der Revoltierenden des Jahres 68 hin. Dies ist wohl der Grund, weshalb Ihab Hassans Kriterienkatalog, der zur Begriffsbestimmung der Postmoderne beitragen soll, auch auf die Moderne anwendbar ist und den "postmodern turn", wie Hassan sagt,[103] nicht erklärt: *Indeterminacy, fragmentation, decanonisation, self-less-ness, (self-effacement), the unpresentable, irony, hybridisation, carnivalisation* etc. sind allesamt auf die Moderne und z.T. sogar auch auf die Romantik (*Ironie*) anwendbar und tragen als Relevanzkriterien keineswegs zu einer Definition der Postmoderne bei.[104] Ähnliches gilt für David Lodges Universalkriterium des "unauflöslichen Widerspruchs", der schon die Jung-

---

101 U. Japp, "Kontroverse Daten der Modernität", in: W. Haug, W. Barner (Hrsg.), *Ethische contra ästhetische Legitimation von Literatur. Traditionalismus und Modernismus: Kontroverse Daten um den Avantgardismus*, Tübingen, Niemeyer, 1986, S. 133.

102 In diesem Kontext ist J. Kristevas Anwendung des Avantgarde-Begriffs auf Mallarmé und Lautréamont bedeutsam, weil sie zeigt, daß schon Mallarmé (1842-1898) zur Avantgarde oder Moderne gehört: J. Kristeva, *La Révolution du langage poétique. L'Avant-garde à la fin XIXe siècle: Lautréamont et Mallarmé*, Paris, Seuil, 1974, Kap. 5 und 6.

103 Siehe: I. Hassan, *The Postmodern Turn. Essays in Postmodern Theory and Culture*, Columbus, Ohio Univ. Press, 1987, S. 84-94.

104 Ibid., S. 168-173.

hegelianer und Nietzsche beschäftigte und der, wie sich im dritten und vierten Kapitel gezeigt hat, zusammen mit dem Fragment (Kafka), der Karnevalisierung (Kafka, Hašek) und dem Niedergang des Subjekts (Wilde, Hofmannsthal, Baroja) ein Merkmal der Moderne ist.[105] Ganz zu Recht spricht Mladen Kozomara von der "Vorherrschaft des Widerspruchs in der Epoche des Modernismus" ("prevladavanja protivrečnosti epohe Modernizma").[106]

Insofern trifft ein anderer kroatischer Literaturwissenschaftler den Nagel auf den Kopf, wenn er in Anbetracht von Ihab Hassans und Jean-François Lyotards Abgrenzungsversuchen feststellt: "Keiner von ihnen hat das Spezifikum der Moderne aufgezeigt oder deren Erschöpfung und Auflösung nachgewiesen und daraus die Existenz einer Nach- oder Postmoderne abgeleitet."[107] Dieses zu Recht beklagte Unvermögen hindert auch den durchaus sozialgeschichtlich und subtil argumentierenden Lyotard daran, den Bruch zwischen Moderne und Postmoderne zu bezeichnen.

In seinem bekannten Buch *La Condition postmoderne* (1979) stellt er die allerorten diskutierte These von der "incrédulité à l'égard des métarécits" ("Skepsis gegenüber den Metaerzählungen")[108] auf und erklärt, weshalb der postmoderne Mensch den Glauben an diese Metaerzählungen – an die Systeme von Hegel oder Marx – verloren hat: "Die Sehnsucht nach der verlorenen Erzählung ist für den Großteil der Menschen selbst verloren."[109] Es ist also nicht die Ablehnung der Metaerzählungen als solche, die den Kern der Postmoderne ausmacht – schon Huysmans und Musil wollten sich "nichts mehr erzählen lassen" –, sondern die erloschene Sehnsucht nach metaphysischer Sinngebung durch *Großideologien* (über Ende oder Funktionsverlust *aller* Ideologien ist damit noch nichts ausgesagt).

---

105 Zur Charakterisierung der Moderne im Bereich der Romanliteratur siehe: Vf., *Roman und Ideologie. Zur Sozialgeschichte des modernen Romans*, München, Fink, 1986.

106 M. Kozomara, "Kriza opštih mesta: Moderna i Postmoderna", in: *Postmoderna Nova epoha ili zabluda*, Zagreb, Biblioteka Naprijed, 1988, S. 67.

107 G. Flego, "Postmoderna - nova epoha?", in: *Postmoderna*, op.cit., S. 181.

108 J.-F. Lyotard, *La Condition postmoderne*, Paris, Minuit, 1979, S. 7.

109 J.-F. Lyotard, *Das Postmoderne Wissen. Ein Bericht*, Graz-Wien, Böhlau, 1986, S. 122.

Die "Sehnsucht nach dem ganz Anderen"[110], nach der zweiten Dimension im Sinne von Marcuse, erlischt in einer von der Indifferenz beherrschten Gesellschaft, in der die bürgerlich-liberale Frage nach dem "Wahren, Guten und Schönen" allmählich ebenso sinnlos wird wie die Frage nach einer menschlicheren, gerechteren Ordnung. Daher interpretiert Gianni Vattimo die neuesten Entwicklungen ganz richtig, wenn er Nietzsches und Heideggers Nihilismus mit dem Markt in Beziehung setzt und die "condition postmoderne" als totale Herrschaft des Tauschwerts auffaßt, als "mondo del valore di scambio generalizzato", als "mercificazione totalizzata": "Der Nihilismus ist also die Reduktion des Seins auf den Tauschwert."[111]

Lange vor Vattimo hat sich Alberto Moravia, von dem hier noch die Rede sein wird, diese These zu eigen gemacht, als er den Protagonisten seines Kurzromans *La disubbidienza*, der jahrelang vor dem durch ein Madonna-Bild getarnten Familiensafe gebetet hatte, sagen ließ: "und ihr, warum habt ihr mich jahrelang vor eurem Geld beten lassen?" ("e voi perché mi avete fatto pregare tanti anni inginocchiato davanti il vostro denaro?").[112]

Ein Charakteristikum postmoderner Literatur ist das Verstummen dieser Frage: In einer nachmodernen Gesellschaft, in der ethische, ästhetische und politische Werte nicht mehr als ambivalent und widersprüchlich, aber uneingeschränkt gültig, sondern als indifferent und vertauschbar erscheinen, wird die Vermittlung durch den Tauschwert, die vom Mittelalter bis zur Moderne als *skandalon* empfunden wurde, mit Achselzucken zur Kenntnis genommen oder – etwa von Jean Baudrillard – als *fait accompli* akzeptiert.[113]

Wo die Marktgesellschaft nach dem Zusammenbruch des

110 Siehe: M. Horkheimer, *Die Sehnsucht nach dem ganz Anderen. Ein Interview mit Kommentar von Helmut Gumnior*, Hamburg, Furche-Vlg., 1970, S. 46-48, und S. 69-71. - Dazu auch: J. Habermas, "Zu Max Horkheimers Satz: '*Einen unbedingten Sinn zu retten ohne Gott, ist eitel*'", in: ders., *Texte und Kontexte*, Frankfurt, Suhrkamp, 1991, S. 115.

111 G. Vattimo, *La fine della modernità. Nichilismo ed ermeneutica nella cultura postmoderna*, Milano, Garzanti, 1985, S. 29.

112 A. Moravia, *La disubbidienza*, Milano, Garzanti, 1975, S. 35.

113 Siehe: J. Baudrillard, *Der symbolische Tausch und der Tod*, München, Matthes & Seitz, 1982.

sozialistischen Totalitarismus als einzig mögliches Universalmodell von der Mehrheit gepriesen wird, dort ist kein Jenseits der Tauschverhältnisse sichtbar: keine Überwindung, kein *dépassement*. Dies ist der Hauptgrund, weshalb in Vattimos Buch der Heideggerschen *Verwindung* eine zentrale Rolle zufällt: "Nun ist gerade die Differenz zwischen *Verwindung* und *Überwindung* gewiß etwas, das uns helfen kann, das 'Post' der Postmoderne philosophisch zu definieren."[114] Die "Verwindung", die alles andere ist als ein definierbarer Begriff, könnte mit Vattimo als Metapher für einen *Verlust*,[115] nämlich der zweiten Dimension, der Utopie, gelesen werden.

Dieser Verlust läßt *zwei postmoderne Texttypen* entstehen, von denen der erste als eine Radikalisierung der modernen Schreibweise aufzufassen ist und die Ansicht Malcolm Bradburys bestätigt, daß Moderne und Postmoderne wesentliche Gemeinsamkeiten aufweisen.[116] Der zweite Texttyp erscheint als eine Rückkehr zu traditionellen literarischen Formen und als Absage an das avantgardistische Experiment, das sich, wenn man den Theoretikern der Postmoderne glauben darf, erschöpft hat.[117] Wie immer geht es um zwei Idealtypen, die in der literarischen Praxis ineinander übergehen, so daß traditionelle und avantgardistische Stilmittel häufig gleichzeitig vorkommen.

Für den ersten Texttyp ist der Nouveau Roman kennzeichnend, in dem das moderne Experimentieren mit der Erzählerinstanz (etwa in Butors *Degrés*, 1960) oder mit der narrativen Syntax (Cl. Simons *La Route des Flandres*, 1960) auf die Spitze getrieben wird, in dem aber trotz aller Affinitäten zu Proust, Sartre und der Avantgarde keine proustianische, surrealistische oder futuristische Utopie sichtbar wird. Auch in Jürgen Beckers Prosa, die zur Postmoderne gerechnet wird[118], steht das Spiel mit der Sprache

---

114 G. Vattimo, *La fine della modernità*, op.cit., S. 172.

115 Ibid., S. 180.

116 Siehe: M. Bradbury, "Modernisms/Postmodernisms", in: I. Hassan, S. Hassan (Hrsg.), *Innovation/Renovation. New Perspectives on the Humanities*, Wisconsin, Univ. Press, 1983, S. 321 und 323: "What Modernism and Postmodernism share in common is a simple adversary, which is, to put it crudely, realism or naive mimesis; both are forms of post-Realism."

117 Siehe: U. Eco, *Nachschrift zum "Namen der Rose"*, München, Hanser, 1984, S. 78.

118 Siehe: I. Hassan, *The Postmodern Turn*, op.cit., S. 85.

im Mittelpunkt, das durchaus kritische Elemente enthält, die bestehenden Verhältnisse jedoch nicht grundsätzlich in Frage stellt, sondern das Fazit der Indifferenz zur Kenntnis nimmt: "Eine immer auffälliger werdende Gleichgültigkeit. Eine zu dritt mißlungene Glückseligkeit. Dieser Ausbruchsversuch und dieses Winseln um Verständnis. Eine noch auffälliger werdende Gleichgültigkeit."[119] Zugleich werden bei Becker – ähnlich wie bei Robbe-Grillet, Butor oder Ricardou – Subjektivität und subjektive Suche nach Sinn verabschiedet.

Die Möglichkeiten des zweiten Texttyps wurden vor allem in Umberto Ecos *Il nome della rosa* (1980) voll ausgeschöpft. Eco setzt zwar die Praxis der Avantgarden fort, indem er ein intertextuelles Geflecht von verkappten Zitaten konstruiert, er setzt jedoch einen recht konventionellen Erzähler ein und verläßt sich auf die narrativen Verfahren der traditionellen Prosa. Sein ästhetischer Kommentar zum Roman ist als Plädoyer für eine postmoderne und postavantgardistische literarische Praxis zu lesen: "Es kommt jedoch der Moment, da die Avantgarde (also die Moderne) nicht mehr weitergehen kann (...). Die postmoderne Antwort auf die Moderne besteht in der Einsicht und Anerkennung, daß die Vergangenheit, nachdem sie nun einmal nicht zerstört werden kann, da ihre Zerstörung zum Schweigen führt, auf neue Weise ins Auge gefaßt werden muß: mit Ironie, ohne Unschuld."[120] Durch Ironisierung wird die historische Vergangenheit jedoch relativiert und ihrer utopischen Komponenten entledigt. Übrig bleibt das unverbindliche Spiel mit vergangenen Formen, das nichts mehr mit der surrealistischen Begeisterung für Baudelaire, Apollinaire und die Romantiker gemein hat, das jedoch durchaus kommerzialisierbar, in die Kulturindustrie integrierbar ist, wie die Verfilmung von Ecos Roman zeigt. Dieser Spielcharakter postmoderner Literatur, den auch Judith Ryan im Zusammenhang mit Patrick Süskinds Roman *Das Parfum* (1985) erwähnt[121], geht einher mit einem radikalen Pluralismus, den

119 J. Becker, *Felder, Ränder, Umgebungen*, Frankfurt, Suhrkamp (Weißes Programm), 1983, S. 248.

120 U. Eco, *Nachschrift zum "Namen der Rose"*, op.cit., S. 78.

121 J. Ryan, "Pastiche und Postmoderne. Patrick Süskinds Roman *Das Parfum*", in: P. M. Lützeler (Hrsg.), *Spätmoderne und Postmoderne*, op.cit., S. 94-95.

Wolfgang Welsch in Anlehnung an Lyotard für ein wesentliches Merkmal der ästhetischen, philosophischen und politischen Postmoderne hält: "Ein forcierter Pluralismus – der nicht als lästiges Zugeständnis empfunden, sondern als positive Aufgabe angesehen und offensiv vertreten wird – macht den Kern der postmodernen Phänomene und Bestrebungen aus."[122] Welsch mag recht haben, wenn er wie neuerdings Pauline Marie Rosenau diesen Pluralismus schon in der Moderne vorgezeichnet sieht: "Postmoderne ist so der Zustand, in dem die Moderne nicht mehr reklamiert werden muß, sondern realisiert wird."[123] Seine Definition der Postmoderne gründet auf dem Postulat, "daß die Postmoderne die Moderne fortsetzt, ja in radikalisierter Form einlöst."[124]

Da sich Welsch in seiner ansonsten anregenden Studie kaum mit der Tauschwert-Problematik befaßt, entgeht ihm der Bruch zwischen der Krise der Werte als Ambivalenz und ihrer Indifferenz in der Postmoderne, deren Vertreter anscheinend nicht mehr in der Lage sind, einen Wert einem anderen vorzuziehen: "Der Postmodernist", schreibt z.B. D. Fokkema, "mag seine privaten Ansichten haben, aber er sieht keinen Grund, sie den Ansichten anderer vorzuziehen."[125] Fokkemas Darstellung zeigt zweierlei: daß Ansichten wie Werturteile rein privaten Charakter annehmen bzw. vertauschbar werden und daß ihre Vertauschbarkeit die Subjektivität auflöst: Man könnte ebensogut die Ansichten der anderen vertreten. Zugleich wird klar, daß Pluralität als dialogische Einstellung nur im Rahmen der Ambivalenz als Wert-, Ideologie- und Kulturkritik sinnvoll ist, nicht jedoch im Indifferenzzusammenhang, in dem alle Wertsetzungen gleich viel wert sind und Ansichten vertauschbar werden.

Welschs Problem besteht darin, daß er versucht, eine "echte", "pluralistische" Postmoderne von einer "Pseudo-Postmoderne" zu trennen, deren Denkmuster von Indifferenz und "Auflösungsli-

---

122 W. Welsch, *Unsere postmoderne Moderne*, Weinheim, VCH-Vlg. (3.Aufl.), 1991, S. 40.

123 Ibid., S. 36. - Siehe auch: P. M. Rosenau, *Post Modernism and the Social Sciences*, Princeton, Univ. Press, 1991, S. 36.

124 Ibid., S. 189.

125 D. W. Fokkema, *Literary History, Modernism and Postmodernism*, op.cit., S. 40-41.

zenz" beherrscht werden.[126] Eine solche Trennung verstellt jedoch den Ausblick auf den Gesamtzusammenhang von Tauschwert, Ambivalenz und Indifferenz: Während die durch den Tauschwert vermittelte Ambivalenz[127] das Festhalten an bestimmten problematischen Werten mit sich bringt (man denke an die Romane Kafkas, Musils oder Prousts), bewirkt die Indifferenz ihre Vertauschbarkeit (etwa bei Jürgen Becker oder im *Nouveau Roman*). Vor allem in der Literatur und in der Philosophie (z.B. bei P. Feyerabend) wird klar, daß radikaler Pluralismus und Indifferenz einander als extreme Formen der Vermittlung homolog sind und daß die Unterscheidung zwischen "wahrer" und "falscher" Postmoderne nicht stichhaltig ist.

Es könnte sogar sein, daß die hier vorgeschlagene Unterscheidung von Moderne und Postmoderne eine voreilige Konstruktion ist und daß sich Habermas' eingangs zitierte These über das "unvollendete Projekt der Moderne" als richtig erweist. Denn einerseits können auch in der zeitgenössischen Gesellschaft zahlreiche kulturelle Tendenzen aufgezeigt werden, die durchaus als "modern", d.h. utopisch-kritisch zu bezeichnen sind; andererseits könnte die wirtschaftliche und ökologische Krise der expandierenden Marktgesellschaft wieder akut werden und das kritische Potential der Moderne aktivieren. In dem Fall wäre die "Postmoderne" eher als eine Episode innerhalb der Moderne zu sehen, und eine Umstrukturierung von Wolfgang Welschs Buchtitel wäre denkbar: "Unsere moderne Postmoderne" statt *Unsere postmoderne Moderne*...[128]

Schon deshalb ist die hier vorgeschlagene Periodisierung als ein nur mögliches, als provisorisches Konstrukt aufzufassen, in dem nicht nur die ideologischen Interferenzen zu erkennen sind, sondern auch die Bedeutung der interkulturellen, der komparatistischen Betrachtungsweise: In noch stärkerem Maße als "Realismus" oder "Romantik" sind "Moderne" und "Postmoderne" inter-

---

126 Siehe: W. Welsch, *Unsere postmoderne Moderne*, op.cit., S. 41-43.

127 Siehe: Vf., *Ideologie und Theorie. Eine Diskurskritik*, Tübingen, Francke, 1989, Kap. 10: "Ambivalenz und Dialektik".

128 Siehe: H. U. Gumbrecht, "Die Postmoderne ist (eher) keine Epoche", in: H. U. Gumbrecht, R. Weimann (Hrsg.), *Postmoderne - globale Differenz*, Frankfurt, Suhrkamp, 1991.

kulturelle Erscheinungen, die im internationalen Zusammenhang – in Europa, Nord- und Südamerika – entstanden sind und deshalb im nationalen Rahmen ("französiche Moderne", "deutsche Postmoderne") nicht adäquat rekonstruiert werden können.

4. Zur Gattungsgeschichte des existentialistischen Romans: Von der Ambivalenz zur Indifferenz

Was hier zum Abschluß über die Periodisierung gesagt wurde, gilt auch für die Gattungsgeschichte: Auch sie vermag nicht die Kontingenz zu vermeiden, die einer jeden Objektkonstruktion anhaftet; sie kann sie jedoch durch eine komparatistische Vorgangsweise erheblich reduzieren. Denn Gattungen sind – wie Perioden – nur auf interkultureller Ebene konkret zu bestimmen, wobei sowohl *typologische* als auch *genetische Beziehungen* eine Rolle spielen.

Weder der höfische Roman des Spätmittelalters noch die Renaissance-Novelle kann adäquat im nationalen Kontext erfaßt werden. So ist etwa das Werk eines Wolfram von Eschenbach (1170-1220), vor allem sein *Parzival*-Roman, nicht unabhängig vom Einfluß des Chrestien de Troyes (1150-1190) zu verstehen, der sich wiederum aus den Ähnlichkeiten zwischen der damaligen französischen und deutschen (fränkischen) höfischen Gesellschaft erklärt. In diesem Kontext ist auch Chrestiens Einfluß auf Hartmann von Aue (1165-1215), vor allem auf dessen *Erec*-Roman, zu betrachten, der – wie das Werk Chrestiens – intertextuell mit den keltischen Sagen zusammenhängt, die den gemeinsamen Fundus aller Artus-Romane bilden.[129]

Auch die Renaissance-Novelle ist nur auf interkultureller Ebene typologisch-genetisch zu rekonstruieren. Einerseits ist Marguerite de Navarres (1492-1549) Novellenzyklus *Heptaméron* nicht außerhalb der Wirkungsgeschichte von Giovanni Boccaccios (1313-1375) *Decameron* zu interpretieren, andererseits müssen die von der französischen Autorin eingeführten Neuerungen in jeder

---

129 Siehe: "Nachwort" von Th. Cramer zu: Hartmann von Aue, *Erec*, Frankfurt, Fischer, 1972, S. 445.

Gesamtdarstellung der Renaissance-Novelle mitberücksichtigt werden: "Auch die für das *Decameron* so wichtige Gleichheit der Erzähler existiert im Rahmen des *Heptaméron* nicht", kommentiert Hermann H. Wetzel eine dieser Neuerungen.[130] In beiden Werken erfüllt jedoch die Rahmenerzählung eine ideologische Funktion: Angesichts einer zerfallenden feudalen Ordnung, aus der die individualistische Gesellschaft der Renaissance hervorgeht, verschafft der Autor seinem Novellenzyklus einen "künstlichen Zusammenhalt": "Er setzt seine Ideologie an die Stelle der früher allgemeingültigen religiösen und gesellschaftlichen Vorstellungen."[131] So ist *eine* wesentliche typologisch-soziologische Beziehung zwischen *Decameron* und *Heptaméron* zu erklären.

Auch die Geschichte des europäischen Romans ist in diesem Zusammenhang als ein Geflecht von typologischen und genetischen Beziehungen aufzufassen. Typologisch betrachtet ist diese epische Gattung seit Cervantes eine "subjektive Epopöe" (Goethe), in der das Individuum der bürgerlichen Gesellschaft nach Selbstverwirklichung strebt. Gemeinsam ist den meisten Romanen des europäischen 18. und 19. Jahrhunderts die "individualistische innovative Orientierung", von der Ian Watt spricht, sowie die Thematisierung der individuellen Erfahrung ("individual experience").[132] Sie ist vor allem im Briefroman zentral, dessen deutsche Erscheinungsform, etwa Goethes *Die Leiden des jungen Werthers* (1774), nur im intertextuellen, d.h. genetischen Kontext als Reaktion auf die Romane Samuel Richardsons (*Pamela*, 1740-1741; *Clarissa*, 1747) sowie auf Jean-Jacques Rousseaus *Julie ou la Nouvelle Héloïse* (1761) zu verstehen ist.

Die für die Romangattung konstitutive subjektive Suche nach Sinnzusammenhängen und nach der Identität des eigenen *Ich* wurde im Anschluß an Hegels *Vorlesungen über die Ästhetik* in Georg Lukács' *Theorie des Romans* (1920) zusammenfassend dargestellt: "Der Roman ist die Epopöe eines Zeitalters, für das die extensive Totalität des Lebens nicht mehr sinnfällig gegeben

---

130 H.H. Wetzel, *Die romanische Novelle bis Cervantes*, Stuttgart, Metzler (SM), 1977, S. 35.

131 Ibid., S. 21.

132 I. Watt, *The Rise of the Novel. Studies in Defoe, Richardson and Fielding*, Harmondsworth, Penguin, 1957, S. 13.

ist, für das die Lebensimmanenz des Sinnes zum Problem geworden ist, und das dennoch die Gesinnung zur Totalität hat."[133]
Während im feudalen Epos, im höfischen Roman und noch in der
Renaissance-Novelle der Sinn als religiöser oder ideologischer
Rahmen (s.o.) gegeben war und die Erzählung (*récit*) gleichsam
einfaßte, ist der Roman des 18. oder 19. Jahrhunderts nicht mehr
in einer allgemeingültigen Axiologie zu fundieren, da in der
Marktgesellschaft (s.o.) alle kulturellen Werte problematisch,
zweideutig werden.

Allerdings wird in den Romanen Jane Austens (1775-1817)
oder Honoré de Balzacs (1799-1850) diese *Zweideutigkeit* oder
Ambiguität schließlich überwunden, weil bestimmte Wertsetzungen wie *Wahrheit, Gerechtigkeit* oder *Ehrlichkeit* noch gelten.
Sowohl in *Pride and Prejudice* (1813) als auch in *Illusions perdues* (1843) werden Charaktere, Situationen und Handlungen von
Autor und Erzähler im Rahmen bestimmter relativ stabiler Werte-
und Normensysteme verstanden und beurteilt. In *Pride and Prejudice* werden z.B. die charakterlichen Zweideutigkeiten der beiden
Protagonisten Darcy und Wickham im Verlauf der Handlung
aufgeklärt: Während Wickham als skrupelloser Taktiker entlarvt
wird, erscheint Darcy nach anfänglicher Fehleinschätzung allen
Beteiligten als liebenswerter Ehrenmann. Auch in Balzacs *Illusions perdues* ist eine eindeutige Bestimmung der Charaktere noch
möglich, so daß Lucien de Rubempré von D'Arthez (der Blazacs
Erzähler sehr nahe steht) endgültig als Schwächling definiert
werden kann: "Votre Lucien est un homme de poésie et non un
poète, il rêve et ne pense pas, il s'agite et ne crée pas. Enfin c'est,
permettez-moi de le dire, une femmelette qui aime à paraître, le
vice principal du Français."[134]

In der Moderne ist, wie sich gezeigt hat, diese auflösbare
Zweideutigkeit des frühen 19. Jahrhunderts von einer extremen
Ambivalenz abgelöst worden, die zahlreiche Facetten aufweist und
nicht mehr überwunden werden kann. Der existentialistische
Roman, der hier gleichsam synekdochisch als *pars pro toto* der

133 G. Lukács, *Die Theorie des Romans*, Neuwied-Berlin, Luchterhand, 1971, S. 47.
134 H. de Balzac, *Illusions perdues*, Paris, Gallimard-Librairie Générale Française,
1962, S. 472.

Moderne kommentiert wird, ist als Übergangserscheinung zwischen Ambivalenz und Indifferenz anzusiedeln. Er stellt nicht nur die aus der Ambivalenzproblematik hervorgehende Krise des Subjekts dar, sondern auch die Krise der Romangattung, deren narrative Strukturen ohne eindeutig definierbare Akteure und Aktanten geschwächt werden oder neue Formen annehmen.

Im folgenden geht es nicht nur um die Gattungsproblematik, d.h. um den Nexus zwischen Ambivalenz, Indifferenz, Subjektkrise und Erzählstruktur, sondern auch um die hier aufgestellte These, daß Perioden und Gattungen interkulturell konkreter bestimmt werden können als im nationalen Rahmen. Es soll gezeigt werden, daß das für den existentialistischen Roman wesentliche Indifferenzproblem nicht in dessen Gesamtheit erfaßt wird, solange die französischen Romane Sartres und Camus' (*La Nausée*, 1938, oder *L'Etranger*, 1942) nicht auf Alberto Moravias Erstlingsroman *Gli indifferenti* (1929) bezogen werden. Die Daten lassen vermuten, daß Moravias Text die existentialistische Problematik vorwegnimmt und als existentialistisch *avant la lettre* gelten könnte. Allerdings ist hier nicht die Chronologie ausschlaggebend, sondern der historische Übergang von der Ambivalenz zur Indifferenz im Gesamtzusammenhang von Moderne und Postmoderne.

In *La Nausée* hängen – wie in den Romanen Kafkas, Musils oder Svevos – Ambivalenz, Krise des Subjekts und Krise der Erzählstruktur eng zusammen und tragen wesentlich zur Erklärung der Tagebuchform dieses Textes bei: Das gefährdete Subjekt versucht, durch Aufzeichnungen, durch Tagebucheintragungen einem Zerfall zu entgehen, der durch seine prekäre und stets negativ konnotierte *Existenz* (*existence*) zwischen Natur und Kultur bedingt ist. Roquentin, der Ich-Erzähler des Romans und fiktive Autor des Tagebuchs, schwebt in einem Niemandsland zwischen Kultur und Natur, weil er an die von den Ideologen diskreditierten humanistischen Werte nicht glauben kann, sich jedoch zugleich als Rationalist und Kritiker des Rationalismus von der Natur bedroht fühlt, die anderen Autoren der Moderne (s.o.) als Alternative zur depravierten Kultur erscheint.

Im Humanismus, auf den sich Sartre immer wieder berief, erkennt Roquentin eine ambivalente Pseudoeinheit, die an ihren Widersprüchen untergeht: "(...) Celui qui aime dans l'homme sa mort, celui qui aime dans l'homme sa vie, l'humaniste joyeux, qui a toujours le mot pour rire, l'humaniste sombre, qu'on rencontre surtout aux veillées funèbres. Ils se haïssent tous entre eux: en tant qu'individus, naturellement – pas en tant qu'hommes."[135]

Die Ambivalenzen humanistischer Ideologien erfassen nahezu alle Charaktere des Romans: Ein Liebespaar in einem Café rührt den Erzähler, widert ihn aber auch an; der Träger der *Légion d'honneur* erscheint ihm als *salaud*, und er selbst ähnelt bisweilen dem naiven Autodidakten und Humanisten, für den er nur ein mitleidiges Lächeln übrig hat. Zugleich büßen auch andere Elemente der Wirklichkeit ihre Eindeutigkeit ein: Mallarmés berühmter Schwan wird zu einem Fetzen Papier am Straßenrand, und die *Geistlichen Übungen* Loyolas werden von einer leichtlebigen Schauspielerin, einer Freundin Roquentins, praktiziert. In diesem Kontext erscheint der mit Käse assoziierte und im vorigen Kapitel kommentierte "Heroismus" ebenfalls als fragwürdig.

Angesichts dieser Verknüpfung der Gegensätze, die die kulturellen Werte in Verruf bringt, geraten auch das Subjekt (*Sujet d'énonciation*) und seine Erzählung in eine ausweglose Situation. Roquentin, der sich als Amateur-Historiker vornimmt, die Geschichte des Marquis de Rollebon zu erzählen, muß feststellen, daß diese historische Gestalt so vieldeutig ist, daß sie sich der Erzählung entzieht. Jeder Versuch einer narrativen Darstellung von Rollebons Leben scheitert an den Widersprüchen des gesammelten Materials: "Pour expliquer la présence de ces papiers dans ma chambre, il n'eût pas été difficile de trouver cent autres histoires plus croyables (...)."[136]

Zugleich entdeckt Roquentin, daß es unmöglich ist, das eigene Leben erzählerisch zu erfassen, sich selbst als Held einer Erzählung darzustellen: "J'ai voulu que les moments de ma vie se suivent et s'ordonnent comme ceux d'une vie qu'on se rappelle. Autant vaudrait tenter d'attraper le temps par la queue."[137] Der in diesem Zusammenhang von Roquentin geäußerte Zweifel an

---

135 J.-P. Sartre, *La Nausée*, in: ders., *Œuvres romanesques*, Paris, Gallimard (Bibl. de la Pléiade), 1981, S. 139.
136 Ibid., S. 115.
137 Ibid., S. 50.

der "histoire" als Geschichtswissenschaft[138] zeigt, daß die von Lyotard entdeckte "Skepsis gegenüber den Metaerzählungen" ein Charakteristikum der Moderne ist und als Differenzierungsmerkmal der Postmoderne nicht herangezogen werden kann. Er zeigt auch, daß angesichts einer ambivalenten und widersprüchlichen Wirklichkeit die Sprache des Erzählers versagt.

Eine der Folgen dieser Krise, die das Subjekt und seine Sprache aushöhlt, ist Roquentins Erkenntnis der Indifferenz, die Sprache und Wirklichkeit gleichermaßen erfaßt: "Les mots s'étaient évanouis et, avec eux, la signification des choses, leurs modes d'emploi, les faibles repères que les hommes ont tracés à leur surface."[139] Zugleich erscheint die Natur – die berühmt gewordene Wurzel des Kastanienbaumes – als ein unbeherrschbares Etwas, das Roquentin Angst einflößt und ein Ekelgefühl, die *nausée*, hervorruft. Es ist das Gefühl, eine unbenennbare, undefinierbare, d.h. in-differente Objektwelt vor sich zu haben, die schlicht "da" ist, existiert: ohne Bedeutung, ohne subjektive Sinngebung.

Roquentin spürt, daß er als existierender Körper an dieser naturwüchsigen Welt teilhat, in sie hinabsinkt und aufhört, Subjekt zu sein. *In extremis* gelingt es ihm, seine Subjektivität durch den Entschluß zu retten, ein Buch zu schreiben, das etwas ahnen ließe, "das nicht existierte, das über der Existenz wäre."[140] Dadurch überwindet er die Indifferenz und vermeidet zugleich den Sturz in die Objektwelt der *existence*.

In Alberto Moravias *Gli indifferenti* scheitert die Auflehnung des Subjekts gegen die Indifferenz, und der Roman hört auf, eine subjektive Wahrheitsfindung oder Wahrheitssetzung zu sein: Die Suche des charakterschwachen Michele Ardengo endet ergebnislos. Obwohl dieser Roman um neun Jahre älter ist als *La Nausée*, antizipiert er historisch die Wende von der Moderne zur Postmoderne, die von dem sich durchsetzenden Indifferenzprinzip herbeigeführt wird.

Wie in *La Nausée* wird in *Gli indifferenti* die Krise des Sub-

---

138 Ibid., S. 85.
139 Ibid., S. 150.
140 Ibid., S. 210.

jekts unmittelbar durch die Ambivalenz als Verknüpfung unvereinbarer Werte bewirkt. In der großbürgerlichen Konversation (s. Kap. III), der Michele täglich ausgesetzt ist, kommt sie regelmäßig vor und hat die Handlungsunfähigkeit des Helden zur Folge: "Michele bewegte sich nicht, er hatte noch nie die Lächerlichkeit mit der Aufrichtigkeit, die Falschheit mit der Wahrheit sich bis zu einem solchen Grade vermischen gesehen; eine gehässige Verlegenheit beherrschte ihn (...)." ("Michele non si muoveva, non gli era mai accaduto di vedere la ridicolaggine confondersi a tal punto con la sincerità, la falsità con la verità; un imbarazzo odioso lo possedeva.")[141]

Aus der Ambivalenz geht die Indifferenz hervor, die alle Figuren in Moravias Jugendroman durchdringt: "(...) Man kann hinter einem Sarg nicht lachen oder gerade dann weinen, wenn die beiden Brautleute die Ringe wechseln...; das wäre skandalös, noch schlimmer, unmenschlich...; wer aus Gleichgültigkeit nichts empfindet, muß eben heucheln...; so geht es mir mit euch – ich gebe vor, Leo zu hassen, meine Mutter zu lieben..." ("...Non si può ridere seguendo una bara o piangere nel momento nel quale due sposi si scambiano l'anello...sarebbe scandaloso, peggio, inumano...Chi per indifferenza non prova nulla, deve fingere... così io con voi...fingo di odiar Leo...di amare mia madre...")[142]

Wie Roquentin lehnt sich Michele gegen die sich ausbreitende Indifferenz auf und betrachtet mit Widerwillen die Handlungen der anderen und seine eigenen, weil sie "von keinerlei Glauben oder Aufrichtigkeit getragen sind" ("non sono sorette da alcuna fede o sincerità").[143] Dennoch gelingt es ihm nicht, sich im entscheidenden Augenblick aufzuraffen und seinen skrupellosen Widersacher, den geld- und machthungrigen Leo Merumeci, der seine Schwester verführt hat, zu töten. Aufgrund einer im Rahmen der Gleichgültigkeit deutbaren Fehlleistung versäumt er es im letzten Augenblick, seinen Revolver zu laden, und wird vom stärkeren Leo mühelos überwältigt.

Schon vor diesem Endkampf muß er sich eingestehen, daß er

---

141 A. Moravia, *Die Gleichgültigen*, Reinbek, Rowohlt, 1963, S. 60. / *Gli indifferenti*, Milano, Bompiani, 1966, S. 57.
142 Ibid., S. 275/ S. 255.
143 Ibid., S. 260 / S. 240.

Leo nicht haßt und daß ihm Werte wie "Ehre", "Liebe" oder "Gerechtigkeit", in deren Namen er seinen Widersacher töten könnte, im Grunde gleichgültig sind: "Das ist mein wahres Verbrechen... ich habe mich der Gleichgültigkeit schuldig gemacht..." ("Questo è il mio vero delitto...ho peccato d'indifferenza...")[144] Ähnlich wie in *La Nausée* wird auch in Moravias Roman die aufkommende Indifferenz als Alptraum geschildert, aus dem Roquentin aufwacht, von dem Michele aber erdrückt wird.

Im Laufe der Romanhandlung wird deutlich, daß der Alptraum der Indifferenz zugleich der des Tauschwerts ist: Der Börsenspekulant Leo Merumeci, der die Macht des Geldes verkörpert, bemächtigt sich nicht nur der schönen Carla (Micheles Schwester), sondern eignet sich schließlich den gesamten Besitz der Familie Ardengo an. Gleich zu Beginn des Romans erscheint er als "das lebendige Schicksal" ("la vivente fatalità") dieser Familie, und die Romanhandlung gerinnt zu einer fatalen Verkettung von Ereignissen, die von Leos Machtinstinkt beherrscht werden.

Dadurch unterscheidet sich Moravias Text von den traditionellen Romanen des 19. Jahrhunderts, deren Protagonisten nach der Verwirklichung bestimmter Werte – wie Ehre, Ruhm oder Liebe – streben. "Moravias Gestalten", schreibt Sanguineti, "sind nicht mehr die für den traditionellen Roman typischen Gestalten, die aus einem eindeutigen und kompakten ideologischen Entwurf hervorgehen; es sind nicht mehr die Helden, die auf typische Art klar umrissene positive oder negative Werte ausdrücken: Die heroische Spannung (...) entlädt sich gleich am Anfang des Konflikts und löst sich gleichsam spontan in einer zweideutigen Gleichgültigkeit auf."[145]

Diese gattungstheoretische Darstellung gilt ohne Einschränkungen auch für Albert Camus' *L'Etranger* (1942), der hier im vierten Kapitel ausführlicher behandelt wurde: Meursault ist wie Michele ein gleichgültiger Held, der einerseits von der Fatalität der Natur beherrscht wird und sich andererseits in jedes beliebige narrative Programm (etwa das des Zuhälters Raymond) integrieren

---

144 Ibid., S. 297 / S. 277.
145 E. Sanguineti, *Alberto Moravia*, Milano, Mursia, 1962, S. 29.

läßt.[146] In einem wesentlichen Punkt unterscheidet er sich jedoch von Michele Ardengo: Er lehnt jeden ideologischen Entwurf ab und öffnet sich bewußt der Indifferenz: "(...) Je m'ouvrais pour la première fois à la tendre indifférence du monde."[147]

Die Bejahung der Indifferenz, die in Meursaults Augen nicht mehr als "Verbrechen" ("delitto") erscheint, wird zwar von der Justiz als ideologischer Instanz streng geahndet, strukturiert jedoch den ersten Teil der Romanhandlung, die den Gesetzen der Natur und des Zufalls gehorcht. Eindeutiger noch als *Gli indifferenti* ist *L'Etranger* eine "subjektive Epopöe" (Goethe) ohne Subjekt: ein Erzähltext, dessen Hauptaktant im ersten Teil von einer verdinglichten Kausalität, im zweiten von einer ihm fremden Ideologie beherrscht wird. Die Frage, ob ein solcher Text noch als Roman zu bezeichnen sei, ist keine Spitzfindigkeit, da für die Romangattung die Subjektivität (als subjektive Suche im Sinne von *La Nausée*) konstitutiv ist.

Obwohl *L'Etranger* die Indifferenz (als ideologiekritisches Element: s. Kap. IV) bejaht und dadurch die Problematik der Postmoderne ankündigt, ist er dennoch als *moderner* Text zu lesen: weil er, wie Robbe-Grillet in seiner Polemik gegen die Existentialisten gesehen hat[148], die Wertproblematik in den Mittelpunkt rücken läßt. In dieser Hinsicht ist er allen anderen Romanen der Moderne – *Gli indifferenti, La Nausée, Der Steppenwolf, A Portrait of the Artist as a Young Man* – verwandt. Indem der Nouveau Roman – ähnlich wie die Prosa Jürgen Beckers[149] – mit dieser Tradition bricht und die gesamte Wertproblematik für obsolet erklärt, *verwirklicht* er die postmoderne Indifferenz, die im existentialistischen Roman noch als *skandalon* gebannt, bekämpft oder erklärt werden muß. Im Roman der Postmoderne werden Indifferenz und Pluralismus stillschweigend vorausgesetzt, und die

---

146 Siehe: Vf., *Der gleichgültige Held. Textsoziologische Untersuchungen zu Sartre, Moravia und Camus*, Stuttgart, Metzler, 1983, S. 177.

147 A. Camus, *L'Etranger*, in: ders., *Théâtre, Récits, Nouvelles*, Paris, Gallimard, (Bibl. de la Pléiade), 1962, S. 1211.

148 Siehe: A. Robbe-Grillet, *Pour un nouveau roman*, Paris, Gallimard ("idées"), 1963, S. 71-72.

149 Siehe: Vf., *Roman und Ideologie*, op.cit., Kap. II: "Vom Nouveau Roman zu Jürgen Beckers Prosa".

Suche des Helden wird, soweit vorhanden (etwa in *Il nome della rosa*), zum Spiel.

So können Wendepunkte im literarischen Periodensystem mit Wendepunkten im Gattungssystem zusammenfallen. Aber wie die Wendepunkte der Novelle sind auch die Wendepunkte der theoretischen Erzählung konstruiert, so daß der hier postulierte Übergang von der Ambiguität zur Ambivalenz und von dieser zur Indifferenz nur einen heuristisch-hypothetischen Charakter hat und als mögliches Konstrukt behandelt, nicht jedoch ideologisiert und der Wirklichkeit gleichgesetzt werden sollte. Die Frage lautet nicht, ob er der Wirklichkeit entspricht (realistische Illusion), sondern ob er Aspekte des Objekts hervortreten läßt, die bisher im dunkeln lagen.

VIII. Komparatistik regional – Venetien, Istrien, Kärnten

von Johann Strutz

Komparatisten befassen sich meist mit Beziehungen zwischen einzelnen, weltweit diskutierten Autoren; vom engeren geographischen Umfeld der Texte – und jeder einzelne steht in einem regionalen Kontext – wird dabei oft abstrahiert. Das vorliegende Modell weicht von dieser Praxis ab und stellt eine mehrsprachige europäische Region, den Alpen-Adria-Raum, in den Mittelpunkt der Betrachtung. Es handelt sich um eine regionale komparatistische Studie zu Autoren, von denen zwar jeder einer bestimmten nationalen Literatur – der italienischen, kroatischen, slowenischen oder österreichischen – zugezählt wird, die aber als sprachliche Grenzgänger allesamt ihren einzelliterarischen Bereich überschreiten. Vergleichende Literaturwissenschaft in einer europäischen Region: Was bringt dieser Ansatz, was fasziniert an einer solchen Betrachtungsweise und was macht sie vielleicht auch interessant für die internationale Komparatistik?[1]

Eine Begründung dürfte nicht schwerfallen, denn immerhin kann der hier thematisierte Gegenstandsbereich für sich in Anspruch nehmen, was in Europa und seiner vielberufenen kulturellen Polyphonie einzigartig ist: Wenn von der mitteleuropäischen Kultur gesagt wurde, sie sei ein "Kreuzpunkt der europäischen",[2] so gilt dies in gesteigertem Maße für die hier thematisierten Literaturen des Alpen-Adria-Raums. Hier und sonst nirgends in Europa begegnen einander Romania, Slavia und Germania – die Kulturen, Sprachen und Länder "del sì del da del ja", wie der Triestiner und Altösterreicher Carolus L. Cergoly die drei europäischen Großkulturen bezeichnet hat.[3] Mag die Komplexität der

---

1   Dazu ausführlicher: J. Strutz, *Literatur und Interkulturalität. Komparatistische Studien zur Literatur und Kultur in Italien, Kroatien, Slowenien, Österreich*, Klagenfurt/Celovec, Hermagoras/Mohorjeva, 1993.

2   K. Schlögel, "Mitteleuropa als Verlegenheit, Mitteleuropa als Realität", in: *Dialog*, Sonderheft "Mitteleuropa?", 15, 1989, H. 2, S. 31.

3   C. L. Cergoly, *Latitudine Nord. Tutte le poesie mitteleuropee in lessico triestino*, Milano, Mondadori, 1980, S. 147 (im Gedicht "Hohò Trieste").

literarischen Beziehungen in anderen Regionen vielleicht mit der hiesigen Situation noch vergleichbar sein, so wird doch die höhere, sozusagen systemische Funktion der hier interagierenden Kulturbereiche evident, wenn man die traditionellen Kontakte *innerhalb* der drei großen europäischen Kulturen einbezieht.

Diese kulturelle Polyphonie hat nicht nur eine bedeutende historische Dimension im Rahmen der untergegangenen Donaumonarchie, sondern ist in veränderter Form noch heute in den einzelnen Regionen wirksam. Zweisprachiger Alltag, zweisprachiger Dialog, zweisprachiges Lesen und Schreiben, da und dort sogar mehrsprachige Regionalität und Urbanität, wie etwa in Triest (ital. Trieste; slow. Trst), Rijeka (ital. Fiume) oder Klagenfurt (slow. Celovec), sind die äußeren Kennzeichen dieser besonderen kulturellen Situation. Wie die Praxis zeigt, ist die Multikulturalität eine große Herausforderung für die politischen und insbesondere kultur- und bildungspolitischen Konzepte der Regionen, Länder und Staaten.

Die Erforschung dieser regionalen und zugleich grenzüberschreitenden kulturellen Mehrsprachigkeit ist aber auch eine Herausforderung für die Literatur- und Sozialwissenschaft. Es ist daher kein Zufall, daß am Institut für Allgemeine und Vergleichende Literaturwissenschaft der Universität Klagenfurt im Gründungsjahr 1984 auch ein Regionalschwerpunkt eingerichtet wurde, dessen Aufgabe es ist, die genetischen und typologischen Beziehungen zwischen den Literaturen in Italien, Jugoslawien – bzw. Slowenien, Kroatien – und Österreich zu erforschen.

Im Hinblick auf den mitteleuropäischen Kontext muß ich die vorliegende Untersuchung in zweifacher Hinsicht eingrenzen: *geographisch* und *historisch*. In geographischer Hinsicht geht es mir um einen Teilbereich des ehemaligen altösterreichischen Interaktionsraums, um regionale Beziehungen zwischen Kulturen, Literaturen und Autoren vor allem aus dem Süden Österreichs, der italienischen Region Friaul-Julisch Venetien und aus Istrien, das sich auf Slowenien und Kroatien aufteilt.

In historischer Hinsicht schränke ich den Gegenstandsbereich ebenfalls ein: Ich befasse mich nicht mit der Donaumonarchie, sondern konzentriere mich auf die Nachkriegszeit. *Terminus post quem* ist das Jahr 1954: Im "Londoner Memorandum" wurden die territorialpolitischen Bestimmungen für die italienisch-jugoslawische Nachkriegsordnung festgelegt, und seit dieser Zeit läßt sich von einer Konsolidierung der territorialen Grenzen in diesem Raum sprechen, wenngleich eine dauerhafte Lösung der jugoslawischen Frage noch aussteht. Im allgemeinen wurden dadurch die nach dem Untergang der Donaumonarchie noch immer nicht zufriedenstellend gelösten Nationalitätenfragen zumindest so weit geklärt, daß man sie der politischen Verantwortung der einzelnen Staaten selbst überlassen zu können glaubte.[4]

Mein Erkenntnisinteresse ließe sich daher folgendermaßen formulieren: Welcher Art sind die gesellschaftlichen, kulturellen und ästhetischen Voraussetzungen, die es ermöglichen, in bestimmten Texten von Peter Handke, Pier Paolo Pasolini, Fulvio Tomizza und anderen Konzepte einer plurikulturellen regionalen Identität zu sehen?[5]

Im Unterschied zu vielen traditionellen komparatistischen Textkorpora handelt es sich hier um Texte, denen die komparatistische Situation immanent ist, mehr noch: in denen sie unter dem Gesichtspunkt des Kulturvergleichs thematisiert wird. Der mehrsprachigen Region bzw. mehrsprachigen Stadt entsprechen eine mehrsprachige Literatur und Kultur und daher auch eine mehrstimmige, interkulturelle *écriture*. Dies läßt sich nicht nur an Autoren zeigen, die in ihren Texten sprachliche Polyphonie darstellen, wie etwa Cergoly, Pasolini, Tomizza, Handke, der istrische Kroate Milan Rakovac oder der istrische Slowene Marjan Tomšič, sondern gilt auch für das zweisprachige Opus anderer

---

4   Der 1975 zwischen Italien und Jugoslawien geschlossene "Vertrag von Osimo" ratifiziert und konkretisiert das internationale Abkommen von 1954 (Londoner Memorandum) auf bilateraler Ebene. Er wurde Anfang 1991, nach der Unabhängigkeitserklärung der Republiken Kroatien und Slowenien, durch ein trilaterales Abkommen zwischen Italien, Kroatien und Slowenien ersetzt.

5   Falsch wäre es allerdings, den regionalen Zusammenhang aufzuwerten und an die Stelle des nationalen zu setzen. Davor warnt auch Milan Kundera in einem seiner "Mitteleuropa und Europa"-Notate: "Brochs Verleger will ihn in einem Waschzettel in einen sehr mitteleuropäischen Kontext einordnen: Hofmannsthal, Svevo. Broch protestiert. Wenn man ihn mit jemandem vergleichen will, dann doch mit Gide und Joyce! Wollte er damit das 'Mitteleuropäische' an sich verleugnen? Nein, er wollte damit nur zum Ausdruck bringen, daß nationale und regionale Zusammenhänge nichts besagen, wenn Sinn und Wert eines Werkes erfaßt werden sollen." - M. Kundera, *Die Kunst des Romans. Essay,* München, Hanser, 1987, S. 147.

Autoren der Region, etwa des Südtirolers Gerhard Kofler oder der Kärntner Slowenin Maja Haderlap.

Die hier vorgelegte Analyse ist daher insofern eine *mise en abîme* des interkulturellen Vergleichs, als gezeigt werden soll, daß Texte von in ganz unterschiedlicher Weise bikulturellen Autoren wie Tomizza, Handke, Pasolini auch als *partes pro toto* ihrer plurikulturellen Regionen gelesen werden können, zumal ja ethnische, kulturelle, sprachliche und andere Grenzen oft unentwirrbar innerhalb der einzelnen Werke, Autoren und Gruppen verlaufen.

1. Mitteleuropa und Alpen–Adria: Aktualität und Kontinuität eines plurinationalen Kulturzusammenhangs

Der bisher umfassendste Versuch, die kulturelle Vielfalt Mittel- und Südosteuropas darzustellen, ist Claudio Magris' Roman-Essay *Donau. Biographie eines Flusses* (München 1988). Mit dem *Danubio*, wie das Buch im italienischen Original heißt (1986), erweitert Magris in essayistisch-literarischer Form seine bereits im Buch über den *Habsburgischen Mythos in der österreichischen Literatur* angelegte grenzüberschreitende Analyse der österreichischen Literatur im 19. und 20. Jahrhundert.[6]

Zugleich markieren diese Bücher zwei Jahrzehnte der neueren Mitteleuropa-Diskussion, in denen sich hinsichtlich der kultur- und nationalitätenpolitischen Beurteilung der Donaumonarchie nicht nur in Österreich, sondern auch in den Staaten, Ländern und Regionen der Nachfolge ein Umdenken vollzog.[7] Am Anfang stand vielfach noch die Kritik an den repressiven Tendenzen des hegemonialen, deutschsprachigen Teils im einstigen Vielvölkerstaat. Nach und nach kam es zu vorsichtig nuancierenden Neueinschätzungen, die zum Teil allmählich in eine schwärmerische, nostalgische Verklärung einstiger Plurikulturalität übergingen. Das neu entdeckte Gemeinsame wurde vor das Trennende gestellt.

---

6 C. Magris, Der *habsburgische Mythos in der österreichischen Literatur*, Salzburg, O. Müller, 1966.

7 Siehe C. Magris, "'Haus Mitteleuropa' - hinternational. Die Wiederentdeckung des Vielvölkerstaates ist mehr als Nostalgie", in: *Die Presse* (Wien), 27./28.4.1985.

Wegen ihrer Prägnanz sei hier Milan Kunderas Skizze der sowohl interkulturellen als auch intermedialen Zusammenhänge im historischen Mitteleuropa wiedergegeben:

"MITTELEUROPA. 17. Jahrhundert: Die gewaltige Kraft des Barock zwingt diesem multinationalen und somit polyzentrischen Gebiet mit sich verändernden, nicht zu bestimmenden Grenzen eine gewisse kulturelle Einheit auf. Der späte Schatten des barokken Katholizismus greift ins 18. Jahrhundert über: kein Voltaire, kein Fielding. In der Hierarchie der Künste nimmt die Musik eine führende Stellung ein. Seit Haydn (und bis zu Schönberg und Bartók) liegt hier der Schwerpunkt der europäischen Musik. 19. Jahrhundert: ein paar große Dichter, aber kein Flaubert; der Geist des Biedermeier: der über die Wirklichkeit gebreitete Schleier der Idylle. Im zwanzigsten Jahrhundert die Revolte. Die größten Geister (Freud, die Romanciers) werten jahrhundertelang Verkanntes und Unbekanntes auf: die rationale, entmystifizierende Luzidität; den Sinn für die Wirklichkeit; den Roman. Ihre Revolte steht genau im Gegensatz zu der des französischen Modernismus, welcher antirationalistisch, antirealistisch und lyrisch ist; (was viele Mißverständnisse verursachen sollte). Die Plejade der großen mitteleuropäischen Romanciers: Kafka, Hašek, Musil, Broch, Gombrowicz: Ihre Abneigung gegen die Romantik; ihre Vorliebe für den Roman vor Balzac und für den Libertinismus (Broch hat den Kitsch als Verschwörung des monogamen Puritanismus gegen die Aufklärung interpretiert); ihr Mißtrauen gegenüber der Geschichte und gegenüber einer Verklärung der Zukunft; ihr Modernismus jenseits der Illusionen der Avantgarde.

Der Zerfall der Habsburger Monarchie und, nach 1945, die kulturelle Randposition Österreichs sowie die politische Nichtexistenz der anderen Länder machen Mitteleuropa zum warnenden Spiegel eines möglichen Schicksals ganz Europas, zum Laboratorium des Unterganges."[8]

Es wäre in diesem Zusammenhang sicher interessant, die Untergangsdiagnose Kunderas auch auf die Ende der achtziger Jahre einsetzenden nationalpolitischen Aufbruchsbewegungen in jenem Teil Europas zu beziehen, der nach Kundera "geographisch

---

8   M. Kundera, *Die Kunst des Romans*, op.cit., S. 146f.

im Zentrum, kulturell im Westen und politisch im Osten liegt".[9] Dabei sollten auch die gleichzeitig oder als Reaktion auf Kunderas Thesen konzipierten Analysen des serbischen Schriftstellers Danilo Kiš oder des ungarischen Romanciers und Soziologen György Konrád einbezogen werden.[10] Vielleicht entsteht auch hier eine Literatur der Analyse (oder der Nostalgie), vergleichbar mit jener der von Kundera zitierten mitteleuropäischen Autoren.[11]

Freilich darf bei diesem Prozeß, der zum großen Teil von den kritischen Intellektuellen der einst sozialistischen Länder getragen wurde, nicht übersehen werden, daß es sich keineswegs um eine harmonisierende Aktualisierung des historischen Zusammenlebens der mitteleuropäischen Völker handelt. Vielmehr kanalisierten die Autoren mit dem Bezug auf ein literarisches Kakanien und durch ein aktuelles Mitteleuropa-Konstrukt vor allem die Kritik an den Auswüchsen der sozialistischen und zentralistischen Ordnung ihrer eigenen Staaten.

Wenn György Konrád davon spricht, daß sich "Kakaniens größte Energie (...) in seinem Gemischtsein" verbarg,[12] so be-

9   M. Kundera, "Un Occident kidnappé oder Die Tragödie Zentraleuropas", in: *Kommune* N.7, 1984, S. 44. Der Text folgt der deutschen Übersetzung, die allerdings, ebenso wie die englische ("The Tragedy of Central Europe", in: *The New York Review,* 26. April 1984, S. 33-38), leichte quantitative Unterschiede gegenüber der französischen Originalfassung aufweist ("Un Occident kidnappé ou la tragédie de l'Europe centrale", in: *Le Débat* Nr. 27, Nov. 1983, S. 3-22).

10 Siehe G. Konrád, *Antipolitik. Mitteleuropäische Meditationen,* Frankfurt/M., Suhrkamp, 1985, und ders., "Der Traum von Mitteleuropa", in: E. Busek, G. Wilflinger (Hrsg.), *Aufbruch nach Mitteleuropa. Rekonstruktion eines versunkenen Kontinents,* Wien, Wiener Journal, 1986, S. 87-97.

11 Daß dieser Traditionswandel Teil einer allgemeinen Neubewertung der historischen Zusammenhänge ist, zeigt im größeren europäischen Kontext auch die auf die "Öffnung" des sogenannten Ostblocks zwischen Ende 1989 und Anfang 1990 zurückzuführende nostalgische Haltung einiger Vertreter der neuen französischen Philosophie (A. Glucksmann u. a.), die in einer mitteleuropäisch-osteuropäischen Konföderation nach dem Muster der Donaumonarchie ein Gegengewicht zur "Verwestlichung" bzw. konformistischen Nivellierung kultureller und geistiger Vielfalt in Europa sowie eine Möglichkeit der Rettung alter interkultureller Kompetenzen sehen wollen. Siehe R. Fleck, "Glucksmann, Baudrillard, Marx und wir. Frankreich philosophiert über Revolutionen des Vakuums - und manchmal über Österreich", in: *Die Presse,* 19./20.5.1990.

12 G. Konrád, "Mitteleuropäische Meditationen an der Bruchlinie zweier Zivilisationen", in: *Dialog,* Sonderheft "Mitteleuropa?", 15, 1989, H. 2, S. 15.

zieht er sich indirekt auch auf seine eigene Situation: "Im Vergleich zur geopolitischen Realität Osteuropas und Westeuropas existiert Mitteleuropa heute lediglich als eine kulturpolitische Antihypothese. Da es Mitteleuropa de facto nicht gibt, ist der mitteleuropäische Standpunkt ein blocktranszendenter. Mitteleuropäer zu sein ist eine Weltanschauung, keine Staatsangehörigkeit. Mitteleuropäer zu sein ist eine Haltung, bedeutet Taktgefühl in der Behandlung von Kontroversen, eine ästhetische Sensibilität für das Komplizierte, für die Mehrsprachigkeit der Anschauungen."[13]

Diese Konstruktion einer historischen wie prospektiven Gemeinsamkeit des Verschiedenen, eines Neben- und Miteinanders von Sprachen und Kulturen erfüllte bis zum Zusammenbruch der osteuropäischen sozialistischen Regime eher eine utopische Funktion. Doch nach dem Scheitern des Kommunismus als Staatsform und dem unmittelbar darauf einsetzenden Ausbruch nationalistischer Strömungen in einigen Ländern Osteuropas kommen auf die europäischen und insbesondere zentraleuropäischen Gesellschaften ganz konkrete Aufgaben einer multinationalen und multikulturellen Friedenspolitik zu. Im aktualisierenden Rückgriff auf ein kollektives interkulturelles Gedächtnis, das sich auf mehreren Ebenen der Gesellschaft manifestiert – im mehrsprachigen Alltag, in der Geschichte und in den Künsten –, böte sich der "mitteleuropäischen Region" ein großes Wirkungsfeld. Mitteleuropa, als östlicher Aspekt des Westens und als westlicher Aspekt des Ostens, das in sich vielfach gegliedert ist und dessen multikulturelle Ressourcen vor allem in den noch erhaltenen nationalen, sprachlichen und kulturellen Minderheiten liegen, könnte eine Region des interkulturellen Dialogs sowie in politischer, wirtschaftlicher und kultureller Hinsicht ein "Experimentierfeld systemöffnender Kooperation" werden.[14]

Im Vergleich zum mittel- und osteuropäischen Kulturraum ist mein Gegenstandsbereich geographisch zwar leichter abgrenzbar, zugleich aber von einzigartiger sprachlicher Komplexität. Er ist

13 Ibid., S. 18.
14 K. Schlögel, "Mitteleuropa - Utopie und Realität", in: A. Truger, Th. H. Macho (Hrsg.), *Mitteleuropäische Perspektiven*, Wien, Verlag f. Gesellschaftskritik, 1990, S. 14f.

sozusagen der interkulturelle Kern Mitteleuropas. Wie im Falle des "mitteleuropäischen" Kulturkomplexes dürfen daher auch beim "alpen-adriatischen" die regionalen bzw. nationalen Kulturen und Sprachen nicht einfach als Einheit gesehen werden: "Man übersähe die Unterschiede und betonte die Ähnlichkeiten (so wie umgekehrt die Nationalisten die Ähnlichkeiten übersehen und die Unterschiede betonen)."[15]

Die Komplexität des literarischen Lebens in den einzelnen Regionen ergibt sich aus der Vielfalt der Bezugsmöglichkeiten und Kommunikationszusammenhänge. Was Milan Kundera von der tschechischen Literatur bis zum 19. Jahrhundert behauptet, dürfte ebenso für die übrigen Literaturen der ehemaligen Donaumonarchie gelten: Sie sind als isolierte literarische Korpora nicht adäquat interpretierbar, sondern nur unter Berücksichtigung ihrer Bezüge und Analogien, insbesondere zur deutschsprachigen Nachbarkultur.

Um die Jahrhundertwende entstand denn auch – fast gleichzeitig in allen urbanen Zentren der Donaumonarchie – eine ideologiekritische und interkulturell engagierte Literatur, die zum Vorbild für die späteren Generationen, bald aber auch zum Ausgangspunkt literarischer Mythenbildung wurde. Enzo Bettiza, hervorragender Kenner der mittel- und osteuropäischen Politik und Kultur, steckte 1966 den Wirkungsbereich dieser mitteleuropäischen Moderne aus Triester Perspektive wie folgt ab: "Heute entdecken die Triestiner der jungen Generation, seien sie autochthon wie der Germanist Claudio Magris oder aus Istrien gebürtig wie (...) der Erzähler Fulvio Tomizza, daß zwischen dem Triest eines Svevo, dem Zagreb eines Krleža, dem Wien eines Musil, dem Prag eines Kafka, dem Budapest eines Lukács ein geheimes Souterrain existiert, eine Art von schicksalshafter geistiger Komplizenschaft, die sie in einem stärkeren Maß miteinander verbindet, als sie sich durch Sprache, Nationalität und Ideologie voneinander unterscheiden."[16]

---

15 D. Kiš, "Mitteleuropäische Variationen", in: *Lettre International* 4, 1990, H. 11, S. 12.

16 E. Bettiza, *Mito e realtà di Trieste*, Milano, Scheiwiller, 1966, S. 43; nun auch in: *Non una vita*, Milano, Rizzoli, 1989, S. 125 ("Fantasmagorie triestine").

2. Aporien des nationalen Literaturbegriffs und die multikulturelle Region

Aus der Auffassung von Kultur als einem System sekundärer modellierender Teilsysteme (Ju. Lotman) sowie aus der skizzierten multikulturellen Situation der zentraleuropäischen Regionen ergeben sich sowohl methodologische als auch korpusmäßige Konsequenzen für den vorliegenden Problemzusammenhang. Da es mir um die Verbindung von interkultureller Praxis, interkulturellem Dialog und Komparatistik geht, möchte ich zunächst einige spezifische Voraussetzungen regionaler Interkulturalität und ihre Bedeutung für die Allgemeine und Vergleichende Literaturwissenschaft erörtern.

Als situativer Rahmen bietet sich die "natürliche", noch nicht fach- oder themenspezifisch vorstrukturierte regionale Situation an: die "Alltagskultur". Alltagsgeschehen, Kommunikation und Interaktion sind in weit höherem Maße, als es die massenmedial definierten Kulturlandschaften und ihre monologische Perspektive zu erkennen geben, von Mehrsprachigkeit bestimmt, sei es in sozialer, sprachlicher, ästhetischer, religiöser, politischer oder anderer Hinsicht.[17]

Die komparatistische Relevanz dieser sozialen "Stimmen-, Sprachen- und Redevielfalt", die Bachtin zum Ausgangspunkt für seine soziale Stilistik nimmt, liegt in der Korrelation zwischen sprachlicher und sozialer Polyphonie. Bei genauerer Betrachtung verschiedener Sprachsituationen stellt sich nämlich heraus, daß sprachliche und andere Formen von Alterität in der Regel konvergieren. Dies gilt sowohl für die Mehrsprachigkeit innerhalb einer

---

17 Auf die Mehrsprachigkeit des "Alltagslebens" als Voraussetzung für die literarische Polyphonie weist Michail Bachtin am Beispiel der russischen Volkskultur im 19. Jh. hin. Er unterscheidet vier verschiedene Sprachsysteme der russischen Bevölkerung: die kirchenslawische Gebetssprache, die archaische Sprache der Volkslieder, die dialektale Volkssprache und die papierene Amtssprache. Siehe M. M. Bachtin, *Die Ästhetik des Wortes,* hrsg. und eingel. von R. Grübel, Frankfurt/M., Suhrkamp, 1979, S. 187. - Ein ähnliches Konzept entwickeln Gilles Deleuze und Félix Guattari, indem sie Henri Gobards Vier-Sprachen-Modell auf ihren sozio-linguistischen Begriff "kleiner Literaturen" übertragen und zwischen einer "vernakularen", einer "vehikularen", einer "referentialen" und einer "mythischen" Sprache unterscheiden (*Kafka. Für eine kleine Literatur*, Frankfurt/M., Suhrkamp, 1976, S. 36).

natürlichen Sprache, die sich etwa in Standardsprache, Mundart, Dialekt, Sondersprachen, Soziolekte u.a. aufgliedern läßt, als auch für die im engeren Sinn allophonen Bevölkerungsgruppen im Rahmen eines staatlichen Verbandes.

Die regionale, im Prinzip autochthone sprachliche Polyphonie wurde bislang noch kaum in ihrer genuin komparatistischen Dimension erkannt oder gar zum Ausgangspunkt für literatur- und kulturwissenschaftliche Arbeiten gemacht. Als "latente komparatistische Situation" – im Sinne der Überlegungen Bachtins und Deleuze/Guattaris – ist sie eine konkrete Voraussetzung für die empirische, sozialwissenschaftlich orientierte Komparatistik.

Aus der dialogischen, bi- oder plurikulturellen Situation ergeben sich natürlich auch Konsequenzen im Bereich des literarischen Lebens, d. h. auf der Ebene der Produktion, Distribution und Rezeption. Denn wie die literarischen, sind auch die philosophischen, politischen, sozialen, religiösen und anderen Diskurse von Dezentrierung und Ambivalenz betroffen, weil mit der Zwei- oder Mehrsprachigkeit immer auch mehrere Kontextualisierungs- und Identifikationsmöglichkeiten gegeben sind. Wenn daher die verschiedenen (natürlichen) Sprachen sozio-linguistisch aufeinander bezogen werden, wird die latente komparatistische Situation des "Alltags" – als Sprachwechsel – zum Ausgangspunkt für die Thematisierung unterschiedlicher Wertsysteme. Nationalkulturelle Typisierungen, Fixierungen und Schemata lassen sich durch die Methode des interkulturellen Dialogs als solche erkennen und problematisieren. Aus diesem Grund sind einzelphilologische und literaturimmanente Methoden für die Analyse interkultureller Zusammenhänge kaum geeignet.

In diesem Kontext dürfte auch die Frage, ob die Konzeption von "Nationalliteraturen" im Sinn von autonomen Systemen nicht vielleicht willkürlicher ist als die Isolierung einer übernationalen Strömung (etwa des Futurismus), durchaus berechtigt sein und nicht bloß als fachspezifischer Legitimationsversuch erscheinen.[18] Im Zusammenhang mit neueren literarhistorischen Kon-

---

18 Siehe A. Nivelle, "Wozu Vergleichende Literaturwissenschaft?", in: M. Schmeling (Hrsg.), *Vergleichende Literaturwissenschaft. Theorie und Praxis,* Wiesbaden, Athenaion, 1981, S. 177.

zepten thematisiert auch die österreichische Germanistik die ideologische Bedingtheit solcher Korpusbildungen, mit deren Hilfe immer wieder versucht wurde, auf Literatur und Literaturwissenschaft ("Germanistik – eine deutsche Wissenschaft") Einfluß zu nehmen und sie in den Dienst nationalpolitischer Interessen zu stellen.[19] Neuere Arbeiten zur Frage der "Identität" der österreichischen Literatur zeigen jedenfalls, daß "die mit den Begriffen 'Nation' und 'national' verbundenen Identifikations-, Abgrenzungs- und kollektiven Selbstdarstellungsansprüche heute keinen Stellenwert" mehr haben.[20]

Der Grund liegt nicht nur darin, daß nationalkulturelle und einzelliterarische Konzepte zunehmend durch inter- oder übernationale abgelöst werden, sondern auch darin, daß sich durch den Einfluß verschiedener gesellschaftspolitischer Diskurse, wie etwa der Regionalismusdiskussion seit den sechziger Jahren, die Dialektik zwischen nationalen und internationalen Bezugssystemen in eine solche zwischen über- und subnationalen, d. h. regionalen bzw. interregionalen zu verlagern scheint.[21]

Wenn man die spezifische Konstellation der Kulturen im Alpen-Adria-Raum berücksichtigt, wird verständlich, daß die vielschichtigen Interferenzen und Inkongruenzen zwischen den sprachkulturellen und den politischen Systemen ein Beschrei-

---

19 Siehe dazu vor allem die Sammelbände *Österreichische Literatur der dreißiger Jahre. Ideologische Verhältnisse, Institutionelle Voraussetzungen, Fallstudien* (Hrsg. K. Amann, A. Berger, Wien-Köln-Graz, Böhlau, 1985) und *Literatur der Nachkriegszeit und der fünfziger Jahre in Österreich* (Hrsg. F. Aspetsberger, N. Frei, H. Lengauer, Wien, Österr. Bundesverlag, 1984).

20 A. Berger, "Zur Funktion des Begriffs der 'österreichischen Literatur'", in: S. P. Scheichl (Hrsg.), *Österreichische Literatur des 20. Jahrhunderts. Französische und österreichische Beiträge*, Innsbruck, Inst. f. Germanistik, 1986, S. 35.

21 Heuristische Konzepte mehrsprachiger Literaturkomplexe, wie das der "multinationalen Sowjetliteratur" als Vergleichsrahmen multikultureller Literatursysteme oder die Arbeitshypothese der Vergleichenden Jugoslawistik (Primerjalna bzw. Komparativna jugoslavistika), erscheinen mir nach dem Zerfall der zentralistischen Strukturen keineswegs obsolet. Sie können nun - aus dem Dienst der Ideologie befreit - für Strategien zur Überwindung der Nationalismen eingesetzt werden. - Siehe dazu die Sammelbände der Zagreber Reihe *Komparativno proučavanje jugoslavenskih književnosti* (Hrsg. F. Grčević-E. Fišer, Zagreb/Varaždin, 1983, 1987, 1988); dazu auch J. Pogačnik, "Zasnova, pomen in problemi primerjalne jugoslavistike", in: *Sodobnost* 32, 1984, S. 577-590, und J. Kos, "Poskus tipologije južnoslovanskih književnosti", in: *Primerjalna književnost* 9, 1986, Nr. 1, S. 9-13.

bungsmodell verlangen, das einerseits kleinräumlicher konzipiert sein muß als das nationalliterarische und das zugleich – im Einklang mit den realen Sprachverhältnissen – darüber hinausgeht. Ich bezeichne diese sprachliche und kulturräumliche Situation mit dem Begriff "Interregionalität". Darin kommt überdies die Tatsache zur Geltung, daß sich im heutigen "Europa der Regionen" die trennende Funktion staatlicher oder anderer Grenzen merklich abschwächt.

Obgleich die Zahl der nationalen Minderheiten weltweit gesehen recht groß ist,[22] wurde das Phänomen der "kleinen Literaturen" in der Komparatistik bislang selten als Thema *sui generis* behandelt, sondern eher implizit im Rahmen der Nationalliteraturproblematik diskutiert: im Hinblick auf ost- und südosteuropäische Literaturzusammenhänge von Dionýz Ďurišin, Zoran Konstantinović und István Fried, aus westeuropäischer Perspektive von Hugo Dyserinck.[23]

Erst in den letzten Jahren erschienen spezielle Arbeiten zu komparatistischen Aspekten "kleiner" oder minoritärer Literaturen.[24] Der Begriff "Grenzliteratur", den Aleksandar Flaker im Zusammenhang mit der slowenischen Literatur in Kärnten und der italienischsprachigen in Istrien verwendet,[25] entspricht zwar den territorialpolitischen Verhältnissen und der dialogisch-bilateralen Orientierung dieser Literaturen. Ich halte ihn aber einerseits für thematisch zu speziell und andererseits wegen seiner Ambiguität für zu unspezifisch. Überdies ist er ideologisch vorbelastet.

---

22 Die Föderative Union Europäischer Volksgruppen stellte im Communiqué zu ihrer Jahrestagung 1990 in München (26. Mai 1990) fest, daß weltweit nur neun Prozent der Staaten einsprachig sind bzw. keine sprachlichen Minderheiten aufweisen - diese Zahl wird in Europa sogar noch unterboten.

23 Siehe D. Ďurišin, "Specific interliterary communities", in: *Neohelicon* 11, 1984, H. 1, S. 211-241; I. Fried, "Die Nationalliteratur als komparatistisches Problem", in: *Neohelicon* 12, 1985, H. 1, S. 105-112; H. Dyserinck, *Komparatistik. Eine Einführung,* 2., durchges. Aufl., Bonn, Bouvier, 1981, S. 90-102.

24 Sonderheft "Littératures minoritaires", *Etudes de Lettres*, 1989, N. 2; W. Karrer, H. Lutz (Eds.), *Minority Literatures in North America. Contemporary Perspectives*, Frankfurt/M., Lang, 1990.

25 A. Flaker, "Modelle von 'Grenzliteraturen': Zanini und Lipuš", in: D. Medaković, H. Jaksche, E. Prunč (Hrsg.), *Pontes Slavici*, Fs. St. Hafner, Graz, Akad. Druck- und Verlagsanstalt, 1986, S. 105-113.

Unabhängig davon, ob die kleineren Literaturen Mittel- und Südosteuropas mit Konstantinović als Literaturen des "europäischen Zwischenfeldes" von den großen Literaturen – der deutschen, englischen, französischen und russischen – unterschieden werden ober ob sie mit Dyserinck und Flaker als "Grenzliteraturen", mit Charlier als "littératures secondes" oder mit Ďurišin und Fried funktional als "spezifische Formen interliterarischer Gemeinschaften" bzw. "Kontextliteraturen" definiert werden, liegt ihr Spezifikum doch in allen Fällen in der Zugehörigkeit zu zwei oder mehreren Sprach- und Kulturbereichen.[26] – Die Aporie nationalliterarischer Literaturbetrachtung kommt an den vorliegenden regionalen bzw. interregionalen Literaturverhältnissen besonders klar zum Ausdruck, denn die einzelnen Literaturkomplexe, um die es hier geht, stellen sich unterschiedlich dar, je nachdem, ob man von nationalen oder sprachlichen Kriterien ausgeht.

Aus nationalliterarischer Sicht haben wir es einfach mit österreichischen, italienischen, slowenischen und kroatischen Literaturen zu tun. Fraglich bleibt dabei, ob die regionalen Literaturen im Rahmen der jeweiligen nationalen Literaturwissenschaft überhaupt berücksichtigt werden.

In sprachlicher Hinsicht wird die Sache schon komplizierter. Da ist zum einen die deutschsprachige Literatur in Österreich, neben der auch anderssprachige existieren, in unserem Fall die slowenische. Diese ist ihrerseits Teil der mehrfach gegliederten slowenischen Literatur: in der seit 1991 unabhängigen Republik Slowenien sowie in Italien (in den Provinzen Triest, Gorizia und Udine). Noch komplexer ist die Situation der italienischsprachigen Literaturen: Die Italianisten sprechen in bezug auf Friaul-Julisch Venetien von zwei italienischen Literaturen, der "letteratura giuliana" als der Literatur außerhalb Triests sowie der urbanen "letteratura triestina". Diese verdankt ihren Sonderstatus den mit dem wirtschaftlichen Aufstieg Triests im 19. Jahrhundert verbundenen spezifischen Sozialisationsbedingungen seines Bürger-

---

26 Der Begriff der "marginalen Literaturen", den György M. Vajda in seiner Einleitung zum Themenheft "Marginale Literaturen" der *Komparatistischen Hefte* (7, 1983, S. 5-14) historisch, geographisch, sprachlich, soziologisch und ästhetisch zu definieren versucht und der sich hier vielleicht aufdrängen könnte, erscheint mir wegen der implizierten "Zentralperspektive" nicht sehr brauchbar.

tums, aufgrund welcher sich die Triestiner Moderne mit ihren Hauptvertretern Italo Svevo, Umberto Saba, Scipio Slataper und anderen erst entfalten konnte.[27] Hinzu kommt die Situation in Istrien, wo es neben den slawischen Literaturen, in slowenischer und kroatischer Sprache, auch romanische Literaturen gibt. Dabei muß zwischen der Literatur im alten romanischen, dem istriotischen Dialekt, etwa des Rovigneser Lyrikers Ligio Zanini, und der Literatur im modernen Italienisch unterschieden werden. Nicht zu vergessen ist ferner die friulanische Literatur in der Provinz Friaul (die mit der ladinischen in Südtirol und der rätoromanischen in der Schweiz verwandt ist). Schließlich gibt es in Friaul auch noch eine deutschsprachige Dialektliteratur.

Was die Beziehungen zwischen diesen regionalen Literaturen betrifft, so darf ein Umstand nicht unberücksichtigt bleiben: die Zwei- oder Mehrsprachigkeit der minoritären Kulturen. Dieses Faktum ist in komparatistischer Hinsicht sehr wichtig, denn die regionale Mehrsprachigkeit ermöglicht nicht nur die Teilhabe an mehreren Kulturen, weshalb sie bei den sog. "unvollständigen Literaturen"[28] komplementär sozialisierend wirken konnte. Sie war außerdem mitbestimmend für das sukzessive Hervortreten literarischer Zentren innerhalb eines sprachlich-kulturellen Kontinuums: Man denke nur an die kulturpolitisch und kontaktspezifisch bedingten temporären Führungsrollen der Städte Wien/Dunaj, Klagenfurt/Celovec, Triest/Trst und Ljubljana/Laibach im Rahmen der slowenischen Kulturgeschichte. Wie sich außerdem noch zeigen wird, können gerade die sprachlich und ästhetisch vom nationalen Standard abweichenden regionalen Literaturen zum Medium sowohl von Kritik als auch von alternativen Identitäten werden.

Alle diese Gründe scheinen dafür zu sprechen, daß zumindest die hier genannten Literaturkomplexe als Kulturzusammenhänge adäquat nur im Modus regionalspezifischer, dezentrierter Kontinua

---

27 Siehe B. Maier, "'Letteratura triestina': storia di un concetto critico" und "Una discussione degli anni trenta sul concetto di 'letteratura triestina'", in: B. Maier, *Dimensione Trieste. Nuovi saggi sulla letteratura triestina*, Milano, IPL, 1987, S. 11-20/21-27.

28 D. Tschiżewskij, *Vergleichende Geschichte der slawischen Literaturen*, Berlin, de Gruyter, 1968, S. 158f.

zu beschreiben sind: Die Hypostasierung eines einzigen, monologischen Typs slowenischer Literatur als Nationalliteratur wäre beispielsweise ein Konstrukt, das sich dem permanenten Dialog der Texte und Kulturen verschließen würde. Ähnliches läßt sich von den anderen Literaturen der Region behaupten.[29] Eher als von einem einheitlichen, sollte man daher im Sinne der bereits in der Alltagserfahrung verankerten dialogischen Regionalität von einem gemeinsamen mehrsprachigen Kulturraum sprechen.

3. Zwischen Alpen und Adria: Von Kärnten nach Triest[30]

Einige Texte von Handke, Pasolini und Tomizza beschreiben einen sprachlichen und geographischen Raum, der zwar heute von der Kultur- und Tourismusindustrie als "Schnittpunkt dreier Kulturkreise" vermarktet wird – Istrien, Friaul-Julisch Venetien, Kärnten –, der aber bis 1945 ein Jahrhundert lang Schauplatz von oft gewaltsam ausgetragenen nationalen Konflikten war. Es gibt jedoch noch eine andere Seite der Geschichte: zu ihr gehören die in diesen Regionen in den Jahrhunderten der "Convivenza" ausgebildeten Kulturen und Traditionen des mehrsprachigen Dialogs verschiedener Völker und Volksgruppen. Eine der Gemeinsamkei-

---

29 Ein anschauliches Beispiel für die Problematik nationalliterarischer Zuordnungen ist der jugoslawische Literaturnobelpreisträger Ivo Andrić. Wie J. Pogačnik ausführt, war Andrić der Nationalität nach Kroate, arbeitete in der kroatischen und serbischen Kultur, verwendete zwei verschiedene Varianten der serbokroatischen Standardsprache, verstand sich selbst größtenteils als serbischer Schriftsteller und war durch die Thematik seiner Romane und Novellen an die bosnische Region gebunden ("Zasnova, pomen in problemi primerjalne književnosti", op.cit., S. 585). Diese mehrfache Zugehörigkeit zeigt, daß Probleme nationaler Zuordnungen auch durch die Gleichzeitigkeit des Ungleichzeitigen bedingt sein können: In hundert Jahren sind die einstigen jugoslawischen Teilrepubliken und Sprachstandards vielleicht so gefestigt, daß derartige Schwankungen nur noch historisch sein werden.

30 Einige Passagen der folgenden Abschnitte entnehme ich meinem Aufsatz "Materada und Rinkenberg. Für einen interregionalen Begriff von Literatur", in: J. Strutz, P. V. Zima (Hrsg.), *Komparatistik als Dialog. Literatur und interkulturelle Beziehungen in der Alpen-Adria-Region und in der Schweiz*, Frankfurt/M., Lang, 1991, S. 183-195.

ten der drei Autoren besteht darin, daß sie beide Aspekte darstellen: den schroffen Antagonismus und den Dialog.

In Kärnten reicht der deutsch-slowenische Dialog der beiden autochthonen Kulturen bis in das erste Jahrtausend zurück. Obwohl sich dabei bald ein hegemoniales Gefälle zugunsten der Deutschsprachigkeit abzeichnete, gab es zeitweise auch Phasen von konstruktiver Interkulturalität, an die erinnert werden soll. Im frühen 19. Jahrhundert z.B. entstand hier auf der Grundlage von aufklärerischen und romantischen Positionen (unter dem Einfluß von Herders Volks- und Goethes Weltliteraturkonzept) mit der Klagenfurter Zeitschrift *Carinthia* (1811) eine Plattform für den Dialog zwischen beiden Volksgruppen. Diese Zusammenarbeit dauerte zumindest bis zur Gründung eines eigenen slowenischen Zeitschriften- und Verlagswesens in der zweiten Hälfte des 19. Jahrhunderts (wodurch Klagenfurt/Celovec für einige Jahre zum publizistischen Zentrum der slowenischen Kultur wurde). Mit gegenseitigen Übersetzungen, literaturkritischen, kultur- und sprachgeschichtlichen Aufsätzen wurden hier jedenfalls in den ersten drei Dezennien der Zeitschrift exemplarische Formen interkultureller Arbeit praktiziert.

Man könnte diese Aktivitäten mit den heutigen Ambitionen zur Förderung der Kärntner Bikulturalität vergleichen: mit den Vermittlungsbemühungen von Peter Handke oder Peter Turrini in der deutschsprachigen und von Andrej Kokot, Janko Messner oder Janko Ferk in der slowenischen Öffentlichkeit. Wenngleich kaum einer der am einstigen Literaturforum Beteiligten überregionale oder internationale Bekanntheit erlangte, sollte die Initiative nicht ignoriert werden. Denn was hier entstanden war und Mitte des 19. Jahrhunderts durch die nationalen Auseinandersetzungen verdrängt wurde, war der Ansatz zu einer interkulturellen Basisbewegung. Beide beteiligten Gruppen, die primär deutschsprachigen wie die primär slowenischsprachigen Autoren, sahen im interkulturellen Dialog eine Chance, den provinziellen Rückstand des Kärntner Kulturlebens wettzumachen.[31]

---

31 Siehe J. Strutz, "Eine 'kleine Literatur'. Zur Soziologie und Ästhetik der neueren slowenischen Literatur in Kärnten", in: J. Strutz (Hrsg.), *Profile der neueren slowenischen Literatur in Kärnten. Monografische Essays*, Klagenfurt/Celovec, Hermagoras/Mohorjeva, 1989, S. 11-35.

Daß derartige regionale Literaturzirkel durchaus innovativ und auf der Höhe der literarischen Diskussion ihrer Zeit sein können, zeigt sich an einem anderen interkulturellen Dialog in dieser Region, der sogenannten "Görzer Romantik". Sie spielte in den zwanziger Jahren des 19. Jahrhunderts eine wichtige Rolle bei der Vermittlung ästhetischer und poetologischer Reflexionen zwischen der italienischen, slowenischen, friulanischen und deutschen Literaturkritik.

Zwar bestand die "Görzer Romantik" im wesentlichen nur aus zwei Personen, dem slowenischen Philologen, Kritiker und Ästhetiker Matija Čop (1797-1835) und dem Görzer italienisch-österreichischen Landrat Franz Leopold Savio (1801-1847), doch hatte der von den beiden brieflich geführte Meinungsaustausch eine unschätzbare Bedeutung für die Entstehung der modernen slowenischen Literatur.[32] Die Leistungen des berühmtesten slowenischen Dichters, des Romantikers France Prešeren (1800-1848), der überdies selbst zuerst in deutscher Sprache schrieb und mit seiner späteren Lyrik die slowenische Literatur innerhalb von zwei Jahrzehnten auf europäisches Niveau brachte, wären ohne die kritischen Anregungen seines Mentors Čop nicht zu denken.[33]

Ähnlich wohlgemeinte, aber wegen der Nationalitätenkonflikte zwischen dem Vormärz und den beiden Weltkriegen letztlich zum Scheitern verurteilte Bemühungen gab es auch in anderen plurikulturellen Städten des südlichen Teils der Donaumonarchie. Seitens der Österreicher bestand an Görz (Gorizia/Gorica) und vor allem an Triest ein größeres ökonomisches und politisches Interesse als etwa an Ljubljana. Dies erhöhte noch das ohnehin große Prestige der zentralitalienischen Kultur und wirkte sich auch stimulierend auf die deutsch-italienischen Kulturkontakte aus. Es kommt daher nicht von ungefähr, daß die Mitteleuropa-Idee in Friaul-Julisch Venetien weit mehr Anhänger fand als im seinerzeitigen Jugoslawien, und es ist in historischer Sicht kaum überraschend, wenn der altösterreichische Mythos in der slowenischen

32 A. Slodnjak, J. Kos, *Pisma Matija Čopa*, Bd. 1, Ljubljana, SAZU, 1986.

33 Siehe M. Pirjevec, "Echi del Romanticismo italiano nel carteggio Savio - Čop", in: M. Pirjevec, *Trubar, Kosovel, Kocbek e altri saggi sulla letteratura slovena*, Trieste, EST, 1989, S. 41-50.

und kroatischen Literatur bis vor wenigen Jahren nicht so ausgeprägt war wie in der italienischen.

Dies bedeutet jedoch nicht, daß die Donaumonarchie-Thematik an den jugoslawischen Literaturen spurlos vorübergegangen wäre. Ganz im Gegenteil: Der größte kroatische Schriftsteller dieses Jahrhunderts, der Dramatiker, Romancier, Lyriker und Essayist Miroslav Krleža (1893-1981), thematisiert das Verhältnis zwischen den beiden ungleichen Partnern, der hegemonialen deutschösterreichischen Kultur und der überdies ungarisch dominierten kroatischen Kultur, geradezu bis zur Obsession und unterzieht es einer äußerst scharfen Analyse und Kritik.[34] Die zentralslowenische und die kroatische Literatur entwickeln ähnliche Ambitionen wie die italienische erst jetzt, im synkretistischen Dunstkreis des aktualisierten Mitteleuropagedankens.[35]

Allerdings gab es auch auf institutioneller Ebene beachtliche Unterschiede zwischen den einzelnen Kulturen dieser Region. Während sich die "habsburgischen Italiener" bis gegen Ende des 19. Jahrhunderts eng an den künstlerischen Vorbildern des italienischen Risorgimento orientiert hatten und ihre eigenständigen Leistungen eher auf publizistischem und historiographischem Gebiet lagen, mußte die slowenische Intelligenz eine Integration aller kulturellen Bereiche anstreben, da sie sich auf keine eigene Kultur außerhalb des habsburgischen Herrschaftsgebiets stützen konnte. Anders als die eher auf Repräsentativität bedachten italienischsprachigen Triester Künstler und Literaten suchten daher die slowenischen Intellektuellen im 19. Jahrhundert eine Verbindung

---

34 In dem Zusammenhang sei auf die erste umfassende komparatistische Monographie über diesen Autor verwiesen, der mit Kafka, Musil, Broch und Svevo zu jenen Schriftstellern und Denkern zählt, deren kulturelle Sozialisation durch ihre Herkunft aus der österreichisch-ungarischen Monarchie mitbestimmt wurde: V. Žmegač, *Krležini evropski obzori. Djelo u komparativnom kontekstu*, Zagreb, Znanje, 1986; zu komparatistischen Fragen auch A. Leitner, *Die Gestalt des Künstlers bei Miroslav Krleža*, Heidelberg, Winter, 1986.

35 Zur Mitteleuropa-Diskussion in Slowenien: *Srednja Evropa* (Ausgew. und hrsg. von P. Vodopivec, Ljubljana, Mladinska knjiga, 1991); in diesem Band sind neben den slowenischen auch die bekanntesten europäischen Essays zum Thema veröffentlicht. Zu den wichtigsten slowenischen Einzelveröffentlichungen gehören die Essays von Drago Jančar (*Erinnerungen an Jugoslawien. Essays,* Klagenfurt/Celovec, Hermagoras/Mohorjeva, 1991).

von nationalkultureller und politischer "Alphabetisierung", ganz im Sinne jener Charakteristika, die Kafka als Spezifik "kleiner Literaturen" bezeichnet.[36]

Wenngleich Triest nicht mit Paris um den europäischen Ruhm einer literarischen Hauptstadt des 19. Jahrhunderts konkurrieren kann, gilt die Stadt doch zumindest für die ersten drei Jahrzehnte des 20. Jahrhunderts als solche der mitteleuropäischen Literatur schlechthin, mit all der Ambivalenz, die ein Hauptmerkmal ihrer Literaturen, zugleich aber auch ein Kennzeichen der europäischen bürgerlichen Kultur ist. Geradezu leitmotivisch taucht in den Triestiner Literaturen immer wieder eine spezifische Konfliktsituation auf: jenes Phänomen, das mit Scipio Slataper als die "doppelte Seele" der Stadt bezeichnet wurde, die "Zerrissenheit zwischen Apoll und Merkur".[37]

Ein Grund dafür war ihre enge wirtschaftliche Beziehung zum einstigen habsburgischen Hinterland. Infolge dieser besonderen Position sowie durch verschiedene Freiheiten und Begünstigungen war Triest im Verlauf des 19. Jahrhunderts zum Wirtschaftsemporium der Donaumonarchie avanciert und wurde ein "Schmelztiegel" italienischer, dalmatinischer, slowenischer, deutsch-österreichischer, jüdischer, griechischer, armenischer und anderer kultureller Elemente. In diesem Sammelbecken entwickelte sich an der Schwelle zum 20. Jahrhundert ein europaweit einzigartiger Kosmopolitismus: "Ein Babylonien, wo der Handel in hundert Zungen webt", hatte sie der zweisprachige dalmatinische Schriftsteller Niccolò Tommaseo schon in den vierziger Jahren des 19. Jahrhunderts genannt.

---

36 F. Kafka, *Tagebücher 1910-1923*, hrsg. v. M. Brod, Frankfurt/M., Fischer Taschenbuch Verlag, 1973, S. 129-132 (25. Dez. 1911).

37 Siehe A. Ara, C. Magris, *Triest. Eine literarische Hauptstadt in Mitteleuropa*, München, Hanser, 1987, S. 97: "Die kaufmännische Seele liegt auf ökonomischer Ebene mit der italienischen und auf geistiger Ebene mit der poetischen in Konflikt." - In diesem Zusammenhang verweise ich auf weitere Bücher, die über verschiedene Bereiche der Triestiner Geschichte informieren: *Trieste nella cultura italiana del Novecento. Profili e testimonianze*, Trieste, Edizioni Moderna, 1985; E. Pellegrini, *La Trieste di carta. Aspetti della letteratura triestina del Novecento*, Bergamo, Lubrina, 1987; E. Apih, *Trieste*, Bari, Laterza, 1988 (mit Beiträgen von G. Sapelli: "Il profilo del 'destino economico'" und E. Guagnini: "La cultura. Una fisionomia difficile"); *Trieste. Lineamenti di una città*, Trieste, Lint, 1989.

Diese in Triest konzentrierte sprachliche und kulturelle Polyphonie des österreichisch-ungarischen Vielvölkerstaates wurde von keinem anderen so emphatisch, kosmopolitisch und nostalgisch besungen wie von dem bereits zitierten Carolus L. Cergoly. Seine Lyrik ist von einer orgiastischen, makkaronischen, doch ganz eigenständigen Sprachmischung geprägt – auf italienischer Basis, mit triestinisch-dialektalen, deutschen, jiddischen, kroatischen, slowenischen, französischen und anderen Sprachelementen. Neben bewegenden Texten zum Holocaust, die mit jenen von Ferruccio Fölkel zum zentralen Bestand der Triestiner Lyrik gehören, verfaßte Cergoly aber auch Gedichte, in denen die vielsprachige österreichisch-ungarische "Welt von gestern" und ihre Teilhabe an den drei großen europäischen Kulturen "del sì del da del ja" immer neu und in verschiedenen Spiegelungen nostalgisch evoziert werden.

In seinen Prosatexten, die er als "scritti" bzw. "collages di fantasie e memorie di un mitteleuropeo" betitelt (*Il complesso dell'Imperatore*, 1979; *Fermo là in poltrona*, 1984), bleibt Cergoly ebenso in ironischer Zuneigung und Verspieltheit dem Objekt seiner Sehnsucht verhaftet. Er kombiniert dabei biographische und historische Reminiszenzen mit habsburgischen Alltagsmythen zu einer oft operettenhaften und labyrinthischen Phantasmagorie. Weit vom lakonischen Stil seiner großen Lyrik entfernt und offensichtlich zum Teil im Sog der kulturindustriell gesteuerten Mitteleuropa-Propaganda, erscheint er in seiner Prosa als hybrides Pendant zu einigen österreichischen Autoren des "habsburgischen Mythos", eine Art Werfel, Herzmanovsky-Orlando und Joseph Roth in einem.

Die "andere Seele" der Stadt wurde seit dem Risorgimento zunehmend durch die "Italianità" bestimmt, die sowohl gegen die slawische wie auch gegen die deutsch-österreichische Präsenz gerichtet war. Allerdings entstand durch den Zwiespalt zwischen irredentistischer Bewegung, die durch den habsburgischen Zentralismus noch besonders angeheizt wurde (trotz der österreichfreundlichen Einstellung der Triestiner Sozialdemokratie), und wirtschaftlicher Abhängigkeit von Österreich ein politisch kaum zu bewältigendes Dilemma, eine geradezu exemplarische Form von *double bind*.

Durch den politischen und territorialen Anschluß der Stadt an Italien wurde nur ein Teil des Problems gelöst, da sich "Trieste italianissima" nun zwar nicht mehr an der Peripherie des k.u.k.-Imperiums befand, dafür aber am äußersten Rand Italiens und in der schwierigen Situation eines Hafens auf der Suche nach seinem Hinterland. Darüber hinaus hatte sich das Nationalitätenproblem noch verschärft: die Polarität von "italienischer" Stadt und slowenischem Karst trat nun um so stärker hervor.

Triest als kulturelle Metonymie, Modell und Konzentrat der kulturellen Vielfalt Mitteleuropas: Dies ist nicht nur eine Erfindung jener, die von der einstigen Größe der Stadt träumen. Wenn sich dieses Deutungsschema außer der Kulturpolitik auch die Literaturkritik zu eigen macht, so kann sie mit Recht darauf verweisen, daß auch die überregional bekannte Triestiner Gegenwartsliteratur aus den Traditionen der von Bettiza thematisierten mitteleuropäischen Moderne entstand. Aus der Distanz betrachtet, lassen sich in der Geschichte der neueren Triestiner Literatur bis heute im großen und ganzen drei Phasen unterscheiden.

"Triest hat keine kulturellen Traditionen", so lautet der Titel eines polemischen Essays von Scipio Slataper aus dem Jahre 1909.[38] Slataper begründet sein Verdikt mit der Feststellung, daß die Entwicklung Triests seit der Proklamation zum österreichischen Freihafen im Jahre 1717 von ökonomischen Interessen bestimmt gewesen sei, die zur Zerstörung der autochthonen veneto-ladinischen Kulturen geführt, selbst aber keine eigenständigen Traditionen hervorgebracht hätten. In der Tat stellt sich aus dieser Sicht auch die Triestiner Kultur vom Vormärz bis zum Auftreten Italo Svevos nur als eine Neben-Frucht aus dem Geiste des Risorgimento dar. Diese erste Phase der neueren italienischen Literatur in Triest ist zum größten Teil epigonal der zentralitalienischen Literatur verpflichtet und unterscheidet sich typologisch kaum von den anderen Provinzliteraturen: Beträchtliche kreative Energien wurden eben dadurch absorbiert, daß diese Kulturen der Grenze in erster Linie eine repräsentative Funktion hatten und sich auf die

---

38 S. Slataper, *Lettere triestine. Col seguito di altri scritti vociani di polemica su Trieste*, Nachw. E. Guagnini. Triest, Dedolibri, 1988; S. Slataper, *Mein Karst und andere Schriften*, übers. u. hrsg. v. P.-H. Kucher unter Mitarbeit v. S. Bartoli. Wien, Promedia, 1988.

Verteidigung des *status quo* beschränkten. Wie für die italienischsprachige, gilt diese Feststellung auch für die deutschsprachige Triestiner Literatur des 19. und frühen 20. Jahrhunderts (mit Autoren wie Tschabuschnigg, Hamerling, Kugy oder Däubler).[39]

Die konservatorischen und nationalpädagogischen Leistungen, aber auch Schwächen des Risorgimento und der irredentistischen Bewegung[40] sowie die gesellschaftliche und politische Situation des Triestiner Bürgertums dürften neben anderen Faktoren ausschlaggebend dafür gewesen sein, daß in den ersten drei Jahrzehnten des 20. Jahrhunderts in Triest jene Literatur entstand, die später internationale Bekanntheit erlangen sollte und von der Literaturkritik als "letteratura triestina", als *die* triestinische Literatur in italienischer Sprache zusammengefaßt wurde. Dieser Terminus wird seither – in manchmal einseitiger Beschränkung auf die italienischsprachige Literatur – auch für die Gegenwartsliteratur der Stadt verwendet.

Zu den wichtigsten Vertretern der Triestiner Moderne gehören Italo Svevo, Umberto Saba, Guido Voghera, Virgilio Giotti, Scipio Slataper, Carlo und Giani Stuparich, Pier Antonio Quarantotti Gambini und andere. Sie schufen eine im italienischen Kontext völlig eigenständige und unverwechselbare Literatur und begründeten damit den regionalen literarischen Sonderstatus Triests. Die Romane, Novellen, Theaterstücke und Essays von Svevo, die Gedichte und Prosatexte Sabas, die Prosa und Essays von Slataper sowie die Arbeiten des Görzer Schriftstellers und Philosophen Carlo Michelstaedter haben insofern zweierlei gemeinsam: Sie beruhen zum einen auf den interkulturellen Voraussetzungen der kosmopolitischen Stadt sowie aufgrund der Mehrsprachigkeit bzw. Bikulturalität der Autoren auf der intimen Kenntnis der großen europäischen Literaturen. Für viele dieser

---

39 Siehe S. de Lugnani, *La cultura tedesca a Trieste dalla fine del 1700 al tramonto dell'Impero absburgico,* Trieste, Ed. "Italo Svevo", 1986; zum Verhältnis der italienisch-, slowenisch- und deutschsprachigen Literaturen in Trieste vor dem Ersten Weltkrieg vgl. P.-H. Kucher, "Literatur und nationale Frage im Triestiner Raum. Vom Vor-Krieg zum Krieg (1900-1915)", in: K. Amann, H. Lengauer (Hrsg.), *Österreich und der Große Krieg 1914-1918. Die andere Seite der Geschichte,* Wien, Brandstätter, 1989, S. 66-75; *L'immagine di Trieste nella letteratura italiana, slovena e tedesca fra ottocento e novecento,* Trieste, Ed. "Italo Svevo", 1991.

40 Siehe A. Vivante, *Irredentismo adriatico,* Trieste, Dedolibri, 1984 (zuerst 1912).

Autoren gilt in gleicher oder ähnlicher Weise, was Slataper in einem Brief von sich sagte: "io scrivendo in italiano e leggendo libri tedeschi" (Februar 1912). Andererseits reflektieren sie auch die in Triest durch einen doppelten Antagonismus von Kommerz und Kultur intensiv erlebte Krise bürgerlicher Wertvorstellungen.[41]

Einer der wichtigsten Unterschiede zwischen der "letteratura triestina" und der damaligen zentralitalienischen Literatur ist nach Meinung des Triestiner Literarhistorikers Bruno Maier die ausgesprochen antiliterarische und antiästhetizistische Haltung der Triestiner Autoren. Zu ihren Charakteristika gehören eine besondere Affinität zur Psychoanalyse, die Tendenz zur Konkretheit und zur Erforschung der existentiellen Problematik sowie eine dezidierte Authentizität, die auch als moralische Kritik an bloß dekorativer Ästhetik zum Ausdruck kommt.[42] Ähnliche Tendenzen finden sich auch in der slowenischsprachigen Triestiner Literatur, wie die Häufigkeit psychologischer Reflexionen, essayistischer Verfahren und autobiographischer Bezüge bei Vladimir Bartol, Boris Pahor oder Alojz Rebula erkennen läßt. Darüber hinaus signalisieren diese reflexiven Spezifika ein Unbehagen in der Kultur sowie die Tendenz zu ästhetischer und existentieller Ambivalenz und ließen sich in dieser Hinsicht etwa mit Musils Essayismus in Verbindung bringen.

Die Triestiner Kultur der Moderne wies nicht nur interessante Parallelen zur österreichischen Literatur, Philosophie und Psychologie auf (Freud, Schnitzler, Kraus, Hofmannsthal, Weininger, Musil, Kafka, Broch, Trakl, Wittgenstein, Canetti), sondern trug infolge des besonderen Nahverhältnisses zur österreichischen Literatur auch maßgeblich zu deren Verbreitung in Italien bei. Besondere Verdienste erwarb sich in dieser Hinsicht der auch

---

41 Siehe P. V. Zima, "Ambivalenz und Ironie bei Italo Svevo. Zur Parallelentwicklung von Roman und Psychoanalyse", in: P. V. Zima, *Roman und Ideologie. Zur Sozialgeschichte des modernen Romans,* München, Fink, 1986, S. 71-97. - Ein Reflex der Triestiner Multikulturalität findet sich auch in einer Triestiner Novelle von James Joyce, *Giacomo Joyce,* hrsg. v. R. Ellmann, zweispr. Ausgabe, Frankfurt/M., Suhrkamp, 1984.

42 Siehe B. Maier, "*Caratteri, motivi, aspetti della letteratura triestina del Novecento*", in: O. H. Bianchi et al. (Hrsg.), *Scrittori triestini del Novecento*, Trieste, Lint, 1968, S. 7-31.

deutsch schreibende Romancier und Kritiker Roberto Bazlen.[43] Darüber hinaus wurden aber auch andere Autoren, wie Hebbel, Ibsen, Nietzsche oder Strindberg, intensiv rezipiert.

Einzelne Vertreter der Triestiner Moderne – u.a. Umberto Saba, Roberto Bazlen oder Quarantotti Gambini – reichten mit ihren literarischen und publizistischen Veröffentlichungen noch bis in die Nachkriegszeit hinein. Obgleich auf den ersten Blick kaum eine größere Zäsur zwischen ihnen als jüngeren Vertretern der Moderne und den zeitgenössischen Autoren zu erkennen ist, gibt es doch einen wesentlichen Unterschied: In der Triestiner Gegenwartsliteratur ist sehr deutlich eine Tendenz zur Mythisierung der literarischen Moderne (eines Svevo oder Slataper) zu erkennen. Diese manifestiert sich in postmodernen, metaliterarischen und intertextuellen Verfahrensweisen, so daß Angelo Ara und Claudio Magris von einer "Literatur im Quadrat" sprechen. Zu ihr gehören Autoren wie Carolus L. Cergoly, Giorgio Voghera, Francesco Burdin, Ferruccio Fölkel, Stelio Mattioni, Giuliana Morandini, Renzo Rosso, Enzo Bettiza, Fulvio Tomizza und andere.

Auch bei dieser Generation kann nicht von einem Gruppencharakter die Rede sein, denn die Autoren repräsentieren ganz unterschiedliche Richtungen. Tomizza z.B. stand anfangs dem Neorealismus nahe und nahm erst später Elemente der triestinischen Tradition auf. Sein Triest-Roman *L'amicizia* (1980) kann aufgrund vieler Anspielungen als bikulturelle Antwort auf Slatapers Roman *Il mio Carso* (1912) gelesen werden. Erkennbar sind u.a. auch Bezüge zu Svevo, Kafka und zur Psychoanalyse (Freud, Edoardo Weiss). Bei aller Individualität der einzelnen Positionen ist ein gemeinsames Merkmal nicht zu übersehen: die Bezüge auf die kulturellen Diskurse der Vorgänger und deren Konstrukt, das literarische Triest ("La Trieste di carta"). Auf die Gefahr des Realitäts- und Erfahrungsverlusts, die mit dieser potenzierten Literarität der Metafiktion und Intertextualiät verbunden ist, weist im Titel bereits jenes Werk hin, das die Triestiner Gegenwarts-

43 Siehe M. Huter, "Erinnerung an das Unbekannte. Zur Konjunktur der österreichischen Moderne in Italien", in: *Sprachkunst* 20, 1989, S. 271-303; vgl. auch A. Ara, C. Magris, *Triest*, op.cit., S. 122ff. und 178ff.

literatur einleitete: Enzo Bettizas Roman *Il fantasma di Trieste* aus dem Jahr 1958.

Ein kontinuierliches Thema der literarischen Diskussion in Triest ist die Präsenz der slowenischen Literatur. Mit Autoren wie Vladimir Bartol, Srečko Kosovel, Boris Pahor und Alojz Rebula, um nur je zwei Vertreter der Triestiner Moderne sowie der mittleren Schriftstellergeneration zu nennen, ist sie ein integraler Teil der modernen literarischen Polyphonie der Stadt.[44] Durch den offenen Dialog zwischen slowenischen und italienischen Autoren, an dem auf italienischer Seite vor allem Fulvio Tomizza maßgeblich beteiligt ist,[45] bewahrt die Stadt noch immer einiges von jener kosmopolitischen Offenheit und Vielschichtigkeit, die ihr den Ruf einer literarischen Hauptstadt in Mitteleuropa einbrachten.

4. Region und Zweisprachigkeit: Handke, Pasolini, Tomizza

Zum Abschluß sollen drei Beispiele aus der interkulturellen Praxis der Region kurz vorgestellt werden: Peter Handkes Erzählung *Die Wiederholung* (1986), Fulvio Tomizzas Roman *La miglior vita* (1977) und Pier Paolo Pasolinis Gedichtbände *La meglio gioventú*

---

44 Die italienisch-slowenische Bikulturalität blieb in der Triestiner Literaturkritik - ähnlich wie die slowenisch-deutschsprachige in Österreich - lange Zeit ein Gebiet, mit dem sich allein die slowenische Publizistik befaßte. Seit der ersten italienischen Auflage von Angelo Aras und Claudio Magris' Triest-Buch (1982) wird der autochthone slowenische Anteil auch in den italienischen Veröffentlichungen berücksichtigt. Besonders hinweisen möchte ich aber auf Arbeiten von Triestiner Slowenen, slowenischen Italianisten oder italienischen Slawisten: J. Pirjevec, *Introduzione alla storia culturale e politica slovena a Trieste nel '900*, Trieste, Provincia di Trieste, 1983; M. Pirjevec, *Trubar, Kosovel, Kocbek e altri saggi sulla letteratura slovena*, op.cit.; J. Zabkar; "Das politische Triest in der italienischen und der slowenischen Triester Literatur des 19. und 20 Jahrhunderts", in: *Südost-Forschungen* 45, 1986; M. Košuta, "Bíoi parálleloi - Über das Verhältnis zwischen der neueren slowenischen und italienischen Literatur in Italien", in: J. Strutz, P. V. Zima (Hrsg.), *Komparatistik als Dialog*, op.cit., S. 121-137; A. Bressan, *Le avventure della parola. Saggi sloveni e triestini*, Milano, Il Saggiatore, 1985.

45 Sowohl mit literarischen Werken - *Gli sposi di via Rossetti. Tragedia in una minoranza* (Milano, Mondadori, 1986) - als auch durch publizistische Beiträge oder öffentliche Auftritte.

318

(1954) bzw. deren veränderte und erweiterte Fassung *La nuova gioventú* (1975). Die Auswahl könnte zwar noch erweitert werden, es kommt mir hier aber nur darauf an, daß die verschiedenen Sprachbereiche der Region mit je einem ästhetisch und interkulturell besonders herausragenden Werk vertreten sind.

Allerdings möchte ich weder auf die einzelliterarischen Traditionszusammenhänge der Texte eingehen, noch habe ich vor, genetische Beziehungen oder typologische Analogien, etwa im Kontext der europäischen regionalistischen Literatur, herauszuarbeiten, die ihrerseits entscheidend durch das publizistische, literarische und filmische Werk Pasolinis mitbestimmt wurde. Zwei meiner Voraussetzungen stehen jedoch mit dem neuen Regionalismus der sechziger und siebziger Jahre in einem ursächlichen Zusammenhang: Zum einen erfahren sprachliche und kulturelle Volksgruppen oder Minderheiten wieder mehr Beachtung und versuchen, sich aus den hegemonialen Verhältnissen zu befreien oder zumindest ein Bewußtsein ihrer Autonomie zu entwickeln.[46] Darüber hinaus werden sowohl pragmatische als auch ästhetische Elemente und Erfahrungen von regionalen, meist bäuerlichen Kulturen für die literarische Intelligenz interessant, und zwar nicht nur kultur- oder nationalitätenpolitisch, sondern, wie etwa John Bergers Roman *Pig Earth* (1979; dt. *SauErde*, 1982) zeigt, als Modell eines nicht-technokratischen, "alternativen" Naturverständnisses – nach dem Motto: "von archaischen Kulturen lernen".[47]

Aus diesem Kontext interessieren mich hier solche Werke, in denen die sprachliche Polyphonie der Region zum Ausdruck gebracht wird. Zunächst sind zwei Ebenen der literarischen Mehr-

---

46 Siehe J. Blaschke, "Der Neue Regionalismus in Westeuropa", in: *Politische Bildung* 8, 1986, H. 2, S. 66-71.

47 Zum literarischen Regionalismus vgl. W. Lipp, "Heimatbewegung, Regionalismus. Pfade aus der Moderne?", in: F. Neidhardt, M. R. Lepsius, J. Weiß (Hrsg.), *Kultur und Gesellschaft*, Fs. R. König, Köln, Westdeutscher Verlag, 1986, S. 331-355; N. Mecklenburg, *Erzählte Provinz. Regionalismus und Moderne im Roman*, Königstein/Ts., Athenäum, 1982, und ders., *Die grünen Inseln. Zur Kritik des literarischen Heimatkomplexes*, München, Iudicium, 1986; E. Koppen, "'Heimat' international. Literarischer Regionalismus als Gegenstand der Komparatistik'", in: J. Riesz, P. Boerner, B. Scholz (Hrsg.), *Sensus Communis. Contemporary Trends in Comparative Literature*, Tübingen, Narr, 1986, S. 267-274.

sprachigkeit zu unterscheiden: mehrsprachig schreibende Autoren (mit jeweils einsprachigen Werken) und mehrsprachige Texte.[48] Für die erste Form stehen Autoren wie Samuel Beckett, Vladimir Nabokov, Isaac B. Singer, Stefan George, Rainer Maria Rilke oder Yvan Goll, die alle in verschiedenen Perioden ihres Schaffens aus bestimmten Gründen in der einen oder anderen Sprache schrieben.[49] Beispiele dafür gibt es auch in der Alpen-Adria-Region, etwa Pasolinis friulanische Gedichte. Ebenso findet man Sprachwechsel bei Autoren der slowenischen Volksgruppe in Kärnten und in Italien. Dabei ist ein signifikanter Unterschied zwischen den Vertretern der älteren und mittleren sowie jenen der jüngeren Generation bemerkbar: Während sich etwa der Kärntner Florjan Lipuš oder der Triestiner Alojz Rebula anfänglich auch der jeweils anderen Sprache – des Deutschen bzw. Italienischen – bedienen, danach aber konsequent am Slowenischen festhalten, schreiben die jüngeren Autoren der Kärntner slowenischen Literatur – z.B. Maja Haderlap, Janko Ferk, Fabjan Hafner oder Jani Oswald – (bereits) in beiden Sprachen (aus der älteren Generation nur Janko Messner).[50]

Auch der zweite Typ mehrsprachiger Literatur trifft auf die hier thematisierten Beispiele regionaler literarischer Bilinguität nicht ganz zu. Während etwa Vertreter der historischen Avantgarde, z.B. Hans Arp, oder Autoren wie James Joyce, Ezra Pound, T. S. Eliot, Thomas Mann und Arno Schmidt (zum Teil auch Miroslav Krleža oder Carolus L. Cergoly) vielfach mit fremdsprachigen Zitaten, mehrsprachigen Wortspielen oder Sprachcollagen arbeiten,[51] beschränken sich Handke, Pasolini und Tomizza sprachlich auf einen sehr genau abgesteckten Ausschnitt der

---

48 Siehe H. B. Beardsmore, "Polyglot Literature and Linguistic Fiction", in: *International Journal of the Sociology of Language* 15, 1978, S. 91-102.

49 Dazu ausführlich: L. Forster, *Dichten in fremden Sprachen. Vielsprachigkeit in der Literatur,* München, Francke, 1974.

50 Die Autoren der slowenischen Volksgruppe in Kärnten und in Italien befinden sich damit in der langen Tradition altösterreichischer literarischer Zweisprachigkeit; vgl. G. Wytrzens, "Sprachkontakte in der Dichtung. Zweisprachìge Autoren im Alten Österreich", in: *Die slawischen Sprachen* 4, 1983, S. 143-151.

51 Siehe P. Goetsch, "Fremdsprachen in der Literatur: Ein typologischer Überblick", in: P. Goetsch (Hrsg.), *Dialekte und Fremdsprachen in der Literatur,* Tübingen, Narr, 1987, S. 43-68.

Region, wie es eher für "kleine Literaturen" bzw. Literaturen nationaler Minderheiten oder mehrsprachiger Länder und Regionen charakteristisch ist. – Zweisprachigkeit erscheint bei Pasolini, Tomizza und Handke außerdem nicht primär als Phänomen der Ausdrucksebene,[52] denn die Wahl des Idioms oder des fremdsprachigen Zitats ist weniger sprachstilistisch oder phonetisch motiviert, als vielmehr auf die Darstellung der mehrsprachigen Region bezogen.

Die drei genannten Texte stehen in einer sprachlichen Situation, die soziolinguistisch auf der individuellen Ebene als Bilinguität bzw. Bikulturalität und auf der gesellschaftlichen Ebene als Diglossie bzw. Di-Ethnizität beschrieben wird.[53] Das bedeutet konkret, daß in diesen Texten die in der Alltagspraxis der Regionen gegebene, latente komparatistische Situation zum Movens der ästhetischen Verfahrensweise wurde. Wer die Kommunikationsgewohnheiten in zwei- oder mehrsprachigen Gebieten kennt, weiß, daß die Teilnehmer an einem Alltagsgespräch je nach Kompetenz und Situation oft innerhalb eines Satzes von einer Sprache in die andere wechseln. Dieses *Code-switching* auf bilingualer Ebene unterscheidet sich von einzelsprachlicher, interner Polyphonie (Standardsprache, Dialekt, Umgangssprache, Gruppensprachen usw.) allerdings erst dann grundsätzlich, wenn mit den beteiligten "Sprachen" (im Sinn von Bachtin) auch sprachkulturelle, gesellschaftliche und politische Traditionen, Konflikte und Wertungen verbunden sind.

Dies geschieht z.B. im italienisch-kroatischen Interferenzbereich in Istrien, der selbst nicht einheitlich ist, je nachdem, ob es dabei um das vorwiegend bäuerliche Binnenland geht, aus dem Tomizza kommt (Materada), oder um die kleinstädtisch geprägte Küstenregion, "wo man schon mehr italienisch sprach und die Leute mir immer überheblich vorkamen" ("dove anche la parlata era più italiana e la gente mi era sembrata sempre spavalda"), wie

---

52 Vgl. L. Spitzer, "Sprachmischung als Stilmittel und als Ausdruck der Klangphantasie", in: GRM 11, 1923, S. 193-216; A. Horn, "Ästhetische Funktionen der Sprachmischung in der Literatur", in: *Arcadia* 16, 1981, S. 225-241.

53 J. A. Fishmann, "Bilingualism and Biculturism as Individual and as Societal Phenomena", in: *Journal of Multilingual and Multicultural Development* 1, 1980, S. 3-15.

der realitätsnahe Erzähler des Romans *La miglior vita* berichtet.[54]

Anders als beim regional neutralen Sprachwechsel zwischen zwei autonomen Bereichen, stehen in dieser regionalen bzw. interregionalen Situation die Sprachen des jeweiligen interkulturellen Dialogs in einem Spannungsverhältnis. Es ist daher ein Unterschied, ob z.B. Beckett, George oder Rilke sich zur Abfassung eines Textes einmal der französischen, ein andermal der englischen bzw. deutschen Sprache bedienten oder ob die Kärntner slowenischen Autoren auf deutsch und auf slowenisch publizieren. Die sozio-linguistische Situation der regionalen Diglossie kommt jedenfalls auch dann zum Tragen, wenn – wie bei Pasolini oder etwa Florjan Lipuš – der jeweilige zweite Sprachbereich ausgespart bzw. nur latent bleibt.

Tomizzas Roman *La miglior vita* ist zweierlei: zum einen die Chronik des zweisprachigen binnenistrischen Dorfes Materada, das an der Sprachgrenze zwischen vorwiegend slawischem Binnenland und weitgehend italophonem Küstengebiet liegt. Damit befindet sich das Dorf zugleich an der Grenze zweier Lebensformen, nämlich der Seefahrer- und der Bauernkultur: "Bis hier herauf waren die Menschen gekommen, die man auf einer Mole ausgeschifft hatte und die nicht dafür geboren waren, in einem Gewirr aus Häusern zu leben; bis hier hatten sich die aus den Bergen im Landesinnern Kommenden gewagt, deren Gedanken gingen und kamen mit dem Atem der Erde". ("Fin qui era salita la gente scaricata su un molo ma non nata per vivere in un intrico di case, qui si erano fermati quelli scesi dall'interno e il cui pensiero andava e veniva col fiato della terra".)[55]

Zum andern ist der Roman die Lebensgeschichte des Mesners Martin Crusich, eines Mannes aus dem Volk, der in seiner Chronik die Wechselfälle der Geschichte, den Ausbruch des Ersten Weltkrieges, die Zeit des Faschismus und des Kommunismus sowie die Katastrophe des Exodus von mehr als der Hälfte der italienischen Bevölkerung Istriens im ersten Nachkriegsjahrzehnt

---

54 F. Tomizza, *Eine bessere Welt. Roman*, Übers. R. M. Gschwend, München, dtv, 1983, S. 17 (zuerst: Köln, Kiepenheuer & Witsch, 1979); F. Tomizza, *La miglior vita*, Milano, Rizzoli, 1977, S. 12.

55 Ibid., S. 20/14.

beschreibt.[56] Die letzte Eintragung der Tagebuchnotizen, in die der Roman mündet, datiert vom 23. 1. 1975: mit seinem eigenen Ende verzeichnet Crusich auch die Auslöschung der alten italienisch-kroatischen Bikulturalität seines Dorfes. Materada wird zum Symbol der *einstigen* Convivenza, der Name steht für alle Ortschaften der italienisch-kroatischen Gemeinsamkeit.

Aus der Beschreibung der Sprachverhältnisse ist ersichtlich, daß Tomizza bei dieser archaischen Bikulturalität zunächst, d.h. bevor mit der politischen auch die sprachliche Situation radikalisiert wird, von einer Mischsprache zwischen venezianischem und kroatischem Dialekt ausgeht und diese Sprache als Ausdruck eines herrschaftsfreien, selbstverständlichen Neben- und Miteinanders der beiden Kulturen betrachtet. Die beiden Dialekte, die gleichsam eine Symbiose eingehen, wie an sprachlichen Kontaminationen zu erkennen ist, sind sozusagen die interkulturelle Mitte zwischen den jeweiligen Standardsprachen: "'Los, Barba Martin, *scominziòjmo,* fangen wir an!' forderte er mich in unserem komischen Dialekt auf" ("'Dàj, barba Martin, *scominziòjmo!*' mi istigò nel nostro dialetto bislacco").[57]

Immer wieder weist der Erzähler auf die starke kroatische Komponente hin, etwa wenn er sich erinnert, daß ihn die Dörfler auf kroatisch ansprechen: "'Gott erhalte Euch gesund, Barba Martin', sagte er liebevoll in unserem Dialekt. 'Gott geb's, mein Sohn', antwortete ich und winkte ihm zu". ("'*Boh vam daj zdrovlje, barba Martin*' mi si rivolse affettuosamente nel nostro dialetto. '*Boh doj, sine*' gli risposi salutandolo con la mano".)[58] Auch in dem tragischen Moment, als er seinen im Partisanenkampf gegen den Faschismus gefallenen Sohn ins Dorf heimbringt, vermischen sich die Sprachen: "Ich ließ den Strang los und brach in Schluchzen aus, in einen Winkel verkrochen, das Gesicht in die Hände vergraben. Der Glockenklang wurde wieder ruhiger, kehrte dann zu den einzelnen Schlägen des Anfangs zurück. Als er ganz verstummte, trat ich hinaus in einen Kreis von Menschen aus den

---

56 Siehe C. Colummi et al., *Storia di un esodo. Istria 1945-1956,* Trieste, Istituto regionale per la storia del movimento di liberazione nel Friuli-Venezia Giulia, 1980 (demnach waren es etwa 200.000 Personen, die in dieser Zeit das Land verließen).

57 F. Tomizza, op.cit., S. 325/256.

58 Ibid., S. 342/274.

Nachbardörfern.'*Huala, judi*', danke, Leute, sagte ich in unserem Dialekt und schleppte mich nach Hause". ("Mollai la corda e scoppiai in singhiozzi, reggendomi il volto tra le mani in un angolo. Il suono tornò a illimpidirsi, poi a frantumarsi nei rintocchi dell'inizio. Quando cessò del tutto uscii fra un gruppo di persone dei villaggi vicini che mi facevano corona. '*Huala, judi*' dissi e mi trascinai a casa".)[59]

Die gleiche sprachliche Situation kommt auch in *Materada*, dem ersten Roman der *Trilogia istriana* (1960-67), zum Ausdruck, dessen Erzähler Franz Kozlović mehrmals als Kroate apostrophiert wird und wo das Kroatische sogar eine besondere gesellschaftliche Funktion hat: "Wie immer bei geschäftlichen Angelegenheiten und wichtigen Dingen, sprachen wir slawisch: *po našu*, auf unsere Art, wie man bei uns zu sagen pflegt". ("Come sempre in caso di affari e di cose importanti, parlammo in slavo: *po našu*, alla nostra, come si usa dire dalle nostre parti".)[60] Erst der geschichtliche und politische Verlauf bringt die Politisierung, führt zum Nationalismus und zum Antagonismus der beiden Kulturen. Die Konsequenz ist die "Erfindung" und Deklarierung von nationalen Identitäten sowie der Zwang zum nationalen Bekenntnis.

Der sprachliche Reichtum dieser venezianisch-kroatischen Bauernkultur zeigt sich vor allem an den vielen Begriffen aus dem bäuerlichen Leben und aus der Natur. Um die istrische Bikulturalität vor dem Vergessen zu bewahren, zählt der Chronist immer wieder die slawisch-romanischen Orts- und Familiennamen auf und erstellt ganze Kataloge zweisprachiger Pflanzennamen. Dennoch sind die kroatischen Zitate mit Bedacht eingesetzt (zur Erleichterung für das italienische Publikum arbeitet Tomizza mit Anmerkungen und Glossaren). Umso prägnanter kommt die zweisprachige Situation an strukturell besonders akzentuierten Momenten starker Gefühlsbeteiligung zum Ausdruck. Wie sich insgesamt zeigt, entwickelt Tomizza seine dialogisch-interkulturelle Perspektive vornehmlich aus der durch den Ich-Erzähler vermittelten Präsenz der je "anderen" Sprache und Kultur, d.h. als komplemen-

---

59 Ibid., S. 228f./180.
60 F. Tomizza, *Materada*, Milano, Mondadori, 1960, S. 15.

täres Verhältnis von figurensprachlicher Rede und narrativem Diskurs.[61]

Dies ist der Ansatzpunkt für einen kontrastiven Vergleich mit Handke. Seine Erzählung *Die Wiederholung* ist der vorläufige Abschluß einer bereits im Frühwerk einsetzenden Annäherung an die slowenische Kultur. Handke, der im einst zweisprachigen Südkärntner Ort Griffen/Grebinj geboren wurde, trat auch publizistisch für die slowenische Volksgruppe in Kärnten ein, deren Literatur nicht zuletzt aufgrund seiner Übersetzungen (F. Lipuš und G. Januš) über den deutschen Sprachraum hinaus bekannt wurde. Die Faszination der slowenischen Kultur läßt sich bei ihm zum Teil aus seiner Herkunft erklären, aus dem slowenischen Element seiner Großeltern, darüber hinaus aus seinem "Angezogensein durch 'geschichtslose Nationen' im Sinne beschränkter, kleiner Gemeinschaften als Bewahrerinnen unveränderlicher, von Generation zu Generation weitergegebener Werte."[62] Allerdings sollte nicht übersehen werden, daß es Handke um die ästhetische Dimension des archaischen Kulturmodells geht.

Die Wiederholung ist die Erzählung einer mehrfach abgestuften Suche. Filip Kobal, die "Grenznatur", wie sich der Erzähler selbst nennt, begibt sich quer durch Slowenien auf die Suche nach den Spuren seines legendären Vorfahren, des Anführers eines Bauernaufstandes am slowenischen Karst zu Beginn des 18. Jahrhunderts. Die Kobals selbst leben in einer Art Exil nahe der slowenisch-deutschen Sprachgrenze in Rinkenberg/Vogrče (Kärnten), nicht weit von Griffen. Mehr als diese Suche beschäftigt den Ich-Erzähler aber die Gestalt seines im Krieg verschollenen Bruders Gregor, der Personifikation von Filips Wunschkultur und Wunschbiographie. Der Bruder hinterläßt ihm außer seinen Schulmitschriften und Aufzeichnungen aus der Landwirtschaftlichen

---

61 Diese Komplementarität ist für den Zagreber Italianisten Tonko Maroević Anlaß, Tomizza "mit einem Teil seines Werkes zu denjenigen Schriftstellern zu zählen, die als kroatische Autoren in italienischer Sprache bezeichnet werden könnten", in: *Primorska srečanja* 12, 1988, H. 80/81, S. 268.

62 N. Gabriel, *Peter Handke und Österreich*, Bonn, Bouvier, 1983, S. 75. - Die "slowenische" Komponente läßt auch bei Handke die Möglichkeit einer "anderen" Lektüre zu. Jože Snoj bezeichnet einen Teil von Handkes Werk als slowenische Literatur in deutscher Sprache (*Handkejev paradoks. Peter Handke in mit slovenstva v njegovem pripovednem pesništvu*, Klagenfurt/Celovec, Drava, 1991).

Fachschule in Maribor/Marburg auch ein slowenisch-deutsches Wörterbuch.[63]

Im Wörterbuch findet der Erzähler die "Spuren" seines Bruders: "Es fing damit an, daß sich Wort für Wort – der Bruder hatte bestimmte angestrichen, so daß ich vieles überspringen konnte – vor mir ein Volk zusammensetzte, in dem sich genau die Dörfler zuhause wiederholten, ohne dabei aber, wie in den umlaufenden Geschichten und Anekdoten, einzuschrumpfen zu Typen, Charakteren und Rollenträgern; ich sah von den Menschen und Sachen nur deren strahlende Umrisse. Die Wörter handelten von einem ländlichen Volk, in dem auch die Vergleiche aus dem Landbereich kamen: 'Er benützt seine Zunge wie die Kuh ihren Schwanz'; 'Du bist langsam wie der Nebel ohne Wind'; 'Bei euch ist es kalt wie auf einer Brandstätte'."[64] An diesem Wörterbuch gehen dem Erzähler der sprachliche Reichtum, die Konkretheit und Unmittelbarkeit der slowenischen Alltagskultur auf: "Und die Übersetzung der Wörter *mleko* und *kruh* war keine ins Anderssprachige, sie war eine zurück in die Bilder, in die Kindheit der Wörter, ins erste Bild von Milch und Brot".[65]

Handke liefert die interkulturelle Methode der Rekonstruktion einer vorindustriellen Kultur aus dem Wörterbuch von 1894/95 gleich selbst mit: "Bekanntes unbekannt machen; den Bereich des Unbekannten abschreiten und vergrößern".[66] So wie die landwirtschaftlichen Aufzeichnungen des Bruders Lernheft und Lehrbuch in einem sind, gehen die archaischen Wörter und Wort-Bilder des Buches beim Erzähler unmittelbar in die neue Erkenntnis eines Lebenszusammenhangs über. Dazu kommt – real antizipiert durch Handkes Lipuš- und Januš-Übersetzungen – auf der fiktionalen Ebene die Arbeit des Übersetzens in das ihm geläufigere Deutsch, parallel zum slowenisch-deutschen Dialog des "Weisheitsbuchs": "Ergriff der Lesende aber nicht Partei für die andere Sprache, gegen seine eigene? Schrieb er nur dem Slowenischen, und nicht

---

63 Offensichtlich handelt es sich um das Wörterbuch von M. Pleteršnik, *Slovensko-nemški slovar*, Ljubljana, 1894/95 (Nachdruck: Ljubljana, Cankarjeva založba, 1974).

64 P. Handke, *Die Wiederholung*, Frankfurt/M., Suhrkamp, 1986, S. 199.

65 Ibid., S. 133.

66 Ibid., S. 262.

auch seinem Deutschen, jene Ein-Wort-Zauberkraft zu? – Nein, es waren doch die beiden Sprachen zusammen, die Einwörter links und die Umschreibungen rechts, welche den Raum, Zeichen um Zeichen, krümmten, winkelten, maßen, umrissen, errichteten. Wie augenöffnend demnach, daß es die verschiedenen Sprachen gab, wie sinnvoll die angeblich so zerstörerische babylonische Sprachenverwirrung."[67]

Ähnlich wie Tomizzas Erzähler, der zwei Sprachbereichen angehört, der veneto-kroatischen Dialektebene seiner erzählten Welt und der standardsprachlichen Ebene seines Diskurses, thematisiert auch Handkes *Wiederholung* zwei Sprachen und Kulturen. Dabei wird allerdings ein wesentlicher Unterschied zwischen den beiden Autoren erkennbar: während Tomizza konkrete bikulturelle Verhältnisse beschreibt, realisiert sich bei Handke die komplementäre, "fremde" Perspektive nicht auf der Aktantenebene, sondern durch die intertextuelle Buch-Metapher. Wo Handke emphatisch das Individuum (zumindest als schreibendes) behaupten will und dessen utopischen Kulturmythos durch die Schaffung der schriftlichen Kultur inszeniert, steht bei Tomizza ein Chronist aus dem Volk, ein Erzähler, der den russischen Autoren nähersteht als den italienischen der offiziellen Kultur: Aus seinem von undogmatischer Humanität geprägten Bericht entsteht keine bürgerliche Epopöe, sondern ein Epos, "die Geschichte einer Pfarrgemeinde ohne Geschichte, ein umgekehrtes Heldengedicht", dessen kathartische Funktion nur eine kollektive sein kann.[68]

Pier Paolo Pasolinis Gedichte in friulanischer Sprache nehmen in diesem Zusammenhang eine besondere Stellung ein.[69] Es wäre zwar durchaus möglich, sie in einen Bezug etwa zu tatsächlich gesprochenen friulanischen Dialekten oder zu Pasolinis italienischen Parallelübersetzungen zu bringen, mit denen er eine überregionale Rezeption erleichtern wollte. Im gegenwärtigen Kontext interessiert mich jedoch vorwiegend ihr Stellenwert innerhalb der

---

67 Ibid., S. 207.

68 F. Tomizza, "Woher ich komme und wer ich bin", in: *Literatur und Kritik* 1980, H. 143, S. 135.

69 P. P. Pasolini, *La nuova gioventú. Poesie friulane 1941-1974,* Torino, Einaudi, 1975 (deutschspr. Auswahl in: P. P. Pasolini, *Unter freiem Himmel. Ausgewählte Gedichte*, Übers. aus dem Ital.: T. u. S. Kienlechner, Berlin, Wagenbach, 1982).

regionalen Diglossie Friulanisch-Italienisch.[70] Bei der Durchsicht von Pasolinis zahlreichen Schriften zur Frage des Dialekts in der Literatur oder auch in Anbetracht seiner Bemühungen um die Neubelebung der friulanischen Literatur zeigt sich, daß es ihm zwar auch um ästhetische Fragen ging; ebenso wichtig aber war ihm sein Rückgriff auf die Muttersprache – die er im strengen Sinne erst erlernen mußte – im Rahmen der kulturpolitischen Diskussion um Regionalismus und Zentralismus in Italien. Das aus dem Risorgimento hervorgehende zentralistische Konzept eines geeinten Italien (1861 bzw. 1866, mit der Annexion von Venedig) ist relativ jungen Datums, und die integrationistischen und zentralistischen Maßnahmen standen aufgrund der Vielzahl von romanischen und nicht-romanischen Kulturen von Anfang an in Konflikt mit regionalistischen und antizentralistischen Aspirationen und deren eigenen Konzepten von kultureller Identität.[71]

Aus diesen nationalkulturellen Voraussetzungen erklären sich einige der Schwierigkeiten, die heute so anerkannte Autoren wie Alessandro Manzoni oder Italo Svevo wegen ihrer sprachlichen Abweichungen vom florentinischen Standard lange Zeit bei der italienischen Kritik hatten. Beide bemühten sich – aus der Peripherie kommend – um die Akzeptanz im kulturellen Zentrum und versuchten daher, den Dialekt "durch die Transposition auf die Ebene der Schriftsprache zu überwinden".[72] Dagegen lassen sich die Autoren des neuen Regionalismus bewußt auf die sprachliche

---

70 Zu den Gedichten im einzelnen: E. Guagnini, "'La nuova gioventú e l'esperienza friulana di Pier Paolo Pasolini", in: E. Guagnini, *Note novecentesche,* Pordenone, Studio Tesi, 1979, S. 143-166; weiters K. v. Hofer, *Funktionen des Dialekts in der italienischen Gegenwartsliteratur. Pier Paolo Pasolini,* München, Fink, 1971.

71 Der ausgeprägte italienische Regionalismus ist nach Tullio De Mauro nicht nur auf die späte und eher oberflächliche Zentralisierung Italiens zurückzuführen, sondern auch auf die extreme sprachliche und kulturelle Segmentierung; Italien sei das Land mit der höchsten Zahl an sprachlichen Gruppen und Minderheiten in Europa. Siehe T. De Mauro, *L'Italia delle Italie,* Roma, Editori Riuniti, 1987, S. 37/43; vgl. auch M. Tessarolo, *Minoranze linguistiche e immagine della lingua. Una ricerca sulla realtà italiana,* Milano, Angeli, 1990.

72 D. Cernecca, "Manzoni e Svevo di fronte al dialetto", in: *Studia Romanica et Anglica Zagrabiensia* 20, 1975, N. 39, S. 51; siehe auch E. Guagnini, "'Con ogni nostra parola toscana noi mentiamo'. Zum Verhältnis von Dialekt und Lingua in der neueren italienischen Literatur", in: J. Strutz, P. V. Zima (Hrsg.), *Komparatistik als Dialog,* op.cit., S. 99-119.

Idiosynkrasie ein, mehr noch, die Abweichung vom offiziellen literatursprachlichen Standard ist ein integrales Moment ihrer Poetik. Pasolinis radikale Umwertung der zentralistischen literarhistorischen Perspektive wird durch den Vergleich mit seinen beiden "Vorgängern" noch deutlicher und läßt sich soziolinguistisch aus der gespannten Beziehung von "dialetto" und "lingua" erklären.

Pasolinis Auffassung vom Klassencharakter des Friulanischen – als Medium einer archaisch-bäuerlichen Perspektive – kommt in seiner Analyse der eigenen sozio-linguistischen Situation klar zum Ausdruck: "Der Regreß, jene wesentliche Anrufung des Dialektalen, sollte sich vielleicht nicht *innerhalb* des Dialekts vollziehen (...) Er sollte von einer Sprache (dem Italienischen) zu einer anderen Sprache vor sich gehen (dem Friulanischen), die Gegenstand einer traurigen Sehnsucht wurde, (...) die aber dann zusammentrifft mit der Sehnsucht von jemandem, der in einer Zivilisation lebt (...), die an ihrer sprachlichen Krise angelangt ist, beim verzweifelten und gewaltsamen *je ne sais plus parler'* Rimbauds."[73]

Dieser Vorsatz manifestiert sich in den friulanischen Gedichten durch indirekte sprachliche und ästhetische Polyphonie: durch die Wahl eines "unkorrumpierten" Idioms, den Mythos einer unentfremdeten Kultur und Gesellschaft, signalisiert durch das Friulanische und den Ästhetizismus der Gedichte.

Ähnliches kommt bei Handke durch die "innige Ironie" im Zusammenhang mit der slowenischen Sprache zum Ausdruck. In beiden Fällen ist es eine sprachliche Rückkehr bzw. Wiederholung. Insofern ergibt sich ein deutlicher Unterschied zwischen Tomizza auf der einen, Handke und Pasolini auf der anderen Seite. Während Tomizza den allmählichen Verlust der ursprünglichen istrischen Bikulturalität beschreibt, geht es den beiden anderen vornehmlich um den erkenntnistheoretischen und kulturkritischen Aspekt der Sprachproblematik. Daher kommt bei ihnen dem Materialcharakter der Sprachen eine größere Bedeutung zu als bei Tomizza.

---

73 P. P. Pasolini, "La poesia dialettale del Novecento", in: P. P. Pasolini, *Passione e ideologia (1948-1958)*, saggio intr. di C. Segre, Torino, Einaudi, 1985, S. 115f.

Alle drei Autoren thematisieren die Zerstörung des Einzelnen, der regionalen Subkultur sowie der regionalen und sprachlichen Alterität, die durch eine Reihe von totalitären Mechanismen verursacht wird: durch das "Zentrum" (den "palazzo"), das seine "Modelle zur Norm" erhebt, durch Nationalismen und durch die vom Tauschprinzip beherrschte und vom "Prozeß der Nivellierung (...), der alles Authentische und Besondere vernichtet",[74] bestimmte Kulturindustrie. Der Untergang des Einzelnen und der kulturellen Vielfalt wird von den drei Autoren mit verschiedenen sprachlichen und ästhetischen Mitteln dargestellt und – als kompensatorische Rettung von Individualität – zum Heroisch-Tragischen aufgewertet. Darauf deuten Handkes und Pasolinis Affinitäten zum antiken Drama und Mythos, die archaisch-epische Stilisierung kollektiver und individueller Tragik sowie das chorale Erzählen bei Tomizza. Auch Pasolinis Umpolung der zentralistischen literatursprachlichen Situation durch die Forderung nach "einer Poetik der Dialektlyrik als Antidialekt, nämlich als Literatursprache",[75] zielt in diese Richtung.

Dies ist allerdings der Punkt, wo Kritik in Affirmation, Polyphonie in Folklore und die archaische Sprache zum "preziösen Vergleichslexikal des Hochsprachlichen"[76] umzuschlagen drohen. Pasolini und Handke entgehen dieser Gefahr infolge der Abstraktheit und Isolierung ihrer Kritik nicht ganz: Der gegenkulturelle Diskurs kann seine kritische Intention nur aufrechterhalten, solange das Objekt der Kritik – in diesem Fall der je dominante literatursprachliche Diskurs – zumindest impliziert ist. Im Gegensatz zu den "dialogischen" Texten von Tomizza geraten jene von Handke und Pasolini in die Nähe eines subjektivistischen Monologs, dem die dialogische Gegenposition, die Realität, abhanden kommt.

In Tomizzas *La miglior vita,* aber auch schon in *Materada* (1960), dem ersten Roman der *Trilogia istriana* (1967), oder in Handkes *Wiederholung* und Pasolinis friulanischen Gedichten scheint eine dialogische Darstellung der eigenen in der fremden,

---

74 P. P. Pasolini, "Alte und neue Kulturpolitik", in: P. P. Pasolini, *Freibeuterschriften,* Berlin, Wagenbach, 1981, S. 29f.

75 P. P. Pasolini, "Il Friuli autonomo", zit. nach K. v. Hofer, op.cit., S. 118.

76 K. v. Hofer, op.cit., S. 145.

der fremden in der eigenen Kultur möglich zu werden: jenseits von ideologischen Zuschreibungen und Zugehörigkeiten. Innerhalb urbanerer Kontexte ist dies auch die Intention anderer Werke und anderer Autoren der einzelnen Regionen (z.B. Boris Pahor, Alojz Rebula, Žarko Petan, Drago Jančar, Nedjeljko Fabrio, Ferruccio Fölkel, Enzo Bettiza).

Gemeinsam ist ihnen allen das Problem sprachlicher und kultureller Grenzen und Identitäten, zugleich die Dialektik von Peripherie und Zentrum. Wie die Texte von Handke, Pasolini und Tomizza zeigen – besonders dessen Roman *L'amicizia* –, sind diese Pole Residuen einer hegemonialen Kultursituation. Für sie ist die monologische Rede kennzeichnend, wogegen der Dialog der Texte und Kulturen starre Zuordnungen aufbricht.

In ihrer Gesamtheit stellen die Literaturen dieser Region potentielle interkulturelle Gegenmodelle zum jeweiligen offiziellen Kulturbetrieb dar, ein partikularisierendes, dezentrierendes und dehierarchisierendes Moment – einen polytheistischen Raum,[77] der jeder Nation, jeder sprachlich-kulturellen Gruppe usw. ihre Autoritäten beläßt, wo aber keine ein Vorrecht oder einen totalitären Anspruch hat. Zugleich bietet dieses Laboratorium regionaler Kulturen auch den Komparatisten eine Möglichkeit zur Entwicklung und Verifikation ihrer kulturtheoretischen und textsoziologischen Konzepte und Modelle.

---

77 Siehe J.-F. Lyotard, *Das Patchwork der Minderheiten. Für eine herrenlose Politik,* Berlin, Merve, 1977, S. 8.

Bibliographie

In dieser Bibliographie werden vorwiegend die im Buch verwendeten oder zitierten Texte angeführt. Angesichts der Materialfülle werden im ersten Teil nur Buchpublikationen berücksichtigt. Es soll nicht Vollständigkeit angestrebt, sondern eine kurze *Übersicht* über die *neuere* Literatur vermittelt werden.

I. Einführungen und Sammelbände

1. Einführungen

Brandt Corstius, J., *Introduction to the Comparative Study of Literature*, New York, Random House, 1967.

Brunel, P., Pichois, Cl., Rousseau, A.-M., *Qu'est-ce que la littérature comparée?*, Paris, A. Colin, 1983.

Chevrel, Y., *La Littérature comparée*, Paris, PUF (Que sais-je?), 1989.

De Deugd, C., *De eenheid van het comparatisme*, Utrecht, Utrechtse Publicaties voor Algemene Literatuurwetenschap, 1962.

Ďurišin, D., *Vergleichende Literaturforschung. Versuch eines methodisch-theoretischen Grundrisses*, Berlin, Akademie-Vlg., 1976.

Dyserinck, H., *Komparatistik. Eine Einführung*, Bonn, Bouvier, 1991 (3.Aufl.).

Gnisci, A., *Appunti per un avviamento allo studio generale e comparato della letteratura*, Roma, Carucci, 1991.

Guyard, M.-F., *La Littérature comparée*, Paris, PUF (Que sais-je?), 1978 (6.Aufl.).

Jeune, S., *Littérature générale et littérature comparée. Essai d'orientation*, Paris, Minard, 1968.

Kaiser, G.R., *Einführung in die Vergleichende Literaturwissenschaft. Forschungsstand - Kritik - Aufgaben*, Darmstadt, Wiss. Buchgesellschaft, 1980.

Kappler, A., *Der literarische Vergleich. Beiträge zu einer Vorgeschichte der Komparatistik*, Bern-Frankfurt, Herbert Lang-Peter Lang, 1976.

Levin, H., *Grounds for Comparison*, Cambridge (Mass.), Harvard U. P. 1972.

Ocvirk, A., *Teorija primerjalne literarne zgodovine*, Ljubljana, Znanstveno društvo, 1936 (Nachdruck: Ljubljana, Partizanska knjiga, 1975).

Posnett, H.M., *Comparative Literature*, London, Kegan Paul, 1886.

Prawer, S.S., *Comparative Literary Studies. An Introduction*, London, Duckworth, 1973.

Van Tieghem, P., *La Littérature comparée*, Paris, A. Colin, 1946.

Weisstein, U., *Einführung in die Vergleichende Literaturwissenschaft*, Stuttgart, Kohlhammer, 1968.

2. Sammelbände

Autorenkollektiv, *La Recherche en Littérature Générale et Comparée en France. Aspects et Problème*, Paris, S.F.L.G.C. 1983.

Brunel, P., Chevrel, Y.(Hrsg.),*Précis de littérature comparée*, Paris,PUF,1989.

Fügen, H.N.(Hrsg.),*Vergleichende Literaturwissenschaft*,Düsseldorf,Econ,1973.

Kaiser, G.R. (Hrsg.), *Vergleichende Literaturforschung in den sozialistischen Ländern 1963-1979*, Stuttgart, Metzler, 1980.

Riesz, J., Boerner, P., Scholz, B. (Hrsg.), *Sensus communis. Contemporary Trends in Comparative Literature/Panorama de la situation actuelle en Littérature Comparée*, Tübingen, Narr, 1986.

Rüdiger, H. (Hrsg.), *Komparatistik. Aufgaben und Methoden*, Stuttgart, Kohlhammer, 1973.

Schmeling, M. (Hrsg.), *Vergleichende Literaturwissenschaft*, Wiesbaden, Athenaion, 1981.

Schulz, H.-J., Rhein, P.H. (Hrsg.), *Comparative Literature: The Early Years (An Anthology of Essays)*, Chapel Hill, Univ. of North Carolina Press, 1973.

Stallknecht, N.P., Frenz, H. (Hrsg.), *Comparative Literature. Method and Perspective*, Carbondale, Southern Illinois Univ. Press, 1971.

Ziegengeist, G. (Hrsg.), *Aktuelle Probleme der Vergleichenden Literaturwissenschaft*, Berlin, Akademie-Vlg., 1968.

II. Theoretische Grundlagenstudien

Balakian, A. "Literary Theory and Comparative Literature", in: M. J. Valdés (Hrsg.), *Toward a Theory of Comparative Literature. Selected Papers Presented in the Division of Theory of Literature at the XIth International Comparative Literature Congress*, New York-Bern-Frankfurt-Paris, Peter Lang, 1990.

Block, H.M., "The Use and Abuse of Literary Theory", in: M. J. Valdés (Hrsg.), *Toward a Theory of Comparative Literature*, op.cit.

Ďurišin, D., "Die wichtigsten Typen literarischer Beziehungen und Zusammenhänge", in: G. Ziegengeist (Hrsg.), *Aktuelle Probleme der Vergleichenden Literaturwissenschaft*, Berlin, Akademie-Vlg., 1968.

Etiemble, R., *Ouverture/s/ sur un comparatisme planétaire*, Paris, Christian Bourgois, 1988.

Gillespie, G., "Temporal Axes in the Teaching of Comparative Literature in the United States", in: *Neohelicon* 12, Nr. 1.

Koppen, E., "Hat die Vergleichende Literaturwissenschaft eine eigene Theorie?", in: H. Rüdiger (Hrsg.), *Komparatistik. Aufgaben und Methoden*, Stuttgart, Kohlhammer, 1973.

Marino, A., *Comparatisme et théorie de la littérature*, Paris, PUF, 1988.

Neubauer, J., "Het empirische in de Vergelijkende Literatuurwetenschap", in: *Forum der Letteren* Nr. 30, 1989.

Nyirö, L., "L'Aspect empirique et théorique des recherches en littérature comparée", in: M. J. Valdés (Hrsg.), *Toward a Theory of Comparative Literature*, op.cit.

Rinner, F., Zerinschek, K., "Die Vergleichende Literaturwissenschaft als Provokation der Rezeptionsästhetik", in: F. Rinner, K. Zerinschek (Hrsg.), *Kom-

paratistik. Theoretische Überlegungen und südosteuropäische Wechselseitigkeit, Heidelberg, Winter, 1981.

Scheunemann, D., "Komparatistik", in: D. Harth, P. Gebhardt (Hrsg.), *Erkenntnis der Literatur. Theorien, Konzepte, Methoden*, Stuttgart, Metzler, 1982.

Schulz-Buschhaus, U., "Die Unvermeidlichkeit der Komparatistik. Zum Verhältnis von einzelsprachlichen Literaturen und Vergleichender Literaturwissenschaft", in: *Arcadia* Nr. 14, 1979.

Segers, R.T., "Over de wending van de comparatistische steven. Pleidooi voor een communicatieve benadering", in: *Forum der Letteren* Jg. 31, Nr. 3, 1990.

Weimann, R., "Historizität und Wertsetzung. Zur Kritik der Begriffsbildung in der Vergleichenden Literaturwissenschaft", in: G.R. Kaiser (Hrsg.), *Vergleichende Literaturforschung in den sozialistischen Ländern*, Metzler, Stuttgart, 1980.

Wellek, R., "Die Krise der Vergleichenden Literaturwissenschaft", in: H. Rüdiger (Hrsg.), *Komparatistik. Aufgaben und Methoden*, op.cit.

Wellek, R., "Die Theorie der Vergleichenden Literaturwissenschaft", in: H.N. Fügen (Hrsg.), *Vergleichende Literaturwissenschaft*, Düsseldorf, Econ, 1973.

Zima, P.V., *Textsoziologie. Eine kritische Einführung*, Stuttgart, Metzler, 1980.

Zima, P.V., "Die Komparatistik zwischen Ästhetik und Textsoziologie", in: *Sprachkunst*, Nr. 1, 1985.

Žirmunskij, V., "Über das Fach Vergleichende Literaturwissenschaft", in: G.R. Kaiser (Hrsg.), *Vergleichende Literaturforschung in den sozialistischen Ländern 1963-1979*, op.cit.

III. Vergleichende Literaturgeschichte und Periodisierung

Aarseth, A., "Literary Periods and the Hermeneutics of History", in: M.J. Valdés (Hrsg.), *Toward a Theory of Comparative Literature*, New York-Bern-Frankfurt-Paris, Peter Lang, 1990.

Bahner, W. (Hrsg.), *Renaissance, Barock, Aufklärung. Epochen- und Periodisierungsfragen*, Kronberg, Scriptor, 1976.

Barzun, J., *Classic, Romantic and Modern*, Chicago-London, Univ. of Chicago Press, 1943.

Becker, G.J. (Hrsg.), *Documents of Modern Realism*, Princeton, Univ. Press, 1963.

Berger, G., Lüsebrink, H.-J. (Hrsg.), *Literarische Kanonbildung in der Romania*, Rheinfelden, Schäuble, 1987.

Brinkmann, R. (Hrsg.), *Begriffsbestimmung des literarischen Realismus*, Darmstadt, Wiss. Buchgesellschaft, 1974.

Brunkhorst, M., "Die Periodisierung in der Literaturgeschichtsschreibung", in: M. Schmeling (Hrsg.), *Vergleichende Literaturwissenschaft. Theorie und Praxis*, Wiesbaden, Athenaion, 1981.

Calinescu, M., Fokkema, D. (Hrsg.), *Exploring Postmodernism*, Amsterdam-Philadelphia, J. Benjamins, 1987.

Cerquiglini, B., Gumbrecht, H.-U. (Hrsg.), *Der Diskurs der Literatur- und Sprachhistorie. Wissenschaftsgeschichte als Innovationsvorgabe*, Frankfurt, Suhrkamp, 1983.

Fischer-Lichte, E., Schwind, K. (Hrsg.), *Avantgarde und Postmoderne. Prozesse struktureller und funktioneller Veränderungen*, Tübingen, Stauffenburg Vlg., 1991.

Fokkema, D.W., *Literary History, Modernism and Postmodernism* (The Harvard University Erasmus Lectures, Spring 1983), Amsterdam-Philadelphia, J. Benjamins, 1984.

Friedrich, W.P., "Zur Vergleichenden Literaturgeschichte in den Vereinigten Staaten", in: *Forschungsprobleme der Vergleichenden Literaturgeschichte* (2. Folge), Tübingen, 1958.

Guillén, C., *Literature as System. Essays toward the Theory of Literary History*, Princeton, Univ. Press, 1971.

Gullón, R. (Hrsg.), *El modernismo visto por los modernistas*, Barcelona, Ed. Labor, 1980.

Gumbrecht, H.-U., Link-Heer, U. (Hrsg.), *Epochenschwellen und Epochenstrukturen im Diskurs der Literatur- und Sprachhistorie*, Frankfurt, Suhrkamp, 1985.

Hassan, I., *The Postmodern Turn. Essays in Postmodern Theory and Culture*, Columbus, Ohio Univ. Press, 1987.

Hassan, I., Hassan, S. (Hrsg.), *Innovation/Renovation. New Perspectives on the Humanities*, Wisconsin, Univ. Press, 1983.

Hoffmeister, G., *Deutsche und europäische Romantik*, Stuttgart, Metzler, 1978.

Huyssen, A., Scherpe, K.R. (Hrsg.), *Postmoderne. Zeichen eines kulturellen Wandels*, Reinbek, Rowohlt, 1986.

Japp, U., *Beziehungssinn. Ein Konzept der Literaturgeschichte*, Frankfurt, Europäische Verlagsanstalt, 1980.

Jauss, H.R., *Studien zum Epochenwandel der ästhetischen Moderne*, Frankfurt, Suhrkamp, 1989.

Kohl, S., *Realismus: Theorie und Geschichte*, München, Fink (UTB), 1977.

Krauss, W., *Probleme der Vergleichenden Literaturgeschichte*, Berlin, Akademie-Vlg., 1963.

Krauss, W., "Nationale und Vergleichende Literaturgeschichte", in: ders., *Grundprobleme der Literaturwissenschaft*, Reinbek, Rowohlt, 1968, (Kap. 8).

Lefebvre, H., *Einführung in die Modernität. Zwölf Präludien*, Frankfurt, Suhrkamp, 1978.

Link-Heer, U., "Literarhistorische Periodisierungsprobleme und historischer Bruch: das Beispiel Rousseau", in: B. Cerquiglini, H.U. Gumbrecht (Hrsg.), *Der Diskurs der Literatur- und Sprachhistorie. Wissenschaftsgeschichte als Innovationsvorgabe*, Frankfurt, Suhrkamp, 1983.

Lovejoy, A.O., *The Great Chain of Being. A Study of the History of an Idea*, New York, Harper & Row, 1960.

Lyotard, J.-E., *Das postmoderne Wissen. Ein Bericht*, Graz-Wien, Böhlau, 1986.

Maurer, K., Wehle, W. (Hrsg.), *Romantik. Aufbruch zur Moderne*, München, Fink, 1991.

Meter, H., *Figur und Erzählauffassung im veristischen Roman. Studien zu Verga, De Roberto und Capuana vor dem Hintergrund der französischen Realisten und Naturalisten*, Frankfurt, Klostermann, 1986.

Petronio, G., *Il romanticismo*, Palermo, Palumbo, 1973.

Poggioli, R., *Teoria dell'arte d'avanguardia*, Bologna, Il Mulino, 1962.

Prang, H. (Hrsg.), *Begriffsbestimmung der Romantik*, Darmstadt, Wiss. Buchgesellschaft, 1972.

Praz, M., *Liebe, Tod und Teufel. Die schwarze Romantik*, München, DTV, 1981, (2.Aufl.).

Quinones, J., *Mapping Literary Modernism. Time and Development*, Princeton, Univ. Press., 1985.

Remak, H.H.H., "Wie kann man heutzutage komparatistische Literaturgeschichte schreiben?", in: I. Fried, Z. Kangó, J. Pál (Hrsg.), *Comparative Literature Studies. Essays Presented to György Mihály Vajda on his Seventieth Birthday*, Szeged, Universitätsverlag, 1983.

Rosenberg, R., "Nationale oder Vergleichende Literaturgeschichte? Zur Geschichte des komparatistischen literaturwissenschaftlichen Denkens in Deutschland 1848-1933", in: *Weimarer Beiträge* Jg. 28, Nr. 11, 1982.

Schiffer, W., *Theorien der Geschichtsschreibung und ihre erzähltheoretische Relevanz (Danto, Habermas, Baumgartner, Droysen)*, Stuttgart, Metzler, 1980.

Schulz-Buschhaus, U., "Typen des Realismus und Typen der Gattungsmischung - eine Postille zu Erich Auerbachs 'Mimesis'", in: *Sprachkunst* Nr. 1, 1989.

Simm, H.-J. (Hrsg.), *Literarische Klassik*, Frankfurt, Suhrkamp, 1988.

Teesing, H.P.H., *Das Problem der Perioden in der Literaturgeschichte*, Groningen-Batavia, Wolters, 1949.

Teesing, H.P.H., "Periodisierung", in: W. Kohlschmidt, W. Mohr, *Reallexikon der deutschen Literaturgeschichte* Bd. 3, Berlin-New York, De Gruyter, 1977.

Turaev, S.V., *Ot Prosveščenija k romantizmu*, Moskva, Izd. Nauka, 1983.

Vattimo, G., *La fine della modernità. Nichilismo ed ermeneutica nella cultura post-moderna*, Milano, Garzanti, 1985.

Weimann, R., *Literaturgeschichte und Mythologie. Methodologische und historische Studien*, Frankfurt, Suhrkamp, 1977.

Weisgerber, J. (Hrsg.), *Les Avant-Gardes littéraires au XXe siècle* (2 Bde.), Budapest, Akadémiai Kiadó, 1984.

Welsch, W., *Unsere postmoderne Moderne*, Weinheim, VCH-Vlg. (3. Aufl.), 1991.

Wetz, W., *Shakespeare vom Standpunkte der Vergleichenden Literaturgeschichte* (2 Bde.), Worms, Vlg. P. Reiß, 1890.

Wuthenow, R.R., *Muse, Maske, Meduse. Europäischer Ästhetizismus*, Frankfurt, Suhrkamp, 1978.

Zima, P.V., Strutz, J. (Hrsg.), *Europäische Avantgarde*, Frankfurt-Paris-Bern, Peter Lang, 1987.

IV. Vergleichende Rezeptionsforschung

Bachleitner, N. (Hrsg.), *Quellen zur Rezeption des englischen und französischen Romans in Deutschland und Österreich im 19. Jahrhundert*, Tübingen, Niemeyer, 1990.

Carré, J.-M., *Goethe en Angleterre*, Paris, Plon, 1920.

Chevrel, Y., "Réception de textes naturalistes: France/Allemagne 1868-1893", in: H. Van Gorp, R. Ghesquiere, R.T. Segers (Hrsg.), *Receptieonderzoek. Mogelijkheden en grenzen/Rezeptionsforschung. Möglichkeiten und Grenzen*, Leuven, Acco, 1981.

Chevrel, Y., "Le discours de la critique sur les œuvres étrangères: Littérature comparée, esthétique de la réception et histoire littéraire nationale", in: *Romanistische Zeitschrift für Literaturgeschichte* Nr. 3, 1977.

Deppermann, M., "Protest und Verheißung. Zur Bedeutung Friedrich Nietzsches für die Kultur des Fin de siècle in Rußland", in: *Colloquium Helveticum* Nr. 10, 1989.

Dmitruk, K., "The Active Public", in: *Literary Studies in Poland/Etudes littéraires en Pologne (The Reception of Literary Works)* Nr. IX., Polska Akademia Nauk, 1983.

Glowiński, M., "Les Témoignages et les styles de la réception", in: *Literary Studies in Poland/Etudes Littéraires en Pologne (The Reception of Literary Works)* Nr. IX., op.cit.

Grünzweig, W., *Walt Whitmann. Die deutschsprachige Rezeption als interkulturelles Phänomen*, München, Fink, 1991.

Hassan, I.H., "The Problem of Influence in Literary History. Notes toward a Definition", in: *American Journal of Aesthetics and Art Criticism* Nr. 14, 1955.

Jurt, J., "Für eine Rezeptionssoziologie", in: *Romanistische Zeitschrift für Literaturgeschichte* Nr. 1/2, 1979.

Kohut, K. (Hrsg.), *Der eroberte Kontinent. Historische Realität, Rechtfertigung und literarische Darstellung der Kolonisation Amerikas*, Frankfurt, Vervuert, 1991.

Kolb, W., *Die Rezeption Gottfried Kellers im englischen Sprachraum bis 1920 mit besonderer Berücksichtigung der Übersetzung*, Bern-Frankfurt-New York, Peter Lang Vlg., 1992.

Kreuder, H.-D., *Milton in Deutschland. Seine Rezeption im latein- und deutschsprachigen Schrifttum zwischen 1651 und 1732*, Berlin-New York, De Gruyter, 1971.

Leenhardt, J., Józsa, P., *Lire la lecture*, Paris, Le Sycomore, 1982.

Marrer-Tising, C., *The Reception of Hermann Hesse by the Youth in the United States. A Thematic Analysis*, Bern-Frankfurt, Peter Lang, 1982.

Moog-Grünewald, M., "Einfluß- und Rezeptionsforschung", in: M. Schmeling (Hrsg.), *Vergleichende Literaturwissenschaft. Theorie und Praxis*, Wiesbaden, Athenaion, 1981.

Pfeifer, M. (Hrsg.), *Hermann Hesses weltweite Wirkung. Internationale Rezeptionsgeschichte* (2 Bde.), Frankfurt, Suhrkamp, 1977.

Rukser, U., *Nietzsche in der Hispania. Ein Beitrag zur hispanischen Kultur- und Geistesgeschichte*, Bern-München, Francke, 1962.

Schmid-Bortenschlager, S., "Produktive Rezeption der Avantgarde in Österreich", in: P.V. Zima, J. Strutz (Hrsg.), *Europäische Avantgarde*, Frankfurt-Bern-Paris, Peter Lang, 1987.

Sobejano, G., *Nietzsche en España*, Madrid, Ed. Gredos, 1967.

Warning, R. (Hrsg.), *Rezeptionsästhetik*, München, Fink, 1975.

V. Vergleichende Text- und Gattungsanalysen

Aspetsberger, F., *Der Historismus und die Folgen. Studien zur Literatur in unserem Jahrhundert*, Frankfurt, Athenäum, 1987.

Camerino, G.A., *Italo Svevo e la crisi della Mitteleuropa*, Firenze, Le Monnier, 1974.

Cross, R.K., *Flaubert and Joyce. The Rite of Fiction*, Princeton, Univ. Press, 1971.

Flaker, A., *Poetika osporavanja. Avantgarda i književna ljevica*, Zagreb, Bibl. Suvremena misao, 1982.

Fliri, A. (Hrsg.), *Miti e contromiti. Cent'anni di relazioni culturali italo-austriache dopo il 1891*, Fasano, Schena Ed., 1990.

Frey, H.-J., *Der unendliche Text*, Frankfurt, Suhrkamp, 1990.

Friedrich, H., *Die Struktur der modernen Lyrik. Von der Mitte des neunzehnten bis zur Mitte des zwanzigsten Jahrhunderts*, Reinbek, Rowohlt, 1970 (3.Aufl.).

Girard, R., *Mensonge romantique et vérité romanesque*, Paris, Grasset, 1961.

Gnüg, H., *Kult der Kälte. Der klassische Dandy im Spiegel der Weltliteratur*, Stuttgart, Metzler, 1988.

Gumbrecht, H.U., Pfeiffer, K.L., *Stil. Geschichte und Funktionen eines kulturwissenschaftlichen Diskurselements*, Frankfurt, Suhrkamp, 1986.

Inboden, G., *Mallarmé und Gauguin. Absolute Kunst als Utopie*, Stuttgart, Metzler, 1978.

Jauss, H. R. *Ästhetische Erfahrung und literarische Hermeneutik*, Frankfurt, Suhrkamp, 1982.

Jauss, H. R., "Racines und Goethes Iphigenie", in: R. Warning (Hrsg.), *Rezeptionsästhetik*, München, Fink, 1975.

Kaiser, G. R., *Proust - Musil - Joyce. Zum Verhältnis von Literatur und Gesellschaft am Paradigma des Zitats*, Frankfurt, Athenäum, 1972.

Kesting, M., "Pirandello und der Nouveau Roman", in: *Arcadia* Bd. 24, 1989.

Krysinski, W., *Carrefour de signes: essais sur le roman moderne*, Den Haag, Mouton, 1981.

Martino, A., "Emotionalismus und Empathie. Zur Entstehung bürgerlicher Kunst im 18. Jahrhundert", in: *Jahrbuch des Wiener Goethe-Vereins* Bd. 81-83, 1977-79.

Michelson, P., *Lawrence Sterne und der deutsche Roman des 18. Jahrhunderts*, Göttingen, Vandenhoeck & Ruprecht, 1962.

Milton, C., *Lawrence and Nietzsche. A Study of Influence*, Aberdeen, Univ. Press, 1987.

Musarra-Schröder, U., *Narciso e lo specchio. Il romanzo moderno in prima persona*, Roma, Bulzoni, 1989.

Robinson, H.M., "Nietzsche, Lawrence, and the Somatic Conception of the Good Life", in: *New Comparison* Nr. 5 (Sommer), 1988.

Rosenthal, B., *Die Idee des Absurden: Friedrich Nietzsche und Albert Camus*, Bonn, Bouvier, 1977.

Rössner, M., *Auf der Suche nach dem verlorenen Paradies. Zum mythischen Bewußtsein in der Literatur des 20. Jahrhunderts*, Frankfurt, Athenäum, 1988.

Runcini, R., *I cavalieri della paura. Crisi dei valori e crisi d'identità nella cultura europea tra le due guerre*, Cosenza, Pellegrini, 1989.

Schmeling, M., *Der labyrinthische Diskurs. Vom Mythos zum Erzählmodell*, Frankfurt, Athenäum, 1987.

Schmeling, M., *Métathéâtre et intertexte. Aspects du théâtre dans le théâtre*, Paris, Minard, 1982.

Schulz-Buschhaus, U., "'Palomar' und die 'Komik der Ideen'. Über Calvino und Flaubert", in: H. Harth, S. Kleinert, B. Wagner (Hrsg.), *Konflikt der Diskurse. Zum Verhältnis von Literatur und Wissenschaft im modernen Italien*, Tübingen, Stauffenburg Vlg., 1991.

Singer, G. F., *The Epistolary Novel: Its Origin, Development, Decline, and Residuary Influence*, New York, Russell & Russell, 1963.

Spinner, H. K., Hausmann, F.-R. (Hrsg.), *Eros - Liebe - Leidenschaft* (Meisterwerke der Weltliteratur Bd. II), Bonn, Romanistischer Vlg., 1988.

Spinner, H. K., Hausmann, F.-R. (Hrsg.), *Gespielte Welt von Aristophanes bis Pirandello* (Meisterwerke der Weltliteratur Bd. IV), Bonn, Romanistischer Vlg., 1989.

Szondi, P., *Theorie des modernen Dramas*, Frankfurt, Suhrkamp, 1959.

Szondi, P., *Das lyrische Drama des Fin de siècle (Studienausgabe der Vorlesungen Bd. 4)*, Frankfurt, Suhrkamp, 1975.

Valette, B., *Esthétique du roman moderne*, Paris, Nathan, 1985.

Weber, E., "Hofmannsthal und Oscar Wilde", in: *Hofmannsthal-Forschungen* Nr. 1, Basel, 1971.

Wetzel, H. H., *Die romanische Novelle bis Cervantes*, Stuttgart, Metzler, 1977.

Zéraffa, M., *La Révolution romanesque*, Paris, U.G.E. (10/18), 1972.

Zéraffa, M., *Personne et personnage. Le romanesque des années 1920 aux années 1950*, Paris, Klincksieck, 1971.

Zima, P. V., *L'Ambivalence romanesque. Proust, Kafka, Musil*, Bern-Frankfurt-Paris, Peter Lang, 1988 (2.Aufl.).

Zima, P. V., *Der gleichgültige Held. Textsoziologische Untersuchungen zu Sartre, Moravia und Camus*, Stuttgart, Metzler, 1983.

Zima, P. V., *Roman und Ideologie. Zur Sozialgeschichte des modernen Romans*, München, Fink, 1986.

Zima, P. V., "Vom Dandy zum Künstler - oder Narcissus bifrons" in: *Romanistische Zeitschrift für Literaturgeschichte* Nr. 3/4, 1983.

VII. Literarische Übersetzung

Apel, F., *Literarische Übersetzung*, Stuttgart, Metzler, 1983.

Apel, F., *Sprachbewegung. Eine historisch-poetologische Untersuchung zum Problem des Übersetzens*, Heidelberg, Winter, 1982.

Arntz, R., Thome, G. (Hrsg.), *Übersetzungswissenschaft. Ergebnisse und Perspektiven*, Tübingen, Narr, 1990.

Bassnett-Mc Guire, S., *Translation Studies*, London-New York, Methuen, 1980.

Bassnett, S., Lefevere, A. (Hrsg.), *Translation, History and Culture*, London-New York, Pinter Publishers, 1990.

Benjamin, W., "Die Aufgabe des Übersetzers", in: ders., *Gesammelte Schriften* Bd. IV.1, Frankfurt, Suhrkamp, 1972.

Borgmeier, R., *Shakespeares Sonett "When forty winters" und die deutschen Übersetzer. Untersuchungen zu den Problemen der Shakespeare-Übertragung*, München, Fink, 1970.

Dedecius, K., *Vom Übersetzen*, Frankfurt, Suhrkamp, 1986.

Delisle, J., *L'Analyse du discours comme méthode de traduction. Initiation à la traduction française de textes pragmatiques anglais. Théorie et pratique*, Ottawa, Ed. de l'Univ. d'Ottawa, 1984.

Derrida, J., "Des Tours de Babel", in: J. F. Graham (Hrsg.), *Difference in Translation*, London-Ithaca, Cornell Univ. Press. 1985.

D'Hulst, L., *Cent ans de théorie française de la traduction. De Batteux à Littré (1748-1847)*, Lille, Presses Univ., 1990.

Dryden, J., "Preface to Sylvae", in: ders., *Of Dramatic Poesy and Other Critical Essays* (vol. II), ed. G. Watson, London, Dent & Sons, 1962.

Gorp, H. van, "La Traduction littéraire parmi les autres métatextes", in: J. S. Holmes, J. Lambert, R. Van de Broeck (Hrsg.), *Literature and Translation*, Leuven, Acco, 1978.

Gorp, H. van, "Die Umdeutung einer Gattung. Übersetzungen des pikaresken Romans im 17. Jahrhundert", in: Akten des VIII. Internationalen Germanisten-Kongresses, Tokyo 1990, Bd. 6: *Die Fremdheit der Literatur. Rezeption*, München, Iudicium-Vlg. 1991.

Gottsched, J. Ch., "Von den Übersetzungen", in: ders., *Ausgewählte Werke* (Hrsg. P. M. Mitchell), Bd. VII/2, Berlin-New York, De Gruyter, 1975.

Guellouz, S. (Hrsg.), *La Traduction au XVIIᵉ siècle*, Paris, Klincksieck, 1990.

Hermans, Th. (Hrsg.), *The Manipulation of Literature. Studies in Literary Translation*, London-Sydney, Croom Helm, 1985.

Hermans, Th. (Hrsg.), *Second Hand. Papers on the Theory and Historical Study of Literary Translation*, Leuven, ALW-Cahier Nr. 3, 1985.

Hochel, B., *Preklad ako komunikácia*, Bratislava, Slovenský Spisovatel', 1990.

Holmes, J. S., Lambert, J., Van den Broeck, R. (Hrsg.), *Literature and Translation*, Leuven, Acco, 1978.

Holmes, J. S., *Translated! Papers on Literary Translation and Translation Studies*, Amsterdam, Rodopi, 1988.

Horguelin, P.A. (Hrsg.), *Anthologie de la manière de traduire. Domaine français*, Montreal, Linguatech, 1981.

Kapp, V. (Hrsg.), *Übersetzer und Dolmetscher. Theoretische Grundlagen, Ausbildung, Berufspraxis*, Heidelberg, Quelle & Meyer, 1974.

Kloepfer, R., *Die Theorie der literarischen Übersetzung*, München, Fink, 1967.

Koppenfels, W. von, "Intertextualität und Sprachwechsel. Die literarische Über-setzung", in: U. Broich, M. Pfister (Hrsg.), *Intertextualität. Formen, Funktionen, anglistische Fallstudien*, Tübingen, Niemeyer, 1985.

Lambert, J., "La Traduction, les langues et la communication de masse. Les Ambiguïtés du discours international", in: *Target*, I, 2, 1989.

Lambert, J., "Translation, Translation Studies and Comparative Literature in 1989", in: *Os Estudios literarios (entre) ciencia e hermeneutica*, Actes du 1er Congrès de la Société portugaise de Littérature comparée, Lisboa, Associaçao Portuguesa de Literatura Comparada, 1990.

Lambert, J., "Shifts, Oppositions and Goals in Translation Studies: Towards A Genealogy of Concepts", in: K. van Leuven-Zwart, T. Naaijkens (Hrsg.), *Translation Studies: The State of the Art*. Proceedings of the First James S. Holmes Symposium on Translation Studies, Amsterdam, Rodopi, 1991.

Levý, J., *Literarische Übersetzung. Theorie einer Kunstgattung*, Frankfurt-Bonn, Athenäum, 1969.

Literary Translation and Literary System, Sonderheft von *New Comparison*, 1, 1986.

Loch, W., "Kommunikation, Sprache, Übersetzung", in: *Psyche* 11, 1981.

Nida, E. A., Taber, Ch. R., *The Theory and Practice of Translation*, Leiden, Brill, 1969.

Pöckl, W. (Hrsg.), *Literarische Übersetzung. Beiträge zur gleichnamigen Sektion des XXI. Romanistentages in Aachen (25.-27. September 1989)*, Bonn, Romanistischer Vlg., 1990.

Reiff, A., *Interpretatio, imitatio, aemulatio. Begriff und Vorstellung literarischer Abhängigkeit bei den Römern*, Köln, Phil. Diss., 1959.

Riesz, J., Bleicher, Th., Taylor, R. (Hrsg.), *Literarische Übersetzung*, Themenheft von *Komparatistische Hefte*, H. 4, 1981.

Schleiermacher, F., "Ueber die verschiedenen Methoden des Ueberserzens", in: H. J. Störig (Hrsg.), *Das Problem des Übersetzens*, Darmstadt, Wiss. Buch-gesellschaft, 1973.

Smith, V., Klein-Braley, Ch., *In other words. Arbeitsbuch Übersetzung*, Ismaning, Hueber, 1989 (2. Aufl.).

Snell-Hornby, M. (Hrsg.), *Übersetzungswissenschaft - eine Neuorientierung. Zur Integrierung von Theorie und Praxis*, Tübingen, Francke, 1986.

Stackelberg, J. von, "Blüte und Niedergang der 'Belles Infidèles'", in: H. Kittel (Hrsg.), *Die literarische Übersetzung. Stand und Perspektiven ihrer Forschung*, Berlin, Schmidt, 1988.

Störig, H.J. (Hrsg.), *Das Problem des Übersetzens*, Darmstadt, Wiss. Buchgesellschaft, 1973.

Theory of Translation and Intercultural Translation, Sondernummer von *Poetics Today*, Bd. 2, Nr. 4, 1981.

Wilss, W., *Übersetzungswissenschaft. Probleme und Methoden*, Stuttgart, Klett, 1977.

Wilss, W. (Hrsg.), *Semiotik und Übersetzen*, Tübingen, Narr, 1980.

Wuthenow, R. R., *Das fremde Kunstwerk. Aspekte der literarischen Übersetzung*, Göttingen, Vandenhoeck & Ruprecht, 1969.

Zuber, R., *Les Belles Infidèles et la formation du goût classique: Perrot d'Ablancourt et Guez de Balzac*, Paris, A. Colin, 1968.

VIII. Regionale Beziehungen

Apih, E., *Trieste*, Bari, Laterza, 1988.

Ara, A., Magris, C., *Triest. Eine literarische Hauptstadt in Mitteleuropa*, München, Hanser, 1987.

Bianchi, O. H. et al. (Hrsg.), *Scrittori triestini del Novecento*, Trieste, Lint, 1968.

Camerino, G. A., *Italo Svevo e la crisi della Mitteleuropa*, Firenze, Le Monnier, 1974.

Cultura friulana nel Goriziano, Gorizia, Ist. di Storia Sociale e Rel., 1988.

De Lugnani, S., *La cultura tedesca a Trieste dalla fine del 1700 al tramonto dell'Impero absburgico*, Trieste, Ed. "Italo Svevo", 1986.

Fölkel, F., Cergoly, C. L., *Trieste provincia imperiale. Splendore e tramonto del porto degli Asburgo*, Milano, Bompiani, 1983.

Forster, L., *Dichten in fremden Sprachen. Vielsprachigkeit in der Literatur*, München, Francke, 1974.

Freschi, M. (Hrsg.), *Ebraismo e modelli di romanzo,* Napoli, Ist. Univ. Orientale, 1989.

Gauß, K.-M., *Die Vernichtung Mitteleuropas. Essays,* Klagenfurt-Salzburg, Wieser, 1991.

Guagnini, E. (Hrsg.), *Introduzione alla cultura letteraria italiana a Trieste nel '900,* Trieste, Prov. di Trieste, 1980.

Guagnini, E., *Note novecentesche*, Pordenone, Studio Tesi, 1979.

Holzner, J., Wiesmüller, W. (Hrsg.), *Jugoslawien - Österreich. Literarische Nachbarschaft*, Innsbruck, Inst. f. Germanistik, 1986.

Istriani di qua e di là dal confine. Storia, problemi, testimonianze, Sonderhefte der Zeitschrift *Il Territorio,* Nr. 25/26, 1989.

Kos, J., *Moderna misel in slovenska književnost,* Ljubljana, Cankarjeva založba, 1983.

Kos, J., *Primerjalna zgodovina slovenske literature,* Ljubljana, Znanstveni institut Filozofske fakultete/Partizanska knjiga, 1987.

Kresalkova, J. (Hrsg.), *Mondo slavo e cultura italiana,* Roma, Il Veltro Editr., 1983.

Letterature di Frontiera/Littératures Frontalières, Rivista Semestrale diretta da G. Trisolini, Roma, Bulzoni, 1991ff.

Littérature de frontière et médiations culturelles: la culture trivénète entre l'Europe et la région, Sonderh. der Zs. *Novecento,* 14, 1991, Bd. 1, 2.

Maier, B., *Dimensione Trieste. Nuovi saggi sulla letteratura triestina,* Milano, IPL, 1987.

Mitteleuropa, Themenheft der Zeitschrift *Informationen zur Deutschdidaktik* 15, Heft 4, 1991, (Klagenfurt).

Morandini, G., *Da te lontano. Cultura triestina tra '700 e '900,* Vorwort von E. Guagnini, Trieste, Dedolibri, 1989.

Pirjevec, J. (Hrsg.), *Introduzione alla storia culturale e politica slovena a Trieste nel '900,* Trieste, Prov. di Trieste, 1983.

Pirjevec, M., *Trubar, Kosovel, Kocbek e altri saggi sulla letteratura slovena,* Trieste, EST, 1989.

Powell, N., *Travellers to Trieste. The History of a City,* London, Faber and Faber, 1977.

Strutz, J. (Hrsg.), *Profile der neueren slowenischen Literatur in Kärnten. Monografische Essays,* Klagenfurt-Celovec, Hermagoras-Mohorjeva, 1989.

Strutz, J., Zima, P.V. (Hrsg.), *Komparatistik als Dialog. Literatur und interkulturelle Beziehungen in der Alpen-Adria-Region und in der Schweiz,* Frankfurt, Lang, 1991.

Tordi, R. (Hrsg.), *Umberto Saba, Trieste e la cultura mitteleuropea,* Milano, Fondazione Mondadori, 1986.

Trieste. Lineamenti di una città, Trieste, Lint, 1989.

Trieste nella cultura italiana del Novecento. Profili e testimonianze, Trieste, Edizioni Moderna, 1985.

Vospernik, R. et al. (Hrsg.), *Das slowenische Wort in Kärnten. Schrifttum und Dichtung von den Anfängen bis zur Gegenwart/Slovenska beseda na Koroškem. Pismenstvo in slovstvo od začetkov do danes,* Wien, Österr. Bundesverlag, 1985.

Zorić, M., *Italia e Slavia. Contributi sulle relazioni letterarie italo-jugoslave dall'Ariosto al D'Annunzio,* Padova, Antenore, 1989.

Zorić, M. (Hrsg.), *Hrvatsko-talijanski književni odnosi,* Zagreb, Zavod za znanost o književnosti, 1989.

Personenregister

Accardo, A. 177
Adorno, Th.W. IX, 3, 4, 5, 17, 57, 59, 75, 76, 95, 124, 133, 143, 144, 167, 237, 243, 255, 264-266, 275
Aischines (Aeschines) 205, 208
Aischylos, 213
Albert, H. 17, 18, 65, 76
Albrecht, J. 219
Alfons XII. 134
Alfons XIII. 95
Althusser, L. 32, 62, 66, 76-79, 82
Amann, K. 304, 315
Amyot, J. 209
Andrić, I. 308
Anz, H. 71, 72
Apel, F. 200, 202, 211, 212, 231
Apel, K.O. 40, 61
Apih, E. 312
Apollinaire, G. 65, 281
Ara, A. 312, 317, 318
Arntz, R. 219
Aron, R. 75
Arp, H. 320
Artmann, H.C. 166
Aspetsberger, F. 114, 304
Auden, W.H. 273
Auerbach, E. 257
Augustus, 249
Aumüller, U. 235-237
Austen, J. 286
Azorín, 136, 137, 268, 272

Bachelard, G. 76, 77, 79
Bachet de Méziriac, G. 209
Bachtin, M.M. 63, 66, 68, 72, 79, 89, 90, 109, 116, 119, 200, 302, 303, 321
Badié, B. 10
Baldensberger, F. 21, 22, 24-26, 35
Balibar, R. 207

Balzac, H. de 165, 219, 220, 254, 256-260, 286, 298
Bannister, R.C. 28
Barner, W. 277
Baroja, P. 131, 134, 136-144, 145, 146, 148, 149, 151, 152, 154, 155, 157, 160, 161, 165, 167, 175, 264, 265, 268, 272-274, 278
Barthes, R. 32, 34, 59, 68, 79, 273
Bartók, B. 298
Bartol, V. 316, 318
Bartoli, S. 314
Barzun, J. 254, 256, 266
Bassnett-McGuire, S. 202, 205, 206, 210, 236
Baudelaire, Ch. 12, 101, 265-268, 273, 281
Baudrillard, J. 279, 299
Bauer, S. 113
Baumer, F. 190, 191
Bayertz, K. 21, 253
Bazlen, R. 317
Beardsmore, H.B. 320
Beauvoir, S. de 273
Beck, R. 158, 162
Becker, G.J. 256, 257
Becker, J. 90, 91, 280, 281, 283, 292
Beckett, S. 13, 105, 272, 320, 322
Beerbohm, M. 99
Belloni, A. 245
Benjamin, W. 133, 214, 215, 219, 265-267, 273
Benn, G. 95
Bense, M. 5, 79
Benveniste, E. 41
Béranger, J.-P. de 236, 237
Berg, W.B. 267
Berger, A. 304
Berger, G. XI, 248